# 2023兰州统计年鉴

# LANZHOU STATISTICAL YEARBOOK

兰州市统计局　　国家统计局兰州调查队　编

**图书在版编目（CIP）数据**

兰州统计年鉴. 2023 = Lanzhou Statistical Yearbook 2023 / 兰州市统计局, 国家统计局兰州调查队编. -- 北京 : 中国统计出版社, 2023.10
ISBN 978-7-5230-0197-4

Ⅰ. ①兰… Ⅱ. ①兰… ②国… Ⅲ. ①统计资料－兰州－2023－年鉴 Ⅳ. ①C832.421-54

中国国家版本馆CIP数据核字(2023)第157712号

## 兰州统计年鉴2023

作　　者 / 兰州市统计局　国家统计局兰州调查队
责任编辑 / 钟钰
装帧设计 / 徐静斌
出版发行 / 中国统计出版社有限公司
地　　址 / 北京市丰台区西三环南路甲6号
邮政编码 / 100073
电　　话 / 邮购（010）63376909　书店（010）68783171
网　　址 / http://www.zgtjcbs.com
印　　刷 / 兰州科陇印刷有限公司
经　　销 / 新华书店
开　　本 / 890mm × 1240mm　1/16
字　　数 / 440千字
印　　张 / 25　彩页 1.25
版　　别 / 2023年10月第1版
版　　次 / 2023年10月第1次印刷
定　　价 / 280.00元

# 《兰州统计年鉴2023》编辑部

# 编辑说明

一、《兰州统计年鉴2023》是由兰州市统计局和国家统计局兰州调查队编纂，中国统计出版社出版，面向全国公开发行的大型综合性年刊。本书通过大量翔实可靠的资料，全面系统地记录了兰州市经济社会发展情况，是各级党政部门、企事业单位、科研部门以及国内外各界人士认识兰州、了解兰州必备的、不可缺少的综合性工具书。

二、《兰州统计年鉴2023》分为两个部分。第一部分刊载了2022年全国、甘肃省、兰州市国民经济和社会发展统计公报；第二部分为统计资料篇，分综合、人口、工业能源、交通运输、农业、投资建筑、城市建设、商业和物价、财政和金融、就业和工资、教育和科技文化、卫生和司法、人民生活、市州及全国主要指标等十五个单元，反映了2022年兰州市、甘肃省十四个市州、全国各直辖市和重点城市的主要经济指标。

三、《兰州统计年鉴2023》统计范围按兰州市行政辖区内全部经济社会活动计算。

四、由于统计制度方法改革，有些统计指标的口径、包括范围和计算方法有所变化，使用时请注意。为方便使用，各篇章后附有主要指标解释。

五、所有价值指标为现价；发展（增长）速度按可比价计算。

六、本年鉴中涉及到的历史数据，均以最新出版的年鉴数据为准；由于国家核算制度和调查方法的原因，部分行业区域汇总数与全市数据存在一些误差；部分数据合计数或相对数由于单位取舍不同而产生的计算误差，均未做机械调整。

七、使用符号说明：年鉴各表中的“空格”表示该项统计指标数据不详或无该项数据；“#”表示其中项。

八、与往年年鉴相比，《兰州统计年鉴2023》在内容上主要做了如下修订：个别部门指标因口径变化与往年不可比，部分指标不再对外公布；“人口”单元将“各县区人口情况”表进行了分解和补充。删除兰州市第七次全国人口普查相关表。增加“年末各县区人口年龄构成”表。将就业情况表等合并至“工资”部分；“全国主要指标”单元中删除了“规模以上工业总产值”“住户存款”指标，增加了“金融机构（含外资）本外币存（贷）款余额”指标。其他指标变化详见数据表下注释。

九、《兰州统计年鉴2023》的编辑出版，得到市直各部门和有关企事业单位的大力支持，在此表示衷心的感谢！

《兰州统计年鉴2023》编辑部

2023年10月

## 地区生产总值构成（%）

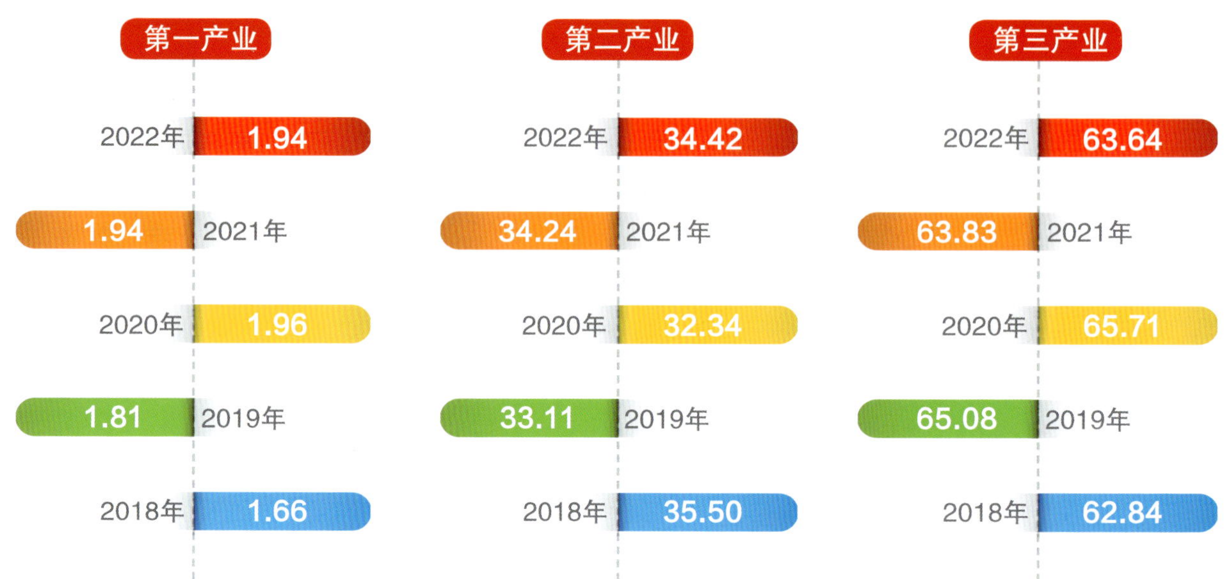


## 地区生产总值（亿元）

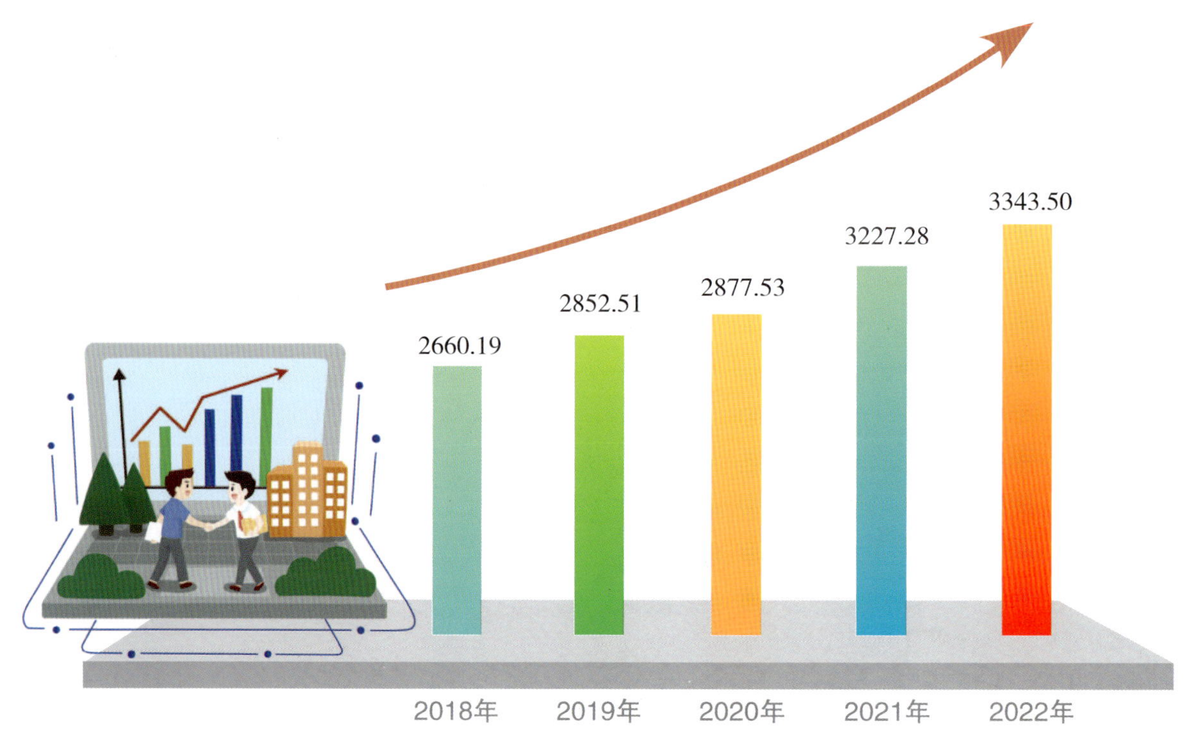

## 农林牧渔业增加值（亿元）

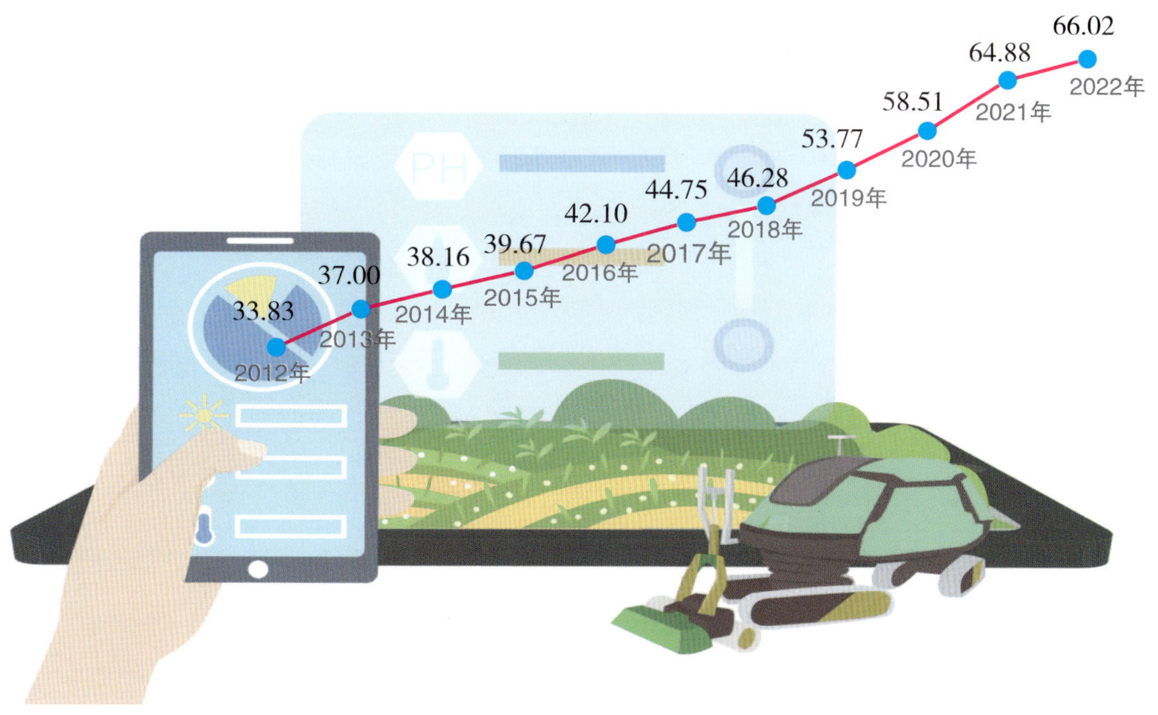


## 主要农产品产量（万吨）

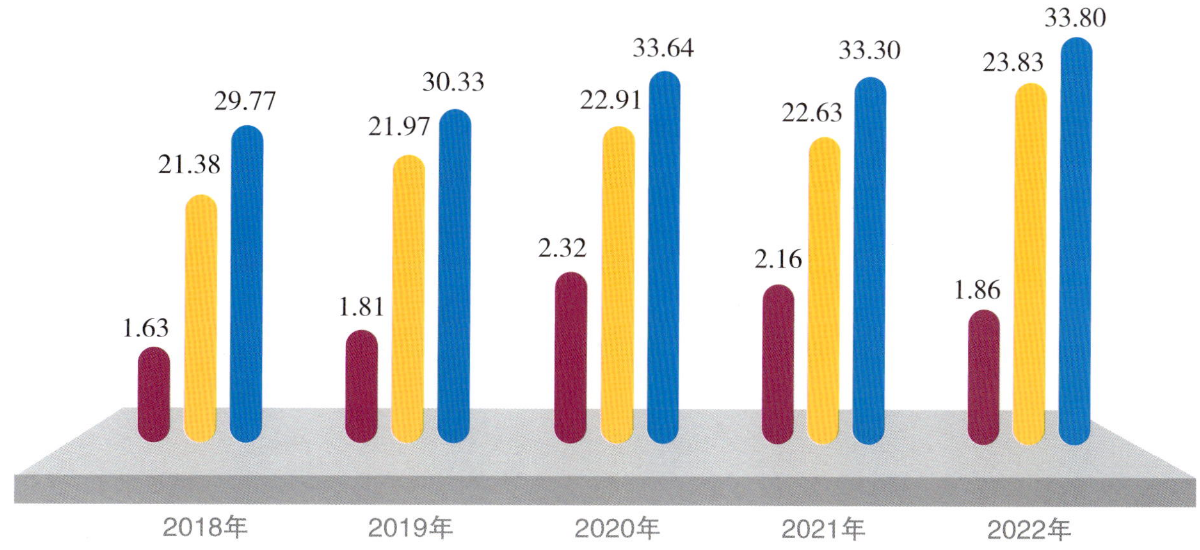

## 人均GDP（元）

## 工业增加值（亿元）

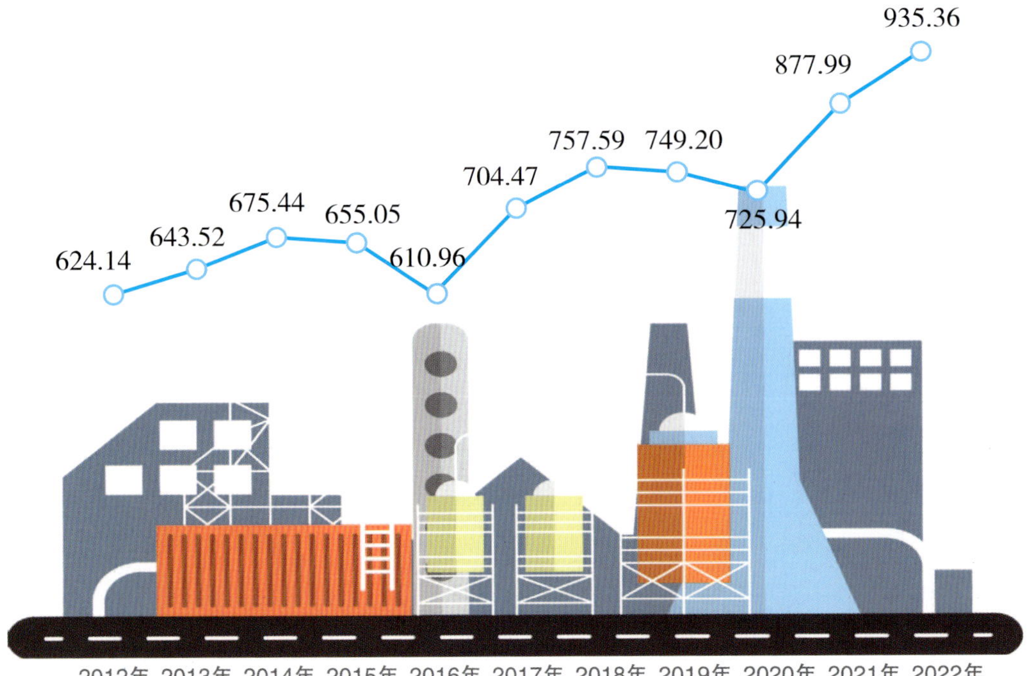

## 房地产开发投资（亿元）

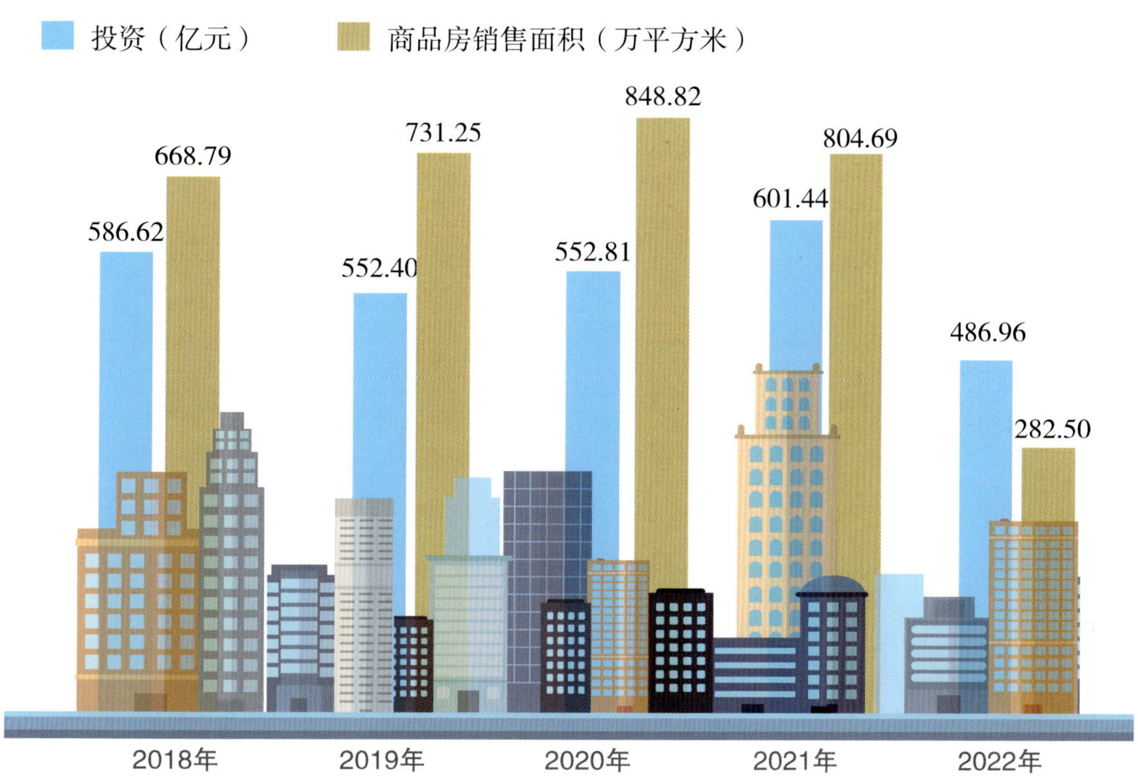


## 社会消费品零售总额（亿元）

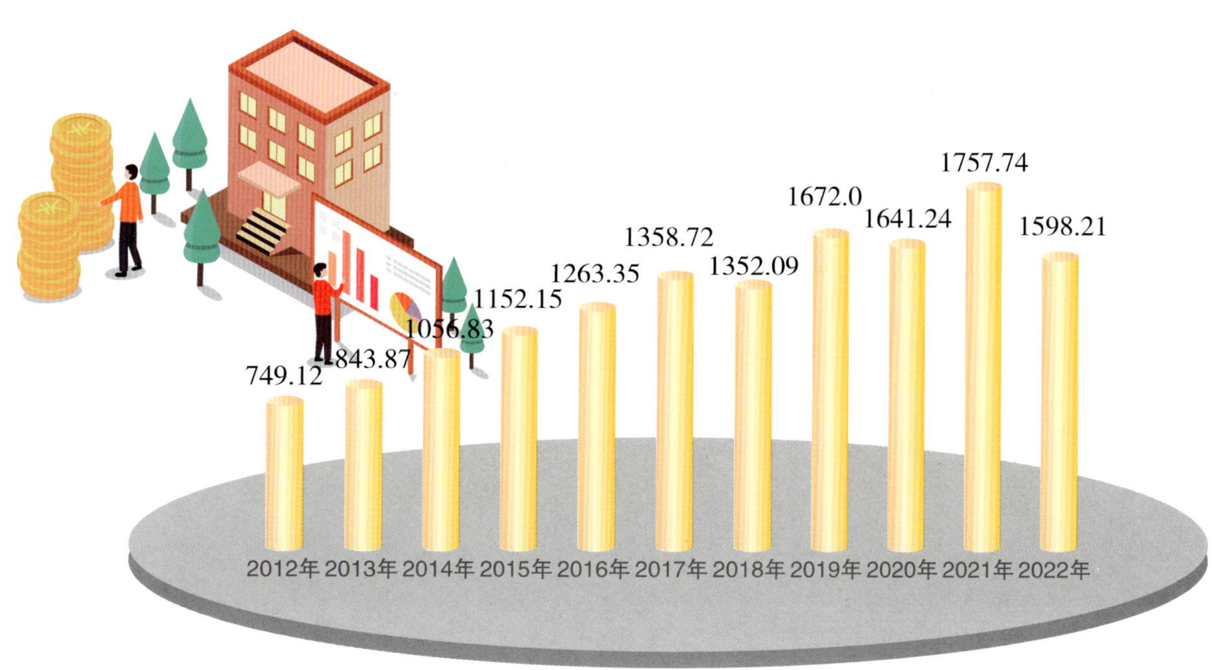

## 交通运输货运量及客运量（万吨、万人）

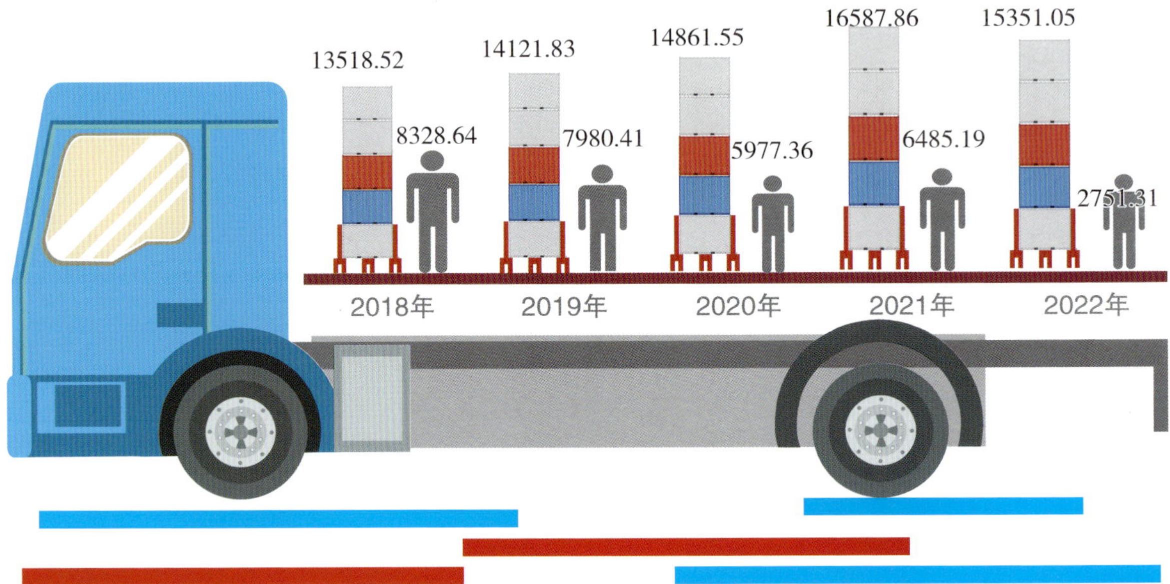


## 园林绿地面积（公顷）

## 教育发展

教师数（万人）
在校学生数（万人）
普通高等学校
30.66
46.48
41.42
41.64
42.48
44.56
47.40
48.66
56.72
46.21
49.51
1.78
1.83
1.53
1.56
1.60
1.75
1.78
1.84
1.91
2.26
2.38
普通中学
18.42
18.06
17.82
17.01
16.69
16.53
16.51
16.51
16.63
16.98
17.66
1.37
1.39
1.42
1.40
1.40
1.39
1.43
1.66
1.74
1.84
1.87
小学
20.38
20.28
20.35
20.80
21.20
21.78
22.60
23.39
24.51
25.38
26.35
1.44
1.42
1.43
1.41
1.44
1.46
1.51
1.44
1.47
1.49
1.52
2012年
2013年
2014年
2015年
2016年
2017年
2018年
2019年
2020年
2021年
2022年

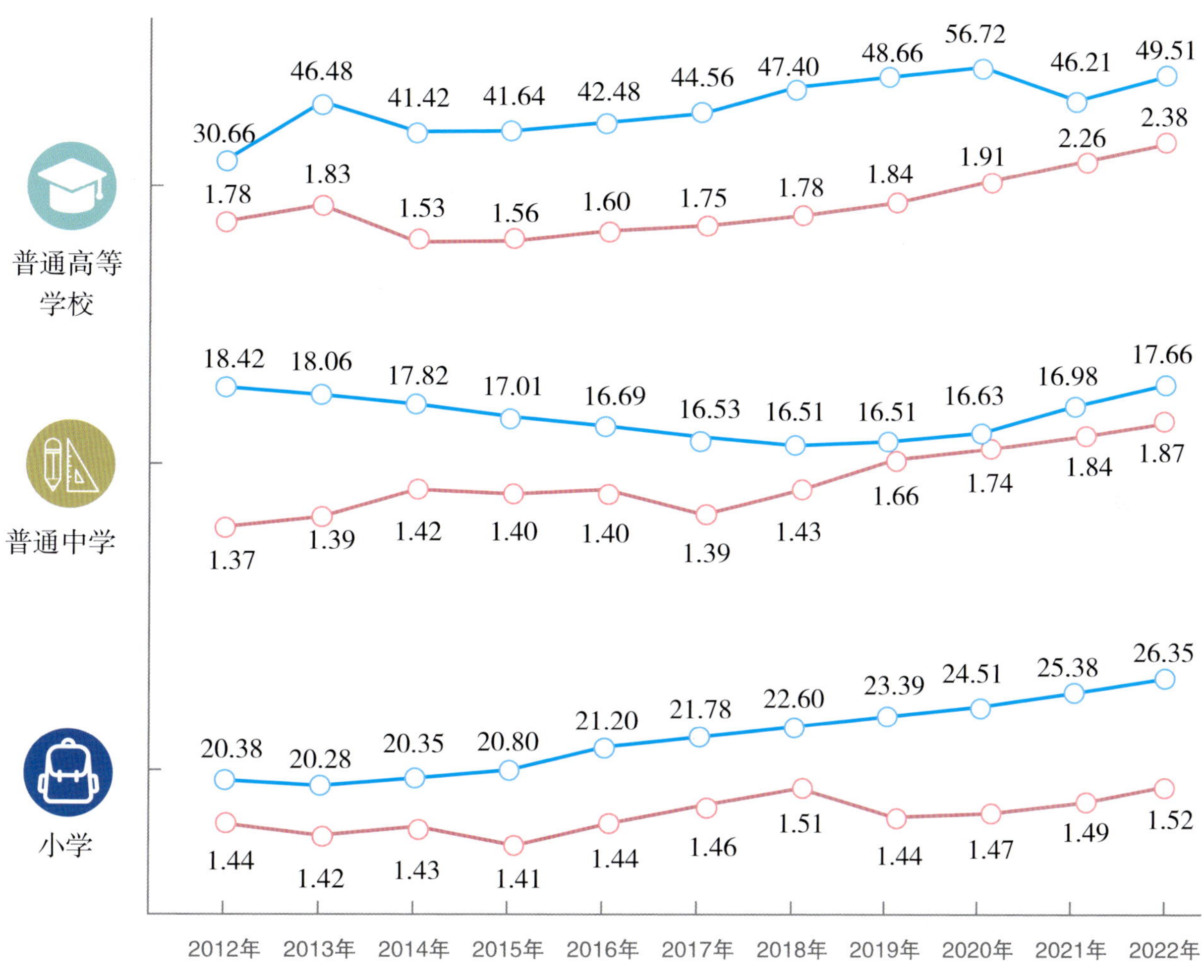

## 医疗卫生

医院、卫生院（个）

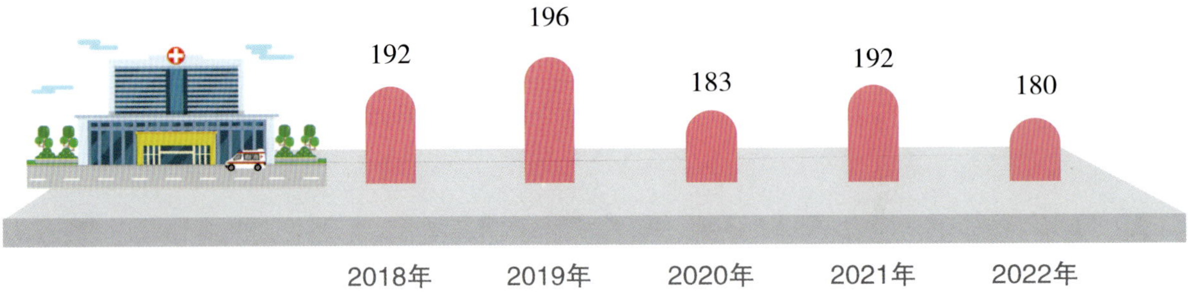


医院、卫生院床位数（张)

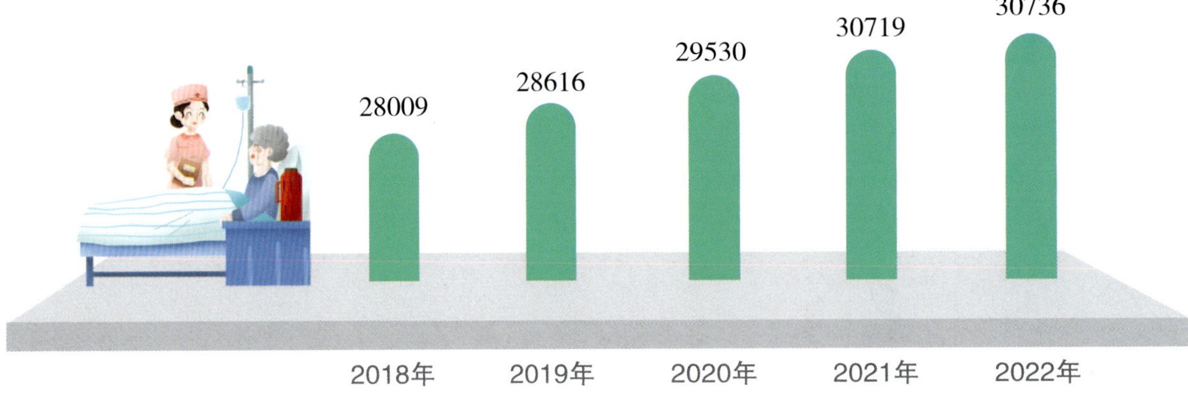


卫生技术人员（人）

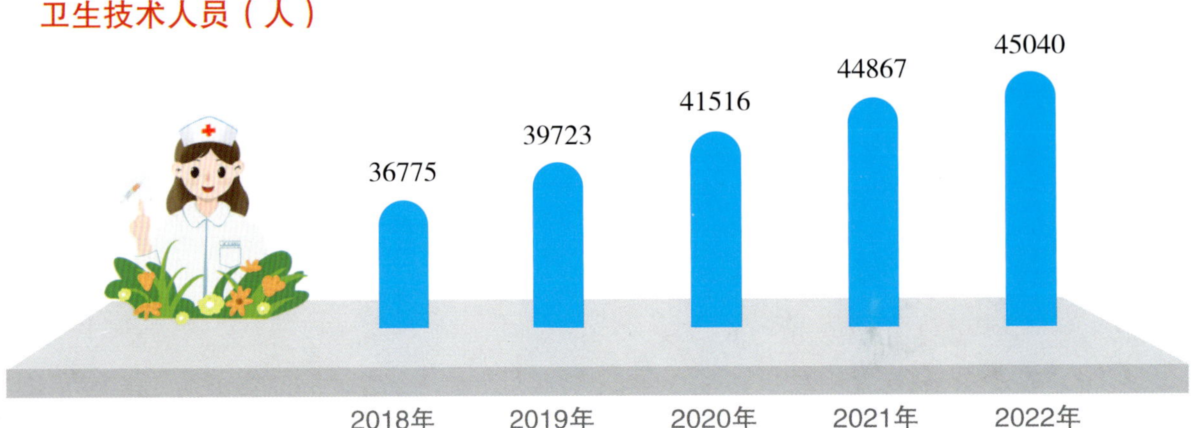

## 财政收支

一般公共预算收入（亿元）
253.32
233.23
247.13
276.73
220.98
2018年
2019年
2020年
2021年
2022年

一般公共预算支出（亿元）
465.64
456.66
486.24
484.59
498.80
2018年
2019年
2020年
2021年
2022年

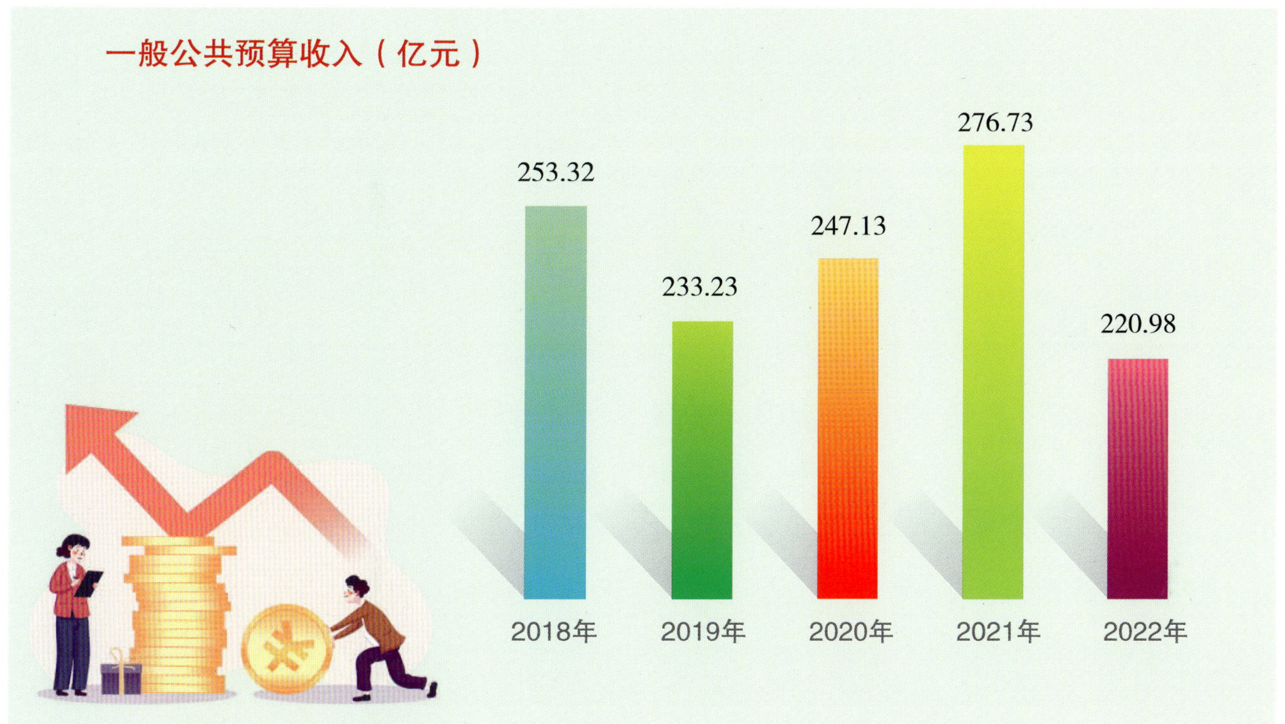

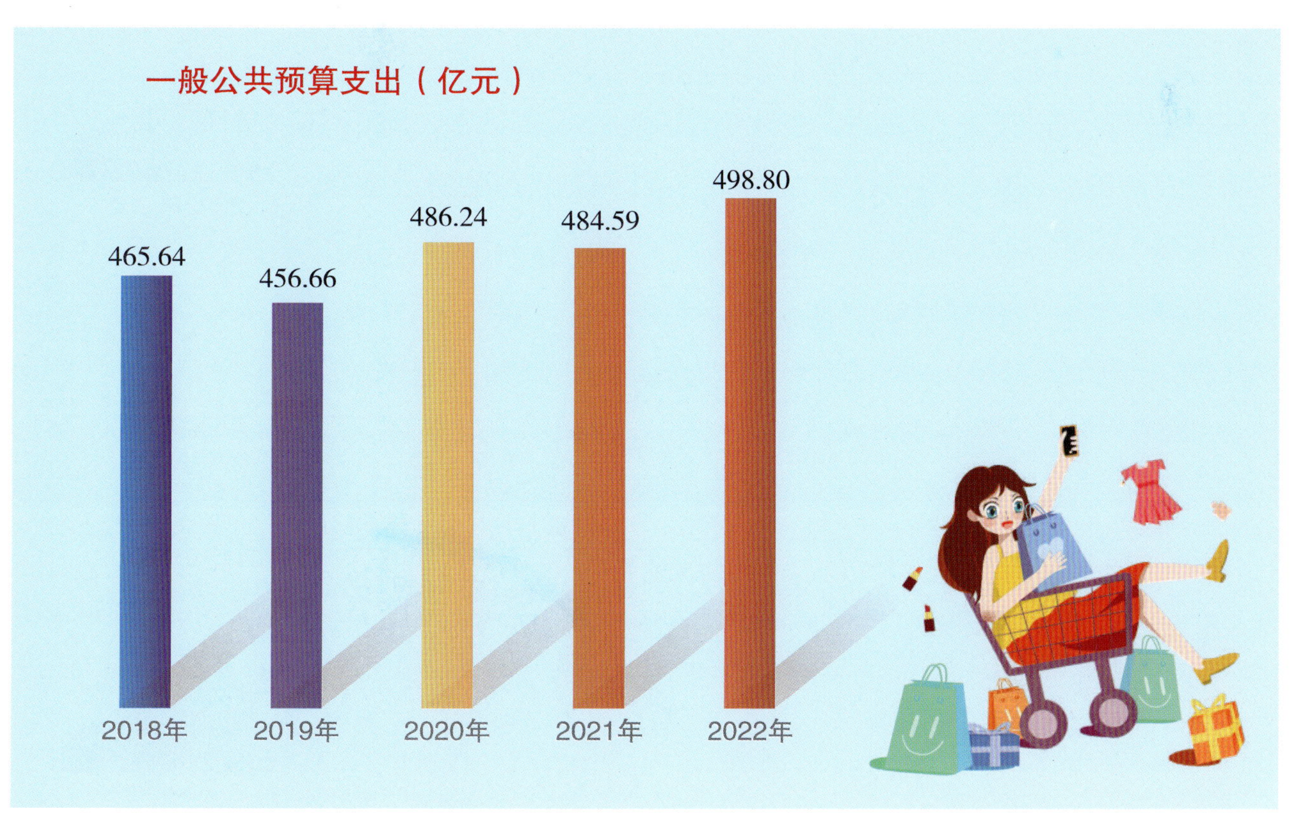

## 金融机构本外币存贷款（亿元）

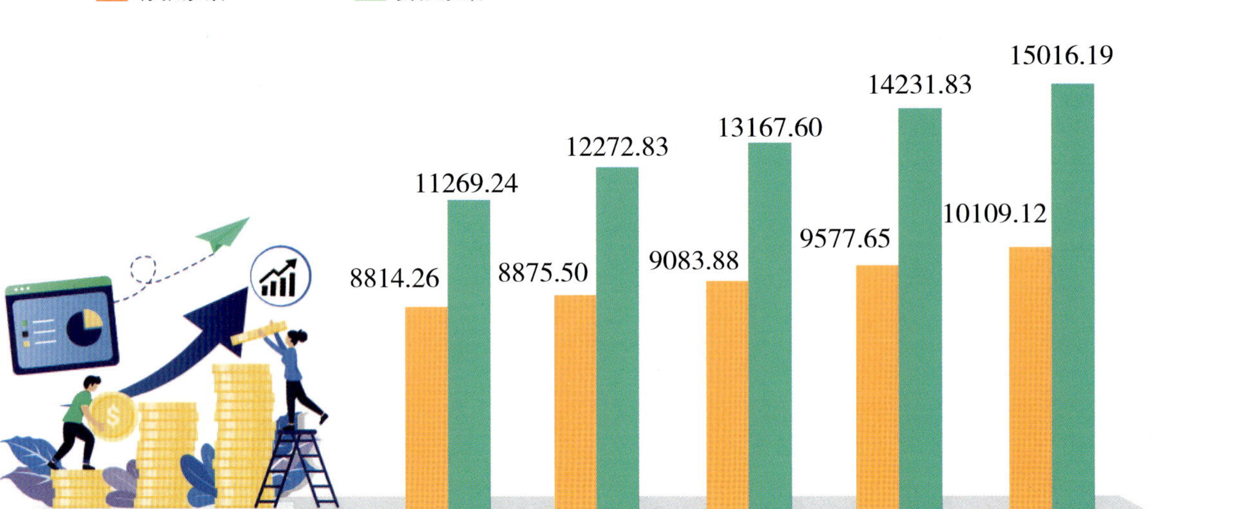


## 金融机构人民币存贷款（亿元）

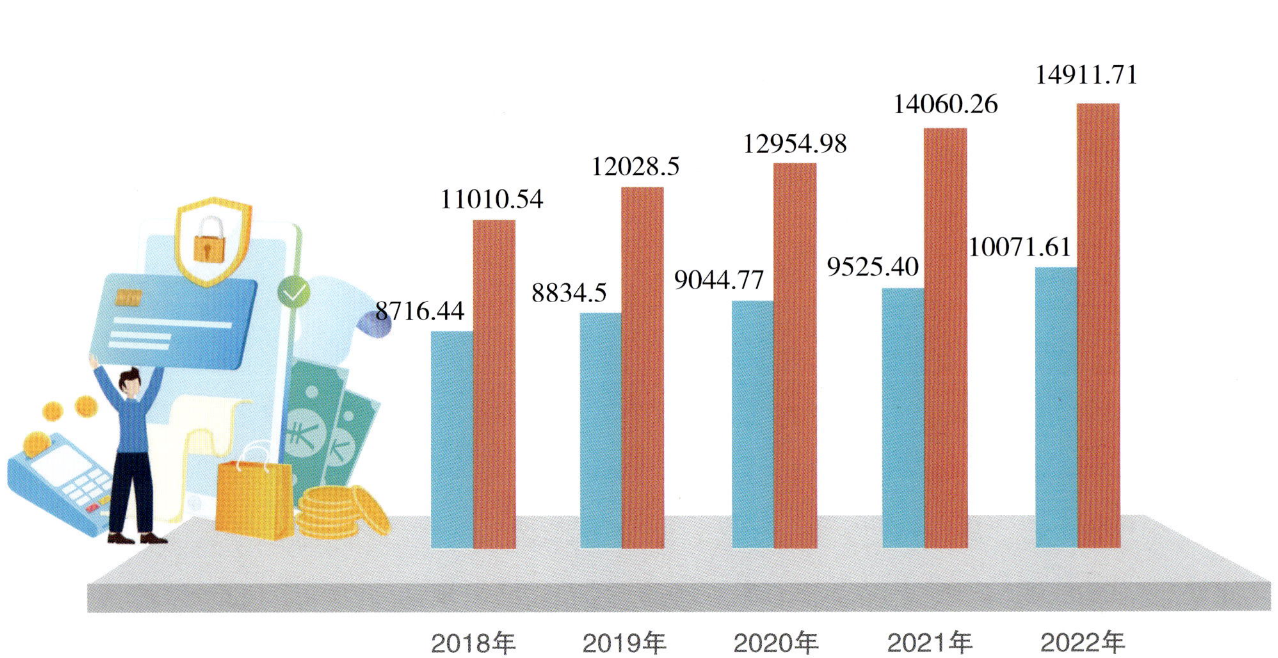

## 文化产业增加值及占GDP比重（亿元、%）

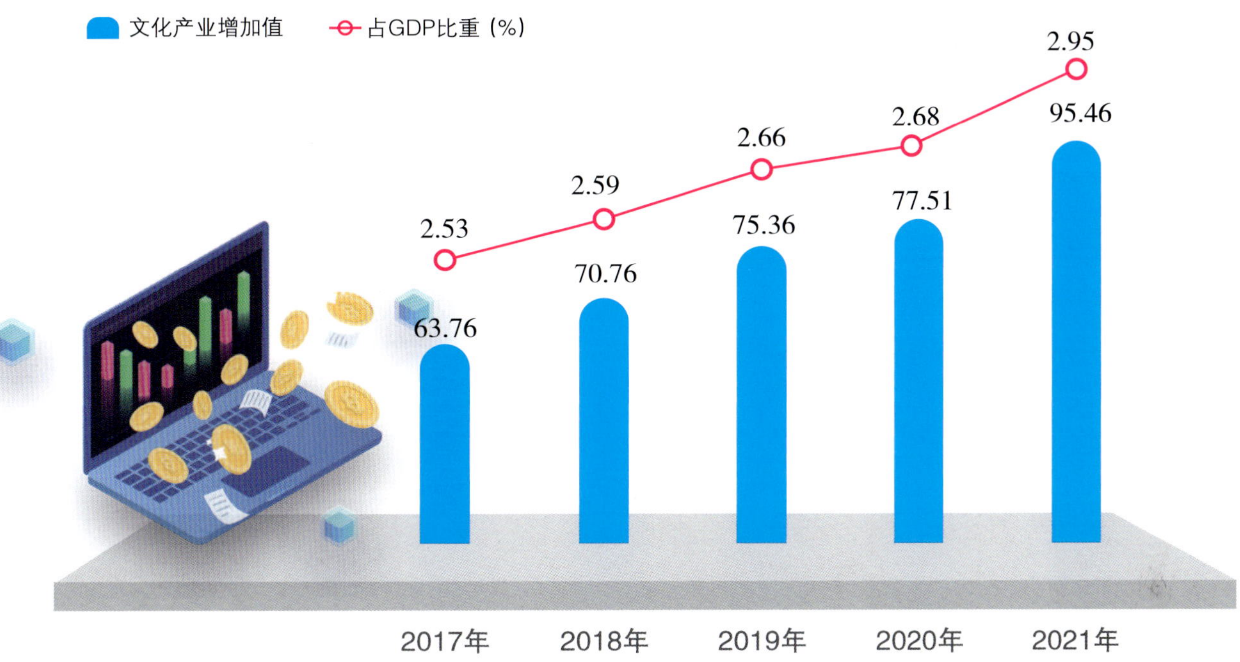

## R&D经费内部支出及占GDP比重（亿元、%）

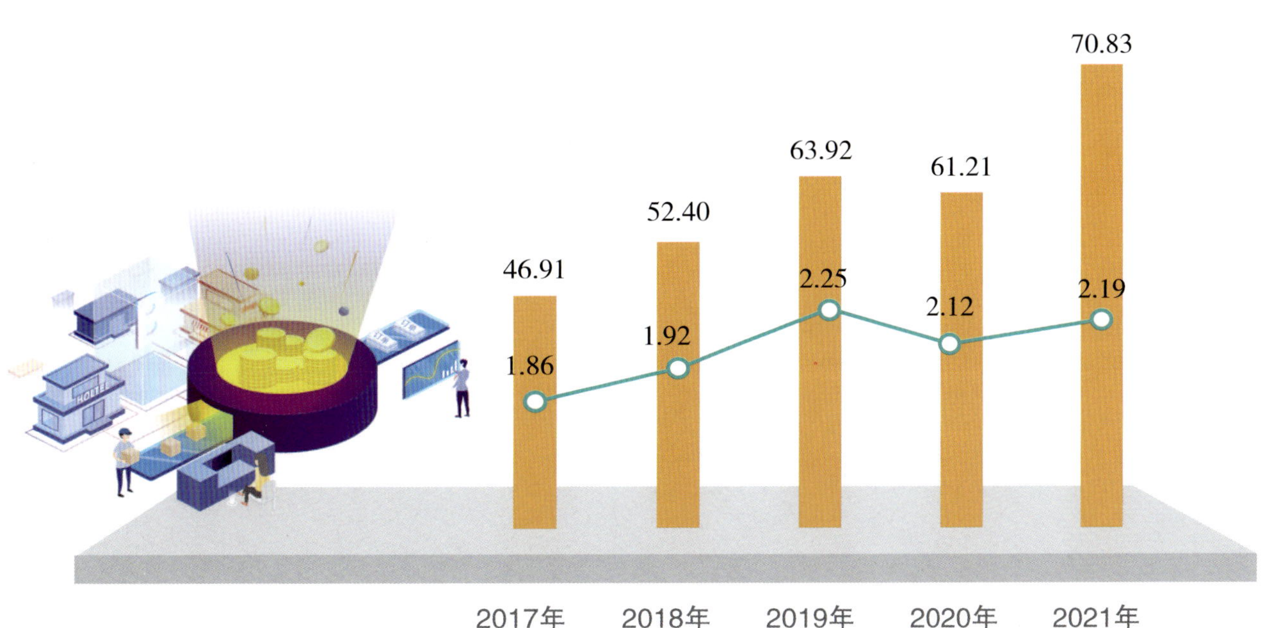

## 固定资产投资增速（%）

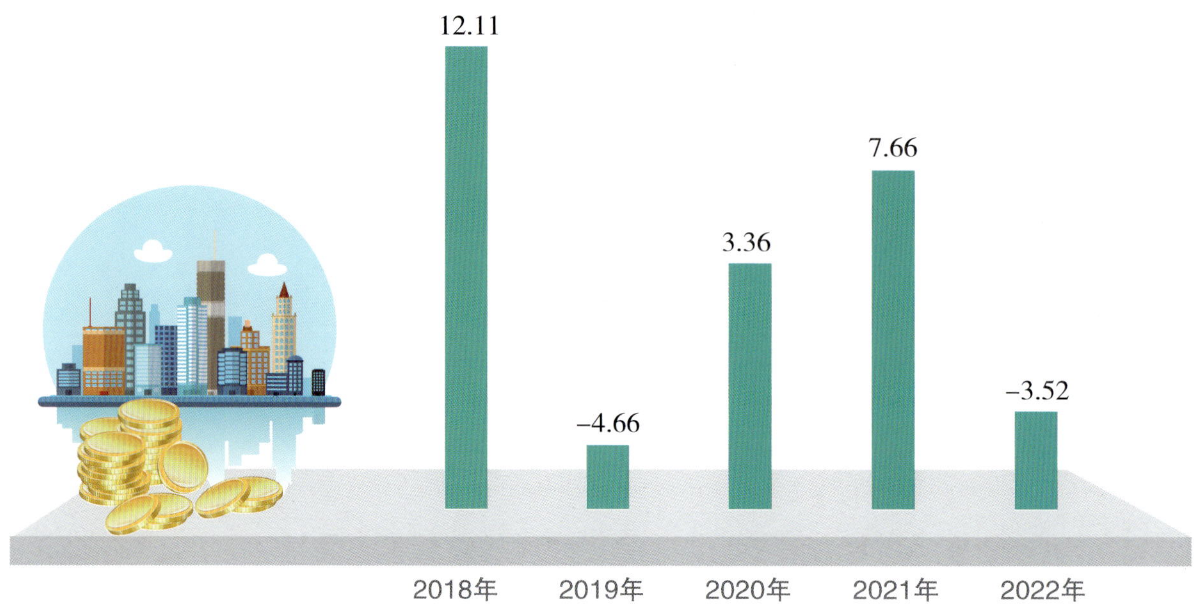


## 年末常住人口（万人)

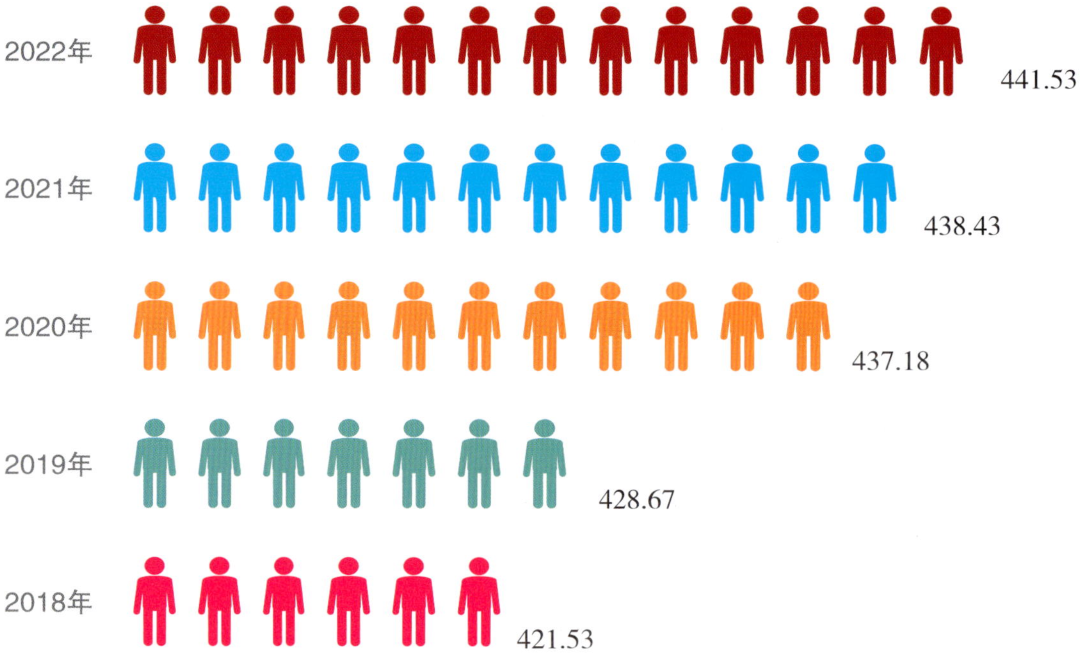

**城镇人口（万人）**

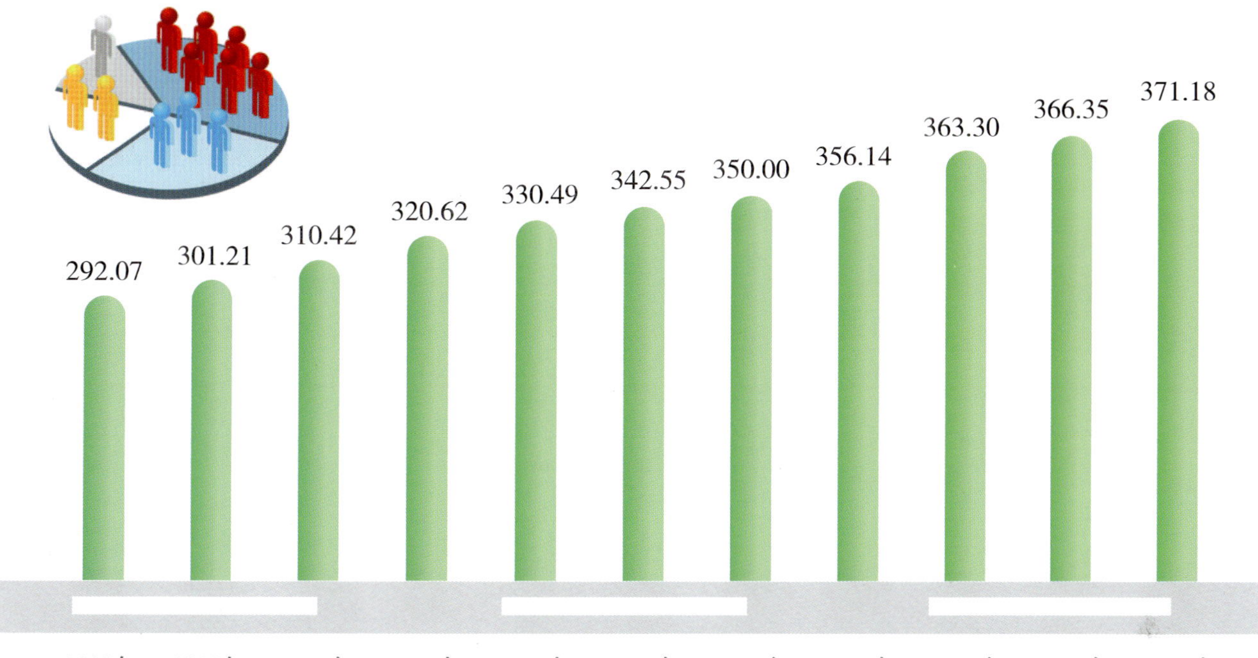


**乡村人口（万人）**

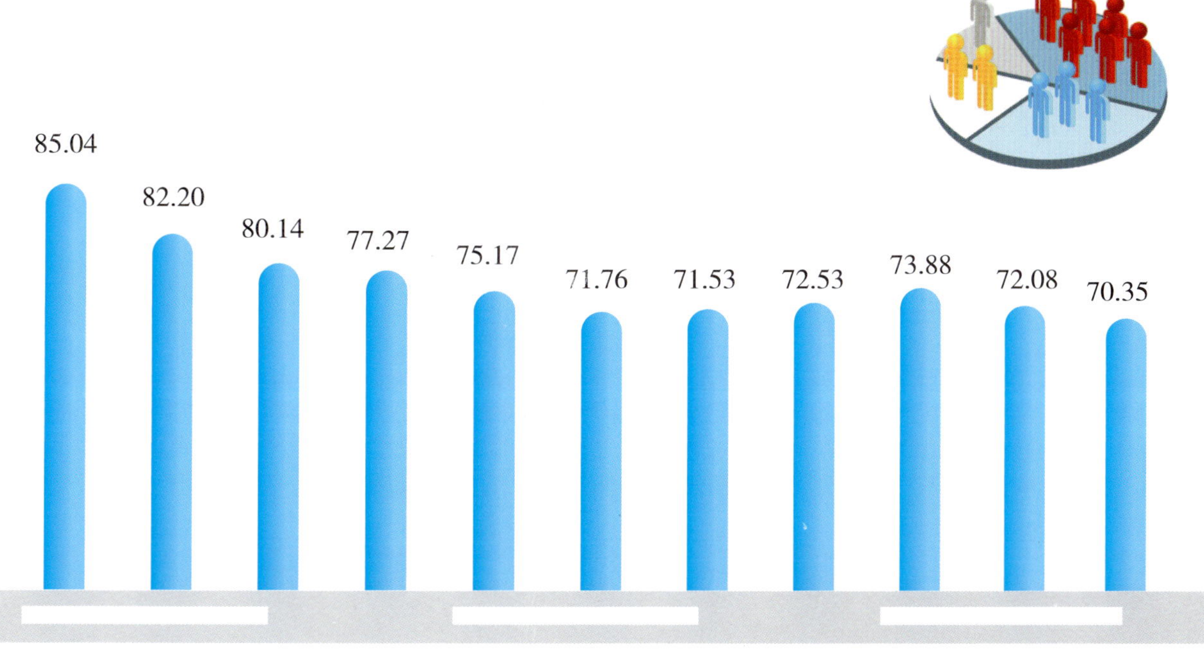

## 城镇非私营单位在岗职工平均工资（元）

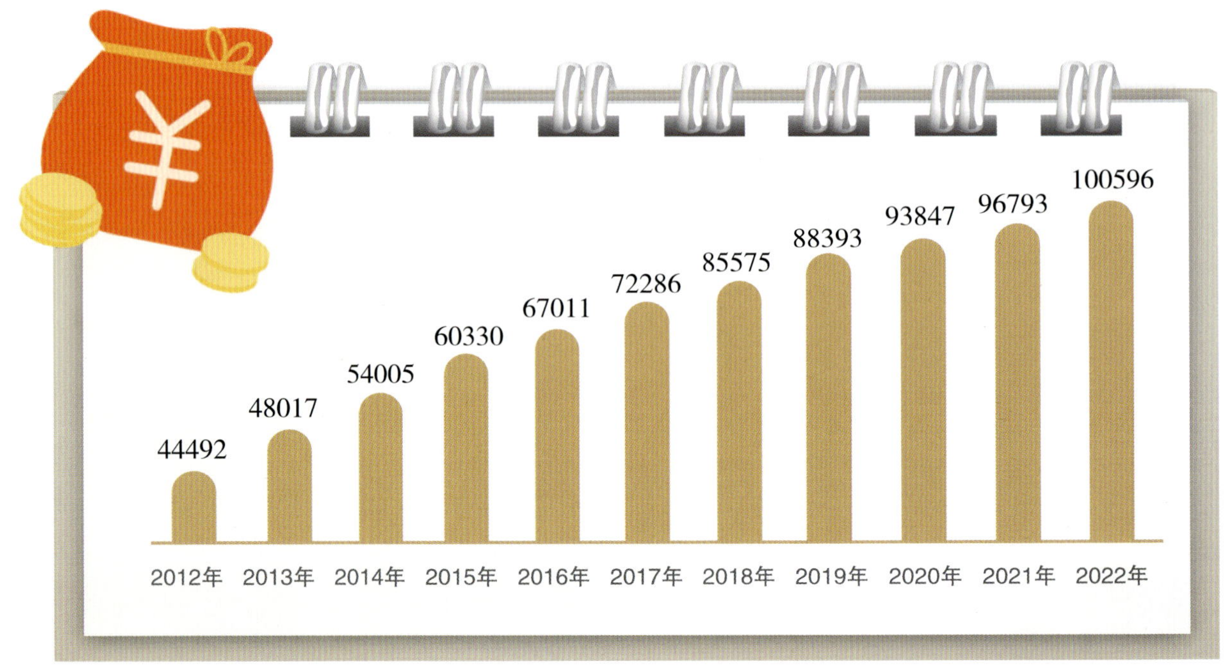


## 城镇、农村人均现住房建筑面积（平方米）

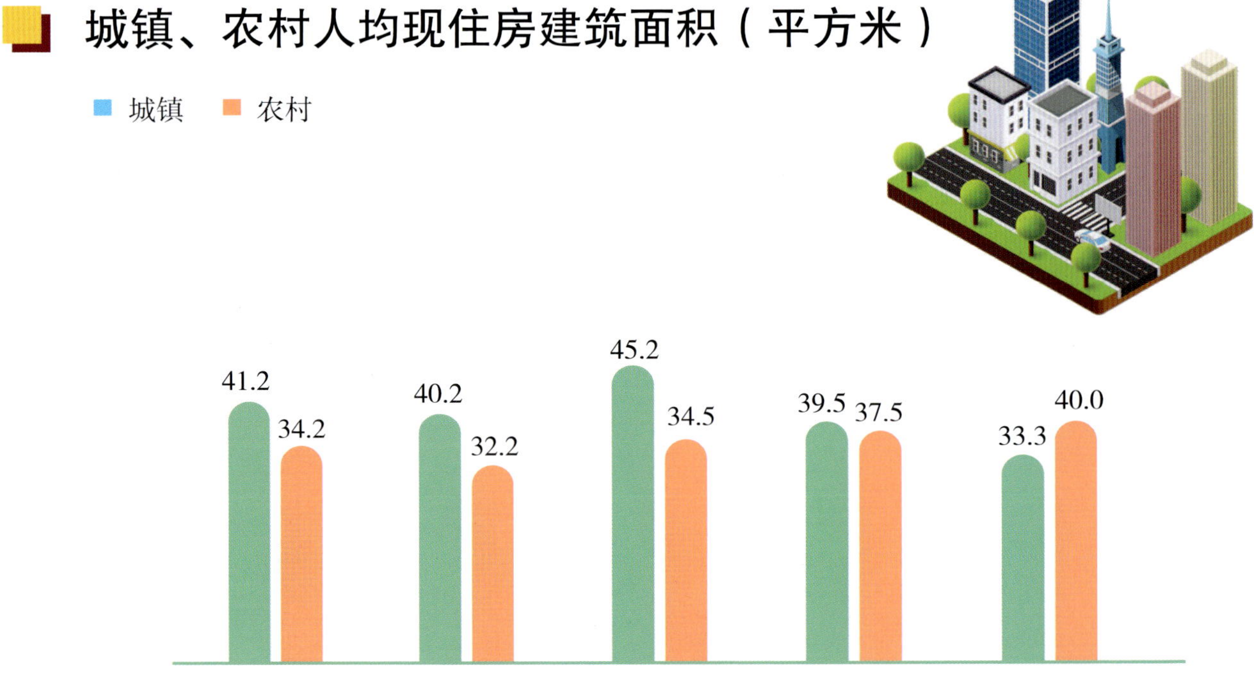

## 城镇居民人均可支配收入（元）

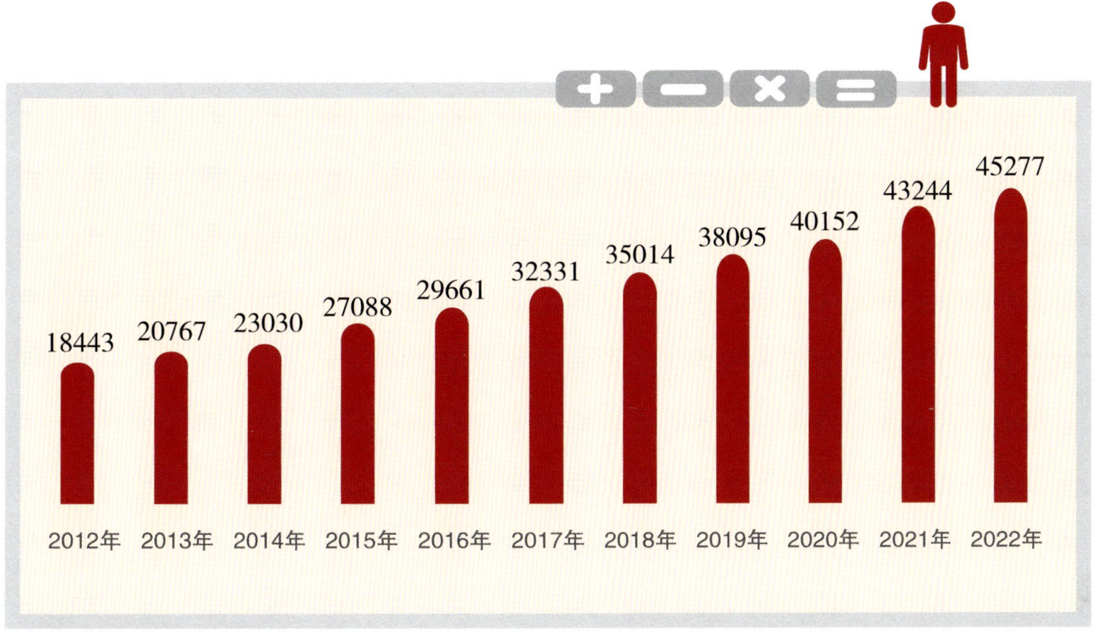


## 农村居民人均可支配收入（元）

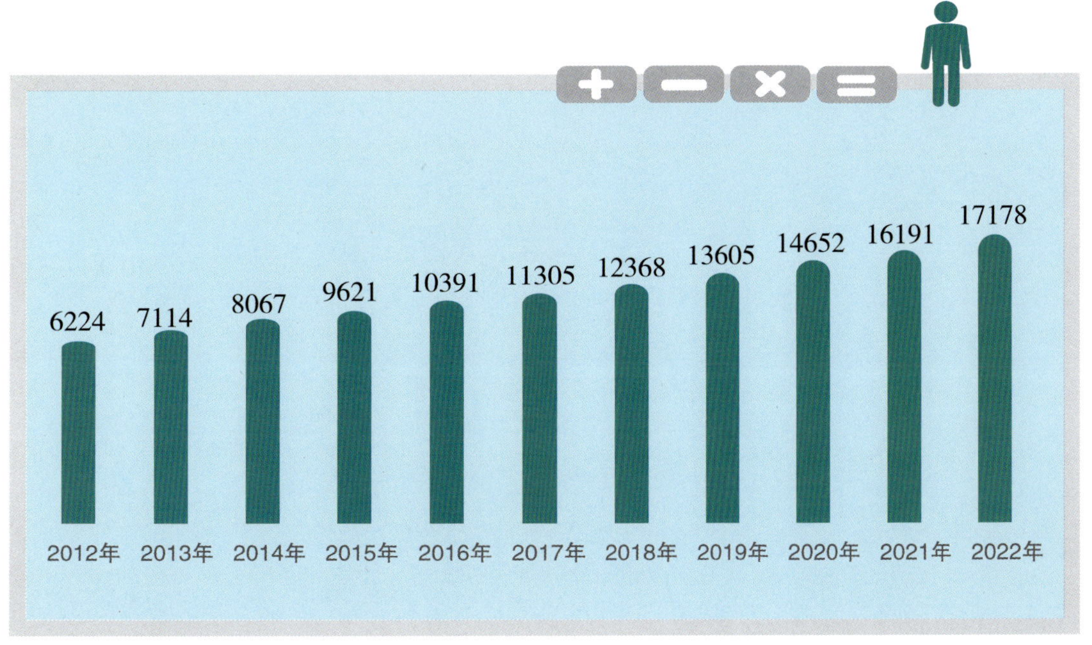

## 城镇居民人均消费支出（元）

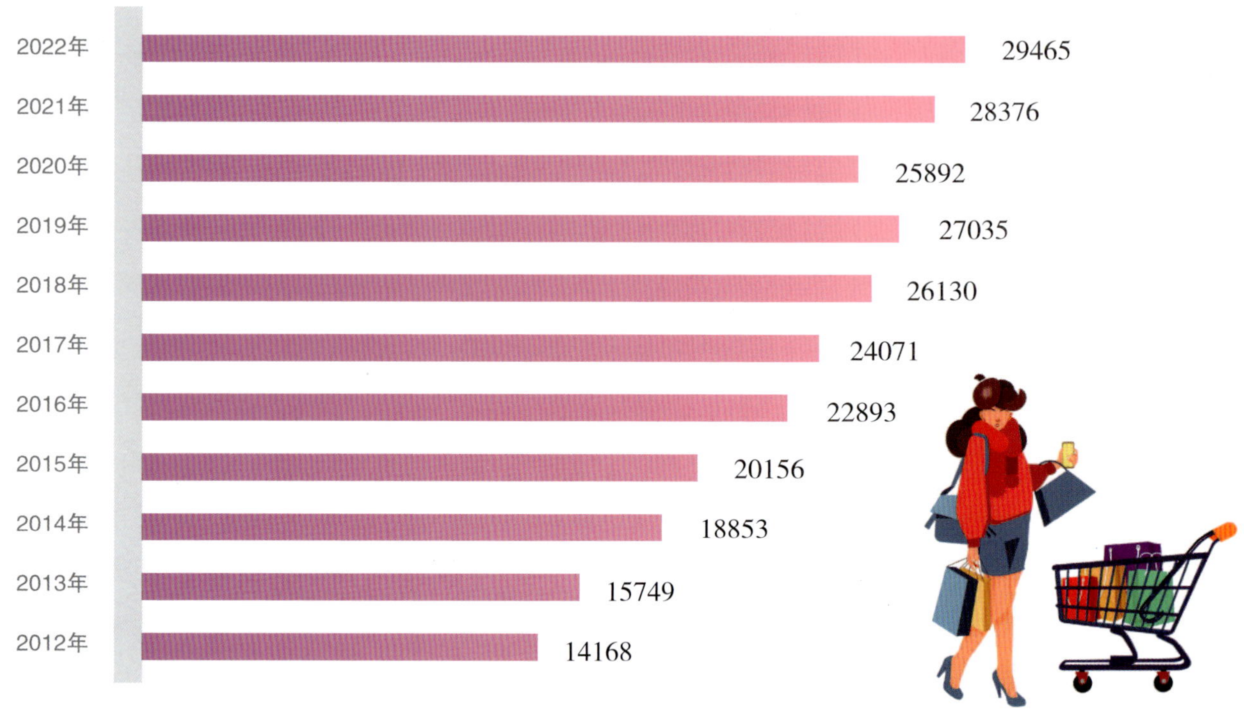


## 农村居民人均消费支出（元）

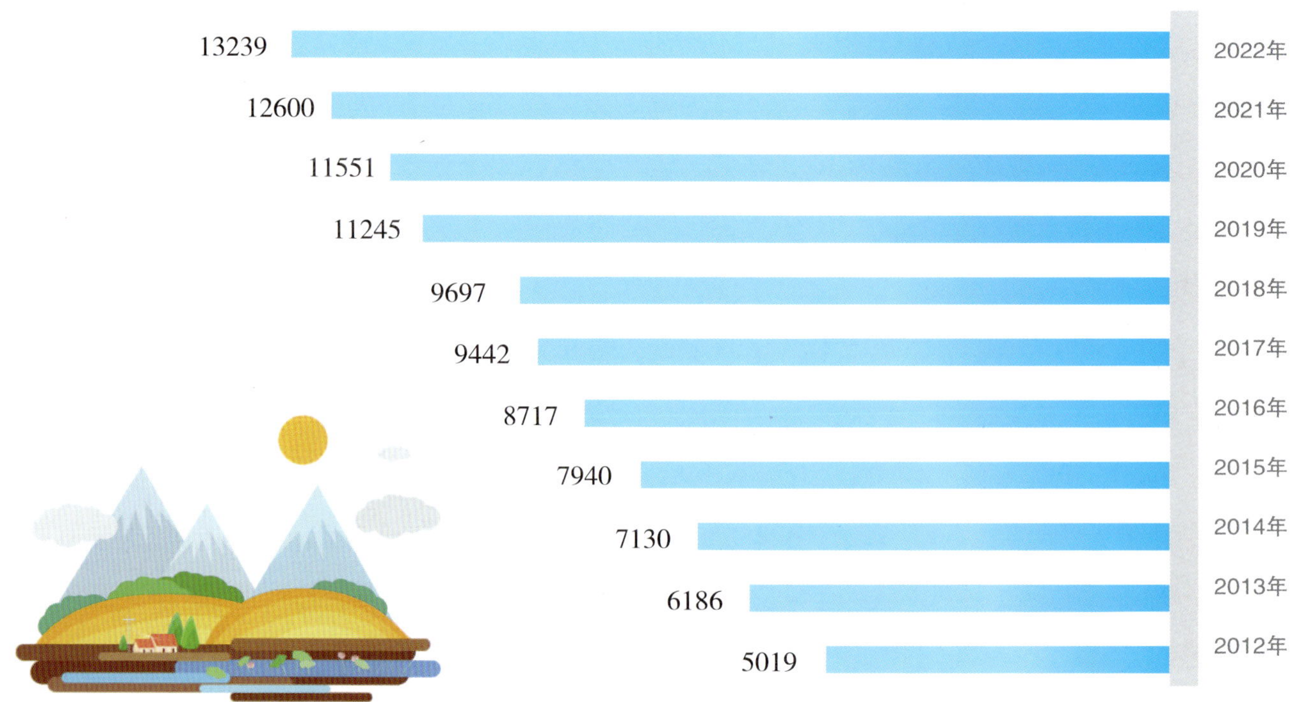

# 目 录



## 统计资料

### 一、综合



### 二、人口

## 三、工业、能源



## 四、交通运输业



## 五、农业

## 六、投资、建筑



## 七、城市建设

## 八、商业、物价



## 九、财政、金融



## 十、劳动、工资

## 十一、教育、科技文化



## 十二、卫生、司法



## 十三、人民生活

## 十四、市州主要经济指标



## 十五、全国主要指标对比

# 中华人民共和国2022年国民经济和社会发展统计公报[1]

国家统计局

2023年2月28日

2022年是党和国家历史上极为重要的一年。党的二十大胜利召开，擘画了全面建设社会主义现代化国家、以中国式现代化全面推进中华民族伟大复兴的宏伟蓝图。面对风高浪急的国际环境和艰巨繁重的国内改革发展稳定任务，在以习近平同志为核心的党中央坚强领导下，各地区各部门坚持以习近平新时代中国特色社会主义思想为指导，按照党中央、国务院决策部署，统筹国内国际两个大局，统筹疫情防控和经济社会发展，统筹发展和安全，坚持稳中求进工作总基调，完整、准确、全面贯彻新发展理念，加快构建新发展格局，着力推动高质量发展，加大宏观调控力度，应对超预期因素冲击，经济保持增长，发展质量稳步提升，创新驱动深入推进，改革开放蹄疾步稳，就业物价总体平稳，粮食安全、能源安全和人民生活得到有效保障，经济社会大局保持稳定，全面建设社会主义现代化国家新征程迈出坚实步伐。

## 一、综合

初步核算，全年国内生产总值[2]1210207亿元，比上年增长3.0%。其中，第一产业增加值88345亿元，比上年增长4.1%；第二产业增加值483164亿元，增长3.8%；第三产业增加值638698亿元，增长2.3%。第一产业增加值占国内生产总值比重为7.3%，第二产业增加值比重为39.9%，第三产业增加值比重为52.8%。全年最终消费支出拉动国内生产总值增长1.0个百分点，资本形成总额拉动国内生产总值增长1.5个百分点，货物和服务净出口拉动国内生产总值增长0.5个百分点。全年人均国内生产总值85698元，比上年增长3.0%。国民总收入[3]1197215亿元，比上年增长2.8%。全员劳动生产率[4]为152977元/人，比上年提高4.2%。

图1　2018-2022年国内生产总值及其增长速度

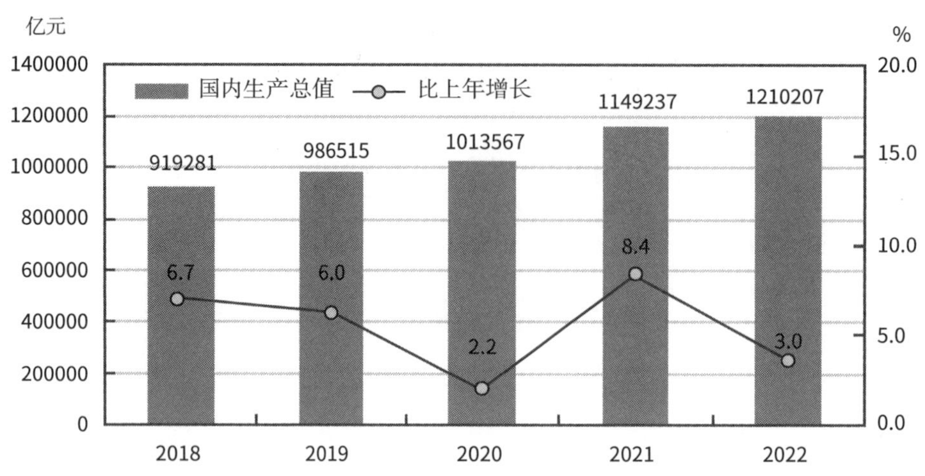


图2　2018-2022年三次产业增加值占国内生产总值比重

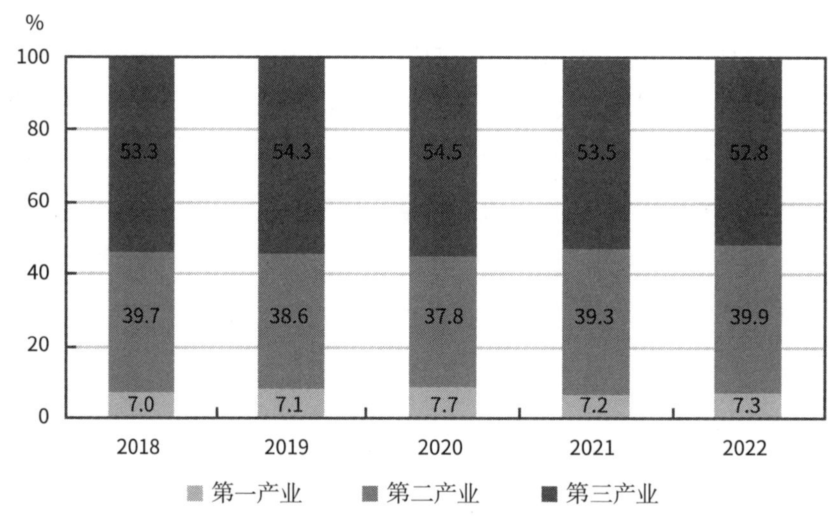


图3　2018-2022年全员劳动生产率[5]

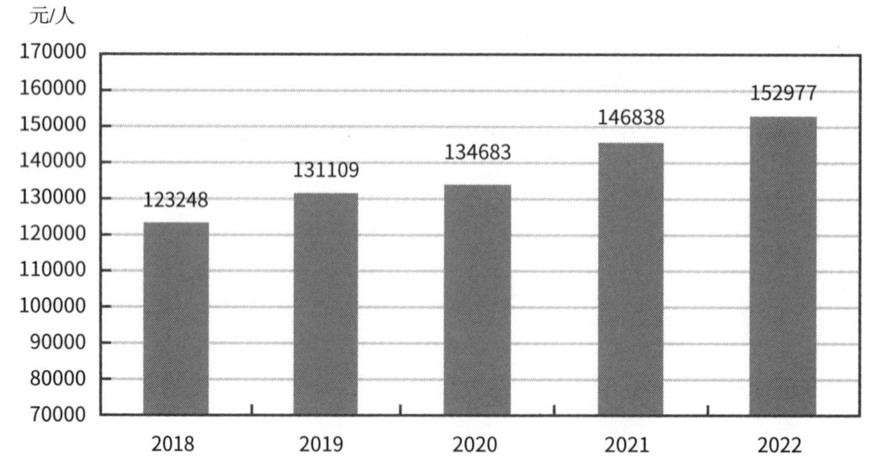

年末全国人口[6]141175万人，比上年末减少85万人，其中城镇常住人口92071万人。全年出生人口956万人，出生率为6.77‰；死亡人口1041万人，死亡率为7.37‰；自然增长率为-0.60‰。

**表1　2022年年末人口数及其构成**

| 指标 | 年末数（万人） | 比重（%） |
| --- | --- | --- |
| 全国人口 | 141175 | 100.0 |
| 其中：城镇 | 92071 | 65.2 |
| 乡村 | 49104 | 34.8 |
| 其中：男性 | 72206 | 51.1 |
| 女性 | 68969 | 48.9 |
| 其中：0–15岁（含不满16周岁）[7] | 25615 | 18.1 |
| 16–59岁（含不满60周岁） | 87556 | 62.0 |
| 60周岁及以上 | 28004 | 19.8 |
| 其中：65周岁及以上 | 20978 | 14.9 |

年末全国就业人员73351万人，其中城镇就业人员45931万人，占全国就业人员比重为62.6%。全年城镇新增就业1206万人，比上年少增63万人。全年全国城镇调查失业率平均值为5.6%。年末全国城镇调查失业率为5.5%。全国农民工[8]总量29562万人，比上年增长1.1%。其中，外出农民工17190万人，增长0.1%；本地农民工12372万人，增长2.4%。

**图4　2018–2022年城镇新增就业人数**

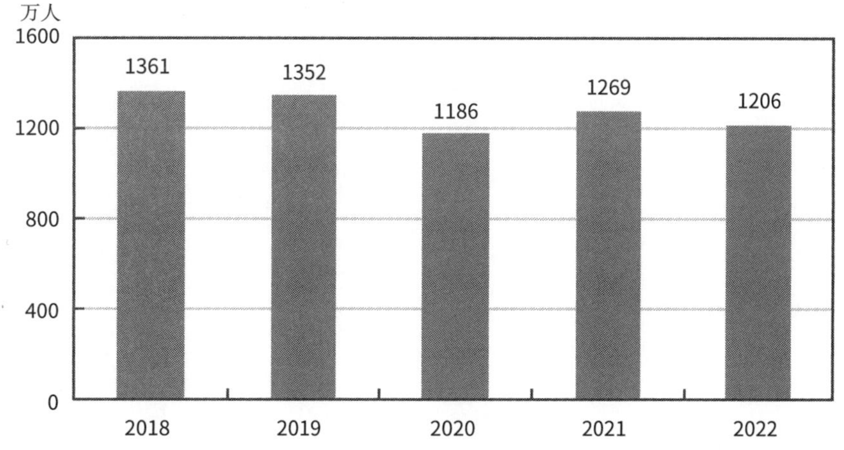


全年居民消费价格比上年上涨2.0%。工业生产者出厂价格上涨4.1%。工业生产者购进价格上涨6.1%。农产品生产者价格[9]上涨0.4%。12月份，70个大中城市中，新建商品住宅销售价格同比上涨的城市个数为16个，持平的为1个，下降的为53个；二手住宅销售价格同比上涨的城市个数为6个，下降的为64个。

图5 2022年居民消费价格月度涨跌幅度

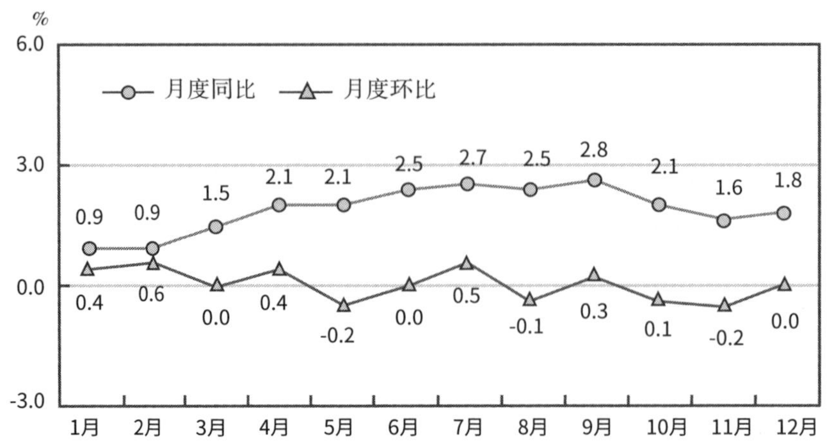


表2 2022年居民消费价格比上年涨跌幅度

单位：%

| 指标 | 全国 | 城市 | 农村 |
|---|---|---|---|
| 居民消费价格 | 2.0 | 2.0 | 2.0 |
| 其中：食品烟酒 | 2.4 | 2.6 | 2.1 |
| 衣　着 | 0.5 | 0.6 | 0.3 |
| 居　住[10] | 0.7 | 0.5 | 1.3 |
| 生活用品及服务 | 1.2 | 1.2 | 1.0 |
| 交通通信 | 5.2 | 5.2 | 5.0 |
| 教育文化娱乐 | 1.8 | 1.9 | 1.7 |
| 医疗保健 | 0.6 | 0.6 | 0.8 |
| 其他用品及服务 | 1.6 | 1.5 | 2.0 |

年末国家外汇储备31277亿美元，比上年末减少1225亿美元。全年人民币平均汇率为1美元兑6.7261元人民币，比上年贬值4.1%。

**图6 2018-2022年年末国家外汇储备**

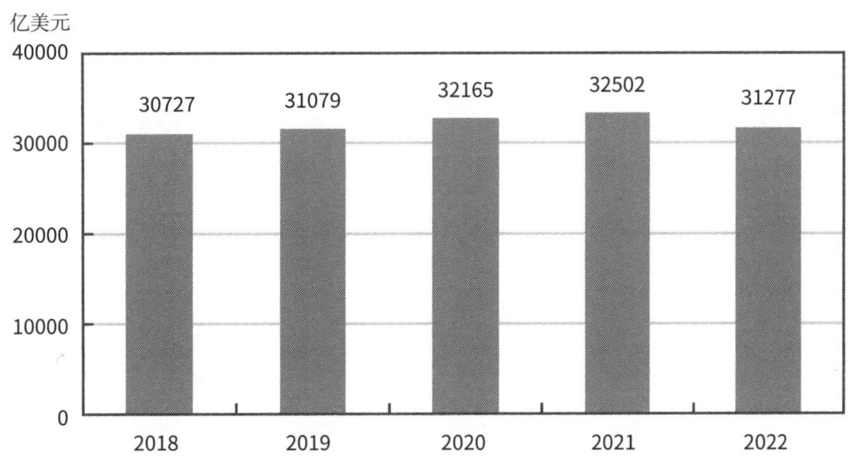


新产业新业态新模式较快成长。全年规模以上工业中，高技术制造业[11]增加值比上年增长7.4%，占规模以上工业增加值的比重为15.5%；装备制造业[12]增加值增长5.6%，占规模以上工业增加值的比重为31.8%。全年规模以上服务业[13]中，战略性新兴服务业[14]企业营业收入比上年增长4.8%。全年高技术产业投资[15]比上年增长18.9%。全年新能源汽车产量700.3万辆，比上年增长90.5%；太阳能电池（光伏电池）产量3.4亿千瓦，增长46.8%。全年电子商务交易额[16]438299亿元，按可比口径计算，比上年增长3.5%。全年网上零售额[17]137853亿元，按可比口径计算，比上年增长4.0%。全年新登记市场主体2908万户，日均新登记企业2.4万户，年末市场主体总数近1.7亿户。

城乡区域协调发展稳步推进。年末全国常住人口城镇化率为65.22%，比上年末提高0.50个百分点。分区域看[18]，全年东部地区生产总值622018亿元，比上年增长2.5%；中部地区生产总值266513亿元，增长4.0%；西部地区生产总值256985亿元，增长3.2%；东北地区生产总值57946亿元，增长1.3%。全年京津冀地区生产总值100293亿元，比上年增长2.0%；长江经济带地区生产总值559766亿元，增长3.0%；长江三角洲地区生产总值290289亿元，增长2.5%。粤港澳大湾区建设、黄河流域生态保护和高质量发展等区域重大战略扎实推进。

**图7 2018-2022年年末常住人口城镇化率**

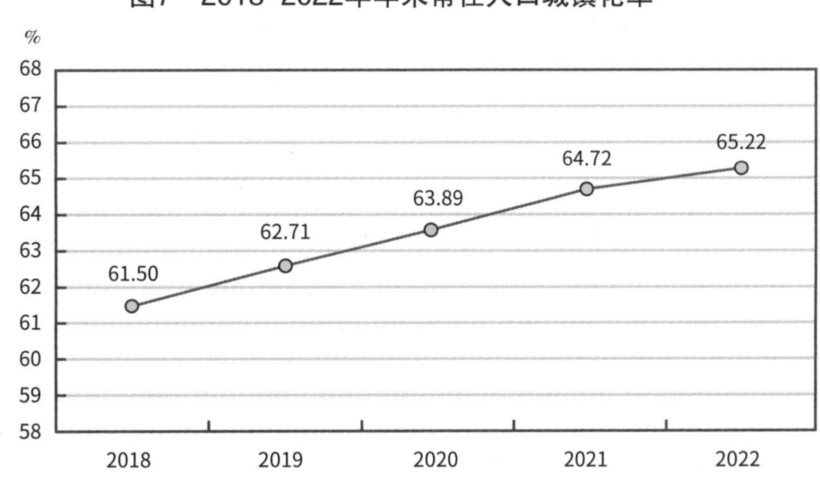

绿色转型发展迈出新步伐。全年全国万元国内生产总值能耗[19]比上年下降0.1%。全年水电、核电、风电、太阳能发电等清洁能源发电量29599亿千瓦时，比上年增长8.5%。在监测的339个地级及以上城市中，全年空气质量达标的城市占62.8%，未达标的城市占37.2%；细颗粒物（$PM_{2.5}$）年平均浓度29微克/立方米，比上年下降3.3%。3641个国家地表水考核断面中，全年水质优良（Ⅰ～Ⅲ类）断面比例为87.9%，Ⅳ类断面比例为9.7%，Ⅴ类断面比例为1.7%，劣Ⅴ类断面比例为0.7%。

## 二、农业

全年粮食种植面积11833万公顷，比上年增加70万公顷。其中，稻谷种植面积2945万公顷，减少47万公顷；小麦种植面积2352万公顷，减少5万公顷；玉米种植面积4307万公顷，减少25万公顷；大豆种植面积1024万公顷，增加183万公顷。棉花种植面积300万公顷，减少3万公顷。油料种植面积1314万公顷，增加4万公顷。糖料种植面积147万公顷，增加1万公顷。

全年粮食产量68653万吨，比上年增加368万吨，增产0.5%。其中，夏粮产量14740万吨，增产1.0%；早稻产量2812万吨，增产0.4%；秋粮产量51100万吨，增产0.4%。全年谷物产量63324万吨，比上年增产0.1%。其中，稻谷产量20849万吨，减产2.0%；小麦产量13772万吨，增产0.6%；玉米产量27720万吨，增产1.7%。大豆产量2028万吨，增产23.7%。

图8 2018–2022年粮食产量

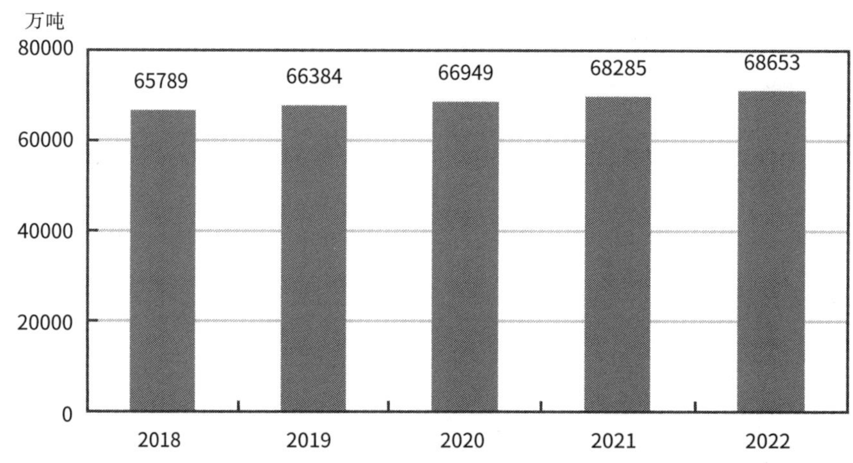


全年棉花产量598万吨，比上年增产4.3%。油料产量3653万吨，增产1.1%。糖料产量11444万吨，减产0.1%。茶叶产量335万吨，增产5.7%。

全年猪牛羊禽肉产量9227万吨，比上年增长3.8%。其中，猪肉产量5541万吨，增长4.6%；牛肉产量718万吨，增长3.0%；羊肉产量525万吨，增长2.0%；禽肉产量2443万吨，增长2.6%。禽蛋产量3456万吨，增长1.4%。牛奶产量3932万吨，增长6.8%。年末生猪存栏45256万头，比上年末增长0.7%；全年生猪出栏69995万头，比上年增长4.3%。

全年水产品产量6869万吨，比上年增长2.7%。其中，养殖水产品产量5568万吨，增长3.2%；捕捞水产品产量1301万吨，增长0.4%。

全年木材产量10693万立方米，比上年下降7.7%。

全年新增耕地灌溉面积78万公顷，新增高效节水灌溉面积161万公顷。

## 三、工业和建筑业

全年全部工业增加值401644亿元，比上年增长3.4%。规模以上工业增加值增长3.6%。在规模以上工业中，分经济类型看，国有控股企业增加值增长3.3%；股份制企业增长4.8%，外商及港澳台商投资企业下降1.0%；私营企业增长2.9%。分门类看，采矿业增长7.3%，制造业增长3.0%，电力、热力、燃气及水生产和供应业增长5.0%。

图9　2018-2022年全部工业增加值及其增长速度

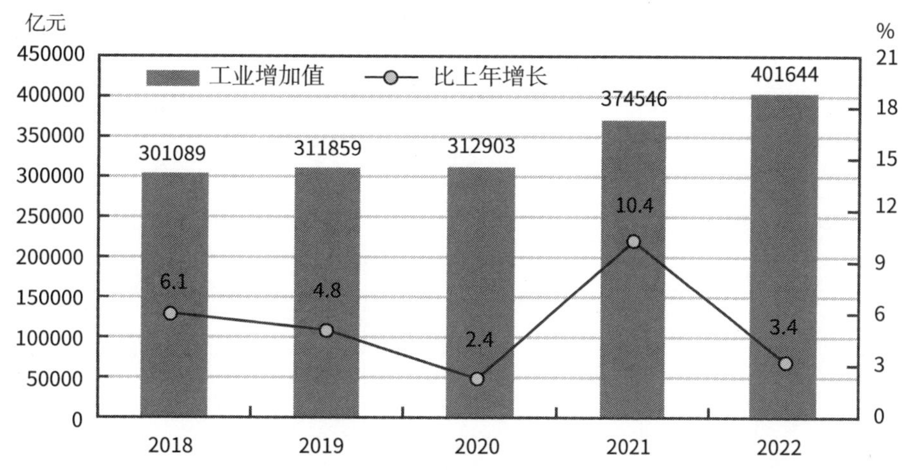


全年规模以上工业中，农副食品加工业增加值比上年增长0.7%，纺织业下降2.7%，化学原料和化学制品制造业增长6.6%，非金属矿物制品业下降1.5%，黑色金属冶炼和压延加工业增长1.2%，通用设备制造业下降1.2%，专用设备制造业增长3.6%，汽车制造业增长6.3%，电气机械和器材制造业增长11.9%，计算机、通信和其他电子设备制造业增长7.6%，电力、热力生产和供应业增长5.1%。

表3　2022年主要工业产品产量及其增长速度[20]

| 产品名称 | 单位 | 产量 | 比上年增长（%） |
|---|---|---|---|
| 纱 | 万吨 | 2719.1 | -5.4 |
| 布 | 亿米 | 467.5 | -6.9 |
| 化学纤维 | 万吨 | 6697.8 | -0.2 |
| 成品糖 | 万吨 | 1486.8 | 2.6 |
| 卷烟 | 亿支 | 24321.5 | 0.6 |
| 彩色电视机 | 万台 | 19578.3 | 5.8 |
| 家用电冰箱 | 万台 | 8664.4 | -3.6 |
| 房间空气调节器 | 万台 | 22247.3 | 1.9 |
| 一次能源生产总量 | 亿吨标准煤 | 46.6 | 9.2 |
| 原煤 | 亿吨 | 45.6 | 10.5 |

续表

| 产品名称 | 单位 | 产量 | 比上年增长（%） |
|---|---|---|---|
| 原油 | 万吨 | 20472.2 | 2.9 |
| 天然气 | 亿立方米 | 2201.1 | 6.0 |
| 发电量 | 亿千瓦时 | 88487.1 | 3.7 |
| 其中：火电[21] | 亿千瓦时 | 58887.9 | 1.4 |
| 水电 | 亿千瓦时 | 13522.0 | 1.0 |
| 核电 | 亿千瓦时 | 4177.8 | 2.5 |
| 风电 | 亿千瓦时 | 7626.7 | 16.2 |
| 太阳能发电 | 亿千瓦时 | 4272.7 | 31.2 |
| 粗钢 | 万吨 | 101795.9 | -1.7 |
| 钢材[22] | 万吨 | 134033.5 | 0.3 |
| 十种有色金属 | 万吨 | 6793.6 | 4.9 |
| 其中：精炼铜（电解铜） | 万吨 | 1106.3 | 5.5 |
| 原铝（电解铝） | 万吨 | 4021.4 | 4.4 |
| 水泥 | 亿吨 | 21.3 | -10.5 |
| 硫酸（折100%） | 万吨 | 9504.6 | 1.3 |
| 烧碱（折100%） | 万吨 | 3980.5 | 2.3 |
| 乙烯 | 万吨 | 2897.5 | 2.5 |
| 化肥（折100%） | 万吨 | 5573.3 | 0.5 |
| 发电机组（发电设备） | 万千瓦 | 18376.1 | 15.0 |
| 汽车 | 万辆 | 2718.0 | 3.5 |
| 其中：新能源汽车 | 万辆 | 700.3 | 90.5 |
| 大中型拖拉机 | 万台 | 40.0 | -2.8 |
| 集成电路 | 亿块 | 3241.9 | -9.8 |
| 程控交换机 | 万线 | 883.8 | 26.3 |
| 移动通信手持机 | 万台 | 156080.0 | -6.1 |
| 微型计算机设备 | 万台 | 43418.2 | -7.0 |
| 工业机器人 | 万套 | 44.3 | 21.0 |
| 太阳能电池（光伏电池） | 万千瓦 | 34364.2 | 46.8 |
| 充电桩 | 万个 | 191.5 | 80.3 |

年末全国发电装机容量256405万千瓦，比上年末增长7.8%。其中[23]，火电装机容量133239万千瓦，增长2.7%；水电装机容量41350万千瓦，增长5.8%；核电装机容量5553万千瓦，增长4.3%；并网风电装机容量36544万千瓦，增长11.2%；并网太阳能发电装机容量39261万千瓦，增长28.1%。

全年规模以上工业企业利润84039亿元，比上年下降[24]4.0%。分经济类型看，国有控股企业利润23792亿元，比上年增长3.0%；股份制企业61611亿元，下降2.7%，外商及港澳台商投资企业20040亿元，下降9.5%；私营企业26638亿元，下降7.2%。分门类看，采矿业利润15574亿元，比上年增长48.6%；制造业64150亿元，下降13.4%；电力、热力、燃气及水生产和供应业4315亿元，增长41.8%。全年规模以上工业企业每百元营业收入中的成本为84.72元，比上年增加0.91元；营业收入利润率为

6.09%，下降0.64个百分点。年末规模以上工业企业资产负债率为56.6%，比上年末上升0.3个百分点。全年全国工业产能利用率[25]为75.6%。

全年建筑业增加值83383亿元，比上年增长5.5%。全国具有资质等级的总承包和专业承包建筑业企业利润8369亿元，比上年下降1.2%，其中国有控股企业3922亿元，增长8.4%。

图10　2018-2022年建筑业增加值及其增长速度

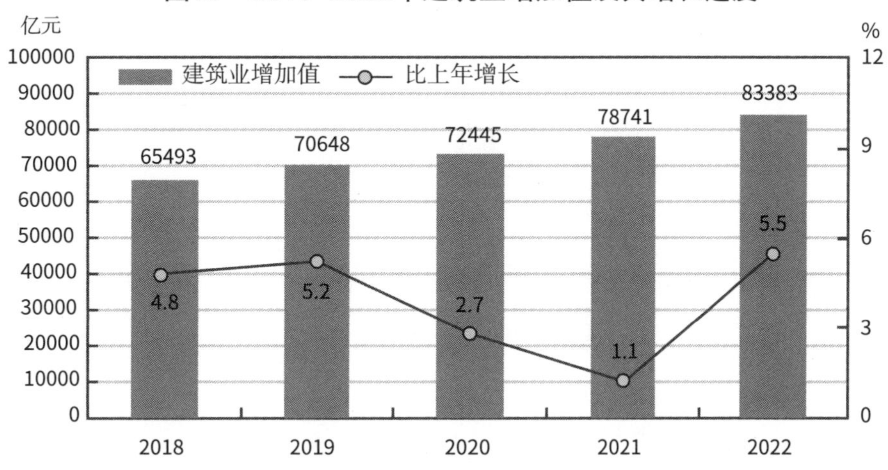


## 四、服务业

全年批发和零售业增加值114518亿元，比上年增长0.9%；交通运输、仓储和邮政业增加值49674亿元，下降0.8%；住宿和餐饮业增加值17855亿元，下降2.3%；金融业增加值96811亿元，增长5.6%；房地产业增加值73821亿元，下降5.1%；信息传输、软件和信息技术服务业增加值47934亿元，增长9.1%；租赁和商务服务业增加值39153亿元，增长3.4%。全年规模以上服务业企业营业收入比上年增长2.7%，利润总额增长8.5%。

图11　2018-2022年服务业增加值及其增长速度

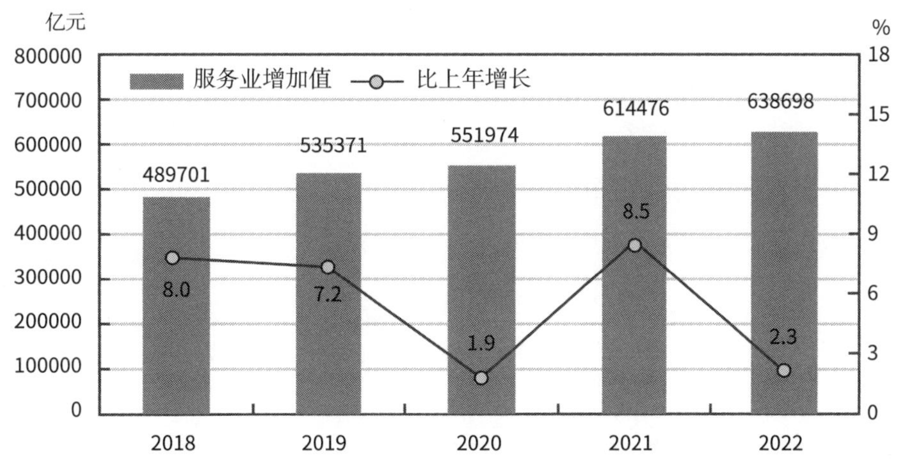


全年货物运输总量[26]506亿吨，货物运输周转量226122亿吨公里。全年港口完成货物吞吐量157亿吨，比上年增长0.9%，其中外贸货物吞吐量46亿吨，下降1.9%。港口集装箱吞吐量29587万标准箱，增长4.7%。

**表4　2022年各种运输方式完成货物运输量及其增长速度**

| 指标 | 单位 | 绝对数 | 比上年增长（%） |
|---|---|---|---|
| 货物运输总量 | 亿吨 | 506.1 | –3.0 |
| 铁路 | 亿吨 | 49.3 | 4.5 |
| 公路 | 亿吨 | 371.2 | –5.5 |
| 水路 | 亿吨 | 85.5 | 3.8 |
| 民航 | 万吨 | 607.6 | –17.0 |
| 管道 | 亿吨 | 8.6 | 3.1 |
| 货物运输周转量 | 亿吨公里 | 226121.8 | 3.4 |
| 铁路 | 亿吨公里 | 35906.5 | 8.2 |
| 公路 | 亿吨公里 | 68958.0 | –1.2 |
| 水路 | 亿吨公里 | 121003.1 | 4.7 |
| 民航 | 亿吨公里 | 254.1 | –8.7 |
| 管道 | 亿吨公里 | 5621.8 | 3.7 |

全年旅客运输总量56亿人次，比上年下降32.7%。旅客运输周转量12921亿人公里，下降34.6%。

**表5　2022年各种运输方式完成旅客运输量及其增长速度**

| 指标 | 单位 | 绝对数 | 比上年增长（%） |
|---|---|---|---|
| 旅客运输总量 | 亿人次 | 55.9 | –32.7 |
| 铁路 | 亿人次 | 16.7 | –35.9 |
| 公路 | 亿人次 | 35.5 | –30.3 |
| 水路 | 亿人次 | 1.2 | –28.8 |
| 民航 | 亿人次 | 2.5 | –42.9 |
| 旅客运输周转量 | 亿人公里 | 12921.4 | –34.6 |
| 铁路 | 亿人公里 | 6577.5 | –31.3 |
| 公路 | 亿人公里 | 2407.5 | –33.7 |
| 水路 | 亿人公里 | 22.6 | –31.7 |
| 民航 | 亿人公里 | 3913.7 | –40.1 |

年末全国民用汽车保有量31903万辆（包括三轮汽车和低速货车719万辆），比上年末增加1752万辆，其中私人汽车保有量27873万辆，增加1627万辆。民用轿车保有量17740万辆，增加1003万辆，其中私人轿车保有量16685万辆，增加954万辆。

全年完成邮政行业业务总量[27]14317亿元，比上年增长4.5%。邮政业全年完成邮政函件业务9.4亿件，包裹业务0.2亿件，快递业务量1105.8亿件，快递业务收入10567亿元。全年完成电信业务总量[28]17498亿元，比上年增长21.3%。年末移动电话基站数[29]1083万个，其中4G基站603万个，5G基站231万个。全国电话用户总数186286万户，其中移动电话用户168344万户。移动电话普及率为119.2部/百人。固定互联网宽带接入用户[30]58965万户，比上年末增加5386万户，其中100M速率及以上的宽带接入用户[31]55380万户，增加5513万户。蜂窝物联网终端用户[32]18.45亿户，增加4.47亿户。互联网上网人数10.67亿人，其中手机上网人数[33]10.65亿人。互联网普及率为75.6%，其中农村地区互联网普及率为61.9%。全年移动互联网用户接入流量2618亿GB，比上年增长18.1%。全年软件和信息技术服务业[34]完成软件业务收入108126亿元，按可比口径计算，比上年增长11.2%。

图12　2018-2022年快递业务量及其增长速度

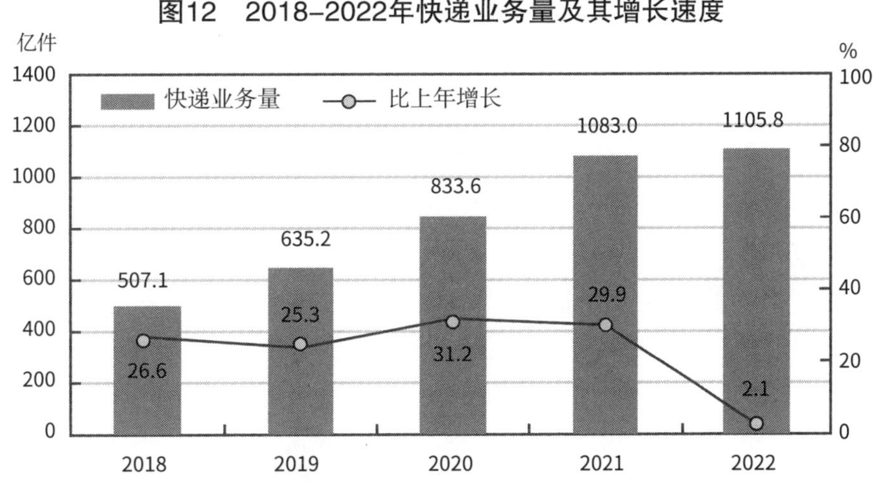


图13　2018-2022年年末固定互联网宽带接入用户数

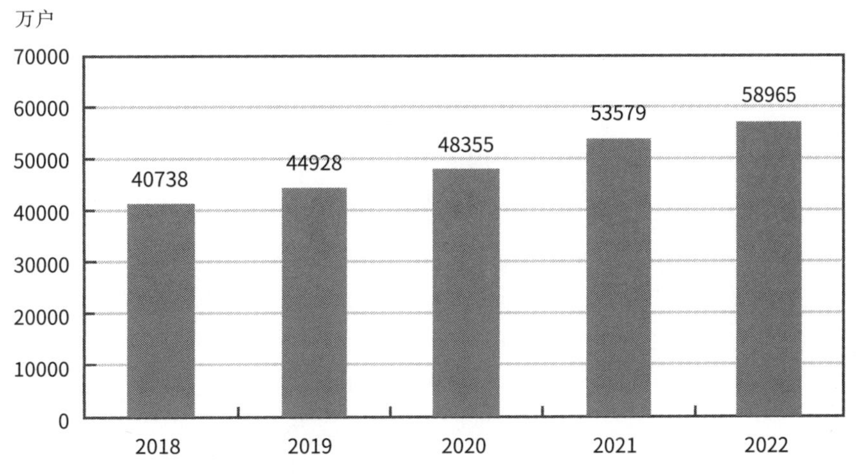


## 五、国内贸易

全年社会消费品零售总额439733亿元，比上年下降0.2%。按经营地统计，城镇消费品零售额380448亿元，下降0.3%；乡村消费品零售额59285亿元，与上年基本持平。按消费类型统计，商品零售额395792亿元，增长0.5%；餐饮收入额43941亿元，下降6.3%。

图14　2018-2022年社会消费品零售总额及其增长速度

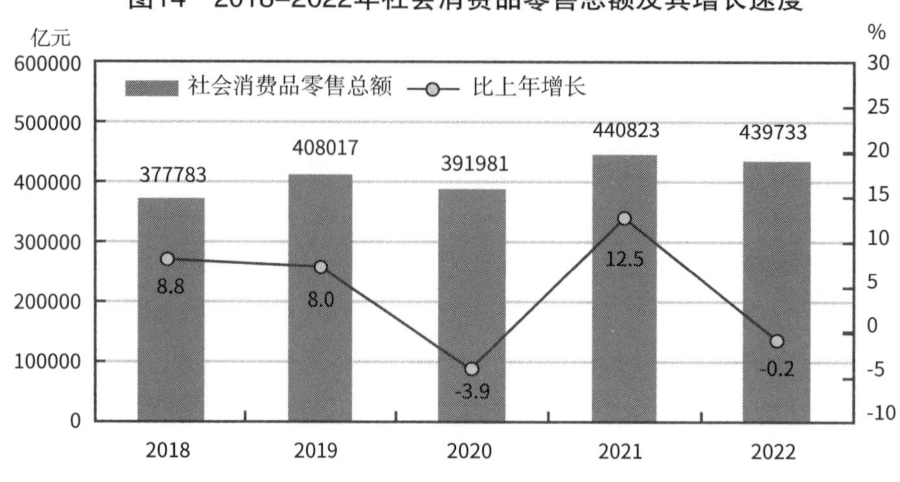


全年限额以上单位商品零售额中，粮油、食品类零售额比上年增长8.7%，饮料类增长5.3%，烟酒类增长2.3%，服装、鞋帽、针纺织品类下降6.5%，化妆品类下降4.5%，金银珠宝类下降1.1%，日用品类下降0.7%，家用电器和音像器材类下降3.9%，中西药品类增长12.4%，文化办公用品类增长4.4%，家具类下降7.5%，通讯器材类下降3.4%，石油及制品类增长9.7%，汽车类增长0.7%，建筑及装潢材料类下降6.2%。

全年实物商品网上零售额119642亿元，按可比口径计算，比上年增长6.2%，占社会消费品零售总额的比重为27.2%。

## 六、固定资产投资

全年全社会固定资产投资579556亿元，比上年增长4.9%。固定资产投资（不含农户）572138亿元，增长5.1%。在固定资产投资（不含农户）中，分区域看[35]，东部地区投资增长3.6%，中部地区投资增长8.9%，西部地区投资增长4.7%，东北地区投资增长1.2%。

在固定资产投资（不含农户）中，第一产业投资14293亿元，比上年增长0.2%；第二产业投资184004亿元，增长10.3%；第三产业投资373842亿元，增长3.0%。民间固定资产投资[36]310145亿元，增长0.9%。基础设施投资[37]增长9.4%。社会领域投资[38]增长10.9%。

图15　2022年三次产业投资占固定资产投资（不含农户）比重

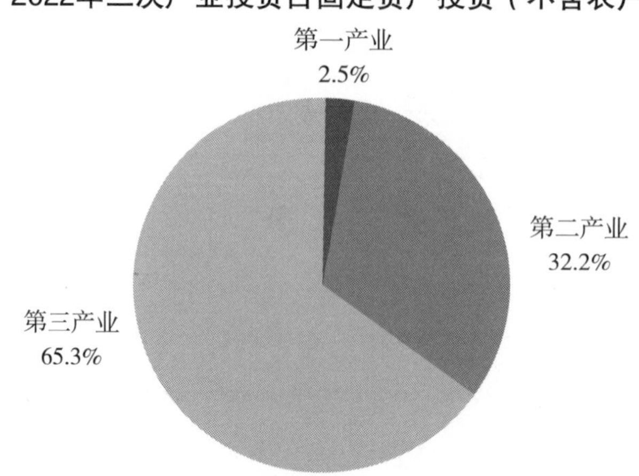

**表6　2022年分行业固定资产投资（不含农户）增长速度**

| 行　业 | 比上年增长（%） | 行业 | 比上年增长（%） |
|---|---|---|---|
| 总计 | 5.1 | 金融业 | 10.5 |
| 农、林、牧、渔业 | 4.2 | 房地产业[39] | -8.4 |
| 采矿业 | 4.5 | 租赁和商务服务业 | 14.5 |
| 制造业 | 9.1 | 科学研究和技术服务业 | 21.0 |
| 电力、热力、燃气及水生产和供应业 | 19.3 | 水利、环境和公共设施管理业 | 10.3 |
| 建筑业 | 2.0 | 居民服务、修理和其他服务业 | 21.8 |
| 批发和零售业 | 5.3 | 教育 | 5.4 |
| 交通运输、仓储和邮政业 | 9.1 | 卫生和社会工作 | 26.1 |
| 住宿和餐饮业 | 7.5 | 文化、体育和娱乐业 | 3.5 |
| 信息传输、软件和信息技术服务业 | 21.8 | 公共管理、社会保障和社会组织 | 42.1 |

**表7　2022年固定资产投资新增主要生产与运营能力**

| 指标 | 单位 | 绝对数 |
|---|---|---|
| 新增220千伏及以上变电设备 | 万千伏安 | 25839 |
| 新建铁路投产里程 | 公里 | 4100 |
| 其中：高速铁路 | 公里 | 2082 |
| 增、新建铁路复线投产里程 | 公里 | 2658 |
| 电气化铁路投产里程 | 公里 | 3452 |
| 新改建高速公路里程 | 公里 | 8771 |
| 港口万吨级及以上码头泊位新增通过能力 | 万吨/年 | 25561 |
| 新增民用运输机场 | 个 | 6 |
| 新增光缆线路长度 | 万公里 | 477 |

全年房地产开发投资132895亿元，比上年下降10.0%。其中住宅投资100646亿元，下降9.5%；办公楼投资5291亿元，下降11.4%；商业营业用房投资10647亿元，下降14.4%。年末商品房待售面积56366万平方米，比上年末增加5343万平方米，其中商品住宅待售面积26947万平方米，增加4186万平方米。

全年全国各类棚户区改造开工134万套，基本建成181万套；全国保障性租赁住房开工建设和筹集265万套（间）。全年全国新开工改造城镇老旧小区5.25万个，涉及居民876万户。

表8　2022年房地产开发和销售主要指标及其增长速度

| 指标 | 单位 | 绝对数 | 比上年增长（%） |
| --- | --- | --- | --- |
| 投资额 | 亿元 | 132895 | -10.0 |
| 其中：住宅 | 亿元 | 100646 | -9.5 |
| 房屋施工面积 | 万平方米 | 904999 | -7.2 |
| 其中：住宅 | 万平方米 | 639696 | -7.3 |
| 房屋新开工面积 | 万平方米 | 120587 | -39.4 |
| 其中：住宅 | 万平方米 | 88135 | -39.8 |
| 房屋竣工面积 | 万平方米 | 86222 | -15.0 |
| 其中：住宅 | 万平方米 | 62539 | -14.3 |
| 商品房销售面积 | 万平方米 | 135837 | -24.3 |
| 其中：住宅 | 万平方米 | 114631 | -26.8 |
| 本年到位资金 | 亿元 | 148979 | -25.9 |
| 其中：国内贷款 | 亿元 | 17388 | -25.4 |
| 个人按揭贷款 | 亿元 | 23815 | -26.5 |

## 七、对外经济

全年货物进出口总额420678亿元，比上年增长7.7%。其中，出口239654亿元，增长10.5%；进口181024亿元，增长4.3%。货物进出口顺差58630亿元，比上年增加15330亿元。对“一带一路”[40]沿线国家进出口总额138339亿元，比上年增长19.4%。其中，出口78877亿元，增长20.0%；进口59461亿元，增长18.7%。对《区域全面经济伙伴关系协定》（RCEP）其他成员国[41]进出口额129499亿元，比上年增长7.5%

图16　2018-2022年货物进出口总额

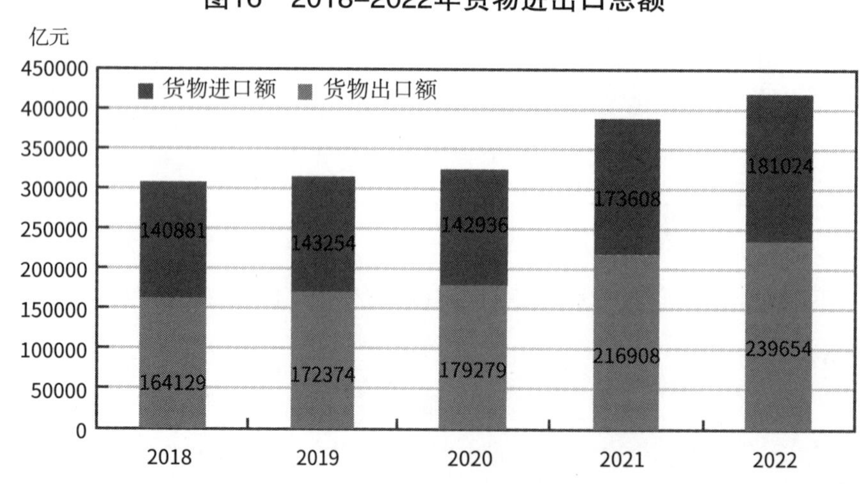

### 表9 2022年货物进出口总额及其增长速度

| 指标 | 金额（亿元） | 比上年增长（%） |
|---|---|---|
| 货物进出口总额 | 420678 | 7.7 |
| 货物出口额 | 239654 | 10.5 |
| 其中：一般贸易 | 152468 | 15.4 |
| 加工贸易 | 53952 | 1.1 |
| 其中：机电产品 | 136973 | 7.0 |
| 高新技术产品 | 63391 | 0.3 |
| 货物进口额 | 181024 | 4.3 |
| 其中：一般贸易 | 115624 | 6.7 |
| 加工贸易 | 30574 | -3.2 |
| 其中：机电产品 | 69661 | -5.4 |
| 高新技术产品 | 50864 | -6.0 |
| 货物进出口顺差 | 58630 | 35.4 |

### 表10 2022年主要商品出口数量、金额及其增长速度

| 商品名称 | 单位 | 数量 | 比上年增长（%） | 金额（亿元） | 比上年增长（%） |
|---|---|---|---|---|---|
| 钢材 | 万吨 | 6732 | 0.9 | 6427 | 22.3 |
| 纺织纱线、织物及制品 | — | — | — | 9836 | 4.9 |
| 服装及衣着附件 | — | — | — | 11713 | 6.7 |
| 鞋靴 | 万双 | 929318 | 6.6 | 3844 | 24.4 |
| 家具及其零件 | — | — | — | 4639 | -2.5 |
| 箱包及类似容器 | 万吨 | 297 | 22.2 | 2378 | 32.6 |
| 玩具 | — | — | — | 3229 | 9.1 |
| 塑料制品 | — | — | — | 7188 | 12.7 |
| 集成电路 | 亿个 | 2734 | -12.0 | 10254 | 3.5 |
| 自动数据处理设备及其零部件 | — | — | — | 15701 | -4.7 |
| 手机 | 万台 | 82224 | -13.8 | 9527 | 0.9 |
| 集装箱 | 万个 | 321 | -33.7 | 967 | -36.1 |
| 液晶平板显示模组 | 万个 | 164560 | — | 1807 | — |
| 汽车（包括底盘） | 万辆 | 332 | 56.8 | 4054 | 82.2 |

表11 2022年主要商品进口数量、金额及其增长速度

| 商品名称 | 单位 | 数量 | 比上年增长（%） | 金额（亿元） | 比上年增长（%） |
|---|---|---|---|---|---|
| 大豆 | 万吨 | 9108 | –5.6 | 4085 | 18.1 |
| 食用植物油 | 万吨 | 648 | –37.6 | 606 | –14.1 |
| 铁矿砂及其精矿 | 万吨 | 110686 | –1.5 | 8498 | –27.9 |
| 煤及褐煤 | 万吨 | 29320 | –9.2 | 2855 | 22.2 |
| 原油 | 万吨 | 50828 | –0.9 | 24350 | 45.9 |
| 成品油 | 万吨 | 2645 | –2.5 | 1309 | 21.2 |
| 天然气 | 万吨 | 10925 | –9.9 | 4683 | 30.3 |
| 初级形状的塑料 | 万吨 | 3058 | –10.0 | 3734 | –5.5 |
| 纸浆 | 万吨 | 2916 | –1.8 | 1492 | 15.1 |
| 钢材 | 万吨 | 1057 | –25.9 | 1136 | –6.1 |
| 未锻轧铜及铜材 | 万吨 | 587 | 6.2 | 3610 | 6.5 |
| 集成电路 | 亿个 | 5384 | –15.3 | 27663 | –0.9 |
| 汽车（包括底盘） | 万辆 | 88 | –6.5 | 3529 | 1.2 |

表12 2022年对主要国家和地区货物进出口金额、增长速度及其比重

| 国家和地区 | 出口额（亿元） | 比上年增长（%） | 占全部出口比重（%） | 进口额（亿元） | 比上年增长（%） | 占全部进口比重（%） |
|---|---|---|---|---|---|---|
| 东盟 | 37907 | 21.7 | 15.8 | 27247 | 6.8 | 15.1 |
| 欧盟 | 37434 | 11.9 | 15.6 | 19034 | –4.9 | 10.5 |
| 美国 | 38706 | 4.2 | 16.2 | 11834 | 1.9 | 6.5 |
| 韩国 | 10843 | 13.0 | 4.5 | 13278 | –3.7 | 7.3 |
| 日本 | 11537 | 7.7 | 4.8 | 12295 | –7.5 | 6.8 |
| 中国台湾 | 5423 | 7.2 | 2.3 | 15840 | –1.8 | 8.8 |
| 中国香港 | 19883 | –12.0 | 8.3 | 527 | –16.0 | 0.3 |
| 俄罗斯 | 5123 | 17.5 | 2.1 | 7638 | 48.6 | 4.2 |
| 巴西 | 4128 | 19.3 | 1.7 | 7294 | 2.6 | 4.0 |
| 印度 | 7896 | 25.5 | 3.3 | 1160 | –36.2 | 0.6 |
| 南非 | 1615 | 18.6 | 0.7 | 2173 | 2.0 | 1.2 |

全年服务进出口总额59802亿元，比上年增长12.9%。其中，服务出口28522亿元，增长12.1%；服务进口31279亿元，增长13.5%。服务进出口逆差2757亿元。

全年外商直接投资[42]新设立企业38497家，比上年下降19.2%。实际使用外商直接投资金额12327

亿元，增长6.3%，折1891亿美元，增长8.0%。其中“一带一路”沿线国家对华直接投资（含通过部分自由港对华投资）新设立企业4519家，下降15.3%；对华直接投资金额891亿元，增长17.2%，折137亿美元，增长18.6%。全年高技术产业实际使用外资4449亿元，增长28.3%，折683亿美元，增长30.9%。

**表13　2022年外商直接投资及其增长速度**

| 行业 | 企业数（家） | 比上年增长（%） | 实际使用金额（亿元） | 比上年增长（%） |
| --- | --- | --- | --- | --- |
| 总计 | 38497 | −19.2 | 12327 | 6.3 |
| 其中：农、林、牧、渔业 | 420 | −14.5 | 80 | 44.6 |
| 制造业 | 3570 | −19.9 | 3237 | 46.1 |
| 电力、热力、燃气及水生产和供应业 | 523 | 12.5 | 276 | 10.8 |
| 交通运输、仓储和邮政业 | 602 | −13.1 | 347 | −1.1 |
| 信息传输、软件和信息技术服务业 | 3059 | −24.5 | 1548 | 15.1 |
| 批发和零售业 | 10894 | −18.6 | 961 | −12.5 |
| 房地产业 | 581 | −48.4 | 914 | −41.8 |
| 租赁和商务服务业 | 7473 | −19.6 | 2148 | −2.1 |
| 居民服务、修理和其他服务业 | 411 | −21.3 | 19 | −38.6 |

全年对外非金融类直接投资额7859亿元，比上年增长7.2%，折1169亿美元，增长2.8%。其中，对“一带一路”沿线国家非金融类直接投资额1410亿元，增长7.7%，折210亿美元，增长3.3%。

**表14　2022年对外非金融类直接投资额及其增长速度**

| 行业 | 金额（亿美元） | 比上年增长（%） |
| --- | --- | --- |
| 总计 | 1168.5 | 2.8 |
| 其中：农、林、牧、渔业 | 8.3 | −26.5 |
| 采矿业 | 50.1 | 0.6 |
| 制造业 | 216.0 | 17.4 |
| 电力、热力、燃气及水生产和供应业 | 35.2 | −28.0 |
| 建筑业 | 64.0 | 14.9 |
| 批发和零售业 | 211.0 | 19.5 |
| 交通运输、仓储和邮政业 | 45.6 | −10.6 |
| 信息传输、软件和信息技术服务业 | 54.9 | −27.1 |
| 房地产业 | 24.2 | −2.8 |
| 租赁和商务服务业 | 387.6 | 5.8 |

全年对外承包工程完成营业额10425亿元，比上年增长4.3%，折1550亿美元，与上年基本持平。其中，对“一带一路”沿线国家完成营业额849亿美元，下降5.3%，占对外承包工程完成营业额比重为54.8%。对外劳务合作派出各类劳务人员26万人。

## 八、财政金融

全年全国一般公共预算收入203703亿元，比上年增长0.6%；其中税收收入166614亿元，下降3.5%。全国一般公共预算支出260609亿元，比上年增长6.1%。全年新增减税降费及退税缓税缓费超4.2万亿元，其中累计退到纳税人账户的增值税留抵退税款2.46万亿元，新增减税降费超1万亿元，办理缓税缓费超7500亿元。

图17　2018–2022年全国一般公共预算收入

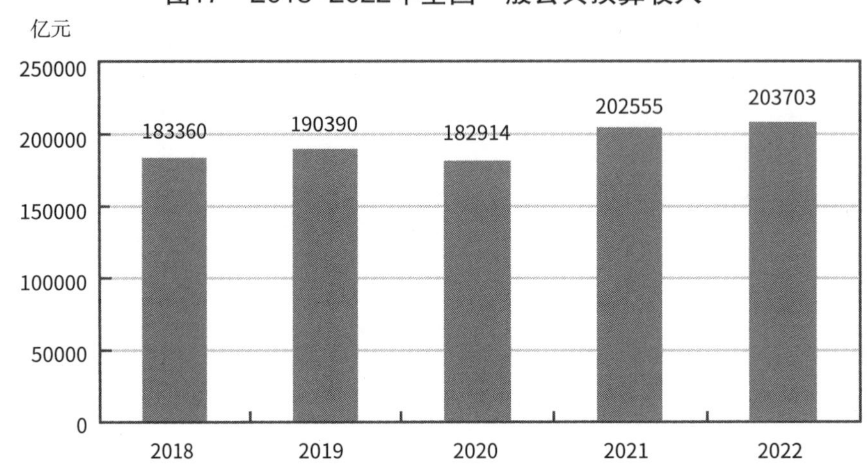


年末广义货币供应量（M2）余额266.4万亿元，比上年末增长11.8%；狭义货币供应量（M1）余额67.2万亿元，增长3.7%；流通中货币（M0）余额10.5万亿元，增长15.3%。

全年社会融资规模增量[43]32.0万亿元，按可比口径计算，比上年多0.7万亿元。年末社会融资规模存量[44]344.2万亿元，按可比口径计算，比上年末增长9.6%，其中对实体经济发放的人民币贷款余额212.4万亿元，增长10.9%。年末全部金融机构本外币各项存款余额264.4万亿元，比年初增加25.9万亿元，其中人民币各项存款余额258.5万亿元，增加26.3万亿元。全部金融机构本外币各项贷款余额219.1万亿元，增加20.6万亿元，其中人民币各项贷款余额214.0万亿元，增加21.3万亿元。人民币普惠金融贷款[45]余额32.1万亿元，增加5.6万亿元。

表15　2022年年末全部金融机构本外币存贷款余额及其增长速度

| 指标 | 年末数（亿元） | 比上年末增长（%） |
|---|---|---|
| 各项存款 | 2644472 | 10.8 |
| 其中：境内住户存款 | 1212110 | 17.3 |
| 其中：人民币 | 1203387 | 17.4 |
| 境内非金融企业存款 | 779398 | 6.8 |
| 各项贷款 | 2191029 | 10.4 |
| 其中：境内短期贷款 | 560304 | 7.7 |
| 境内中长期贷款 | 1427739 | 10.6 |

年末主要农村金融机构（农村信用社、农村合作银行、农村商业银行）人民币贷款余额267195亿元，比年初增加24702亿元。全部金融机构人民币消费贷款余额560361亿元，增加11522亿元。其中，住户短期消费贷款余额93473亿元，减少90亿元；住户中长期消费贷款余额466888亿元，增加11613亿元。

全年沪深交易所A股累计筹资[46]15109亿元，比上年减少1634亿元。沪深交易所首次公开发行上市A股341只，筹资5704亿元，比上年增加353亿元，其中科创板股票123只，筹资2520亿元；沪深交易所A股再融资（包括公开增发、定向增发、配股、优先股、可转债转股）9405亿元，减少1986亿元。北京证券交易所公开发行股票83只，筹资[47]164亿元。全年各类主体通过沪深北交易所发行债券（包括公司债券、资产支持证券、国债、地方政府债券和政策性银行债券）筹资64494亿元，其中沪深交易所共发行上市基础设施领域不动产投资信托基金（REITs）13只，募集资金419亿元。全国中小企业股份转让系统[48]挂牌公司6580家，全年挂牌公司累计股票筹资232亿元。

全年发行公司信用类债券[49]13.7万亿元，比上年减少1.0万亿元。

全年保险公司原保险保费收入[50]46957亿元，按可比口径计算，比上年增长4.6%。其中，寿险业务原保险保费收入24519亿元，健康险和意外伤害险业务原保险保费收入9726亿元，财产险业务原保险保费收入12712亿元。支付各类赔款及给付15485亿元。其中，寿险业务给付3791亿元，健康险和意外伤害险业务赔款及给付3937亿元，财产险业务赔款7757亿元。

## 九、居民收入消费和社会保障

全年全国居民人均可支配收入36883元，比上年增长5.0%，扣除价格因素，实际增长2.9%。全国居民人均可支配收入中位数[51]31370元，增长4.7%。按常住地分，城镇居民人均可支配收入49283元，比上年增长3.9%，扣除价格因素，实际增长1.9%。城镇居民人均可支配收入中位数45123元，增长3.7%。农村居民人均可支配收入20133元，比上年增长6.3%，扣除价格因素，实际增长4.2%。农村居民人均可支配收入中位数17734元，增长4.9%。城乡居民人均可支配收入比值为2.45，比上年缩小0.05。按全国居民五等份收入分组[52]，低收入组人均可支配收入8601元，中间偏下收入组人均可支配收入19303元，中间收入组人均可支配收入30598元，中间偏上收入组人均可支配收入47397元，高收入组人均可支配收入90116元。全国农民工人均月收入4615元，比上年增长4.1%。全年脱贫县[53]农村居民人均可支配收入15111元，比上年增长7.5%，扣除价格因素，实际增长5.4%。

全年全国居民人均消费支出24538元，比上年增长1.8%，扣除价格因素，实际下降0.2%。其中，人均服务性消费支出[54]10590元，比上年下降0.5%，占居民人均消费支出的比重为43.2%。按常住地分，城镇居民人均消费支出30391元，增长0.3%，扣除价格因素，实际下降1.7%；农村居民人均消费支出16632元，增长4.5%，扣除价格因素，实际增长2.5%。全国居民恩格尔系数为30.5%，其中城镇为29.5%，农村为33.0%。

图18　2018-2022年全国居民人均可支配收入及其增长速度

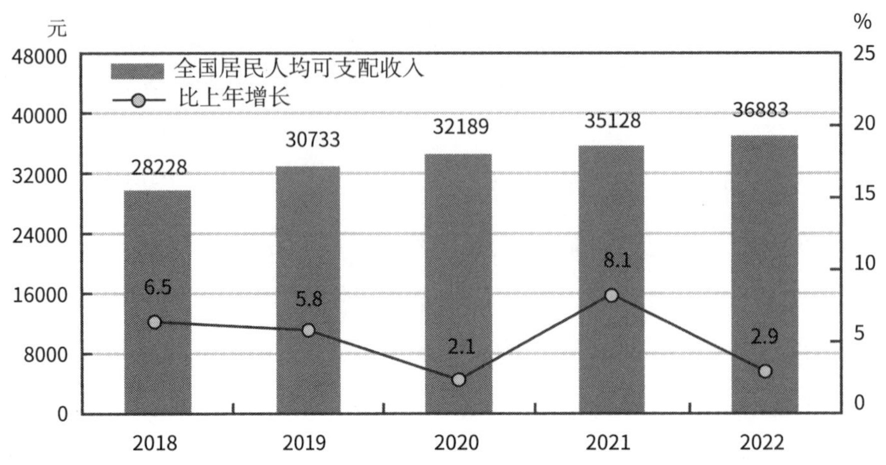


图19　2022年全国居民人均消费支出及其构成

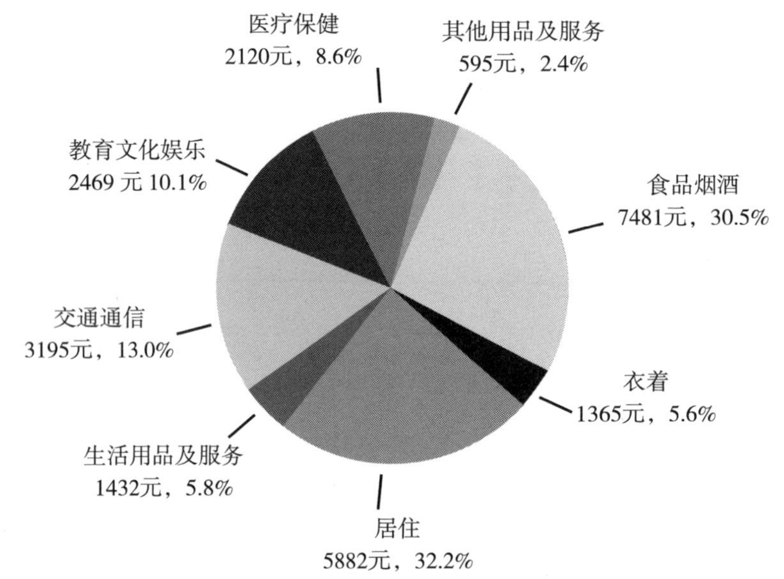


年末全国参加城镇职工基本养老保险人数50349万人，比上年末增加2275万人。参加城乡居民基本养老保险人数54952万人，增加155万人。参加基本医疗保险人数[55]134570万人，其中参加职工基本医疗保险人数36242万人，参加城乡居民基本医疗保险人数98328万人。参加失业保险人数23807万人，增加849万人。年末全国领取失业保险金人数297万人。参加工伤保险人数29111万人，增加825万人，其中参加工伤保险的农民工9127万人，增加41万人。参加生育保险人数24608万人，增加856万人。年末全国共有683万人享受城市最低生活保障，3349万人享受农村最低生活保障，435万人享受农村特困人员[56]救助供养，全年临时救助[57]1083万人次。全年领取国家定期抚恤金、定期生活补助金的退役军人和其他优抚对象827万人。

年末全国共有各类提供住宿的民政服务机构4.3万个，其中养老机构4.0万个，儿童福利和救助保护机构899个。民政服务床位[58]849.1万张，其中养老服务床位822.3万张，儿童福利和救助保护机构床位10.0万张。年末共有社区服务中心2.9万个，社区服务站50.9万个。

## 十、科学技术和教育

全年研究与试验发展（R&D）经费支出30870亿元，比上年增长10.4%，与国内生产总值之比为2.55%，其中基础研究经费1951亿元。国家自然科学基金共资助5.19万个项目。截至年末，正在运行的国家重点实验室533个，纳入新序列管理的国家工程研究中心191个，国家企业技术中心1601家，大众创业万众创新示范基地212家。国家科技成果转化引导基金累计设立36支子基金，资金总规模624亿元。国家级科技企业孵化器[59]1425家，国家备案众创空间[60]2441家。全年授予专利权432.3万件，比上年下降6.0%；PCT专利申请受理量[61]7.4万件。截至年末，有效专利1787.9万件，其中境内有效发明专利328.0万件。每万人口高价值发明专利拥有量[62]9.4件。全年商标注册617.7万件，比上年下降20.2%。全年共签订技术合同77万项，技术合同成交金额47791亿元，比上年增长28.2%。我国公民具备科学素质[63]的比例达到12.93%。

图20　2018-2022年研究与试验发展（R&D）经费支出及其增长速度

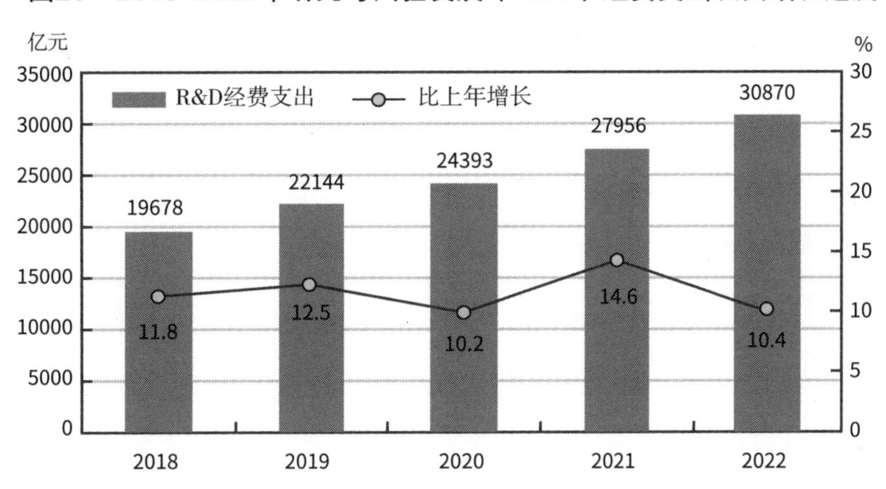


表16　2022年专利授权和有效专利情况

| 指标 | 专利数（万件） | 比上年增长（%） |
|---|---|---|
| 专利授权数 | 432.3 | -6.0 |
| 其中：境内专利授权 | 418.7 | -5.9 |
| 其中：发明专利授权 | 79.8 | 14.7 |
| 其中：境内发明专利授权 | 68.9 | 19.2 |
| 年末有效专利数 | 1787.9 | 15.9 |
| 其中：境内有效专利 | 1671.9 | 17.0 |
| 其中：有效发明专利 | 421.2 | 17.1 |
| 其中：境内有效发明专利 | 328.0 | 21.3 |

全年成功完成62次宇航发射。问天实验舱、梦天实验舱发射成功，神舟十四号、十五号等任务相继实施，中国空间站全面建成。嫦娥五号发现月球新矿物“嫦娥石”。句芒号陆地生态系统碳监测卫星、大气环境监测卫星成功发射运行。长征八号运载火箭实现一箭22星发射。第三艘航空母舰福建舰

下水。国产C919大型客机获得型号合格证并交付首架。投入商业运行的华龙一号自主三代核电机组保持安全稳定运行。

年末全国共有国家质检中心869家。全国现有产品质量、体系和服务认证机构1128个，累计完成对94万家企业的认证。全年制定、修订国家标准2266项，其中新制定1382项。全年制造业产品质量合格率[64]为93.29%。

全年研究生教育招生124.2万人，在学研究生365.4万人，毕业生86.2万人。普通、职业本专科[65]招生1014.5万人，在校生3659.4万人，毕业生967.3万人。中等职业教育[66]招生650.7万人，在校生1784.7万人，毕业生519.2万人。普通高中招生947.5万人，在校生2713.9万人，毕业生824.1万人。初中招生1731.4万人，在校生5120.6万人，毕业生1623.9万人。普通小学招生1701.4万人，在校生10732.0万人，毕业生1740.6万人。特殊教育招生14.6万人，在校生91.9万人，毕业生15.9万人。学前教育在园幼儿4627.5万人。九年义务教育巩固率为95.5%，高中阶段毛入学率为91.6%。

图21 2018-2022年本专科、中等职业教育及普通高中招生人数

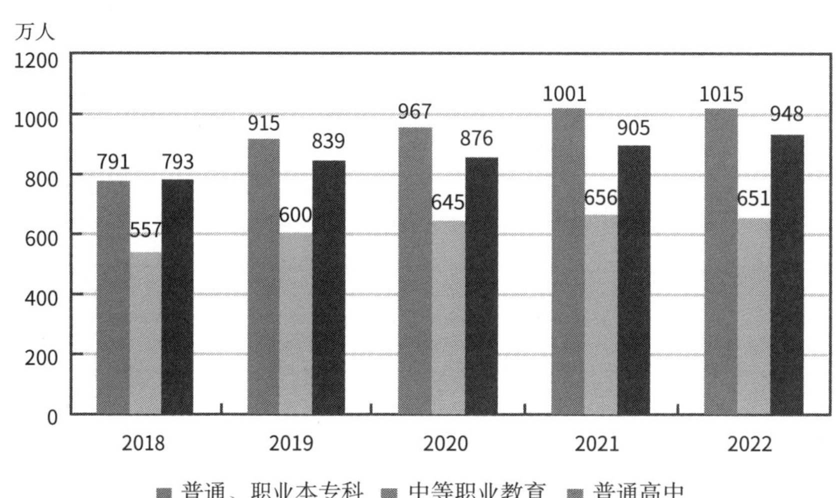


## 十一、文化旅游、卫生健康和体育

年末全国文化和旅游系统共有艺术表演团体2023个。全国共有公共图书馆3303个，总流通[67]72375万人次；文化馆3503个。有线电视实际用户1.99亿户，其中有线数字电视实际用户1.90亿户。年末广播节目综合人口覆盖率为99.6%，电视节目综合人口覆盖率为99.8%。全年生产电视剧160部5283集，电视动画片89094分钟。全年生产故事影片380部，科教、纪录、动画和特种影片[68]105部。出版各类报纸266亿份，各类期刊20亿册，图书114亿册（张），人均图书拥有量[69]8.09册（张）。年末全国共有档案馆4136个，已开放各类档案20886万卷（件）。全年全国规模以上文化及相关产业企业营业收入121805亿元，按可比口径计算，比上年增长0.9%。

全年国内游客25.3亿人次，比上年下降22.1%。其中，城镇居民游客19.3亿人次，下降17.7%；农村居民游客6.0亿人次，下降33.5%。国内旅游收入20444亿元，下降30.0%。其中，城镇居民游客花费16881亿元，下降28.6%；农村居民游客花费3563亿元，下降35.8%。

图22 2018-2022年国内游客人次及其增长速度

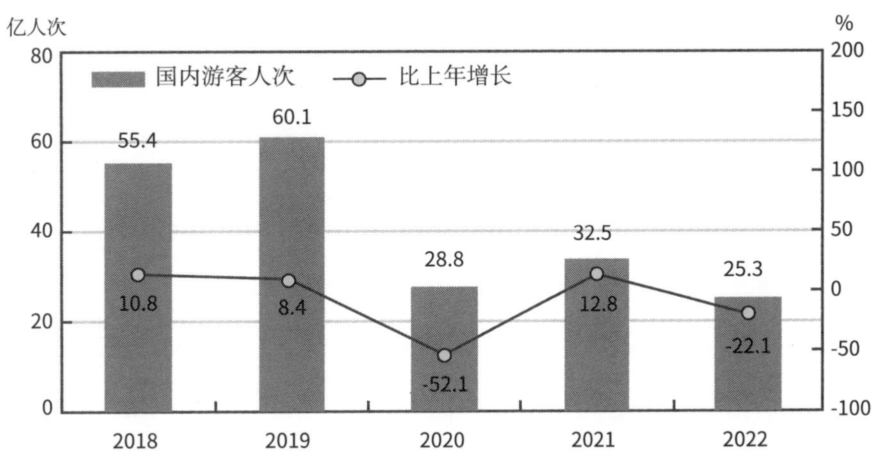


年末全国共有医疗卫生机构103.3万个，其中医院3.7万个，在医院中有公立医院1.2万个，民营医院2.5万个；基层医疗卫生机构98.0万个，其中乡镇卫生院3.4万个，社区卫生服务中心（站）3.6万个，门诊部（所）32.1万个，村卫生室58.8万个；专业公共卫生机构1.3万个，其中疾病预防控制中心3385个，卫生监督所（中心）2796个。年末卫生技术人员1155万人，其中执业医师和执业助理医师440万人，注册护士520万人。医疗卫生机构床位975万张，其中医院766万张，乡镇卫生院145万张。全年总诊疗人次[70]84.0亿人次，出院人数[71]2.5亿人。

图23 2018-2022年年末卫生技术人员人数

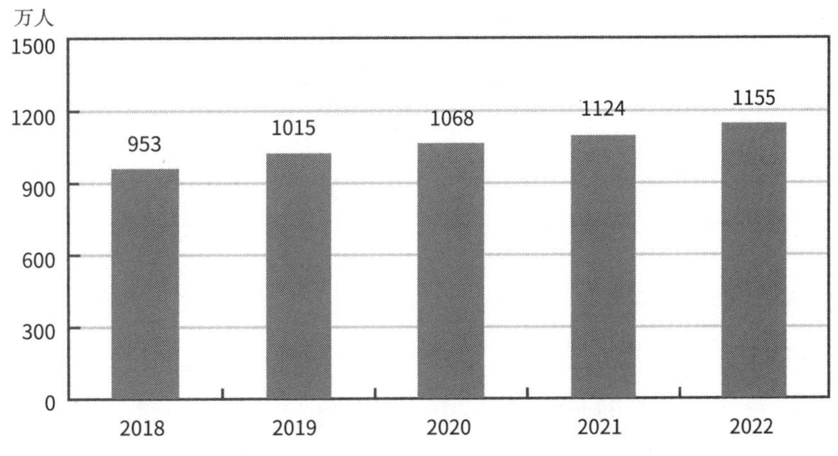


年末全国共有体育场地[72]422.7万个，体育场地面积[73]37.0亿平方米，人均体育场地面积2.62平方米。全年我国运动员在15个运动大项中获得93个世界冠军，共创11项世界纪录。在北京第24届冬奥会上，我国运动员共获得9枚金牌，奖牌总数15枚。全年我国残疾人运动员在5项国际赛事中获得41个世界冠军。在北京第13届冬残奥会上，我国运动员共获得18枚金牌，奖牌总数61枚，位列冬残奥会金牌榜和奖牌榜双第一位。

## 十二、资源、环境和应急管理

全年全国国有建设用地供应总量[74]76.6万公顷，比上年增长10.9%。其中，工矿仓储用地19.8万公顷，增长13.2%；房地产用地[75]11.0万公顷，下降19.4%；基础设施用地45.8万公顷，增长20.7%。

全年水资源总量26634亿立方米。全年总用水量5997亿立方米，比上年增长1.3%。其中，生活用水下降0.5%，工业用水下降7.7%，农业用水增长3.7%，人工生态环境补水增长8.3%。万元国内生产总值用水量[76]53立方米，下降1.6%。万元工业增加值用水量27立方米，下降10.8%。人均用水量425立方米，增长1.3%。

全年完成造林面积383万公顷，其中人工造林面积120万公顷，占全部造林面积的31.4%。种草改良面积[77]321万公顷。截至年末，国家公园5个。新增水土流失治理面积6.3万平方公里。

初步核算，全年能源消费总量54.1亿吨标准煤，比上年增长2.9%。煤炭消费量增长4.3%，原油消费量下降3.1%，天然气消费量下降1.2%，电力消费量增长3.6%。煤炭消费量占能源消费总量的56.2%，比上年上升0.3个百分点；天然气、水电、核电、风电、太阳能发电等清洁能源消费量占能源消费总量的25.9%，上升0.4个百分点。重点耗能工业企业单位电石综合能耗下降1.6%，单位合成氨综合能耗下降0.8%，吨钢综合能耗上升1.7%，单位电解铝综合能耗下降0.4%，每千瓦时火力发电标准煤耗下降0.2%。全国万元国内生产总值二氧化碳排放[78]下降0.8%。

图24　2018–2022年清洁能源消费量占能源消费总量的比重

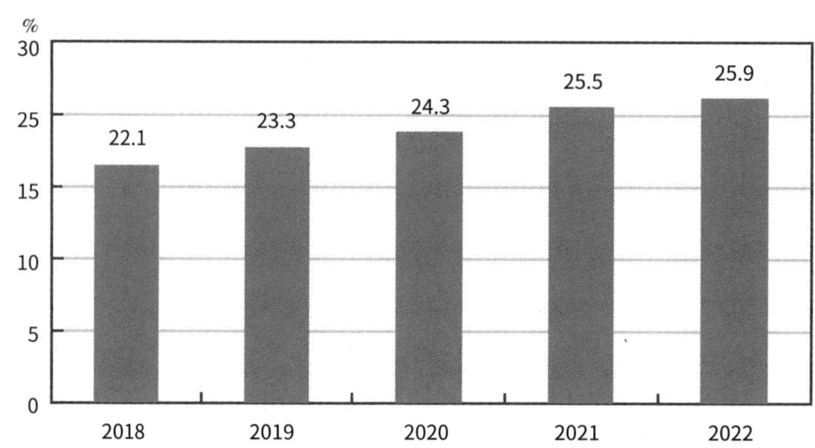


全年近岸海域海水水质[79]达到国家一、二类海水水质标准的面积占81.9%，三类海水占4.1%，四类、劣四类海水占14.0%。

在开展城市区域声环境监测的320个城市中，全年昼间声环境质量好的城市占5.0%，较好的占66.3%，一般的占27.2%，较差的占1.2%，差的占0.3%。

全年平均气温为10.51℃，比上年下降0.02℃。共有4个台风登陆。

全年农作物受灾面积1207万公顷，其中绝收135万公顷。全年因洪涝和地质灾害造成直接经济损失1303亿元，因干旱灾害造成直接经济损失513亿元，因低温冷冻和雪灾造成直接经济损失125亿元，因海洋灾害造成直接经济损失24亿元。全年大陆地区共发生5.0级以上地震27次，造成直接经济损失224亿元。全年共发生森林火灾709起，受害森林面积约0.5万公顷。

全年各类生产安全事故共死亡20963人。工矿商贸企业就业人员10万人生产安全事故死亡人数1.097人，比上年下降20.2%；煤矿百万吨死亡人数0.054人，上升22.7%。道路交通事故万车死亡人数

1.46人，下降7.0%。

**注释：**

［1］本公报中数据均为初步统计数。各项统计数据均未包括香港特别行政区、澳门特别行政区和台湾省。部分数据因四舍五入的原因，存在总计与分项合计不等的情况。

［2］国内生产总值、三次产业及相关行业增加值、地区生产总值、人均国内生产总值和国民总收入绝对数按现价计算，增长速度按不变价格计算。

［3］国民总收入，原称国民生产总值，是指一个国家或地区所有常住单位在一定时期内所获得的初次分配收入总额，等于国内生产总值加上来自国外的初次分配收入净额。

［4］全员劳动生产率为国内生产总值（按2020年价格计算）与全部就业人员的比率。

［5］见注释［4］。

［6］全国人口是指我国大陆31个省、自治区、直辖市和现役军人的人口，不包括居住在31个省、自治区、直辖市的港澳台居民和外籍人员。

［7］2022年年末，0-14岁（含不满15周岁）人口为23908万人，15-59岁（含不满60周岁）人口为89263万人。

［8］年度农民工数量包括年内在本乡镇以外从业6个月及以上的外出农民工和在本乡镇内从事非农产业6个月及以上的本地农民工。

［9］农产品生产者价格是指农产品生产者直接出售其产品时的价格。

［10］居住类价格包括租赁房房租、住房保养维修及管理、水电燃料、自有住房服务价格。

［11］高技术制造业包括医药制造业，航空、航天器及设备制造业，电子及通信设备制造业，计算机及办公设备制造业，医疗仪器设备及仪器仪表制造业，信息化学品制造业。

［12］装备制造业包括金属制品业，通用设备制造业，专用设备制造业，汽车制造业，铁路、船舶、航空航天和其他运输设备制造业，电气机械和器材制造业，计算机、通信和其他电子设备制造业，仪器仪表制造业。

［13］规模以上服务业统计范围包括：年营业收入2000万元及以上的交通运输、仓储和邮政业，信息传输、软件和信息技术服务业，水利、环境和公共设施管理业，卫生行业法人单位；年营业收入1000万元及以上的房地产业（不含房地产开发经营），租赁和商务服务业，科学研究和技术服务业，教育行业法人单位；以及年营业收入500万元及以上的居民服务、修理和其他服务业，文化、体育和娱乐业，社会工作行业法人单位。

［14］战略性新兴服务业包括新一代信息技术产业、高端装备制造产业、新材料产业、生物产业、新能源汽车产业、新能源产业、节能环保产业和数字创意产业等八大产业中的服务业相关行业，以及新技术与创新创业等相关服务业。2022年战略性新兴服务业企业营业收入增速按可比口径计算。

［15］高技术产业投资包括医药制造、航空航天器及设备制造等六大类高技术制造业投资和信息服务、电子商务服务等九大类高技术服务业投资。

［16］电子商务交易额是指通过电子商务交易平台（包括企业自建平台和第三方平台）实现的商品和服务交易额，包括对单位和对个人交易额。

［17］网上零售额是指通过公共网络交易平台（主要从事实物商品交易的网上平台，包括自建网站和第三方平台）实现的商品和服务零售额。

［18］东部地区是指北京、天津、河北、上海、江苏、浙江、福建、山东、广东和海南10省（市）；中部地区是指山西、安徽、江西、河南、湖北和湖南6省；西部地区是指内蒙古、广西、重庆、四川、贵州、云南、西藏、陕西、甘肃、青海、宁夏和新疆12省（区、市）；东北地区是指辽宁、吉林和黑龙江3省。

［19］万元国内生产总值能耗按2020年价格计算。

［20］2021年部分产品产量数据进行了核实调整，2022年产量增速按可比口径计算。

［21］火电包括燃煤发电量，燃油发电量，燃气发电量，余热、余压、余气发电量，垃圾焚烧发电量，生物质发电量。

［22］钢材产量数据中含企业之间重复加工钢材。

［23］少量发电装机容量（如地热等）公报中未列出。

［24］由于统计调查制度规定的调查范围变动、统计执法、剔除重复数据等因素，2022年规模以上工业企业财务指标增速及变化按可比口径计算。

［25］产能利用率是指实际产出与生产能力（均以价值量计量）的比率。企业的实际产出是指企业报告期内的工业总产值；企业的生产能力是指报告期内，在劳动力、原材料、燃料、运输等保证供给的情况下，生产设备（机械）保持正常运行，企业可实现并能长期维持的产品产出。

［26］货物运输总量及周转量包括铁路、公路、水路、民航和管道五种运输方式完成量，2022年增速按可比口径计算。

［27］邮政行业业务总量按2020年价格计算。

［28］电信业务总量按上年价格计算。

［29］移动电话基站数是指报告期末为小区服务的无线收发信设备，处理基站与移动台之间的无线通信，在移动交换机与移动台之间起中继作用，监视无线传输质量的全套设备数。

［30］固定互联网宽带接入用户是指报告期末在电信企业登记注册，通过xDSL、FTTx+LAN、FTTH/O以及其他宽带接入方式和普通专线接入公众互联网的用户。

［31］100M速率及以上的宽带接入用户是指报告期末下行速率大于或等于100Mbit/s的宽带接入用户。

［32］蜂窝物联网终端用户是指报告期末接入移动通信网络并开通物联网业务的用户。物联网终端即连接传感网络层和传输网络层，实现远程采集数据及向网络层发送数据的物联网设备。

［33］手机上网人数是指过去半年通过手机接入并使用互联网的人数。

［34］软件和信息技术服务业包括软件开发、集成电路设计、信息系统集成和物联网技术服务、运行维护服务、信息处理和存储支持服务、信息技术咨询服务、数字内容服务和其他信息技术服务等

行业。

［35］见注释［18］。

［36］民间固定资产投资是指具有集体、私营、个人性质的内资企事业单位以及由其控股（包括绝对控股和相对控股）的企业单位建造或购置固定资产的投资。

［37］基础设施投资包括铁路运输业、道路运输业、水上运输业、航空运输业、管道运输业、多式联运和运输代理业、装卸搬运业、邮政业、电信广播电视和卫星传输服务业、互联网和相关服务业、水利管理业、生态保护和环境治理业、公共设施管理业投资。

［38］社会领域投资包括教育，卫生和社会工作，文化、体育和娱乐业投资。

［39］房地产业投资除房地产开发投资外，还包括建设单位自建房屋以及物业管理、中介服务和其他房地产投资。

［40］“一带一路”是指“丝绸之路经济带”和“21世纪海上丝绸之路”。

［41］《区域全面经济伙伴关系协定》（RCEP）其他成员国包括印度尼西亚、马来西亚、菲律宾、泰国、新加坡、文莱、柬埔寨、老挝、缅甸、越南、日本、韩国、澳大利亚、新西兰。

［42］2022年外商投资统计调查制度进行修订，外商直接投资新设立企业数量、实际使用外商直接投资金额为包含银行、证券、保险领域的全口径数据，增速按可比口径计算。

［43］社会融资规模增量是指一定时期内实体经济从金融体系获得的资金总额。

［44］社会融资规模存量是指一定时期末（月末、季末或年末）实体经济从金融体系获得的资金余额。

［45］普惠金融贷款包括单户授信小于1000万元的小微型企业贷款、个体工商户经营性贷款、小微企业主经营性贷款、农户生产经营贷款、建档立卡贫困人口消费贷款、创业担保贷款和助学贷款。

［46］沪深交易所股票筹资额按上市日统计，筹资额包括了可转债实际转股金额，2021年、2022年可转债实际转股金额分别为1342亿元、934亿元。

［47］北京证券交易所股票筹资额按上市日统计。

［48］全国中小企业股份转让系统是2012年经国务院批准的全国性证券交易场所。全年全国中小企业股份转让系统挂牌公司累计筹资不含优先股，股票筹资按新增股份挂牌日统计。

［49］公司信用类债券包括非金融企业债务融资工具、企业债券以及公司债、可转债等。

［50］原保险保费收入是指保险企业确认的原保险合同保费收入。

［51］人均可支配收入中位数是指将所有调查户按人均收入水平从低到高（或从高到低）顺序排列，处于最中间位置调查户的人均可支配收入。

［52］全国居民五等份收入分组是指将所有调查户按人均收入水平从低到高顺序排列，平均分为五个等份，处于最低20%的收入家庭为低收入组，依此类推依次为中间偏下收入组、中间收入组、中间偏上收入组、高收入组。

［53］脱贫县包括原832个国家扶贫开发工作重点县和集中连片特困地区县，以及新疆阿克苏地区7个市县。

［54］服务性消费支出是指住户用于各种生活服务的消费支出，包括餐饮服务、衣着鞋类加工服务、居住服务、家庭服务、交通通信服务、教育文化娱乐服务、医疗服务和其他服务。

［55］2022年，基本医疗保险参保人数统计口径发生变化，剔除部分重复参保人数。

［56］农村特困人员是指无劳动能力，无生活来源，无法定赡养、抚养、扶养义务人或者其法定义务人无履行义务能力的农村老年人、残疾人以及未满16周岁的未成年人。

［57］临时救助是指国家对遭遇突发事件、意外伤害、重大疾病或其他特殊原因导致基本生活陷入困境，其他社会救助制度暂时无法覆盖或救助之后基本生活暂时仍有严重困难的家庭或个人给予的应急性、过渡性的救助。

［58］民政服务床位除收养性机构外，还包括救助类机构、社区类机构的床位。

［59］国家级科技企业孵化器是指符合《科技企业孵化器管理办法》规定的，以促进科技成果转化、培育科技企业和企业家精神为宗旨，提供物理空间、共享设施和专业化服务的科技创业服务机构，且经过科学技术部批准确定的科技企业孵化器。

［60］国家备案众创空间是指符合《发展众创空间工作指引》规定的新型创新创业服务平台，且按照《国家众创空间备案暂行规定》经科学技术部审核备案的众创空间。

［61］PCT专利申请受理量是指国家知识产权局作为PCT专利申请受理局受理的PCT专利申请数量。PCT（Patent Cooperation Treaty）即专利合作条约，是专利领域的一项国际合作条约。

［62］每万人口高价值发明专利拥有量是指每万人口本国居民拥有的经国家知识产权局授权的符合下列任一条件的有效发明专利数量：战略性新兴产业的发明专利；在海外有同族专利权的发明专利；维持年限超过10年的发明专利；实现较高质押融资金额的发明专利；获得国家科学技术奖、中国专利奖的发明专利。

［63］公民具备科学素质是指崇尚科学精神，树立科学思想，掌握基本科学方法，了解必要科技知识，并具有应用其分析判断事物和解决实际问题的能力。公民具备科学素质比例数据是面向18-69岁公民开展抽样调查获得。

［64］制造业产品质量合格率是指以产品质量检验为手段，按照规定的方法、程序和标准实施质量抽样检测，判定为质量合格的样品数占全部抽样样品数的百分比，统计调查样本覆盖制造业的29个行业。

［65］普通、职业本专科包括普通本科、职业本科、高职（专科）。

［66］中等职业教育包括普通中专、成人中专、职业高中和技工学校。

［67］总流通人次是指本年度内到图书馆场馆接受图书馆服务的总人次，包括借阅书刊、咨询问题以及参加各类读者活动等。

［68］特种影片是指采用与常规影院放映在技术、设备、节目方面不同的电影展示方式，如巨幕电影、立体电影、立体特效（4D）电影、动感电影、球幕电影等。

［69］人均图书拥有量是指在一年内全国平均每人能拥有的当年出版图书册数。

［70］总诊疗人次是指所有诊疗工作的总人次数，包括门诊、急诊、出诊、预约诊疗、单项健康

检查、健康咨询指导（不含健康讲座、核酸检测）人次。

[71] 出院人数是指报告期内所有住院后出院的人数，包括医嘱离院、医嘱转其他医疗机构、非医嘱离院、死亡及其他人数，不含家庭病床撤床人数。

[72] 体育场地调查对象不包括军队、铁路系统所属体育场地。

[73] 体育场地面积是指体育训练、比赛、健身场地的有效面积。

[74] 国有建设用地供应总量是指报告期内市、县人民政府根据年度土地供应计划依法以出让、划拨、租赁等方式与用地单位或个人签订出让合同或签发划拨决定书、完成交易的国有建设用地总量。

[75] 房地产用地是指商服用地和住宅用地的总和。

[76] 万元国内生产总值用水量、万元工业增加值用水量按2020年价格计算。

[77] 种草改良面积是指通过实施播种、栽种等措施增加牧草数量的面积以及通过压盐压碱压沙、土壤改良、围栏封育等措施使草原原生植被、生态得到改善的面积之和。

[78] 万元国内生产总值二氧化碳排放按2020年价格计算。

[79] 近岸海域海水水质采用面积法进行评价。

**资料来源：**

本公报中城镇新增就业、养老保险、失业保险、工伤保险、技工学校数据来自人力资源和社会保障部；外汇储备、汇率数据来自国家外汇管理局；市场主体、质量检验、国家标准制定修订、制造业产品质量合格率数据来自国家市场监督管理总局；环境监测等数据来自生态环境部；水产品产量、新增高效节水灌溉面积数据来自农业农村部；木材产量、造林面积、种草改良面积、国家公园数据来自国家林业和草原局；新增耕地灌溉面积、水资源总量、用水量、新增水土流失治理面积数据来自水利部；发电装机容量、新增220千伏及以上变电设备、电力消费量数据来自中国电力企业联合会；港口货物吞吐量、港口集装箱吞吐量、公路运输、水路运输、新改建高速公路里程、港口万吨级及以上码头泊位新增通过能力数据来自交通运输部；铁路运输、新建铁路投产里程、增新建铁路复线投产里程、电气化铁路投产里程数据来自中国国家铁路集团有限公司；民航运输、新增民用运输机场数据来自中国民用航空局；管道运输数据来自中国石油天然气集团有限公司、中国石油化工集团有限公司、中国海洋石油集团有限公司、国家石油天然气管网集团有限公司；民用汽车保有量、道路交通事故数据来自公安部；邮政业务数据来自国家邮政局；通信业、软件业务收入、新增光缆线路长度等数据来自工业和信息化部；互联网上网人数、互联网普及率数据来自中国互联网络信息中心；棚户区改造、保障性租赁住房、城镇老旧小区改造数据来自住房和城乡建设部；货物进出口数据来自海关总署；服务进出口、外商直接投资、对外直接投资、对外承包工程、对外劳务合作等数据来自商务部；财政数据来自财政部；新增减税降费及退税缓税缓费数据来自国家税务总局；货币金融、公司信用类债券数据来自中国人民银行；境内交易场所筹资数据来自中国证券监督管理委员会；保险业数据来自中国银行保险监督管理委员会；医疗保险、生育保险数据来自国家医疗保障局；城乡低保、农村特困人员救助供养、临时救助、民政服务数据来自民政部；优抚对象数据来自退役军人事务部；国家自然科学基金资助项目数据来自国家自然科学基金委员会；国家重点实验室、国家科技成果转化引导基金、国家级科技企业孵化器、国家备案众创空间、技术合同等数据来自科学技术部；国家工程研究中心、国家企业技术中心、大众创业万众创新示范基地等数据来自国家发展和改革委员会；专利、商标数据来自国家知识产权局；公民具备科学素质比例数据来自中国科协；宇航发射数据来自国家国防科技工业局；教育数据来自教育部；艺术表演团体、公共图书馆、文化馆、旅游数据来自文化和旅游部；电视、广播数据来自国家广播电视总局；电影数据来自国家电影局；报纸、期刊、图书数据来自国家新闻出版署；档案数据来自国家档案局；医疗卫生数据来自国家卫生健康委员会；体育数据来自国家体育总局；残疾人运动员数据来自中国残疾人联合会；国有建设用地供应、海洋灾害造成直接经济损失数据来自自然资源部；平均气温、台风登陆数据来自中国气象局；农作物受灾面积、洪涝和地质灾害造成直接经济损失、干旱灾害造成直接经济损失、低温冷冻和雪灾造成直接经济损失、地震次数、地震灾害造成直接经济损失、森林火灾、受害森林面积、生产安全事故数据来自应急管理部；其他数据均来自国家统计局。

# 2022年甘肃省国民经济和社会发展统计公报

甘肃省统计局 国家统计局甘肃调查总队

（2023年3月21日）

2022年，面对严峻复杂的外部环境和延宕反复的疫情冲击，在省委、省政府的坚强领导下，全省上下坚持以习近平新时代中国特色社会主义思想为指导，认真学习贯彻党的二十大精神，全面落实疫情要防住、经济要稳住、发展要安全的要求，按照省第十四次党代会部署，高效统筹疫情防控和经济社会发展，扎实推进“四强”行动，做深做细“五量”文章，全省经济承压而上、逆势而进，人民群众生活品质得到新提升，高质量发展取得新成效，现代化建设迈出了新步伐。

## 一、综合

初步核算，全年全省地区生产总值11201.6亿元，比上年增长4.5%。其中，第一产业增加值1515.3亿元，增长5.7%；第二产业增加值3945.0亿元，增长4.2%；第三产业增加值5741.3亿元，增长4.4%。第一产业增加值占地区生产总值比重为13.5%，第二产业增加值比重为35.2%，第三产业增加值比重为51.3%。按常住人口计算，全年人均地区生产总值44968元，比上年增长4.7%。

全年全省十大生态产业增加值3278.77亿元，占全省地区生产总值的29.3%。

年末全省常住人口2492.42万人，比上年末增加2.40万人。其中，城镇人口1350.64万人，占常住人口比重（常住人口城镇化率）为54.19%，比上年末提高0.86个百分点。全年出生人口21.10万人，出生率为8.47‰；死亡人口21.20万人，死亡率为8.51‰；人口自然增长率为-0.04‰。

**表1　2022年甘肃省年末人口数及其构成**

| 指 标 | 年末数（万人） | 比重（%） |
|---|---|---|
| 常住人口 | 2492.42 | 100 |
| 其中：城镇 | 1350.64 | 54.19 |
| 乡村 | 1141.78 | 45.81 |
| 其中：男性 | 1266.15 | 50.80 |
| 女性 | 1266.27 | 49.20 |
| 其中：0-14岁 | 466.33 | 18.71 |
| 15-64岁 | 1691.11 | 67.85 |
| 65岁及以上 | 334.98 | 13.44 |

全年城镇新增就业32.02万人，其中失业人员再就业13.91万人。全年输转城乡富余劳动力527.3万人，其中，省外输转230.7万人，省内输转296.6万人。

全年居民消费价格比上年上涨1.9%。商品零售价格上涨3.7%。农产品生产者价格上涨0.3%。工业生产者出厂价格上涨10.9%。工业生产者购进价格上涨13.5%。

**表2　2022年甘肃省居民消费价格比上年涨跌幅度**

单位：%

| 指标 | 全省 | 城市 | 农村 |
|---|---|---|---|
| 居民消费价格 | 1.9 | 1.9 | 1.8 |
| 其中：食品烟酒 | 2.8 | 3.0 | 2.2 |
| 衣着 | 0.4 | 0.3 | 0.6 |
| 居住 | 0.8 | 0.7 | 1.2 |
| 生活用品及服务 | 0.9 | 1.0 | 0.7 |
| 交通和通信 | 5.0 | 5.0 | 4.8 |
| 教育文化和娱乐 | 0.9 | 0.9 | 0.9 |
| 医疗保健 | 0.5 | 0.5 | 0.4 |
| 其他用品和服务 | 1.2 | 1.0 | 1.7 |

## 二、农业

全年全省粮食种植面积270.0万公顷，比上年增加2.3万公顷。其中，小麦种植面积73.9万公顷，增加2.8万公顷；玉米种植面积107.4万公顷，增加2.3万公顷；马铃薯种植面积57.6万公顷，减少1.0万公顷。蔬菜种植面积45.4万公顷，增加1.9万公顷。中药材种植面积29.9万公顷，增加0.7万公顷。果园面积33.2万公顷，增加0.4万公顷。油料种植面积27.0万公顷，增加0.7万公顷。

全年粮食产量1265.0万吨，比上年增产2.7%。其中，夏粮产量342.3万吨，增产3.8%；秋粮产量922.7万吨，增产2.4%。

全年蔬菜产量1736.6万吨，比上年增产4.9%。中药材产量137.5万吨，增产4.6%。园林水果产量575.4万吨，增产6.7%。

全年猪牛羊禽肉产量141.5万吨，比上年增长5.6%。牛奶产量91.8万吨，增长37.8%。年末牛存栏531.8万头，增长3.7%；牛出栏247.8万头，增长0.4%。羊存栏2595.6万只，增长6.4%；羊出栏2278.0万只，增长8.2%。生猪存栏699.5万头，增长2.1%；生猪出栏895.7万头，增长6.0%。

**表3　2022年甘肃省主要农产品产量及其增长速度**

| 产品名称 | 产量（万吨） | 比上年增长（%） |
|---|---|---|
| 粮食 | 1265.0 | 2.7 |
| 夏粮 | 342.3 | 3.8 |
| 秋粮 | 922.7 | 2.4 |
| #小麦 | 296.9 | 6.1 |
| 玉米 | 664.2 | 3.3 |

续表

| 产品名称 | 产量（万吨） | 比上年增长（%） |
|---|---|---|
| 薯类 | 222.6 | -0.9 |
| 油料 | 61.3 | 4.3 |
| #油菜籽 | 36.5 | 8.2 |
| 棉花 | 4.0 | 30.4 |
| 甜菜 | 15.8 | -0.3 |
| 烟叶 | 0.5 | 0.2 |
| 中药材 | 137.5 | 4.6 |
| 园林水果 | 575.4 | 6.7 |
| 蔬菜 | 1736.6 | 4.9 |
| 猪牛羊禽肉 | 141.5 | 5.6 |
| #猪肉 | 67.9 | 6.0 |
| 牛肉 | 27.2 | 0.6 |
| 羊肉 | 36.5 | 9.0 |
| 禽肉 | 9.9 | 5.0 |
| 牛奶 | 91.8 | 37.8 |
| 禽蛋 | 21.6 | -3.0 |

## 三、工业和建筑业

全年全省全部工业增加值3297.2亿元。规模以上工业增加值增长6.0%。在规模以上工业中，分经济类型看，国有及国有控股企业增加值增长5.3%；集体企业增长34.5%，股份制企业增长5.8%，外商及港澳台投资企业增长2.2%；私营企业增长12.9%。分隶属关系看，中央企业增长1.5%，省属企业增长13.3%，省以下地方企业增长8.4%。分轻重工业看，轻工业下降2.2%，重工业增长7.4%。分门类看，采矿业增长8.9%，制造业增长5.3%，电力、热力、燃气及水生产和供应业增长4.3%。

**表4　2022年甘肃省规模以上工业分行业增加值增长速度及其比重**

| 行　业 | 比上年增长（%） | 占规模以上工业增加值比重（%） |
|---|---|---|
| 全　　省 | 6.0 | 100.0 |
| 煤炭工业 | 21.9 | 9.4 |
| 电力工业 | 3.2 | 10.4 |
| 冶金工业 | 5.6 | 4.2 |
| 有色工业 | 15.2 | 16.8 |
| 石化工业 | 3.3 | 35.1 |
| 机械工业 | 12.0 | 3.3 |
| 电子工业 | 2.5 | 2.2 |

续表

| 行　业 | 比上年增长（%） | 占规模以上工业增加值比重（%） |
| --- | --- | --- |
| 食品工业 | 6.9 | 8.4 |
| 建材工业 | -5.9 | 5.4 |
| 纺织工业 | 9.7 | 0.2 |
| 医药工业 | -21.7 | 2.9 |
| 其他工业 | 11.0 | 1.6 |

**表5　2022年甘肃省主要工业产品产量及其增长速度**

| 产品名称 | 单位 | 产量 | 比上年增长（%） |
| --- | --- | --- | --- |
| 原煤 | 万吨 | 5414.4 | 23.9 |
| 原油 | 万吨 | 1092.2 | 6.1 |
| 天然气 | 亿立方米 | 5.4 | 30.1 |
| 原油加工量 | 万吨 | 1454.3 | -1.1 |
| 发电量 | 亿千瓦时 | 1954.1 | 3.0 |
| #火力发电量 | 亿千瓦时 | 1051.3 | 4.4 |
| 水力发电量 | 亿千瓦时 | 374.6 | -17.1 |
| 铁矿石原矿 | 万吨 | 1178.1 | 12.1 |
| 电石 | 万吨 | 98.8 | 0.6 |
| 水泥 | 万吨 | 4008.2 | -10.7 |
| 生铁 | 万吨 | 810.7 | 2.7 |
| 粗钢 | 万吨 | 1084.9 | 2.4 |
| 钢材 | 万吨 | 1091.6 | 1.0 |
| 十种有色金属 | 万吨 | 417.5 | 15.0 |
| #铜 | 万吨 | 93.3 | 38.5 |
| 铅 | 万吨 | 2.0 | 4.7 |
| 锌 | 万吨 | 44.3 | 5.0 |
| 铝 | 万吨 | 261.1 | 10.5 |

年末全省发电装机容量6780.8万千瓦，比上年末增长10.2%。其中，火电装机容量2312.6万千瓦，增长0.2%；水电装机容量971.8万千瓦，增长0.5%；风电装机容量2073.0万千瓦，增长20.2%；太阳能发电装机容量1417.4万千瓦，增长23.7%。

全年规模以上工业企业利润594.6亿元，比上年增长15.3%，其中国有及国有控股企业利润474.1亿元，增长24.2%。分门类看，采矿业利润263.6亿元，比上年增长1.1倍；制造业298.6亿元，下降21.9%；电力、热力、燃气及水生产和供应业32.4亿元，增长2.7倍。规模以上工业企业每百元营业收入中的成本为85.2元，比上年增加1.1元；营业收入利润率为5.4%，提高0.2个百分点。年末规模以上工业企业资产负债率为58.1%，比上年末下降0.2个百分点。

全年建筑业增加值657.6亿元，比上年增长4.6%。年末具有资质的总承包和专业承包建筑业企业2670个，比上年末增加296个。

## 四、服务业

全年全省批发和零售业增加值795.6亿元，比上年下降0.5%；交通运输、仓储和邮政业增加值555.6亿元，增长17.7%；住宿和餐饮业增加值155.0亿元，下降7.5%；金融业增加值925.1亿元，增长2.9%；房地产业增加值573.2亿元，下降3.2%；其他服务业增加值2681.0亿元，增长6.5%。全年规模以上服务业企业营业收入比上年增长4.4%，利润总额增长6.3%。

全年货物运输总量72945.1万吨，比上年下降4.2%；货物运输周转量3680.6亿吨公里，增长27.5%。旅客运输总量8096.9万人次，下降48.2%；旅客运输周转量220.7亿人公里，下降37.9%。甘肃省民航机场集团完成旅客吞吐量740.4万人次，比上年下降49.7%；货邮吞吐量5.8万吨，下降26.2 %。年末全省铁路营业里程4860.3公里，增长3.9 %；公路里程15.7万公里，增长0.4%，其中等级公路15.4万公里，增长0.7%。

**表6　2022年甘肃省主要运输方式完成货物、旅客运输量及其增长速度**

| 指标 | 单位 | 绝对数 | 比上年增长（%） |
|---|---|---|---|
| 货物运输总量 | 万吨 | 72945.1 | –4.2 |
| #铁路 | 万吨 | 8860.7 | 37.5 |
| 公路 | 万吨 | 64083.8 | –8.0 |
| 货物运输周转量 | 亿吨公里 | 3680.6 | 27.5 |
| #铁路 | 亿吨公里 | 1990.2 | 17.8 |
| 公路 | 亿吨公里 | 1690.3 | 41.2 |
| 旅客运输总量 | 万人次 | 8096.9 | –48.2 |
| #铁路 | 万人次 | 2444.0 | –46.9 |
| 公路 | 万人次 | 5543.8 | –48.7 |
| 旅客运输周转量 | 亿人公里 | 220.7 | –37.9 |
| #铁路 | 亿人公里 | 176.7 | –34.4 |
| 公路 | 亿人公里 | 32.2 | –51.7 |

年末全省民用汽车保有量439.5万辆，比上年末增长4.4%，其中私人汽车保有量378.9万辆，增长4.6%。民用轿车保有量197.1万辆，增长5.1%，其中私人轿车保有量177.0万辆，增长5.4%。

全年完成邮政行业业务总量49.5亿元，比上年下降0.7%。邮政业全年完成邮政函件业务678.1万件；包裹业务28.3万件；快递业务量2.0亿件，增长6.1%；快递业务收入38.2亿元，增长3.2%。全年完成电信业务总量296.5亿元，增长21.5%。年末移动电话基站数21.5万个，其中4G基站11.0万个，5G基站3.7万个。全省年末电话用户总数3084.2万户，其中移动电话用户2784.3万户，移动电话用户中4G移动电话用户1636.4万户，5G移动电话用户894.6万户。移动电话普及率111.8部/百人，比上年增加2.1部/百人。固定互联网宽带接用户1092.7万户，比上年末增加67.5万户。其中，固定互联网光纤宽带接入用户1067.7万户，比上年末增加73.9万户。全年移动互联网用户接入流量47.8亿GB，比上年增长13.6%。年末互联网宽带接入端口1754.3万个，增长8.1%。固定宽带接入用户普及率43.9部/百人。

## 五、国内贸易和对外经济

全年全省社会消费品零售总额3922.2亿元，比上年下降2.8%。按经营地统计，城镇消费品零售额3216.2亿元，下降2.8%；乡村消费品零售额706.0亿元，下降3.0%。按消费形态统计，商品零售额3515.9亿元，下降1.4%；餐饮收入额406.3亿元，下降13.5%。

全年限额以上单位商品零售额中，粮油、食品类零售额比上年增长10.1%，烟酒类下降1.5%，化妆品类下降18.9%，金银珠宝类下降2.3%，日用品类下降13.7%，中西药品类增长9.9%，汽车类下降12.8%，服装、鞋帽、针纺织品类下降27.0%，家用电器和音像器材类下降22.6%，石油及制品类增长4.1%。限额以上批零住餐企业通过公共网络实现零售额增长5.9%。

全年外贸进出口总值584.2亿元，比上年增长18.8%。其中，出口127.3亿元，增长31.4%；进口456.9亿元，增长15.7%。对"一带一路"沿线国家进出口278.3亿元，比上年增长23.8%，占全省外贸总值的47.6%。其中，出口45.3亿元，增长70.4%；进口233亿元，增长17.6%。

全年外商直接投资合同项目29个，外商直接投资实际使用金额12481万美元，比上年增长15.0%。对外承包工程完成营业额34554万美元，增长1.58%。对外承包工程新签合同金额57783万美元，增长31.68%。

## 六、固定资产投资

全年全省固定资产投资比上年增长10.1%。按三次产业分，第一产业投资下降4.6%；第二产业投资增长56.9%，其中工业投资增长57.0%；第三产业投资下降1.7%。基础设施投资下降0.5%。民间固定资产投资增长6.0%。社会领域投资增长7.1%。

全年项目投资比上年增长15.6%。其中，制造业投资增长46.9%，电力、热力、燃气及水生产和供应业投资增长77.3%，交通运输、仓储和邮政业投资下降9.5%，水利、环境和公共设施管理业投资增长19.0%。

**表7　2022年甘肃省分行业项目投资增长速度及其比重**

| 行　业 | 比上年增长（%） | 占项目投资比重（%） |
|---|---|---|
| 项目投资 | 15.6 | 100.0 |
| 农林牧渔业 | -4.6 | 5.0 |
| 采矿业 | 1.4 | 2.7 |
| 制造业 | 46.9 | 14.8 |
| 电力、热力、燃气及水生产和供应业 | 77.3 | 21.8 |
| 建筑业 | 11.9 | 0.1 |
| 批发和零售业 | 4.7 | 0.7 |
| 交通运输、仓储和邮政业 | -9.5 | 22.4 |
| 住宿和餐饮业 | -16.2 | 0.3 |
| 信息传输、软件和信息技术服务业 | 19.3 | 1.3 |
| 金融业 | -23.7 | 0.0 |

续表

| 行　业 | 比上年增长（%） | 占项目投资比重（%） |
| --- | --- | --- |
| 房地产业 | -9.3 | 7.1 |
| 租赁和商务服务业 | -11.9 | 1.5 |
| 科学研究和技术服务业 | -32.1 | 0.3 |
| 水利、环境和公共设施管理业 | 19.0 | 13.0 |
| 居民服务和其他服务业 | 36.8 | 0.4 |
| 教育 | 5.9 | 3.6 |
| 卫生、社会保障和社会福利业 | 27.8 | 3.1 |
| 文化、体育和娱乐业 | -19.7 | 1.4 |
| 公共管理和社会组织 | -10.3 | 0.4 |

全年房地产开发投资比上年下降2.9%，其中住宅投资增长0.1%。房屋施工面积12268.4万平方米，下降7.0%，其中住宅施工面积8953.6万平方米，下降4.1%。在房屋施工面积中，房屋新开工面积2105.3万平方米，下降37.5%，其中住宅新开工面积1660.8万平方米，下降35.0%。房屋竣工面积917.8万平方米，下降37.3%，其中住宅竣工面积727.9万平方米，下降32.3%。商品房销售面积1470.4万平方米，下降33.9%，其中住宅销售面积1388.2万平方米，下降34.5%。

## 七、财政金融

全年全省一般公共预算收入907.6亿元，按自然口径下降9.4%，扣除增值税留抵退税和上年一次性收入因素，同口径增长4.9%。其中，税收收入582.7亿元，同口径增长4.9%；非税收入324.8亿元，同口径增长5.0%。从主体税种看，国内增值税207.6亿元，同口径增长6.9%；企业所得税84.7亿元，增长5.8%；个人所得税23.6亿元，下降1.4%。一般公共预算支出4263.5亿元，增长5.7%。其中，民生支出3338.8亿元。

年末全省金融机构本外币各项存款余额24896.4亿元，比上年末增长10.1%，其中人民币各项存款余额24826.5亿元，增长10.1%。金融机构本外币各项贷款余额25389.8亿元，增长6.2%，其中人民币各项贷款余额25281.0亿元，增长6.5%。

**表8　2022年甘肃省金融机构本外币各项存贷款余额及其增长速度**

| 指标 | 年末数（亿元） | 比上年末增长（%） |
| --- | --- | --- |
| 金融机构本外币各项存款余额 | 24896.4 | 10.1 |
| #境内存款 | 24883.8 | 10.1 |
| #住户存款 | 15453.1 | 13.8 |
| 非金融企业存款 | 4671.6 | -2.2 |
| 机关团体存款 | 3725.9 | 17.9 |
| 财政性存款 | 490.9 | 11.0 |

续表

| 指标 | 年末数（亿元） | 比上年末增长（%） |
| --- | --- | --- |
| 金融机构本外币各项贷款余额 | 25389.8 | 6.2 |
| #境内贷款 | 25309.0 | 6.4 |
| #住户贷款 | 6577.7 | 0.8 |
| 企事业单位贷款 | 18716.3 | 8.6 |

年末全省境内上市公司37家，比上年末增加3家。其中，A股上市公司36家，H股上市公司1家。A股上市公司总市值3197.5亿元，比上年增长1.6%。

全年保险公司原保险保费收入490.9亿元，比上年增长0.1%；支付各类赔款及给付158.0亿元，下降9.5%。

**表9　2022年甘肃省保险业务情况**

| 指标 | 绝对数（亿元） | 比上年增长（%） |
| --- | --- | --- |
| 原保险保费收入 | 490.9 | 0.1 |
| 财产险 | 139.6 | 6.6 |
| 人身险 | 351.3 | -2.2 |
| 支付各类赔款及给付 | 158.0 | -9.5 |
| 财产险 | 86.3 | -9.2 |
| 人身险 | 71.8 | -10.1 |

## 八、居民收入消费和社会保障

全年全省居民人均可支配收入23273.1元，比上年增长5.5%。按常住地分，城镇居民人均可支配收入37572.4元，增长3.8%；农村居民人均可支配收入12165.2元，增长6.4%。城乡居民人均可支配收入比值为3.09，比上年缩小0.08。

全年全省居民人均消费支出17489.4元，比上年增长0.2%。按常住地分，城镇居民人均消费支出25207.0元，下降2.1%；农村居民人均消费支出11494.2元，增长2.6%。全省居民恩格尔系数为30.7%，其中城镇为29.9%，农村为32%。

**表10　2022年甘肃省城乡居民家庭人均收支情况**

| 指标 | 全体居民 | | 城镇 | | 农村 | |
|---|---|---|---|---|---|---|
| | 绝对数（元） | 比上年增长（%） | 绝对数（元） | 比上年增长（%） | 绝对数（元） | 比上年增长（%） |
| 人均可支配收入 | 23273.1 | 5.5 | 37572.4 | 3.8 | 12165.2 | 6.4 |
| 工资性收入 | 12996.0 | 4.7 | 25222.7 | 3.1 | 3498.1 | 4.8 |
| 经营净收入 | 4256.3 | 4.2 | 2738.6 | 1.4 | 5435.4 | 6.1 |
| 财产净收入 | 1380.5 | 6.1 | 2950.4 | 4.2 | 160.9 | 7.5 |
| 转移净收入 | 4640.3 | 8.7 | 6660.7 | 7.6 | 3070.8 | 8.8 |
| 生活消费支出 | 17489.4 | 0.2 | 25207.0 | −2.1 | 11494.2 | 2.6 |
| 食品烟酒 | 5364.2 | 2.8 | 7530.3 | −0.2 | 3681.6 | 6.2 |
| 衣着 | 1137.6 | −6.6 | 1759.4 | −9.3 | 654.5 | −2.9 |
| 居住 | 3918.5 | 5.7 | 6006.0 | 4.8 | 2296.9 | 5.3 |
| 生活用品及服务 | 1000.1 | −6.4 | 1523.9 | −7.6 | 593.2 | −6.0 |
| 交通通信 | 2322.2 | 4.8 | 3334.8 | 1.2 | 1535.6 | 9.5 |
| 教育文化娱乐 | 1775.7 | −6.2 | 2470.5 | −8.2 | 1235.9 | −4.4 |
| 医疗保健 | 1612.6 | −8.4 | 2005.1 | −12.5 | 1307.8 | −4.0 |
| 其他用品和服务 | 358.5 | −4.8 | 577.1 | −6.2 | 188.6 | −4.2 |

年末全省参加城镇职工基本养老保险人数517.55万人，比上年末增加15.05万人。参加城乡居民基本养老保险人数1386.55万人，减少1.34万人。参加基本医疗保险人数2555.2万人，减少31.9万人。其中，参加职工基本医疗保险人数381万人，参加城乡居民基本医疗保险人数2174.2万人。参加失业保险人数202.76万人，增加6.68万人。年末全省领取失业保险金人数1.9万人。参加工伤保险人数287.22万人，增加8.48万人，其中参加工伤保险的农民工38.78万人，减少4.87万人。参加生育保险人数256.9万人，增加6.2万人。年末全省共有31.62万人享受城市居民最低生活保障，149.54万人享受农村居民最低生活保障，9.51万人享受农村特困人员救助供养。

年末全省共有各类社区服务机构和设施5684个。其中，社区服务指导中心7个，社区服务中心561个，社区服务站4705个，社区专项服务机构和设施411个。共有社区养老服务机构和设施9468个。其中，未登记的特困人员救助供养机构117个，全托服务社区养老服务机构和设施412个，日间照料社区养老服务机构和设施2941个，互助型社区养老设施5900个，其他社区服务机构和设施98个。

## 九、科学技术

全省共有国家工程技术研究中心5个，国家级企业技术中心19家。全年登记省级科技成果1851项，其中，基础理论618项，应用技术类成果1188项，软科学45项。专利授权量22490件，下降13.69%，其中发明专利授权量2472件，增长9.72%。有效发明专利12000件，每万人口发明专利拥有量4.82件。共签订技术合同13241项，增长30.11%；技术合同成交金额338.57亿元，增长20.73%。

## 十、文化旅游、卫生健康和体育

年末全省广播节目综合人口覆盖率99.46%，比上年末提高0.03个百分点；电视节目综合人口覆盖率99.52%，提高0.03个百分点。

全年共接待国内游客1.35亿人次，比上年下降51.2%；实现国内旅游综合收入665亿元，下降63.9%。旅游人均花费493元，比上年减少174元。

年末全省共有医疗卫生机构25267个。其中医院706个，医院中有综合医院355个，中医医院120个，专科医院180个；基层医疗卫生机构24072个，其中，社区卫生服务中心(站)701个，卫生院1357个，村卫生室16265个；专业公共卫生机构463个，其中，疾病预防控制中心104个，妇幼保健院(所、站)99个，卫生监督所(中心)95个，计划生育技术服务机构119个。年末卫生技术人员20.73万人。其中，执业医师和执业助理医师7.23万人，注册护士9.47万人。医疗卫生机构床位18.90万张。其中，医院14.46万张，卫生院2.97万张。全年总诊疗人次10076.70万人次，出院人数408.22万人。

全省共有体育场地82581个，体育场地面积5180.3万平方米，人均体育场地面积2.07平方米。全年体育获得各类奖牌33枚，其中金牌15枚。

## 十一、资源、环境和应急管理

全年全省地表水资源量238.3亿立方米。人均水资源量956.1立方米，比上年下降11.2%。年末全省大中型水库蓄水总量48.0亿立方米，比上年末增长1.8%。全年总用水量112.9亿立方米，比上年增长2.5%，其中，生活用水量10.3亿立方米，增长6.2%，工业用水量6.3亿立方米，下降2.6%，农业用水量82.3亿立方米，下降0.3%，生态用水量11.3亿立方米，增长23.0%。人均用水量452.9立方米，增长2.4%。

全省共有自然保护区56个，其中国家级自然保护区21个。国家地质公园12个，省级地质公园24个。

全年全省规模以上工业能源消费量5344.4万吨标准煤，比上年增长3.7%。六大高耗能行业能源消费量4825.7万吨标准煤，增长4.1%。

省内74个地表水监测断面中，达到或优于Ⅲ类断面比例为95.9%。全年全省14个市州空气质量优良天数比率为90.2%，与上年持平。省内监测的14个城市中，城市区域声环境评价（昼间）总体较好，14个城市区域声环境质量等级均为二级。

全年全省平均气温为9.5℃，比上年增长0.3℃。年日照小时数2322.6小时，比上年增加53.4小时。年降水量363.7毫米，比上年减少69.5毫米。全省气象雷达观测站点8个，卫星云图接收站点2个。

全省共有地震台站（点）1808个，其中，有人值守的地震监测台站14个，无人值守的地震监测台站（点）1794个。

全年农作物受灾面积31.24万公顷，比上年下降35.03%；农作物成灾面积17.04万公顷，下降

43.36%。全年实际发生地质灾害65起，造成直接经济损失9102.8万元，下降18.83%。

全年共发生各类生产安全事故602起，比上年下降12.37%；死亡487人，下降17.74%；受伤368人，下降23.65%；直接经济损失1.74亿元，下降0.76%。亿元地区生产总值生产安全事故死亡人数为0.043人，下降24.56%；工矿商贸企业就业人员10万人生产安全事故死亡人数2.33人，下降12.73%；煤矿百万吨死亡人数0.111人，下降18.52%；十二类营运车辆道路交通事故万车死亡人数9.088人，下降9.18%。

**注：**

1. 本公报各项数据均为初步统计数，正式数据以《甘肃发展年鉴2023》为准。部分数据因四舍五入的原因，存在着总计与分项合计不等的情况。

2. 地区生产总值、三次产业及相关行业增加值和人均地区生产总值绝对数按现价计算，增长速度按不变价格计算。

3. 农产品生产者价格是指农产品生产者直接出售其产品时的价格。

4. 主要工业产品产量中原煤、火电发电量包括规模以上和规模以下工业企业产量，发电量包括火电、水电、风电、太阳能发电量,2022年产量增速按可比口径计算。

5. 规模以上工业企业财务指标增速及变化按可比口径计算。

6. 规模以上服务业统计范围包括：辖区内年营业收入2000万元及以上交通运输、仓储和邮政业，信息传输、软件和信息技术服务业，水利、环境和公共设施管理业三个门类和卫生行业大类法人单位；辖区内年营业收入1000万元及以上租赁和商务服务业，科学研究和技术服务业，教育三个门类，以及物业管理、房地产中介服务、房地产租赁经营和其他房地产业四个行业小类法人单位；辖区内年营业收入500万元及以上居民服务、修理和其他服务业，文化、体育和娱乐业两个门类，以及社会工作行业大类法人单位。

7. 邮政业务总量按2020年不变价格计算。

8. 电信业务总量按上年不变价格计算。

9. “一带一路”是指“丝绸之路经济带”和“21世纪海上丝绸之路”。

10. 基础设施投资包括交通运输、邮政业，电信、广播电视和卫星传输服务业，互联网和相关服务业，水利、环境和公共设施管理业投资（其中不含土地管理业）。

11. 民间固定资产投资是指具有集体、私营、个人性质的内资企事业单位以及由其控股（包括绝对控股和相对控股）的企业单位建造或购置固定资产的投资。

12. 原保险保费收入是指保险企业确认的原保险合同保费收入。

13. 社会保障数据为快报数，最终数据以决算数为准。

14. 体育场地统计范围不包括军队、铁路系统所属体育场地，数据为截至2022年年底。

15. 卫生健康数据为初步数据，最终数据以省卫生健康委公布的《2022年甘肃省卫生健康事业发展统计公报》数据为准。

16.水资源量为初步测算数据。

17.工矿商贸企业就业人员10万人生产安全事故死亡人数数据是以《甘肃发展年鉴2022》中全省二、三产业就业人数计算。

18.资料来源：本公报中城镇新增就业人员、社会保障数据来自甘肃省人力资源和社会保障厅；发电装机容量数据来自甘肃省电力公司；财政数据来自甘肃省财政厅；进出口数据来自兰州海关；利用外资数据来自甘肃省商务厅；交通运输数据来自甘肃省交通运输厅、甘肃省公安厅交警总队、中国铁路兰州局集团有限公司、甘肃省民航机场集团、东航甘肃分公司；邮政数据来自甘肃省邮政管理局；通信数据来自甘肃省通信管理局；旅游数据来自甘肃省文化和旅游厅；金融数据来自中国人民银行兰州中心支行；保险数据来自中国银保监会甘肃监管局；证券数据来自中国证监会甘肃监管局；医疗保险、生育保险数据来自甘肃省医疗保障局；城乡低保、农村特困人员救助供养、社会服务数据来自甘肃省民政厅；除国家级企业技术中心数据外，其他科技数据来自甘肃省科技厅；专利数据来自甘肃省市场监督管理局（知识产权局）；广播、电视数据来自甘肃省广播电视局；卫生数据来自甘肃省卫生健康委员会；体育数据来自甘肃省体育局；用水量数据来自甘肃省水利厅；安全生产数据来自甘肃省应急管理厅；自然保护区、地质公园数据来自甘肃省林业和草原局；环境监测数据来自甘肃省生态环境厅；地质灾害数据来自甘肃省自然资源厅；气象数据来自甘肃省气象局；地震数据来自甘肃省地震局；煤矿百万吨死亡人数来自国家矿山安全监察局甘肃局；十二类营运车辆数量来自甘肃省公安厅交通管理局。

# 2022年兰州市国民经济和社会发展统计公报

兰州市统计局 国家统计局兰州调查队

（2023年4月14日）

2022年，面对严峻复杂的外部环境和延宕反复的疫情冲击，在市委、市政府的坚强领导下，全市上下坚持以习近平新时代中国特色社会主义思想为指导，深入学习贯彻党的十九大、十九届历次全会和党的二十大精神，坚持稳中求进工作总基调，按照省、市第十四次党代会的决策部署，认真落实"疫情要防住、经济要稳住、发展要安全"的工作要求，高效统筹疫情防控和经济社会发展，以"强省会"行动贯通"强科技、强工业、强县域"行动，加快稳增长政策措施落地见效，全力以赴稳住经济大盘，全市总体经济保持稳定增长。

## 一、综合

初步核算，全年全市地区生产总值3343.5亿元，比上年增长0.8%。其中，第一产业增加值65.0亿元，增长5.0%；第二产业增加值1150.8亿元，下降2.9%；第三产业增加值2127.8亿元，增长2.4%。三次产业结构比为1.94：34.42：63.64。按常住人口计算，人均地区生产总值75992元，比上年增长0.3%。

年末全市常住人口441.53万人，比上年末增加3.1万人。其中，城镇人口371.18万人，占常住人口比重（常住人口城镇化率）为84.07%，比上年末提高0.51个百分点。全年出生人口2.91万人，出生率为6.61‰；死亡人口2.63万人，死亡率为5.98‰；人口自然增长率为0.64‰。年末全市户籍人口为336.98万人，比上年末增加0.7万人。其中，城镇人口248.73万人，乡村人口88.25万人。

**表1　2022年兰州市年末人口数及其构成**

| 指标 | 年末数（万人） | 比重（%） |
|---|---|---|
| 全市常住人口 | 441.53 | 100 |
| 其中：城镇 | 371.18 | 84.07 |
| 乡村 | 70.35 | 15.93 |
| 其中：男性 | 226.87 | 51.38 |
| 女性 | 214.66 | 48.62 |
| 其中：0–14岁 | 59.81 | 13.55 |
| 15–64岁 | 325.6 | 73.74 |
| 65岁及以上 | 56.12 | 12.71 |

年末全市城镇就业人员79.64万人。全年城镇新增就业7.85万人，其中失业人员再就业3.16万人。全年输转城乡富余劳动力25.25万人，创劳务收入76.27亿元。

全年居民消费价格累计上涨2.3%。其中，食品烟酒上涨3.6%，衣着上涨0.3%，居住上涨1.6%，生活用品及服务上涨0.7%，交通通信上涨5.3%，教育文化和娱乐上涨0.7%，医疗保健上涨0.5%，其他用品和服务上涨0.8 %。商品零售价格累计上涨3.8%。

**表2　2022年兰州市居民消费价格**

| 类别 | 累计指数（%） |
|---|---|
| 居民消费价格总指数 | 102.3 |
| 商品零售价格总指数 | 103.8 |
| 服务项目价格指数 | 100.5 |
| 食品 | 103.1 |
| 其中：粮食 | 105.3 |
| 食用油 | 107.0 |
| 畜肉类 | 93.5 |
| 禽肉类 | 104.3 |
| 蛋类 | 111.1 |
| 水产品 | 99.0 |
| 鲜菜 | 99.5 |
| 糖果糕点 | 104.4 |
| 干鲜瓜果类 | 111.5 |
| 奶类 | 100.7 |
| 在外餐饮 | 104.9 |

## 二、农业

全年全市粮食作物播种面积132.13万亩，比上年增加5.35万亩，增长4.22%。油料种植面积13.73万亩，减少1.02万亩。蔬菜种植面积94.67万亩，增加2.9万亩。中药材种植面积16.93万亩，增加0.91万亩。果园面积12.97万亩，减少0.38万亩。

全年粮食产量33.8万吨，比上年增产1.51%。其中，夏粮产量11.5万吨，增产2.56%；秋粮产量22.3万吨，增产0.98%。

全年蔬菜产量215.06万吨，比上年增产3.29%。园林水果产量11.31万吨，减产12.77%。中药材产量4.29万吨，增产7.05%。

全年牛奶产量9.28万吨，增长2.7%。年末大牲畜存栏7.29万头，比上年末增长3.09%，其中，牛存栏6.13万头，增长14.14%。羊存栏77.19万只，增长4.04%；生猪存栏52.03万头，增长1.2%。牛出栏1.25万头，增长3.09%；羊出栏47.67万只，增长0.01%；生猪出栏54.14万头，增长2.7%。

表3　2022年兰州市主要农产品产量及其增长速度

| 产品名称 | 单位 | 产量 | 比上年增长（%） |
|---|---|---|---|
| 粮食 | 万吨 | 33.8 | 1.51 |
| #夏粮 | 万吨 | 11.5 | 2.56 |
| 秋粮 | 万吨 | 22.3 | 0.98 |
| #小麦 | 万吨 | 7.93 | 4.13 |
| 玉米 | 万吨 | 15.10 | 3.53 |
| 油料 | 万吨 | 1.86 | −14.20 |
| #油菜籽 | 万吨 | 0.41 | −0.11 |
| 中药材 | 万吨 | 4.29 | 7.05 |
| 园林水果 | 万吨 | 11.31 | −12.77 |
| 蔬菜 | 万吨 | 215.06 | 3.29 |
| #设施蔬菜 | 万吨 | 10.36 | 0.97 |
| 肉类 | 万吨 | | |
| #猪肉 | 万吨 | 4.10 | 2.7 |
| 牛肉 | 万吨 | 0.14 | 2.92 |
| 羊肉 | 万吨 | 0.76 | 0.77 |
| 禽肉 | 万吨 | 0.29 | −4.97 |
| 牛奶 | 万吨 | 9.28 | 2.7 |
| 水产品 | 万吨 | 0.06 | −0.48 |
| 年末大牲畜存栏数 | 万头 | 7.29 | 3.09 |
| #牛存栏 | 万头 | 6.13 | 14.14 |
| 羊存栏 | 万只 | 77.19 | 4.04 |
| 猪存栏 | 万头 | 52.03 | 1.2 |
| 牛出栏 | 万头 | 1.25 | 3.09 |
| 羊出栏 | 万只 | 47.67 | 0.01 |
| 猪出栏 | 万头 | 54.14 | 2.7 |

## 三、工业和建筑业

全年全市工业增加值935.4亿元，比上年下降2.1%。规模以上工业增加值下降0.4%。在规模以上工业中，分经济类型看，国有控股企业增加值增长0.7%，集体企业增加值增长2.6%，股份制企业增加值下降1.1%，外商及港澳台投资企业增加值下降5.1%。分隶属关系看，中央企业增加值增长0.4%，地方企业增加值下降2%。分轻重工业看，轻工业增加值下降11.5%，重工业增加值增长3.9%。分门类看，采矿业增加值增长1.3%，制造业增加值下降1.2%，电力、热力、燃气及水生产和供应业增加值增长4.9%。

**表4　2022年兰州市规模以上工业分行业增加值增长速度**

| 行业 | 比上年增长（%） |
|---|---|
| 全　　市 | -0.4 |
| 煤炭工业 | 1.3 |
| 电力工业 | 4.0 |
| 冶金工业 | -6.2 |
| 有色工业 | 14.5 |
| 石化工业 | 7.5 |
| 机械工业 | 3.8 |
| 电子工业 | 54.0 |
| 食品工业 | 2.8 |
| 建材工业 | -16.3 |
| 纺织工业 | 20.5 |
| 医药工业 | -32.8 |
| 其他工业 | -0.7 |

**表5　2022年兰州市主要工业产品产量及其增长速度**

| 产品名称 | 单位 | 产量 | 比上年增长（%） |
|---|---|---|---|
| 卷烟 | 万箱 | 51.2 | -7.1 |
| 原煤 | 万吨 | 540.66 | 0.58 |
| 原油 | 万吨 | 2.72 | -2.20 |
| 原油加工量 | 万吨 | 947.01 | 3.50 |
| 发电量 | 亿千瓦时 | 168.98 | 0.25 |
| #火力发电量 | 亿千瓦时 | 141.42 | 2.10 |
| 水力发电量 | 亿千瓦时 | 26.40 | -8.72 |
| 水泥 | 万吨 | 816.3 | -20.3 |
| 生铁 | 万吨 | 156.5 | -22.9 |
| 粗钢 | 万吨 | 373.0 | -12.1 |
| 钢材 | 万吨 | 445.3 | -9.4 |
| 原铝 | 万吨 | 71.4 | 26.1 |
| 乙烯 | 万吨 | 70.5 | -4.5 |
| 平板玻璃 | 万重量箱 | 492.7 | -15.2 |

年末全市发电装机容量647万千瓦，比上年末增长16.05%。其中火电装机容量397.5万千瓦，增长19.91%；水电装机容量213.9万千瓦，增长5.16%；并网太阳能发电装机容量35.6万千瓦，增长57.52%。

全年规模以上工业企业利润总额95.8亿元，比上年下降34.5%。其中国有控股企业利润总额63.4亿元。规模以上工业企业每百元营业收入中的成本为82.69元。年末规模以上工业企业资产负债率为

61.9%。每百元营业收入中的费用为6.08元，产成品存货周转天数为7.8天。

全年建筑业增加值218.4亿元，比上年下降4.9%。年末具有资质等级的总承包和专业承包建筑业企业440个，比上年末增加2个。

## 四、服务业

全年全市批发和零售业增加值276.0亿元，下降2.1%；交通运输、仓储和邮政业增加值294.9亿元，增长14.6%；住宿和餐饮业增加值39.1亿元，下降15.0%；金融业增加值429.8亿元，增长0.9%；房地产业增加值208.2亿元，下降11.5%；其他服务业增加值874.2亿元，增长5.3%。规模以上服务业企业营业收入1152.7亿元，比上年增长3.6%。

全年各种运输方式完成货物周转量375.09亿吨公里，比上年增长42.34%；旅客周转量12.39亿人公里，下降69.39%。兰州中川国际机场完成旅客吞吐量594.24万人次，比上年下降51.18%；货邮吞吐量5.55万吨，下降24.08%。年末全市公路里程1.03万公里，其中等级公路0.98万公里。

**表6　2022年兰州市主要运输方式完成货物、旅客运输量及其增长速度**

| 指标 | 单位 | 绝对数 | 比上年增长（%） |
| --- | --- | --- | --- |
| 货运量 | 万吨 | 15345.5 | -7.45 |
| #铁路 | 万吨 | 826.67 | 4.48 |
| 公路 | 万吨 | 14518.83 | -8.05 |
| 货物周转量 | 亿吨公里 | 375.09 | 42.34 |
| #铁路 | 亿吨公里 | - | - |
| 公路 | 亿吨公里 | 375.09 | 42.34 |
| 客运量 | 万人次 | 2157.07 | -59.05 |
| #铁路 | 万人次 | 1045.1 | -49.9 |
| 公路 | 万人次 | 1111.97 | -65.04 |
| 旅客周转量 | 亿人公里 | 12.39 | -69.39 |
| #铁路 | 亿人公里 | - | - |
| 公路 | 亿人公里 | 12.39 | -69.39 |

年末全市机动车保有量119.76万辆，比上年末下降0.93%，其中私人汽车保有量79.76万辆，增长0.08%。民用轿车保有量48.81万辆，下降0.4%，其中私人轿车保有量41.45万辆，下降0.24%。

全年完成邮政行业业务总量15.82亿元，比上年下降10.58%。邮政业完成邮政函件业务475.5万件；包裹业务8.25万件；快递业务量8108.09万件，下降0.39%；快递业务收入14.77亿元，下降1.54%。全年完成电信业务总量91.38亿元，增长20.98%。年末移动电话基站数4.35万个，其中4G基站2.65万个，5G基站1.65万个。全市年末电话用户689.12万户，其中移动电话用户630.89万户，4G移动电话用户196.82万户，5G移动电话用户368.17万户。固定互联网宽带接入用户252万户，比上年末增加9.34万户。其中，固定互联网光纤宽带接入用户249.05万户，比上年末增加19.71万户。年末互联网宽带接入端口

444.67万个，下降10.72%。

## 五、国内贸易和对外经济

全年全市社会消费品零售总额1598.2亿元，比上年下降9.1%。按经营地统计，城镇消费品零售额1405.3亿元，下降8.6%；乡村消费品零售额192.9亿元，下降12.4%。按消费类型统计，商品零售额1470.4亿元，下降6.2%；餐饮收入额127.8亿元，下降 33.1%。

全年全市限额以上单位商品零售额中，石油及制品类零售额下降32.9%；汽车类零售额下降20.9%；粮油、食品类零售额增长0.3%；服装鞋帽、针纺织品类零售额下降31.3%；中西药类零售额增长6.7%；家用电器和音像器材类零售额下降41.4%；金银珠宝类零售额下降1.0%。限额以上批零住餐企业通过公共网络实现零售额增长93.5%。

全年全市进出口总额168.8亿元，比上年增长19%。其中，出口65.3亿元，增长77.7%；进口103.5亿元，下降1.5%。

全年外商直接投资合同项目17个，实际利用外资额2956.28万美元。对外承包工程完成营业额35801.79万美元，增长2%。对外承包工程新签合同金额57782.84万美元，增长34.4%。

## 六、固定资产投资

全年全市固定资产投资比上年下降3.5%。按三次产业分，第一产业投资下降25.0%；第二产业投资增长40.2%，其中工业投资增长40.3%；第三产业投资下降10.3%。基础设施投资增长11.3%。民间固定资产投资下降16.7%。高技术产业投资增长35.3%。

全年项目投资比上年增长7.9%。其中，制造业投资增长51.9%，电力、热力、燃气及水的生产和供应业投资增长12.3%，交通运输、仓储和邮政业投资增长11.3%，房地产业投资下降5.3%，水利、环境和公共设施管理业投资下降8.0%。

**表7　2022年兰州市分行业项目投资增长速度**

| 行业 | 比上年增长（%） | 占项目投资比重（%） |
|---|---|---|
| 项目投资 | 7.9 | 100 |
| 农林牧渔业 | –25.0 | 1.73 |
| 采矿业 | 23.2 | 1.31 |
| 制造业 | 51.9 | 23.58 |
| 电力、热力、燃气及水的生产和供应业 | 12.3 | 6.48 |
| 建筑业 | –57.4 | 0.01 |
| 批发和零售业 | –46.7 | 0.42 |
| 交通运输、仓储和邮政业 | 11.3 | 29.98 |
| 住宿和餐饮业 | 671.6 | 0.22 |

续表

| 行业 | 比上年增长（%） | 占项目投资比重（%） |
|---|---|---|
| 信息传输、软件和信息技术服务业 | 46.6 | 5.36 |
| 金融业 | –43.1 | 0.05 |
| 房地产业 | –5.3 | 9.23 |
| 租赁和商务服务业 | –24.9 | 2.35 |
| 科学研究和技术服务业 | 67.5 | 1.00 |
| 水利、环境和公共设施管理业 | –8.0 | 8.90 |
| 居民服务和其他服务业 | 479.9 | 0.04 |
| 教育 | –26.8 | 3.84 |
| 卫生、社会保障和社会福利业 | –11.5 | 3.90 |
| 文化、体育和娱乐业 | –59.2 | 1.33 |
| 公共管理和社会组织 | –29.6 | 0.28 |

全年房地产开发投资比上年下降19.0%，其中住宅投资下降21.3%。房屋施工面积4861.7万平方米，下降14.2%，其中住宅施工面积3328.8万平方米，下降12.3%。在房屋施工面积中，房屋新开工面积437.7万平方米，下降60.5%，其中住宅新开工面积347.4万平方米，下降57.2%。房屋竣工面积482.3万平方米，增长10.0%，其中住宅竣工面积368.1万平方米，增长14.0%。商品房销售面积282.5万平方米，下降64.9%，其中住宅销售面积259.8万平方米，下降66.1%。

## 七、财政金融

全年全市一般公共预算收入221.0亿元，按自然口径下降20.14%，扣除增值税留抵退税因素，同口径下降7.8%。其中，税收收入157.5亿元，同口径下降5.6%；非税收入63.5亿元，同口径下降14.1%。从主体税种看，增值税38.4亿元，同口径下降3.9%；企业所得税18.2亿元，同口径下降14.4%；个人所得税6.1亿元，同口径下降9.9%。一般公共预算支出498.8亿元，增长2.9%。其中，民生支出401.9亿元，增长3.7%。

年末全市金融机构本外币各项存款余额10109.12亿元，比上年末增长5.55%，其中金融机构人民币各项存款余额10071.61亿元，比上年末增长5.73%。金融机构本外币各项贷款余额15016.19亿元，比上年末增长5.51%，其中金融机构人民币各项贷款余额14911.71亿元，比上年末增长6.06%。

表8　2022年兰州市金融机构本外币存贷款余额及其增长速度

| 指标 | 年末数（亿元） | 比上年末增长（%） |
| --- | --- | --- |
| 金融机构各项存款余额 | 10109.12 | 5.55 |
| 住户存款 | 4594.79 | 11.86 |
| 非金融企业存款 | 2825.98 | –5.26 |
| 金融机构各项贷款余额 | 15016.19 | 5.51 |
| 住户贷款 | 2461.18 | 0.46 |
| 企（事）业单位贷款 | 12463.38 | 7.14 |

年末全市境内上市公司21家。股票总市值1309.33亿元，下降7.37%。全年发行、配售股票筹集资金56.70亿元。

全年保费收入144.90亿元，比上年下降1.55%；赔付额53.22亿元，下降23.54%。

表9　2022年兰州市保险业务情况

| 指标 | 绝对数（亿元） | 比上年增长（%） |
| --- | --- | --- |
| 保费收入 | 144.90 | –1.55 |
| 财产险收入 | 43.02 | 6.62 |
| 人身险收入 | 101.88 | –4.63 |
| 赔付支出 | 53.22 | –23.54 |
| 财产险赔款 | 28.74 | –14.56 |
| 人身险赔付 | 24.48 | –31.94 |

## 八、居民收入消费和社会保障

全年全市城镇居民人均可支配收入45277元，增长4.7%；农村居民人均可支配收入17178元，增长6.1%。

全年全市城镇居民人均消费支出29465元，比上年增长3.8%，恩格尔系数为31.18%；农村居民人均消费支出13239元，比上年增长5.1%，恩格尔系数为32.86%。

**表10　2022年兰州市城乡居民家庭人均收支情况**

| 指标 | 城镇 | | 农村 | |
|---|---|---|---|---|
| | 绝对数（元） | 比上年增长（%） | 绝对数（元） | 比上年增长（%） |
| 可支配收入 | 45277 | 4.7 | 17178 | 6.1 |
| 工资性收入 | 25996 | 4.2 | 9015 | 5.7 |
| 经营净收入 | 1605 | 6.1 | 5291 | 6.8 |
| 财产净收入 | 5291 | 6.1 | 370 | 6.3 |
| 转移净收入 | 12384 | 5.0 | 2501 | 6.2 |
| 生活消费支出 | 29465 | 3.8 | 13239 | 5.1 |
| 食品烟酒 | 9186 | 4.7 | 4350 | 5.1 |
| 衣着 | 1880 | 0.1 | 804 | 6.8 |
| 居住 | 7780 | 2.5 | 2637 | 3.4 |
| 生活用品及服务 | 1911 | 2.6 | 616 | 6.0 |
| 交通通信 | 3053 | 5.3 | 1735 | 6.6 |
| 教育文化娱乐 | 3118 | 5.4 | 1599 | 2.3 |
| 医疗保健 | 1915 | 4.6 | 1216 | 7.9 |
| 其他用品和服务 | 622 | 7.2 | 284 | 8.8 |

年末全市参加城镇职工基本养老保险人数101.37万人，比上年末增加2.71万人。参加城乡居民基本养老保险人数76.62万人，增加0.28万人。参加基本医疗保险人数338.52万人，减少0.09万人。其中，参加职工基本医疗保险人数130.87万人，参加城乡居民基本医疗保险人数207.65万人。参加失业保险人数73.22万人，增加2.14万人。年末全市领取失业保险金人数3541人。参加工伤保险人数81.6万人，增加1.21万人，其中参加工伤保险的农民工9.44万人，增加2.58万人。参加生育保险人数85.05万人，增加1.8万人。年末全市共有2.59万人享受城镇居民最低生活保障，3.64万人享受农村居民最低生活保障，0.37万人享受农村特困人员救助供养。

年末全市共有各类社区服务机构和设施527个。其中，社区服务指导中心8个，社区服务中心110个，社区服务站409个。共有社区养老照料机构和设施779个。其中，全托服务社区养老服务机构和设施59个，日间照料社区养老服务机构和设施210个，互助型社区养老设施510个。

## 九、科学技术和教育

全市共有国家工程技术研究中心3个。全年登记市级科技成果1229项，其中，基础理论567项，应用技术类成果621项，软科学41项。专利授权量10120件，下降11.43%，其中发明专利授权1904件，增长8.43%。有效发明专利8522件，每万人口发明专利拥有量19.44件。共签订技术合同7639项，增长5.28%；技术合同成交金额100.52亿元，增长1.94%。

全年中等职业教育招生1.23万人，在校生3.28万人，毕业生0.93万人。普通高中招生2.47万人，在校生6.7万人，毕业生2.15万人。普通初中招生3.79万人，在校生10.96万人，毕业生3.54万人。普通小学招生4.69万人，在校生26.35万人，毕业生3.97万人。特殊教育招生290人，在校生1850人。幼儿园在园幼儿13.42万人。学龄儿童入学率为100%，九年义务教育巩固率为100.1%，高中阶段入学率为99.59%。

表11　2022年兰州市各类教育招生和在校生情况

| 指标 | 招生数（万人） | 比上年增长（%） | 在校生数（万人） | 比上年增长（%） | 毕业生数（万人） | 比上年增长（%） |
|---|---|---|---|---|---|---|
| 中等职业教育 | 1.23 | –14.58 | 3.28 | –8.38 | 0.93 | –10.58 |
| 普通高中 | 2.47 | 18.75 | 6.70 | 6.35 | 2.15 | 8.59 |
| 普通初中 | 3.79 | 4.70 | 10.96 | 2.62 | 3.54 | 6.95 |
| 普通小学 | 4.69 | 8.56 | 26.35 | 3.82 | 3.97 | 10.28 |

## 十、文化旅游、卫生健康和体育

年末广播综合人口覆盖率99.84%；电视综合人口覆盖率100%。

全年接待国内游客0.29亿人次，比上年下降57.8%；国内旅游收入148.3亿元，下降75%。旅游人均花费506元，比上年减少349元。

年末全市共有医疗卫生机构2059个，其中，医院118个，卫生院62个，妇幼保健院（所、站）10个，专科疾病防治院（所、站）2个，社区卫生服务中心（站）255个，诊所、卫生所、医务室822个。卫生技术人员4.5万人，其中，执业医师和执业助理医师1.58万人，注册护士2.23万人。疾病预防控制中心（防疫站）10个，疾病预防控制中心（防疫站）卫生技术人员737人；卫生监督所（中心）10个，卫生监督所（中心）卫生技术人员270人。乡镇卫生院60个，乡镇卫生院卫生技术人员0.13万人。医疗卫生机构拥有床位数3.49万张，其中医院2.98万张、卫生院拥有床位0.10万张。全年总诊疗人次1613.87万人次，出院人数69.72万人。

年末全市共有体育场地9625个，体育场地面积878.22万平方米，人均体育场地面积2.3平方米。

## 十一、资源、环境和应急管理

全年全市总用水量10.92亿立方米。其中，生活用水量1.81亿立方米，下降18.22%；工业用水量1.47亿立方米，下降9.26%；农业用水量4.94亿立方米，下降10%；生态用水量2.03亿立方米，增长12.88%。人均用水量247立方米，增长1.2%。

全年全市规模以上工业综合能源消费量1452.89万吨标准煤，比上年增长0.17%。六大高耗能行业能源消费量1389.62万吨标准煤，比上年增长0.31%。

全年全市空气质量优良天数比率为82.5%，比上年提高1.4个百分点。

市区全年平均气温为12℃，比上年偏高0.6℃。年日照2238.2小时，比上年偏多252.3小时。年降水量260.3毫米，比上年增加13.5毫米。全市气象雷达观测站点1个，卫星云图接收站点1个。

全市地震台站（点）134个。全年未发生5.0级以上的地震。

全年农作物受灾面积79.04万亩；农作物成灾面积61.39万亩。全年发生各类地质灾害9起，造成直接经济损失60.2万元。

全年共发生各类生产安全事故138起，比上年下降4.83%。死亡100人，下降8.26%；受伤98人，下降3.92%。直接经济损失4189.38万元，下降2.88%。煤矿百万吨死亡人数2人，百万吨死亡率0.366；全市营运车辆道路交通事故万车死亡人数64人，增长0.001%。

**注：**

1.本公报各项数据均为初步统计数，正式数据以《兰州统计年鉴-2023》为准。部分数据因四舍五入的原因，存在着总计与分项合计不等的情况。

2.公报中地区生产总值、各产业增加值和人均地区生产总值绝对数按现价计算，增长速度按不变价格计算。

3.农业生产数据增长速度根据第三次全国农业普查结果修订后的2017年数据为基数计算。

4.主要工业产品产量数据均为规模以上工业产品产量。

5.规模以上工业企业增加值增速及变化按可比口径计算。

6.邮政业务总量按2020年不变价格计算,电信业务总量按上年不变价格计算。

7.基础设施投资包括交通运输、邮政业，电信、广播电视和卫星传输服务业，互联网和相关服务业、水利管理业、生态保护和环境治理业、公共设施管理业。

8.年末电话用户数、移动电话用户数、固定互联网宽带接入用户数、年末互联网宽带接入端口数等指标较之前年份调整统计口径，以省通信管理局提供数据为准。

9.卫生健康数据为2022年报初步数据。

10.资料来源：本公报中物价、粮食产量、畜牧业、人民生活数据来自国家统计局兰州调查队，水产品产量数据来自兰州市农业农村局；城镇新增就业人员、社会保障数据来自兰州市人力资源和社会保障局；财政数据来自兰州市财政局；发电装机容量数据来自甘肃省电力公司兰州供电公司；外贸数据来自兰州市商务局；交通运输数据来自兰州市交通运输委员会、兰州市公安局交警支队、中国铁路兰州局集团有限公司、兰州中川国际机场有限公司；邮政数据来自兰州市邮政管理局；通信数据来自甘肃省通信管理局；艺术表演团体、文化馆、公共图书馆、博物馆和旅游数据、广播、电视数据来自兰州市文化和旅游局；金融数据来自中国人民银行兰州中心支行；保险、证券数据来自兰州市政府金融工作办公室；城乡低保、农村特困人员救助供养、社会服务数据来自兰州市民政局；教育数据来自兰州市教育局；科技数据来自兰州市科技局；专利数据来自兰州市市场监督管理局（知识产权局）；卫生数据来自兰州市卫生健康委员会；体育数据来自兰州市体育局；用水量数据来自兰州市水务局；安全生产数据来自兰州市应急管理局；环境监测数据来自兰州市生态环境局；地质公园数据来自兰州市林业局；地质灾害数据来自兰州市自然资源局；气象数据来自兰州市气象局；地震数据来自兰州市地震局。

# 统计资料

# 一、综 合

# 1-1 行政区划

| 地区 | 镇数 | 乡数 | 街道办事处数 | 社区居委会数 | 村民委员会数 |
|---|---|---|---|---|---|
| **全市** | 47 | 14 | 53 | 442 | 731 |
| 市区 | 16 | 2 | 53 | 396 | 170 |
| 城关区 | | | 26 | 157 | 21 |
| 七里河区 | 5 | 1 | 9 | 82 | 59 |
| 西固区 | 5 | 1 | 7 | 71 | 40 |
| 安宁区 | 2 | | 8 | 64 | 16 |
| 红古区 | 4 | | 3 | 22 | 34 |
| 各县 | 31 | 12 | | 46 | 561 |
| 永登县 | 15 | 3 | | 26 | 240 |
| 皋兰县 | 5 | | | 7 | 53 |
| 榆中县 | 11 | 9 | | 13 | 268 |

# 1-2 气象

| 指标 | 市区 | 榆中县 | 皋兰县 | 永登县 |
| --- | --- | --- | --- | --- |
| **平均气温（摄氏度）** | **12.0** | **8.3** | **8.7** | **7.2** |
| 冬季 | -2.8 | -6.1 | -7.2 | -7.0 |
| 春季 | 14.5 | 10.9 | 11.7 | 9.2 |
| 夏季 | 24.3 | 20.6 | 22.0 | 19.3 |
| 秋季 | 11.7 | 8.2 | 8.5 | 7.4 |
| **年降水量（毫米）** | **260.3** | **461.5** | **195.3** | **232.2** |
| 冬季 | 13.5 | 16.7 | 9.7 | 17.6 |
| 春季 | 16.3 | 22.2 | 12.7 | 15.3 |
| 夏季 | 223.3 | 388.6 | 163.8 | 182.3 |
| 秋季 | 16.5 | 36.4 | 15.5 | 22.9 |

注：冬季指上年12月至本年2月，春季指本年3月至5月，夏季指本年6月至8月，秋季指本年9月至11月。

# 1-3　区县所辖街道办事处、乡、镇名称

| 地区 | 街道办事处、镇 | 乡 |
|---|---|---|
| 城关区 | 临夏路街道　张掖路街道　白银路街道<br>伏龙坪街道　酒泉路街道　广武门街道<br>东岗西路街道　皋兰路街道　渭源路街道<br>雁南街道　雁北街道　盐场路街道<br>草场街道　靖远路街道　团结新村街道<br>铁路东村街道　铁路西村街道　五泉街道<br>火车站街道　拱星墩街道　嘉峪关路街道<br>焦家湾街道　东岗街道　青白石街道<br>高新区街道　雁园街道 | |
| 七里河区 | 秀川街道　土门墩街道　西站街道<br>西园街道　西湖街道　建兰路街道<br>龚家湾街道　晏家坪街道　敦煌路街道<br>黄峪镇　西果园镇　阿干镇<br>八里镇　彭家坪镇 | 魏岭乡 |
| 西固区 | 西固城街道　先锋路街道　福利路街道<br>四季青街道　陈坪街道　西柳沟街道<br>临洮街街道　达川镇　河口镇<br>柳泉镇　东川镇　新城镇 | 金沟乡 |
| 安宁区 | 培黎街道　安宁西路街道　银滩路街道<br>刘家堡街道　孔家崖街道　十里店街道<br>安宁堡街道　沙井驿街道　九合镇<br>忠和镇 | |
| 红古区 | 窑街街道　矿区街道　华龙街道<br>红古镇　海石湾镇　花庄镇<br>平安镇 | |
| 永登县 | 通远镇　柳树镇　城关镇<br>武胜驿镇　中堡镇　中川镇<br>连城镇　河桥镇　红城镇<br>上川镇　树屏镇　大同镇<br>苦水镇　秦川镇　龙泉寺镇 | 坪城乡　民乐乡　七山乡 |
| 皋兰县 | 石洞镇　什川镇　黑石镇<br>水阜镇　西岔镇 | |
| 榆中县 | 连搭镇　新营镇　贡井镇<br>甘草店镇　夏官营镇　城关镇<br>高崖镇　青城镇　金崖镇<br>定远镇　和平镇 | 小康营乡　清水驿乡　中连川乡<br>园子岔乡　上花岔乡　哈岘乡<br>马坡乡　龙泉乡　韦营乡 |

# 1-4 各部门机构数

| 指标 | 机构数（个） | | | | | | | | | | | | |
|---|---|---|---|---|---|---|---|---|---|---|---|---|---|
| | 2010年 | 2011年 | 2012年 | 2013年 | 2014年 | 2015年 | 2016年 | 2017年 | 2018年 | 2019年 | 2020年 | 2021年 | 2022年 |
| **基层组织** | | | | | | | | | | | | | |
| 镇政府 | 34 | 35 | 35 | 35 | 37 | 40 | 46 | 47 | 47 | 47 | 47 | 47 | 47 |
| 乡政府 | 26 | 26 | 26 | 26 | 24 | 21 | 15 | 14 | 14 | 14 | 14 | 14 | 14 |
| 街道 | 52 | 52 | 52 | 53 | 53 | 53 | 53 | 54 | 54 | 54 | 53 | 53 | 53 |
| 社区居委会 | 390 | 399 | 399 | 399 | 405 | 405 | 402 | 420 | 424 | 428 | 433 | 433 | 442 |
| 村民委员会 | 749 | 731 | 731 | 731 | 730 | 730 | 730 | 730 | 730 | 730 | 730 | 731 | 731 |
| 居民总户数（万户） | 100.18 | 102.00 | 103.17 | 104.93 | 106.33 | 107.65 | 109.57 | 110.5 | 114.81 | 114.61 | 116.19 | 117.52 | 118.50 |
| **规模以上工业企业** | **480** | **342** | **344** | **390** | **374** | **367** | **359** | **361** | **350** | **325** | **346** | **386** | **454** |
| 国有控股企业 | 121 | 106 | 90 | 94 | 87 | 87 | 90 | 96 | 92 | 103 | 101 | 111 | 124 |
| 集体企业 | 49 | 28 | 24 | 21 | 12 | 10 | 9 | 8 | 5 | 2 | 2 | 2 | 2 |
| **建筑施工企业** | **329** | **327** | **464** | **493** | **492** | **494** | **470** | **466** | **458** | **459** | **441** | **437** | **439** |
| 国有经济 | 41 | 41 | 44 | 27 | 23 | 22 | 21 | 19 | 12 | 16 | 15 | 17 | 24 |
| 集体经济 | 34 | 36 | 40 | 31 | 30 | 29 | 25 | 22 | 19 | 18 | 12 | 12 | 8 |
| 其他经济 | 254 | 250 | 380 | 435 | 439 | 443 | 424 | 425 | 427 | 425 | 414 | 408 | 407 |
| **卫生** | | | | | | | | | | | | | |
| 医院、卫生院 | 163 | 167 | 166 | 165 | 167 | 164 | 172 | 194 | 192 | 196 | 183 | 192 | 180 |
| 卫生防疫站 | 11 | 11 | 11 | 11 | 11 | 11 | 11 | 10 | 10 | 10 | 10 | 10 | 10 |
| 妇幼保健站、所 | 10 | 10 | 10 | 10 | 10 | 10 | 10 | 10 | 10 | 10 | 10 | 10 | 10 |
| **教育** | | | | | | | | | | | | | |
| 高等院校(含成人教育) | 19 | 19 | 19 | 25 | 24 | 25 | 23 | 23 | 23 | 23 | 34 | 31 | 31 |
| 中等职业教育学校 | 40 | 40 | 41 | 42 | 44 | 61 | 57 | 56 | 59 | 58 | 44 | 71 | 42 |
| 普通中学 | 219 | 211 | 206 | 205 | 204 | 198 | 197 | 199 | 205 | 206 | 209 | 209 | 215 |
| 小学 | 697 | 676 | 616 | 607 | 570 | 523 | 515 | 518 | 519 | 507 | 478 | 450 | 421 |
| 幼儿园 | 281 | 295 | 324 | 324 | 456 | 464 | 815 | 863 | 882 | 877 | 864 | 877 | 841 |
| **文化事业机构** | | | | | | | | | | | | | |
| 公共图书馆 | 8 | 8 | 8 | 8 | 8 | 8 | 8 | 8 | 8 | 8 | 8 | 8 | 8 |
| 艺术馆 | 9 | 9 | 9 | 9 | 9 | 9 | 9 | 9 | 9 | 9 | 9 | 9 | 9 |

# 1-5 国民经济和社会发展总量与速度指标

| 指标 | 总量指标 | | | 年平均增长速度（%） | | |
|---|---|---|---|---|---|---|
| | 2005年 | 2010年 | 2015年 | 2001-2005年 | 2006-2010年 | 2011-2015年 |
| **人口** | | | | | | |
| 户籍总人口（万人） | 311.74 | 323.54 | 321.90 | 1.41 | 0.75 | -0.10 |
| 非农业人口 | 183.93 | 202.92 | 214.17 | 2.86 | 1.98 | 1.09 |
| 农业人口 | 127.81 | 120.62 | 107.73 | 0.48 | -1.15 | -2.23 |
| 男女性别比（以女性为100） | | 104.20 | 101.82 | | | |
| 人口自增率（‰） | | 3.06 | 5.67 | | | |
| **就业** | | | | | | |
| 从业人员（万人） | 150.75 | 176.48 | 208.09 | 0.68 | 3.20 | 3.35 |
| 单位从业人员 | 57.06 | 55.74 | 71.47 | -2.29 | -0.47 | 5.10 |
| 在岗职工 | 52.70 | 53.14 | 59.55 | -3.10 | 0.17 | 2.30 |
| 城镇登记失业人数（万人） | 1.85 | 2.37 | 1.46 | -8.97 | 5.08 | |
| **宏观经济** | | | | | | |
| 地区生产总值（亿元） | 576.65 | 1129.59 | 2102.25 | 11.2 | 11.7 | 11.7 |
| 第一产业增加值 | 21.49 | 27.23 | 37.09 | 4.4 | 4.7 | 5.6 |
| 第二产业增加值 | 251.69 | 537.87 | 830.48 | 11.9 | 13.6 | 10.5 |
| 第三产业增加值 | 303.47 | 564.48 | 1234.68 | 11.2 | 10.5 | 13.1 |
| **固定资产投资** | | | | | | |
| 固定资产投资总额（亿元） | 259.59 | 660.69 | 1803.75 | 11.05 | 20.54 | 31.32 |
| 房地产投资 | 52.57 | 118.28 | 339.01 | 21.29 | 17.61 | 23.44 |
| **财政** | | | | | | |
| 地区财政收入（亿元） | | 304.13 | 593.81 | | | 14.81 |
| 公共财政预算收入 | 28.93 | 72.76 | 185.19 | 11.74 | 20.26 | 22.32 |
| 公共财政预算支出 | 50.22 | 146.93 | 344.00 | 18.75 | 23.95 | 18.56 |
| **物价总指数（上年=100）** | | | | | | |
| 商品零售价格指数（%） | 98.8 | 103.9 | 100.6 | -0.62 | 1.01 | 2.20 |
| 居民消费价格总指数（%） | 100.6 | 103.8 | 101.3 | 0.79 | 0.63 | 2.50 |
| **利用外资** | | | | | | |
| 合同投资总额（亿美元） | | 0.97 | 3.66 | | | 16.39 |
| 合同外资额（亿美元） | | 0.33 | 1.38 | 15.08 | | |
| 实际使用外资额（亿美元） | 2.22 | 0.20 | | | | |

# 1-5 国民经济和社会发展总量与速度指标（续一）

| 指标 | 总量指标 | | | 年平均增长速度（%） | | |
|---|---|---|---|---|---|---|
| | 2005年 | 2010年 | 2015年 | 2001-2005年 | 2006-2010年 | 2011-2015年 |
| **农业** | | | | | | |
| 耕地面积（万亩） | 316.85 | 314.22 | 308.92 | -0.32 | -0.17 | -0.40 |
| 农林牧渔业劳动力（万人） | 43.51 | 40.34 | 37.00 | -0.86 | -1.50 | -1.66 |
| 农林牧渔业增加值（亿元） | 22.13 | 33.79 | 57.56 | 4.48 | 8.83 | 8.65 |
| 主要农产品产量（万吨） | | | | | | |
| 粮食 | 32.30 | 31.84 | 32.58 | -0.70 | 4.57 | 2.62 |
| 油料 | 2.39 | 2.15 | 1.76 | 8.63 | -1.11 | -2.12 |
| 甜菜 | 0.61 | 0.00 | 0.00 | -25.95 | -2.77 | |
| 水果 | 10.58 | 11.61 | 14.07 | 1.15 | 4.04 | 4.47 |
| 肉类 | 4.18 | 3.38 | 3.67 | 3.32 | -5.56 | 5.43 |
| 猪牛羊肉 | 3.90 | 2.97 | 3.17 | 3.03 | -6.15 | 2.03 |
| **工业** | | | | | | |
| 规模以上工业增加值（亿元） | 181.39 | 372.67 | 515.00 | 13.14 | 15.49 | 10.80 |
| 轻工业 | 22.18 | 76.19 | 168.80 | 11.83 | 27.99 | 12.41 |
| 重工业 | 159.21 | 296.48 | 346.20 | 12.89 | 13.24 | 7.91 |
| 主要工业产品产量 | | | | | | |
| 呢绒（万米） | 558.57 | 490.40 | 340.10 | 0.98 | -2.57 | -7.06 |
| 卷烟（万支） | 1525845 | 2395810 | 3462000 | 8.82 | 9.44 | 7.64 |
| 发电量（亿千瓦时） | 125.69 | 169.27 | 178.47 | 18.91 | 6.13 | 1.98 |
| 原煤（万吨） | 510.99 | 486.03 | 628.12 | -1.30 | -1.00 | 10.77 |
| 水泥（万吨） | 402.15 | 548.06 | 1154.20 | 8.03 | 6.39 | 14.36 |
| **建筑业** | | | | | | |
| 建筑业增加值（亿元） | 52.29 | 130.12 | 251.52 | 9.13 | 20.00 | 12.96 |
| 房屋施工面积（万平方米） | 1048.74 | 1842.00 | 4960.84 | 10.59 | 11.92 | 21.91 |
| 房屋竣工面积（万平方米） | 428.93 | 458.00 | 1468.49 | 6.28 | 1.32 | 26.24 |
| **交通运输** | | | | | | |
| 货运量（万吨） | 5972.19 | 8054.29 | 11801.02 | 2.94 | 6.16 | 7.94 |
| 铁路 | 820.55 | 1221.15 | 799.42 | 0.14 | 8.28 | -8.03 |
| 公路 | 5151.00 | 6832.00 | 10996.60 | 3.43 | 5.81 | 9.99 |
| 空运 | 0.64 | 1.14 | 5.00 | 3.84 | 12.24 | 14.32 |
| 客运量（万人） | 2545.68 | 3802.30 | 6153.30 | 5.02 | 8.35 | 9.20 |
| 铁路 | 586.77 | 975.81 | 1277.30 | 4.27 | 10.71 | 5.53 |
| 公路 | 1896.00 | 2627.00 | 4067 | 5.04 | 6.74 | 9.14 |
| 空运 | 62.91 | 199.49 | 809.00 | 13.77 | 25.96 | 17.55 |
| **邮电通信业** | | | | | | |
| 邮电业务总量（亿元） | 24.07 | 36.05 | 92.39 | 4.77 | 8.41 | 19.81 |
| **国内商业** | | | | | | |
| 社会消费品零售总额（亿元） | 256.67 | 545.11 | 1152.15 | 9.91 | 16.26 | 14.14 |
| **旅游** | | | | | | |
| 国内旅游者（万人次） | | 887.50 | 3703.75 | | | 35.74 |
| 入境旅游者（万人次） | | 3.20 | 1.74 | | | |
| 旅游总收入（亿元） | | 63.50 | 290.93 | | | 39.08 |
| **对外经济贸易（亿美元）** | | | | | | |
| 进出口总额 | 7.16 | 10.60 | 50.59 | 12.13 | 8.16 | 36.69 |
| 进口额 | 2.16 | 1.90 | 6.00 | 11.74 | | 25.86 |
| 出口额 | 5.00 | 8.70 | 44.59 | 12.30 | 11.71 | 38.66 |

# 1-5 国民经济和社会发展总量与速度指标（续二）

| 指标 | 总量指标 | | | 年平均增长速度（%） | | |
|---|---|---|---|---|---|---|
| | 2005年 | 2010年 | 2015年 | 2001-2005年 | 2006-2010年 | 2011-2015年 |
| **金融保险** | | | | | | |
| 金融机构各项存款（亿元） | 1421.92 | 3235.84 | 7803.12 | 16.18 | 17.88 | 19.25 |
| 金融机构各项贷款（亿元） | 1089.42 | 2359.28 | 6892.02 | 13.10 | 16.71 | 23.91 |
| 中外资保险公司保险金额（亿元） | 1667.93 | 12335.43 | 36309.49 | 0.82 | 49.21 | 24.05 |
| 中外资保险公司保费（亿元） | 18.17 | 58.12 | 87.05 | 21.36 | 26.18 | 11.37 |
| 中外资保险公司赔款及给付（亿元） | 3.05 | 11.12 | 32.20 | 10.76 | 29.53 | 23.49 |
| **教育** | | | | | | |
| 在校学生数（万人） | 76.40 | 94.76 | 99.57 | 3.89 | 4.40 | 0.89 |
| 普通高等学校 | 17.98 | 22.76 | 41.64 | 19.99 | 4.83 | 12.84 |
| 中等职业学校 | 3.60 | 6.22 | 5.98 | 1.23 | 11.56 | -0.78 |
| 普通中学 | 22.02 | 19.89 | 17.01 | 5.29 | -2.01 | -3.08 |
| 小学 | 25.10 | 21.76 | 20.80 | 2.92 | -2.82 | -0.90 |
| 地方财政用于教育支出（万元） | 108284 | 295364 | 671067 | 19.87 | 22.22 | 17.84 |
| **文化** | | | | | | |
| 图书印数（万册） | 7521 | 9260 | 6650 | 1.42 | 4.25 | 4.80 |
| **家庭、生活、环境** | | | | | | |
| **家庭** | | | | | | |
| 家庭总户数（万户） | 89.99 | 100.18 | 107.65 | 1.99 | 2.17 | 1.45 |
| 城镇居民平均每户家庭人口（人） | 2.79 | 2.60 | | 2.21 | -1.40 | |
| 农村居民平均每户家庭人口（人） | 4.23 | 4.14 | | 0.96 | -0.43 | |
| **婚姻** | | | | | | |
| 结婚数（万对） | 2.03 | 2.47 | 2.83 | 1.22 | | 2.79 |
| 离婚数（万对） | 0.22 | 0.50 | 0.71 | 6.58 | 17.84 | 5.46 |
| **居住** | | | | | | |
| 城镇居民人均居住面积（平方米） | 16.69 | 18.46 | 34.67 | 6.64 | 2.04 | 13.43 |
| 农村居民人均居住面积（平方米） | 22.32 | 25.00 | 32 | 6.11 | 2.29 | 5.06 |
| **生活** | | | | | | |
| 城市居民人均可支配收入（元） | 8529 | 14062 | 27088 | 7.83 | 10.52 | 12.60 |
| 农村居民人均纯收入（元） | 2713 | 4587 | 9621 | 6.24 | 11.07 | 14.58 |
| 城乡居民储蓄存款余额（亿元） | 581.71 | 1295.95 | 2608.54 | 14.31 | 17.38 | 15.02 |
| **工资** | | | | | | |
| 单位从业人员劳动报酬总额（亿元） | 87.15 | 171.78 | 390.64 | 6.93 | 14.54 | 17.86 |
| 单位从业人员平均劳动报酬（元） | 16609 | 33340 | 58967 | 12.67 | 14.95 | 12.08 |
| **卫生** | | | | | | |
| 卫生机构数 | 285 | 2257 | 2385 | 3.41 | 51.26 | |
| 医院、卫生院个数 | 170 | 163 | 164 | 平 | -0.84 | 0.12 |
| 卫生机构床位数 | 148825 | 25498 | 22774 | 0.91 | -29.73 | |
| 医院、卫生院床位数 | 13954 | 16916 | 22409 | 3.47 | 3.92 | 5.79 |
| 卫生技术人员 | 18738 | 24388 | 30967 | 2.39 | 5.41 | 4.89 |
| 医生 | 7951 | 10060 | 12354 | 2.99 | 4.82 | 4.19 |
| **市政建设** | | | | | | |
| 全年供水总量（万立方米） | 23105 | 24276 | 27491.60 | 6.88 | 0.99 | 2.50 |
| 道路面积（万平方米） | 1805 | 2162 | 4294.88 | 17.77 | 3.67 | 14.72 |
| 园林绿地面积（公顷） | 4977 | 4441 | 7742.59 | 27.97 | -2.25 | 11.76 |
| **环境** | | | | | | |
| 工业废水排放量（万吨） | | 2529.10 | 4138.48 | 11.76 | -9.42 | |
| 工业废气排放量（亿标立方米） | | 1805.00 | 3576.57 | | | |

# 1–5 国民经济和社会发展

| 指标 | 总量指标 | | | |
|---|---|---|---|---|
| | 2016年 | 2017年 | 2018年 | 2019年 |
| **人口** | | | | |
| 户籍总人口（万人） | 324.23 | 325.55 | 328.47 | 331.92 |
| 非农业人口 | 222.73 | 226.05 | 231.25 | 235.72 |
| 农业人口 | 101.50 | 99.50 | 97.22 | 96.20 |
| 男女性别比（以女性为100） | 101.47 | 100.90 | 100.43 | 100.06 |
| 人口自增率（‰） | 7.75 | 5.37 | 4.78 | 6.81 |
| **就业** | | | | |
| 从业人员（万人） | 215.60 | 224.14 | 225.25 | 228.26 |
| 单位从业人员 | 77.25 | 80.81 | 78.53 | 73.66 |
| 在岗职工 | 63.01 | 65.67 | 64.19 | 57.37 |
| 城镇登记失业人数（万人） | 1.73 | 1.55 | 1.79 | 3.09 |
| **宏观经济** | | | | |
| 地区生产总值（亿元） | 2207.42 | 2445.08 | 2660.19 | 2852.51 |
| 第一产业增加值 | 40.31 | 42.79 | 44.29 | 51.66 |
| 第二产业增加值 | 788.85 | 885.00 | 944.28 | 944.59 |
| 第三产业增加值 | 1378.26 | 1517.29 | 1671.62 | 1856.26 |
| **固定资产投资** | | | | |
| 固定资产投资总额（亿元） | 1990.95 | 1315.35 | | |
| 房地产投资 | 391.15 | 432.16 | 586.62 | 552.40 |
| **财政** | | | | |
| 地区财政收入（亿元） | 606.75 | 671.65 | 721.53 | 679.51 |
| 公共财政预算收入 | 215.48 | 234.20 | 253.32 | 233.23 |
| 公共财政预算支出 | 424.16 | 429.36 | 465.64 | 456.66 |
| **物价总指数（上年=100）** | | | | |
| 商品零售价格指数（%） | 100.7 | 101.8 | 101.7 | 102.0 |
| 居民消费价格总指数（%） | 100.8 | 101.5 | 101.7 | 102.2 |
| **利用外资** | | | | |
| 合同投资总额（亿美元） | 10.55 | 3.53 | 5.89 | 5.53 |
| 实际利用外资额（亿美元） | 3.38 | 1.00 | 1.80 | 1.23 |

# 总量与速度指标（续三）

| 2020年 | 2021年 | 2022年 | 2022年比2021年增长（%） | 年平均增长速度（%）2016-2020年 |
|---|---|---|---|---|
| 334.00 | 336.28 | 336.98 | 0.21 | 0.7 |
| 246.13 | 248.34 | 248.73 | 0.16 | 2.8 |
| 87.87 | 87.94 | 88.26 | 0.36 | -4.0 |
| 99.77 | 99.58 | 99.16 | -0.42 | |
| 3.45 | 3.91 | -2.48 | | |
| | | | | |
| 227.00 | 227.00 | | | 1.8 |
| 78.50 | 79.04 | 76.61 | -3.07 | 1.9 |
| 61.18 | 60.38 | 61.59 | 2.00 | 0.5 |
| 2.87 | 3.13 | 3.51 | 12.14 | 14.5 |
| | | | | |
| 2877.53 | 3227.28 | 3343.50 | 0.8 | 5.7 |
| 56.29 | 62.52 | 64.97 | 5.0 | 5.7 |
| 930.47 | 1104.94 | 1150.76 | -2.9 | 3.7 |
| 1890.77 | 2059.82 | 2127.77 | 2.4 | 7.0 |
| | | | | |
| | | | -3.52 | -4.2 |
| 552.81 | 601.44 | 486.96 | -19.03 | 10.3 |
| | | | | |
| 704.15 | 803.27 | 661.06 | -17.7 | 3.5 |
| 247.13 | 276.73 | 220.98 | -20.2 | 6.1 |
| 486.24 | 484.59 | 498.80 | 2.9 | 7.7 |
| | | | | |
| 101.4 | 102.0 | 103.8 | 3.8 | 1.5 |
| 102.0 | 101.3 | 102.3 | 2.3 | 1.6 |
| | | | | |
| 1.22 | 5.66 | 1.35 | | |
| 0.63 | 0.66 | 0.30 | | |

# 1-5 国民经济和社会发展

| 指标 | 总量指标 | | | |
|---|---|---|---|---|
| | 2016年 | 2017年 | 2018年 | 2019年 |
| **农业** | | | | |
| 农作物播种面积（万亩） | 249.90 | 250.65 | 238.99 | 248.59 |
| 农林牧渔业劳动力（万人） | 36.94 | 36.16 | 35.60 | 33.88 |
| 农林牧渔业增加值（亿元） | 42.10 | 44.75 | 46.28 | 53.77 |
| 主要农产品产量（万吨） | | | | |
| 粮食 | 30.90 | 30.04 | 29.77 | 30.33 |
| 油料 | 1.79 | 1.67 | 1.63 | 1.81 |
| 水果 | 14.26 | 14.00 | 11.73 | 13.22 |
| 肉类 | 4.32 | 4.47 | 4.62 | 4.30 |
| 猪牛羊肉 | 3.16 | 3.65 | 3.81 | 3.74 |
| **工业** | | | | |
| 规模以上工业增加值（亿元） | 502.00 | 583.69 | 614.98 | |
| 轻工业 | 154.10 | 151.60 | 145.80 | |
| 重工业 | 347.90 | 432.10 | 462.70 | |
| 主要工业产品产量 | | | | |
| 呢绒（万米） | 414.30 | 435.00 | 430.20 | 430.30 |
| 卷烟（万支） | 2938458 | 2824246 | 2783794 | 2849710 |
| 发电量（亿千瓦时） | 147.53 | 155.32 | 148.70 | 144.75 |
| 原煤（万吨） | 637.63 | 503.24 | 503.29 | 509.17 |
| 水泥（万吨） | 1130.00 | 905.91 | 774.63 | 1088.99 |
| **建筑业** | | | | |
| 建筑业增加值（亿元） | 179.46 | 182.19 | 188.42 | 197.19 |
| 房屋施工面积（万平方米） | 4877.02 | 5031.90 | 5364.61 | 5643.83 |
| 房屋竣工面积（万平方米） | 1317.80 | 1090.84 | 1102.36 | 1029.32 |
| **交通运输** | | | | |
| 货运量（万吨） | 12208.84 | 12882.39 | 13518.52 | 14121.83 |
| 铁路 | 741.90 | 837.12 | 869.96 | 834.09 |
| 公路 | 11461.00 | 12039.18 | 12642.41 | 13280.54 |
| 空运 | 5.94 | 6.09 | 6.15 | 7.20 |
| 客运量（万人） | 6950.64 | 7684.69 | 8328.64 | 7980.41 |
| 铁路 | 1648.89 | 2039.42 | 2550.96 | 2837.25 |
| 公路 | 4212.75 | 4363.63 | 4391.86 | 3612.86 |
| 空运 | 1089.00 | 1281.64 | 1385.82 | 1530.30 |
| **邮电通信业** | | | | |
| 电信业务总量（亿元） | 136.57 | 133.81 | 346.28 | 526.81 |
| 邮政业务总量（亿元） | 8.49 | 9.99 | 11.64 | 14.78 |
| **国内商业** | | | | |
| 社会消费品零售总额（亿元） | 1263.35 | 1358.72 | 1352.09 | 1672.00 |
| **旅游** | | | | |
| 国内旅游者（万人次） | 4448.82 | 5429.18 | 6718.56 | 8205.02 |
| 入境旅游者（万人次） | 2.18 | 2.22 | 3.34 | 5.78 |
| 旅游总收入（亿元） | 359.50 | 456.50 | 594.10 | 766.50 |
| **对外经济贸易（亿元人民币）** | | | | |
| 进出口总额 | 277.05 | 125.11 | 133.18 | 119.41 |
| 进口额 | 56.70 | 52.23 | 57.58 | 47.58 |
| 出口额 | 220.36 | 72.88 | 75.60 | 71.83 |

# 总量与速度指标（续四）

| 2020年 | 2021年 | 2022年 | 2022年比2021年增长（%） | 年平均增长速度（%）2016-2020年 |
|---|---|---|---|---|
| 274.03 | 280.96 | 290.57 | 3.42 | 1.1 |
| 33.72 | 33.34 | 32.99 | -1.05 | -2.0 |
| 58.51 | 64.88 | 66.02 | 1.76 | 5.7 |
| | | | | 0.0 |
| 33.64 | 33.30 | 33.80 | 1.50 | -1.4 |
| 2.32 | 2.16 | 1.86 | -13.89 | 5.7 |
| 13.25 | 12.96 | 11.31 | -12.73 | -1.2 |
| 4.52 | 5.23 | | | 1.0 |
| 3.97 | 4.89 | 5.00 | 2.04 | 4.8 |
| | | | -0.4 | 3.7 |
| | | | -11.5 | 1.0 |
| | | | 3.9 | 4.9 |
| 400.10 | 385.50 | 458.10 | 18.83 | 3.3 |
| 2812976 | 2757611 | 2561400 | -7.12 | -4.1 |
| 159.66 | 168.12 | 168.98 | 0.25 | -3.6 |
| 515.02 | 537.57 | 540.66 | 0.58 | 0.5 |
| 1112.17 | 1023.81 | 816.27 | -20.27 | 1.0 |
| 206.13 | 228.47 | 218.35 | -4.90 | 1.8 |
| 6254.28 | 7505.74 | 7247.59 | -3.4 | 4.7 |
| 880.77 | 863.85 | 1005.31 | 16.4 | -9.7 |
| 14861.55 | 16587.86 | 15351.05 | -7.45 | 4.7 |
| 907.10 | 791.20 | 826.67 | 4.48 | 2.3 |
| 13947.45 | 15789.35 | 14518.83 | -8.04 | 4.9 |
| 7.00 | 7.31 | 5.55 | -24.07 | 7.0 |
| 5977.36 | 6485.19 | 2751.31 | -57.57 | -0.6 |
| 1977.52 | 2086.94 | 1045.10 | -49.92 | 9.0 |
| 2887.14 | 3181.13 | 1111.97 | -65.04 | -6.6 |
| 1112.70 | 1217.12 | 594.24 | -51.17 | 6.6 |
| 632.35 | 86.52 | 91.38 | 5.61 | 48.9 |
| 18.62 | 17.69 | - | - | 25.6 |
| 1641.24 | 1757.74 | 1598.21 | -9.1 | 6.0 |
| 4821.40 | 6936.10 | 2926.60 | -57.80 | 5.4 |
| 421.40 | 593.50 | 148.30 | -75.00 | |
| 102.6 | 141.8 | 168.8 | 19.00 | -19.1 |
| 69.9 | 105.0 | 103.5 | -1.40 | 18.5 |
| 32.7 | 36.8 | 65.3 | 77.70 | -34.6 |

# 1-5 国民经济和社会发展

| 指标 | 总量指标 | | |
|---|---|---|---|
| | 2016年 | 2017年 | 2018年 |
| **金融保险** | | | |
| 金融机构人民币各项存款（亿元） | 8623.11 | 8513.59 | 8716.44 |
| 金融机构人民币各项贷款（亿元） | 8401.56 | 9643.55 | 11010.54 |
| 中外资保险公司保险金额（亿元） | 255548.01 | 157159.54 | |
| 中外资保险公司保费（亿元） | 98.92 | 122.44 | 136.05 |
| 中外资保险公司赔款及给付（亿元） | 39.26 | 42.67 | 52.97 |
| **教育** | | | |
| 在校学生数（万人） | 102.62 | 103.80 | 108.37 |
| 普通高等学校 | 42.48 | 44.56 | 47.40 |
| 中等职业学校 | 4.90 | 4.10 | 3.79 |
| 普通中学 | 16.69 | 16.53 | 16.51 |
| 小学 | 21.20 | 21.78 | 22.60 |
| 地方财政用于教育支出（万元） | 740910 | 803250 | 799798 |
| **家庭、生活、环境** | | | |
| **家庭** | | | |
| 家庭总户数（万户） | 109.57 | 110.50 | 114.81 |
| **婚姻** | | | |
| 结婚数（万对） | 2.64 | 2.46 | 2.47 |
| 离婚数（万对） | 0.78 | 0.85 | 0.95 |
| **居住** | | | |
| 城镇居民人均现住房建筑面积（平方米） | 36.18 | 36.42 | 41.24 |
| 农村居民人均现住房建筑面积（平方米） | 32.86 | 33 | 34.2 |
| **生活** | | | |
| 城镇居民人均可支配收入（元） | 29661 | 32331 | 35014 |
| 农村居民人均可支配收入（元） | 10391 | 11305 | 12368 |
| **工资** | | | |
| 单位从业人员劳动报酬总额（亿元） | 462.51 | 524.61 | 640.46 |
| 单位从业人员平均劳动报酬（元） | 64551 | 69555 | 82480 |
| **卫生** | | | |
| 卫生机构数 | 2408 | 2464 | 2211 |
| 医院、卫生院个数 | 172 | 194 | 192 |
| 卫生机构床位数 | 26538 | 29164 | 30655 |
| 医院、卫生院床位数 | 24031 | 26589 | 28009 |
| 卫生技术人员 | 32153 | 35251 | 36775 |
| 医生 | 13123 | 13692 | 13954 |
| **市政建设** | | | |
| 全年供水总量（万立方米） | 26441 | 27178 | 28463 |
| 道路面积（万平方米） | 4536.73 | 4805.11 | 5611.84 |
| 园林绿地面积（公顷） | 7852.30 | 9592.07 | 10076.76 |
| **环境** | | | |
| 工业废水排放量（万吨） | 3341.89 | 3527.75 | 3780.53 |
| 工业废气排放量（亿标立方米） | 2566.45 | 2146.49 | 2731.78 |

# 总量与速度指标（续五）

| | | | | 2022年比2021年增长（%） | 年平均增长速度（%） |
|---|---|---|---|---|---|
| 2019年 | 2020年 | 2021年 | 2022年 | | 2016–2020年 |
| 8834.47 | 9044.77 | 9525.40 | 10071.6 | 5.7 | 3.0 |
| 12028.51 | 12954.98 | 14060.26 | 14911.7 | 6.1 | 13.5 |
| | | | | | |
| 157.70 | 160.80 | 147.18 | 144.75 | –1.65 | 8.3 |
| 65.10 | 74.36 | 69.60 | | | 12.1 |
| | | | | | |
| 110.03 | 113.93 | | | | 2.7 |
| 48.66 | 56.72 | 46.21 | 49.51 | 7.1 | 6.4 |
| 3.50 | 3.49 | 3.58 | 3.28 | –8.4 | –10.2 |
| 16.51 | 16.63 | 16.98 | 17.66 | 4.0 | –0.5 |
| 23.39 | 24.51 | 25.38 | 26.35 | 3.8 | 3.3 |
| 882874 | 824400 | 812928 | 802339 | –1.3 | 4.4 |
| | | | | | |
| 114.61 | 116.20 | 117.52 | 118.50 | | 1.2 |
| | | | | | |
| 2.26 | 1.99 | 1.88 | 1.43 | –24.2 | –6.8 |
| 0.97 | 0.93 | 0.49 | 0.45 | –8.6 | 5.6 |
| | | | | | |
| 40.2 | 45.2 | 39.5 | 33.3 | –15.6 | 2.8 |
| 32.2 | 34.5 | 37.5 | 40.0 | 6.6 | 0.6 |
| | | | | | |
| 38095 | 40152 | 43244 | 45277 | 4.7 | 8.2 |
| 13605 | 14652 | 16191 | 17178 | 6.1 | 8.8 |
| | | | | | |
| 609.51 | 703.89 | 722.53 | 749.33 | 3.7 | 12.5 |
| 83542 | 93847 | 96793 | 100596 | 3.9 | 9.7 |
| | | | | | |
| 2277 | 2245 | 2305 | 2059 | –10.7 | –1.2 |
| 196 | 183 | 192 | 180 | –6.3 | 2.2 |
| 31409 | 32160 | 33428 | 34920 | 4.5 | 7.1 |
| 28616 | 29530 | 30719 | 30736 | 0.1 | 5.7 |
| 39723 | 41516 | 44867 | 45040 | 0.4 | 6.0 |
| 14337 | 14883 | 16036 | 15725 | –1.9 | 3.8 |
| | | | | | |
| 24526 | 24747 | 31057.39 | 30045.95 | –3.3 | –3.9 |
| 5872.34 | 5982.48 | 5985.1 | 5837.95 | –2.5 | –8.6 |
| 10003.49 | 10439.64 | 10614.02 | 11610.98 | 9.4 | 1.2 |
| | | | | | |
| 3260.03 | 3006.08 | 2611.15 | 2625.62 | 0.6 | –6.2 |
| 2467.52 | 2844.93 | 3055.06 | 2827.22 | –7.5 | –4.5 |

# 1-6 地区生产总值

单位：亿元

| 年份 | 地区生产总值 | 第一产业 | 第二产业 | | | 第三产业 | | |
|---|---|---|---|---|---|---|---|---|
| | | | | 工业 | 建筑业 | | 交通运输仓储及邮政业 | 批发和零售业 | 人均GDP（元）（按常住人口计算） |

| 年份 | 地区生产总值 | 第一产业 | 第二产业 | 工业 | 建筑业 | 第三产业 | 交通运输仓储及邮政业 | 批发和零售业 | 人均GDP（元）（按常住人口计算） |
|---|---|---|---|---|---|---|---|---|---|
| “一五”时期 | | | | | | | | | |
| 1953 | 1.46 | 0.20 | 0.36 | 0.24 | 0.12 | 0.90 | 0.38 | 0.32 | 179 |
| 1954 | 1.76 | 0.21 | 0.46 | 0.32 | 0.14 | 1.09 | 0.39 | 0.38 | 202 |
| 1955 | 2.43 | 0.23 | 0.85 | 0.59 | 0.26 | 1.35 | 0.46 | 0.44 | 255 |
| 1956 | 3.31 | 0.24 | 1.52 | 0.93 | 0.59 | 1.55 | 0.49 | 0.51 | 308 |
| 1957 | 3.72 | 0.26 | 1.70 | 1.06 | 0.64 | 1.76 | 0.50 | 0.57 | 313 |
| “二五”时期 | | | | | | | | | |
| 1958 | 4.99 | 0.25 | 2.65 | 2.01 | 0.64 | | 0.78 | 0.58 | 388 |
| 1959 | 7.69 | 0.25 | 5.23 | 4.39 | 0.84 | 2.21 | 0.86 | 0.66 | 548 |
| 1960 | 8.09 | 0.25 | 5.88 | 4.89 | 0.99 | 1.96 | 0.64 | 0.61 | 553 |
| 1961 | 4.52 | 0.25 | 2.62 | 2.45 | 0.17 | 1.65 | 0.47 | 0.47 | 314 |
| 1962 | 4.32 | 0.24 | 2.37 | 2.24 | 0.13 | 1.71 | 0.43 | 0.54 | 314 |
| 三年调整期 | | | | | | | | | |
| 1963 | 5.82 | 0.29 | 3.67 | 3.42 | 0.25 | 1.86 | 0.43 | 0.63 | 421 |
| 1964 | 7.94 | 0.34 | 5.39 | 5.07 | 0.32 | 2.21 | 0.48 | 0.64 | 544 |
| 1965 | 10.01 | 0.39 | 7.09 | 6.48 | 0.61 | 2.53 | 0.65 | 0.59 | 647 |
| “三五”时期 | | | | | | | | | |
| 1966 | 9.85 | 0.40 | 6.91 | 6.69 | 0.22 | 2.54 | 0.62 | 0.59 | 609 |
| 1967 | 11.70 | 0.41 | 8.80 | 8.52 | 0.28 | 2.49 | 0.57 | 0.57 | 702 |
| 1968 | 12.92 | 0.43 | 10.15 | 9.82 | 0.33 | 2.34 | 0.50 | 0.51 | 759 |
| 1969 | 13.55 | 0.46 | 10.68 | 10.40 | 0.28 | 2.41 | 0.54 | 0.54 | 786 |
| 1970 | 14.99 | 0.52 | 11.92 | 11.51 | 0.41 | 2.55 | 0.60 | 0.59 | 856 |
| “四五”时期 | | | | | | | | | |
| 1971 | 16.22 | 0.53 | 13.03 | 12.78 | 0.25 | 2.66 | 0.62 | 0.60 | 896 |
| 1972 | 17.96 | 0.53 | 14.34 | 13.89 | 0.45 | 3.09 | 0.67 | 0.79 | 958 |
| 1973 | 18.91 | 0.53 | 14.91 | 14.26 | 0.65 | 3.47 | 0.73 | 0.98 | 981 |
| 1974 | 20.84 | 0.66 | 16.40 | 15.82 | 0.58 | 3.78 | 0.79 | 1.11 | 1063 |
| 1975 | 22.70 | 0.67 | 17.89 | 17.23 | 0.66 | 4.14 | 0.85 | 1.26 | 1143 |
| “五五”时期 | | | | | | | | | |
| 1976 | 22.69 | 0.69 | 17.76 | 17.10 | 0.66 | 4.24 | 0.88 | 1.32 | 1130 |
| 1977 | 21.82 | 0.70 | 16.78 | 16.21 | 0.57 | 4.34 | 0.91 | 1.38 | 1077 |
| 1978 | 21.80 | 0.74 | 16.56 | 15.85 | 0.71 | 4.50 | 0.94 | 1.44 | 1067 |
| 1979 | 24.54 | 0.78 | 18.60 | 17.72 | 0.88 | 5.16 | 0.95 | 1.63 | 1180 |
| 1980 | 25.68 | 0.94 | 18.80 | 17.64 | 1.16 | 5.94 | 0.98 | 1.96 | 1209 |

# 1-6 地区生产总值（续一）

单位：亿元

| 年份 | 地区生产总值 | 第一产业 | 第二产业 | 工业 | 建筑业 | 第三产业 | 交通运输仓储及邮政业 | 批发和零售业 | 人均GDP（元）（按常住人口计算） |
|---|---|---|---|---|---|---|---|---|---|
| 2003 | 440.85 | 18.04 | 188.85 | 144.62 | 44.24 | 233.96 | 52.03 | 44.72 | 13197 |
| 2004 | 508.15 | 20.00 | 218.86 | 171.06 | 47.81 | 269.28 | 47.18 | 48.24 | 14931 |
| 2005 | 576.65 | 21.49 | 251.69 | 203.67 | 48.02 | 303.47 | 52.89 | 53.59 | 16692 |
| **“十一五”时期** | | | | | | | | | |
| 2006 | 649.42 | 22.00 | 293.32 | 240.21 | 53.11 | 334.10 | 59.18 | 58.47 | 18597 |
| 2007 | 746.33 | 24.25 | 340.66 | 281.49 | 59.17 | 381.41 | 69.14 | 65.66 | 21196 |
| 2008 | 868.14 | 24.72 | 405.36 | 338.47 | 66.89 | 438.06 | 78.99 | 74.94 | 24464 |
| 2009 | 938.85 | 25.90 | 438.95 | 355.02 | 83.93 | 474.00 | 78.92 | 82.52 | 26251 |
| 2010 | 1129.59 | 27.23 | 537.87 | 434.21 | 103.67 | 564.48 | 90.27 | 97.81 | 31336 |
| **“十二五”时期** | | | | | | | | | |
| 2011 | 1391.66 | 30.80 | 669.76 | 546.40 | 123.36 | 691.10 | 115.65 | 119.31 | 38094 |
| 2012 | 1613.16 | 31.88 | 761.34 | 624.14 | 137.20 | 819.93 | 145.23 | 130.73 | 43257 |
| 2013 | 1810.24 | 34.80 | 795.94 | 643.52 | 153.62 | 979.50 | 157.04 | 152.71 | 47605 |
| 2014 | 1977.77 | 35.76 | 841.22 | 675.44 | 167.08 | 1100.80 | 169.36 | 167.07 | 51107 |
| 2015 | 2102.25 | 37.09 | 830.48 | 655.05 | 176.93 | 1234.68 | 178.33 | 171.10 | 53326 |
| **“十三五”时期** | | | | | | | | | |
| 2016 | 2207.42 | 40.31 | 788.85 | 610.96 | 179.46 | 1378.26 | 186.76 | 178.44 | 54942 |
| 2017 | 2445.08 | 42.79 | 885.00 | 704.47 | 182.19 | 1517.29 | 212.07 | 183.72 | 59638 |
| 2018 | 2660.19 | 44.29 | 944.28 | 757.59 | 188.42 | 1671.62 | 234.37 | 198.44 | 63653 |
| 2019 | 2852.51 | 51.66 | 944.59 | 749.20 | 197.19 | 1856.26 | 255.13 | 223.43 | 67102 |
| 2020 | 2877.53 | 56.29 | 930.47 | 725.94 | 206.13 | 1890.77 | 232.53 | 232.97 | 66467 |
| **“十四五”时期** | | | | | | | | | |
| 2021 | 3227.28 | 62.52 | 1104.94 | 877.99 | 228.47 | 2059.82 | 266.99 | 268.47 | 73715 |
| 2022 | 3343.50 | 64.97 | 1150.76 | 935.36 | 218.35 | 2127.77 | 294.91 | 276.05 | 75992 |

# 1-7 地区生产总值构成

单位：%

| 年份 | 地区生产总值 | 第一产业 | 第二产业 | 工业 | 建筑业 | 第三产业 | 交通运输仓储及邮政业 | 批发和零售业 |
|---|---|---|---|---|---|---|---|---|
| **“一五”时期** | | | | | | | | |
| 1953 | 100.00 | 13.62 | 24.39 | 16.44 | 8.22 | 61.99 | 26.03 | 21.92 |
| 1954 | 100.00 | 11.93 | 26.14 | 18.18 | 7.95 | 61.93 | 22.16 | 21.59 |
| 1955 | 100.00 | 9.34 | 34.95 | 24.28 | 10.70 | 55.71 | 18.93 | 18.11 |
| 1956 | 100.00 | 7.32 | 45.91 | 28.10 | 17.82 | 46.77 | 14.80 | 15.41 |
| 1957 | 100.00 | 6.99 | 45.70 | 28.49 | 17.20 | 47.31 | 13.44 | 15.32 |
| **“二五”时期** | | | | | | | | |
| 1958 | 100.00 | 5.14 | 53.04 | 40.28 | 12.83 | 41.82 | 15.63 | 11.62 |
| 1959 | 100.00 | 3.25 | 68.01 | 57.09 | 10.92 | 28.74 | 11.18 | 8.58 |
| 1960 | 100.00 | 3.09 | 72.68 | 60.44 | 12.24 | 24.23 | 7.91 | 7.54 |
| 1961 | 100.00 | 5.53 | 57.96 | 54.20 | 3.76 | 36.50 | 10.40 | 10.40 |
| 1962 | 100.00 | 5.56 | 54.86 | 51.85 | 3.01 | 39.58 | 9.95 | 12.50 |
| **三年调整期** | | | | | | | | |
| 1963 | 100.00 | 5.01 | 62.99 | 58.76 | 4.30 | 32.00 | 7.39 | 10.82 |
| 1964 | 100.00 | 4.28 | 67.88 | 63.85 | 4.03 | 27.83 | 6.05 | 8.06 |
| 1965 | 100.00 | 3.90 | 70.83 | 64.74 | 6.09 | 25.27 | 6.49 | 5.89 |
| **“三五”时期** | | | | | | | | |
| 1966 | 100.00 | 4.06 | 70.15 | 67.92 | 2.23 | 25.79 | 6.29 | 5.99 |
| 1967 | 100.00 | 3.50 | 75.21 | 72.82 | 2.39 | 21.28 | 4.87 | 4.87 |
| 1968 | 100.00 | 3.37 | 78.55 | 76.01 | 2.55 | 18.08 | 3.87 | 3.95 |
| 1969 | 100.00 | 3.39 | 78.82 | 76.75 | 2.07 | 17.79 | 3.99 | 3.99 |
| 1970 | 100.00 | 3.48 | 79.55 | 76.78 | 2.74 | 16.97 | 4.00 | 3.94 |
| **“四五”时期** | | | | | | | | |
| 1971 | 100.00 | 3.23 | 80.34 | 78.79 | 1.54 | 16.43 | 3.82 | 3.70 |
| 1972 | 100.00 | 2.95 | 79.84 | 77.34 | 2.51 | 17.20 | 3.73 | 4.40 |
| 1973 | 100.00 | 2.80 | 78.85 | 75.41 | 3.44 | 18.35 | 3.86 | 5.18 |
| 1974 | 100.00 | 3.17 | 78.69 | 75.91 | 2.78 | 18.14 | 3.79 | 5.33 |
| 1975 | 100.00 | 2.93 | 78.83 | 75.90 | 2.91 | 18.24 | 3.74 | 5.55 |
| **“五五”时期** | | | | | | | | |
| 1976 | 100.00 | 3.04 | 78.27 | 75.36 | 2.91 | 18.69 | 3.88 | 5.82 |
| 1977 | 100.00 | 3.18 | 76.93 | 74.29 | 2.61 | 19.89 | 4.17 | 6.32 |
| 1978 | 100.00 | 3.39 | 75.96 | 72.71 | 3.26 | 20.64 | 4.31 | 6.61 |
| 1979 | 100.00 | 3.18 | 75.79 | 72.21 | 3.59 | 21.03 | 3.87 | 6.64 |
| 1980 | 100.00 | 3.66 | 73.21 | 68.69 | 4.52 | 23.13 | 3.82 | 7.63 |

# 1-7 地区生产总值构成（续一）

单位：%

| 年份 | 地区生产总值 | 第一产业 | 第二产业 | 工业 | 建筑业 | 第三产业 | 交通运输仓储及邮政业 | 批发和零售业 |
|---|---|---|---|---|---|---|---|---|
| 2003 | 100.00 | 4.09 | 42.84 | 32.80 | 10.03 | 53.07 | 11.80 | 10.14 |
| 2004 | 100.00 | 3.94 | 43.07 | 33.66 | 9.41 | 52.99 | 9.28 | 9.49 |
| 2005 | 100.00 | 3.73 | 43.65 | 35.32 | 8.33 | 52.63 | 9.17 | 9.29 |
| "十一五"时期 | | | | | | | | |
| 2006 | 100.00 | 3.39 | 45.17 | 36.99 | 8.18 | 51.45 | 9.11 | 9.00 |
| 2007 | 100.00 | 3.25 | 45.65 | 37.72 | 7.93 | 51.10 | 9.26 | 8.80 |
| 2008 | 100.00 | 2.85 | 46.69 | 38.99 | 7.70 | 50.46 | 9.10 | 8.63 |
| 2009 | 100.00 | 2.76 | 46.75 | 37.81 | 8.94 | 50.49 | 8.41 | 8.79 |
| 2010 | 100.00 | 2.41 | 47.62 | 38.44 | 9.18 | 49.97 | 7.99 | 8.66 |
| "十二五"时期 | | | | | | | | |
| 2011 | 100.00 | 2.21 | 48.13 | 39.26 | 8.86 | 49.66 | 8.31 | 8.57 |
| 2012 | 100.00 | 1.98 | 47.20 | 38.69 | 8.51 | 50.83 | 9.00 | 8.10 |
| 2013 | 100.00 | 1.92 | 43.97 | 35.55 | 8.49 | 54.11 | 8.68 | 8.44 |
| 2014 | 100.00 | 1.81 | 42.53 | 34.15 | 8.45 | 55.66 | 8.56 | 8.45 |
| 2015 | 100.00 | 1.76 | 39.50 | 31.16 | 8.42 | 58.73 | 8.48 | 8.14 |
| "十三五"时期 | | | | | | | | |
| 2016 | 100.00 | 1.83 | 35.74 | 27.68 | 8.13 | 62.44 | 8.46 | 8.08 |
| 2017 | 100.00 | 1.75 | 36.19 | 28.81 | 7.45 | 62.05 | 8.67 | 7.51 |
| 2018 | 100.00 | 1.66 | 35.50 | 28.48 | 7.08 | 62.84 | 8.81 | 7.46 |
| 2019 | 100.00 | 1.81 | 33.11 | 26.26 | 6.91 | 65.08 | 8.94 | 7.83 |
| 2020 | 100.00 | 1.96 | 32.34 | 25.23 | 7.16 | 65.71 | 8.08 | 8.10 |
| "十四五"时期 | | | | | | | | |
| 2021 | 100.00 | 1.94 | 34.24 | 27.21 | 7.08 | 63.83 | 8.27 | 8.32 |
| 2022 | 100.00 | 1.94 | 34.42 | 27.98 | 6.53 | 63.64 | 8.82 | 8.26 |

# 1-8 地区生产总值指数

（上年=100）

| 年份 | 地区生产总值 | 第一产业 | 第二产业 | 工业 | 建筑业 | 第三产业 | 交通运输仓储及邮政业 | 批发和零售业 | 人均GDP（按常住人口计算） |
|---|---|---|---|---|---|---|---|---|---|
| 1955 | 119.70 | 103.30 | 125.20 | 124.10 | 120.60 | 122.80 | | | 109.30 |
| 1956 | 119.60 | 104.20 | 135.60 | 126.50 | 162.70 | 114.30 | | | 106.20 |
| 1957 | 116.00 | 105.10 | 124.60 | 130.20 | 111.60 | 112.70 | | | 105.10 |
| 1958 | 128 | 92.4 | 150.9 | 163.9 | 115.8 | 118.4 | | | 118.30 |
| 1959 | 128.5 | 82.4 | 156.7 | 168.8 | 110.4 | 108.9 | | | 117.80 |
| 1960 | 111.9 | 100.1 | 128.8 | 135.8 | 88 | 89.7 | | | 107.30 |
| 1961 | 61.9 | 99.2 | 50.1 | 48.6 | 63.8 | 80.5 | | | 63.00 |
| 1962 | 107.4 | 107.9 | 115.6 | 120.2 | 83.8 | 97 | | | 112.40 |
| 1963 | 120.6 | 118.6 | 128.6 | 125 | 164.3 | 108.9 | | | 119.90 |
| 1964 | 122.9 | 119.8 | 124.4 | 124.4 | 124.1 | 120.9 | | | 116.30 |
| 1965 | 124.9 | 118.9 | 130.8 | 128.1 | 151.9 | 115.5 | | | 118.00 |
| 1966 | 102.3 | 102.9 | 100.7 | 107.2 | 59.4 | 105.6 | | | 97.60 |
| 1967 | 92.4 | 103 | 87.6 | 86 | 106.1 | 99.6 | | | 89.90 |
| 1968 | 102.3 | 103.3 | 107.1 | 107.4 | 104.5 | 93.9 | | | 100.10 |
| 1969 | 108.1 | 103.7 | 111.2 | 113.1 | 93.5 | 103 | | | 106.70 |
| 1970 | 111 | 104.8 | 114.1 | 113.2 | 123.9 | 106.1 | | | 109.30 |
| 1971 | 107.5 | 100.6 | 109.4 | 113.7 | 64.2 | 104.7 | | | 104.00 |
| 1972 | 110.3 | 100.6 | 110.8 | 110.3 | 120 | 111.5 | | | 106.40 |
| 1973 | 105.9 | 97.1 | 103.9 | 103.5 | 110.5 | 112.9 | | | 103.10 |
| 1974 | 109.4 | 124 | 108.5 | 108.8 | 104.1 | 108.8 | | | 107.60 |
| 1975 | 113.4 | 101.4 | 116.5 | 117.2 | 105.3 | 109.2 | | | 112.10 |
| 1976 | 100.5 | 100.6 | 99.6 | 99.6 | 99.5 | 102.7 | | | 99.40 |
| 1977 | 100.2 | 100.7 | 98.9 | 99 | 98.1 | 102.8 | | | 99.30 |
| 1978 | 102.2 | 95.6 | 102.5 | 102.1 | 110.4 | 102.7 | | | 101.30 |
| 1979 | 109.7 | 102.1 | 108.6 | 108.5 | 109.5 | 113.6 | | | 107.80 |
| 1980 | 100.5 | 103.9 | 100 | 99.5 | 109 | 109.7 | | | 101.00 |

# 1-8 地区生产总值指数（续一）

（上年=100）

| 年份 | 地区生产总值 | 第一产业 | 第二产业 | | | 第三产业 | | | 人均GDP（按常住人口计算） |
|---|---|---|---|---|---|---|---|---|---|
| | | | | 工业 | 建筑业 | | 交通运输仓储及邮政业 | 批发和零售业 | |
| 1990 | 104.6 | 110.9 | 106.7 | 107.0 | 104.2 | 100.7 | | | 102.6 |
| 1991 | 102.2 | 112.5 | 98.8 | 98.0 | 105.2 | 106.3 | | | 101.2 |
| 1992 | 110.3 | 107.2 | 110.4 | 109.8 | 114.8 | 110.7 | | | 108.9 |
| 1993 | 111.6 | 102.7 | 114.9 | 115.3 | 114.0 | 107.9 | | | 110.3 |
| 1994 | 114.5 | 101.2 | 119.6 | 118.8 | 125.9 | 110.9 | 114.5 | 113.8 | 110.3 |
| 1995 | 109.2 | 101.2 | 110.3 | 109.3 | 117.3 | 108.9 | 113.2 | 111.3 | 107.2 |
| 1996 | 109.2 | 105.8 | 109.3 | 108.4 | 114.8 | 109.5 | 112.0 | 112.2 | 107.1 |
| 1997 | 108.9 | 103.6 | 108.8 | 107.0 | 119.7 | 109.5 | 125.6 | 109.6 | 107.0 |
| 1998 | 108.7 | 107.1 | 106.6 | 105.0 | 115.0 | 111.3 | 117.1 | 111.4 | 107.2 |
| 1999 | 108.2 | 104.5 | 107.4 | 107.0 | 109.5 | 109.5 | 109.9 | 109.0 | 106.9 |
| 2000 | 109.2 | 104.0 | 108.2 | 107.9 | 109.6 | 110.8 | 113.7 | 108.2 | 107.2 |
| 2001 | 110.5 | 105.5 | 109.9 | 110.1 | 109.4 | 111.6 | 113.9 | 108.3 | 108.9 |
| 2002 | 110.8 | 104.8 | 110.8 | 110.8 | 110.7 | 111.4 | 116.7 | 108.6 | 108.9 |
| 2003 | 111.0 | 104.8 | 111.7 | 113.0 | 107.8 | 110.9 | 112.2 | 107.2 | 108.6 |
| 2004 | 111.7 | 103.0 | 112.9 | 114.7 | 106.8 | 111.4 | 114.2 | 108.1 | 109.6 |
| 2005 | 112.1 | 104.0 | 114.2 | 117.6 | 102.1 | 110.9 | 110.7 | 111.0 | 110.4 |
| 2006 | 112.0 | 102.8 | 115.5 | 117.8 | 106.0 | 109.7 | 111.8 | 108.8 | 110.8 |
| 2007 | 112.1 | 103.5 | 116.4 | 118.3 | 107.2 | 109.0 | 113.6 | 110.1 | 111.2 |
| 2008 | 111.6 | 105.7 | 112.2 | 114.3 | 101.1 | 111.4 | 110.9 | 107.8 | 110.7 |
| 2009 | 110.3 | 106.3 | 110.5 | 110.5 | 110.4 | 110.4 | 104.1 | 113.7 | 109.4 |
| 2010 | 112.6 | 105.2 | 113.7 | 113.0 | 118.0 | 112.0 | 111.0 | 113.4 | 111.7 |
| 2011 | 115.0 | 103.6 | 116.3 | 116.3 | 116.3 | 114.2 | 119.8 | 112.0 | 113.5 |
| 2012 | 113.8 | 106.7 | 112.4 | 112.9 | 110.3 | 115.4 | 122.8 | 107.3 | 111.5 |
| 2013 | 110.7 | 105.7 | 108.0 | 107.6 | 110.9 | 113.5 | 109.6 | 113.9 | 108.6 |
| 2014 | 110.3 | 106.0 | 109.1 | 109.2 | 108.4 | 111.6 | 105.7 | 107.6 | 108.4 |
| 2015 | 109.0 | 105.8 | 106.9 | 107.2 | 105.5 | 111.1 | 107.1 | 101.4 | 107.0 |
| 2016 | 108.1 | 106.0 | 103.9 | 103.8 | 104.3 | 111.0 | 105.3 | 103.4 | 106.1 |
| 2017 | 105.7 | 105.9 | 103.8 | 105.6 | 97.2 | 106.9 | 113.4 | 101.5 | 103.6 |
| 2018 | 106.4 | 106.1 | 105.5 | 106.8 | 100.1 | 106.9 | 110.6 | 106.2 | 104.4 |
| 2019 | 106.1 | 105.5 | 101.9 | 102.0 | 101.6 | 108.7 | 109.2 | 106.5 | 104.3 |
| 2020 | 102.3 | 105.0 | 103.5 | 102.9 | 106.0 | 101.5 | 91.9 | 106.6 | 100.4 |
| 2021 | 106.1 | 107.4 | 105.0 | 106.0 | 101.6 | 106.6 | 110.0 | 108.4 | 104.9 |
| 2022 | 100.8 | 105.0 | 97.1 | 97.9 | 95.1 | 102.4 | 114.6 | 97.9 | 100.3 |

# 1-9 各区县生产总值

单位：亿元

| 地区 | 生产总值 | 第一产业 | 第二产业 | | | 第三产业 | | | 人均GDP（元）（按常住人口计算） |
|---|---|---|---|---|---|---|---|---|---|
| | | | | 工业 | 建筑业 | | 交通运输仓储及邮政业 | 批发和零售业 | |
| **兰州市** | **3343.50** | **64.97** | **1150.76** | **935.36** | **218.35** | **2127.77** | **294.91** | **276.05** | **75992** |
| 城关区 | 1131.06 | 0.57 | 156.07 | 93.81 | 63.79 | 974.42 | 80.06 | 139.78 | 75755 |
| 七里河区 | 570.48 | 9.40 | 215.22 | 178.70 | 37.61 | 345.86 | 86.00 | 24.34 | 79306 |
| 西固区 | 481.62 | 3.51 | 277.29 | 259.94 | 17.68 | 200.82 | 47.40 | 13.64 | 117228 |
| 安宁区 | 266.07 | 0.06 | 72.29 | 57.83 | 14.46 | 193.71 | 0.17 | 39.11 | 59825 |
| 红古区 | 146.11 | 6.23 | 91.97 | 90.73 | 1.24 | 47.91 | 16.63 | 2.75 | 101425 |
| 永登县 | 133.83 | 14.42 | 40.97 | 38.63 | 2.34 | 78.43 | 29.65 | 7.27 | 47372 |
| 皋兰县 | 89.53 | 9.25 | 38.64 | 37.49 | 1.15 | 41.64 | 5.75 | 5.07 | 71779 |
| 榆中县 | 195.61 | 18.36 | 95.76 | 84.19 | 11.58 | 81.49 | 10.95 | 5.94 | 41403 |
| 兰州新区 | 329.19 | 3.16 | 162.53 | 94.05 | 68.49 | 163.49 | 18.31 | 38.14 | 106882 |

# 1-10 各区县生产总值构成

单位：%

| 地区 | 生产总值 | 第一产业 | 第二产业 | | | 第三产业 | | |
|---|---|---|---|---|---|---|---|---|
| | | | | 工业 | 建筑业 | | 交通运输仓储及邮政业 | 批发和零售业 |
| **兰州市** | **100.00** | **1.94** | **34.42** | **27.98** | **6.53** | **63.64** | **8.82** | **8.26** |
| 城关区 | 100.00 | 0.05 | 13.80 | 8.29 | 5.64 | 86.15 | 7.08 | 12.36 |
| 七里河区 | 100.00 | 1.65 | 37.73 | 31.32 | 6.59 | 60.63 | 15.07 | 4.27 |
| 西固区 | 100.00 | 0.73 | 57.57 | 53.97 | 3.67 | 41.70 | 9.84 | 2.83 |
| 安宁区 | 100.00 | 0.02 | 27.17 | 21.73 | 5.44 | 72.81 | 0.06 | 14.70 |
| 红古区 | 100.00 | 4.27 | 62.95 | 62.10 | 0.85 | 32.79 | 11.38 | 1.88 |
| 永登县 | 100.00 | 10.78 | 30.62 | 28.87 | 1.75 | 58.61 | 22.16 | 5.44 |
| 皋兰县 | 100.00 | 10.33 | 43.16 | 41.88 | 1.29 | 46.50 | 6.42 | 5.66 |
| 榆中县 | 100.00 | 9.39 | 48.96 | 43.04 | 5.92 | 41.66 | 5.60 | 3.03 |
| 兰州新区 | 100.00 | 0.96 | 49.37 | 28.57 | 20.80 | 49.67 | 5.56 | 11.59 |

# 1-11　各区县生产总值指数

（上年=100）

| 地区 | 生产总值 | 第一产业 | 第二产业 | | | 第三产业 | | | 人均GDP（按常住人口计算） |
|---|---|---|---|---|---|---|---|---|---|
| | | | | 工业 | 建筑业 | | 交通运输仓储及邮政业 | 批发和零售业 | |
| 兰州市 | 100.8 | 105.0 | 97.1 | 97.9 | 95.1 | 102.4 | 114.6 | 97.9 | 100.3 |
| 城关区 | 96.6 | 95.5 | 80.4 | 77.5 | 86.8 | 99.5 | 114.8 | 95.0 | 96.3 |
| 七里河区 | 102.1 | 102.6 | 98.7 | 100.7 | 93.6 | 104.0 | 115.1 | 95.7 | 101.7 |
| 西固区 | 103.2 | 101.4 | 101.1 | 101.6 | 94.9 | 105.7 | 110.8 | 99.2 | 102.6 |
| 安宁区 | 102.1 | 100.0 | 96.9 | 97.5 | 94.6 | 104.2 | 115.8 | 98.8 | 101.6 |
| 红古区 | 105.6 | 104.6 | 103.3 | 103.2 | 92.9 | 108.8 | 112.7 | 105.7 | 105.5 |
| 永登县 | 105.4 | 107.9 | 102.2 | 102.3 | 100.9 | 106.2 | 109.7 | 101.8 | 105.6 |
| 皋兰县 | 97.0 | 100.1 | 89.7 | 90.7 | 68.7 | 102.5 | 123.5 | 96.0 | 97.1 |
| 榆中县 | 100.2 | 107.6 | 92.8 | 94.5 | 83.6 | 106.4 | 130.2 | 114.1 | 100.4 |
| 兰州新区 | 111.0 | 121.6 | 115.6 | 115.4 | 115.9 | 106.1 | 115.9 | 108.6 | 106.8 |

# 主要统计指标解释

**行政区划** 指国家对行政区域的划分。根据宪法规定，我国的行政区域划分如下：（1）全国分为省、县、自治区、直辖市；（2）省、自治区分为自治州、县、自治县、市；（3）自治州分为县、自治县、市；（4）县、自治县分为乡、民族乡、镇；（5）直辖市和较大的市区分为区、县；（6）国家在必要时设立的特别行政区。

**耕地面积** 指经过开垦用以种植农作物并经常进行耕耘的土地面积。包括种有作物的土地面积、休闲地、新开荒地和抛荒未满三年的土地面积。

**林业面积** 指成品种植乔木、竹类、灌木、沿海红树林等林木的土地面积，包括有林地、灌木林、疏林地、未成林造林地、迹地、苗圃等。

**草地面积** 指牧区和农区用于放牧牲畜或割草，植被盖度在5%以上的草原、草坡、草山等面积。包括天然的和人工种植或改良的草地面积。

**气　温** 指空气的温度，我国一般以摄氏度（℃）为单位表示。气象观测的温度表是放在离地面约1.5米处通风良好的百叶箱里测量的，因此，通常说的气温指的是离地面1.5米处百叶箱中的温度。其统计计算方法为：

**月平均气温** 是将全月各日的平均气温相加，除以该月的天数而得。

**年平均气温** 是将12个月的平均气温累加后除以12而得。

**降水量** 指从天空降落到地面的液态或固态（经融化后）水、未经蒸发、渗透、流失而在地面上积聚的深度。其统计计算方法为：

月降水量是将全月各日的降水量累加而得。

年降水量是将12个月的月降水量累加而得。

**日照时数** 指太阳实际照射地面的时间。其统计方法与降水量相同。

**可比价格** 指计算各种总量指标所采用的扣除了价格变动因素的价格，可进行不同时期总量指标的对比。按可比价格计算总量指标有两种方法：一种是直接用产品产量乘某一年的不变价格计算；另一种是用价格指数进行缩减。

**平均增长速度** 我国计算平均增长速度有两种方法：一种是习惯上经常使用的“水平法”，又称几何平均法，是以间隔期最后一年的水平同基期水平对比来计算平均每年增长（或下降）速度；另一种是“累计法”，又称代数平均法或方程法，是以间隔期内各年水平的总和同基期水平对比来计算平均每年增长（或下降）速度。

在一般正常情况下，两种方法计算的平均每年增长速度比较接近；但在经济发展不平衡、出现大起大落时，两种方法计算的结果差别较大。

**企业（单位）登记注册类型** 是以在工商行政管理机关登记注册的各类企业为划分对象，以工商行政管理部门对企业登记注册的类型为依据，将企业登记注册类型分为内资企业、港澳台商投资企业和外商投资企业三大类。内资企业包括国有企业、集体企业、股份合作企业、联营企业、有限责任公司、股份有限公司、私营公司和其他企业；港澳台商投资企业和外商投资企业分别包括合资经营企业、合作经营企业、独资经营企业和股份有限公司。对不在工商行政管理部门进行登记注册的行政机关、事业单位和社会团体，主要按其经费来源和管理方式进行划分。

**国有企业** 指企业全部资产归国家所有，并按《中华人民共和国企业法人登记管理条例》规定登记注册的非公司制的经济组织。不包括有限责任公司中的国有独资公司。

**集体企业** 指企业资产归集体所有，并按《中华人民共和国企业法人登记管理条例》规定登记注册的经济组织。

**股份合作企业** 指以合作制为基础，由企业职工共同出资入股，吸收一定比例的社会资产投资组建，实行自主经营，自负盈亏，共同劳动，民主管理，按劳分配与按股分红相结合的一种集体经济组织。

**联营企业** 指两个及两个以上相同或不同所有制性质的企业法人或事业单位法人，按自愿、平等、互利的原则，共同投资组成经济组织。联营企业包括国有联营企业、集体联营企业、国有与集体联营企业和其他联营企业。

**有限责任公司** 指根据《中华人民共和国公司登记管理条例》规定登记注册，由两个以上、五十个以下的股东共同出资，每个股东以其所认缴的出资额对公司承担有限责任，公司以其全部资产对其债务承担责任的经济组织。有限责任公司包括国有独资公司以及其他有限责任公司。

**股份有限公司** 指根据《中华人民共和国公司登记管理条例》规定登记注册，其全部注册资本由等额股份构成并通过发行股票筹集资本，股东以其认购的股份对公司承担有限责任，公司以其全部资产对其债务承担责任的经济组织。

**私营企业** 指由自然人投资设立或由自然人控投，以雇佣劳动为基础的营利性经济组织。包括按照《公司法》《合伙企业法》《私营企业暂行条例》规定登记注册的私营有限责任公司、私营股份有限公司、私营合伙企业和私营独资企业。

**其他企业** 指上述企业之外的其他内资经济组织。

**与港澳台商合资经营企业** 指港澳台地区投资企业与内地企业依照《中华人民共和国中外合资经营企业法》及有关法律的规定，按合同规定的比例投资设立、分享利润和分担风险的企业。

**与港澳台商合作经营企业** 指港澳台地区投资者与内地企业依照《中华人民共和国中外合作经营企业法》及有关法律的规定，依照合作合同的约定进行投资或提供条件设立、分配利润和分担风险的企业。

**港澳台商独资经营企业** 指依照《中华人民共和国外资企业法》及有关法律的规定，在内地由港澳台地区投资者全额投资设立的企业。

**港澳台商投资股份有限公司** 指根据国家有关规定，经外贸部依法批准设立，其中港、澳、台商的股本占公司注册资本的比例达25%以上的股份有限公司。凡其中港、澳 、台商的 股本占公司注册资本的比例小于25%的，属于内资 企业中的股份有限公司。

**中外合资经营企业** 指外国企业或外国人与中国内地企业依照《中华人民共和国中外合资企业法》及有关法律的规定，按合同规定的比例投资设立、分享利润和分担风险的企业。

**中外合作经营企业** 指外国企业或外国人与中国内地企业依照《中华人民共和国中外合作经营企业法》及有关法律的规定，依照合作合同的约定进行投资或提供条件设立、分配利润和分担风险的企业。

**外资企业** 指依照《中华人民共和国外资企业法》及有关法律的规定，在中国内地由外国投资者全额投资设立的企业。

**外商投资股份有限公司** 指根据国家有关规定，经外经贸部部依法批准设立，其中外资的股本占公司注册资本的比例达25%以上的股份有限公司。凡其中外资股本占公司注册资本的比例小于25%的，属于内资企业中的股份有限公司。

**行政机关、事业单位和社会团体** 参照企业登记注册类型，主要按其经费来源和管理方式划分。具体规定如下：

（1）行政机关：包括国家机关和政党机关，原则上均列为“国有”。但有特殊规定的，如供销社等，则列为“集体”。

（2）事业单位：包括经国家机构编制部门和有关业务主管部门批准成立的各类事业单位，不包括实行企业化管理的事业单位。事业单位的划分办法如下：

①由国家财政预算拨款或列入财政预算外资金管理以及经费主要来源于国有主管部门或国有上级单位的事业单位，列为“国有”。

②经费主要来源于集体单位的事业单位，列为“集体”。

③公民个人（或个人合伙）开办的事业单位，列为“私营”。

④上述以外的其他事业单位，如果其经费来源不明确，按管理方式进行归类。

（3）社会团体：包括经民政部门批准成立以及未纳入社会团体管理条例范围的工会、妇联等各类社会团体。社会团体的划分办法如下：

①未纳入民政部社会团体管理条例范围的工会、妇联、共青团、青联、工商联、科协、侨联等社会团体，国家拨款设立的基金会或基金管理组织以及经费主要来源于国有业务主管部门或国有上级单位的社会团体，列为“国有”。

②经费主要来源于集体单位的社会团体，列为“集体”。

③公民个人（或个人合伙）开办的社会团体，划为“私营”。

④上述以外的其他社会团体，如果其经费来源不明确，改按管理方式进行归类。

**进出口总额** 海关进出口总额指实际进出我国国境的货物总金额。包括对外贸易实际进出口货物，来料加工装配进出口货物，国家间、联合国及国际组织无偿援助物资和赠送品，华侨、港澳台同胞和外籍华人捐赠品，租赁期满归承租人所有的租赁货物，进料加工进出口货物，边境地方贸易及边境地区小额贸易进出口货物（边民互市贸易除外），中外合资企业、中外合作经营企业、外商独资经营企业进出口货物和公用物品，到、离岸价格在规定限额以上的进出口货样和广告品（无商业价值、无使用价值和免费提供出口的除外），从保税仓库提取在中国境内销售的进口货物，以及其他进出口货物。进出口总额用以观察一个国家在对外贸易方面的总规模。我国规定出口货物按离岸价格统计，进口货物按到岸价格统计。

**国际旅游（外汇）收入**　指入境旅游的外国人、华侨、港澳同胞和台湾同胞在中国大陆旅游过程中发生的一切旅游支出，对于国家来说就是国际旅游（外汇）收入。

**地区生产总值（GDP）**　指一个国家（或地区）所有常住单位在一定时期内生产活动的最终成果。地区生产总值有三种表现形态，即价值形态、收入形态和产品形态。从价值形态看，它是所有常住单位在一定时期内生产的全部货物和服务价值超过同期中间投入的全部非固定资产货物和服务价值的差额、即所有常住单位的增加值之和；从产品形态看，它是所有常住单位在一定时期内最终使用的货物和服务价值与货物和服务净出口价值之和。在实际核算中，地区生产总值有三种计算方法，即生产法、收入法和支出法。三种方法分别从不同的方面反映地区生产总值及其构成。

三次产业是根据社会生产活动历史发展的顺序对产业结构的划分，产品直接取自自然界的部门称为第二产业，为生产和消费提供各种服务的部门称为第三产业。它是世界上较为通用的产业结构分类，但各国的划分不尽一致。

我国的三次产业划分是：

第一产业：农业（包括种植业、林业、牧业和渔业）。

第二产业：工业（包括采掘业、制造业、电力、煤气及水的生产和供应业）和建筑业。

第三产业：除第一、第二产业以外的其他各业。由于第三产业包括的行业多、范围广、根据我国的实际情况，第三产业可分为两大部分：一是流通部门，二是服务部门。具体又可分为四个层次：

第一层次：流通部门，包括交通运输、仓储及邮电通信业、批发和零售贸易、餐饮业。

第二层次：为生产和生活服务的部门，包括金融、保险业、地质勘查业、水利管理业，记地产业，社会服务业、农、林、牧、渔服务业，交通运输辅助业，综合技术服务业等。

第三层次：为提高科学文化水平和居民素质服务的部门，包括教育、文化艺术及广播电影电视业，卫生、体育和社会福利业，科学研究业等。

第四层次：为社会公共需要服务的部门，包括国家机关、政党机关和社会团体以及军队、警察等。

**保费**　指投保人为取得保险人在约定范围内所承担赔偿责任而支付给保险人的费用。

**赔款**　指保险人根据保险合同的规定，向被保险人支付的赔偿保险责任损失的金额。

**给付**　包括死伤医疗给付和满期给付。死伤医疗给付是指保险人根据人寿保险及长期健康保险合同的规定，因被保险人在保险期内发生保险责任范围内的保险事故支付给被保险人（或受益人)的金额。满期给付是指被保险人生存期满，保险人按人寿保险合同规定支付给被保险人的满期保险金额。

统计资料

# 二、人 口

# 2-1 人口数及构成（户籍数）

单位：万人

| 年份 | 年末户籍总人口 | 按性别分 | | | | 按城乡分 | | | |
|---|---|---|---|---|---|---|---|---|---|
| | | 男 | | 女 | | 非农业人口 | | 农业人口 | |
| | | 人口数 | 比重（%） | 人口数 | 比重（%） | 人口数 | 比重（%） | 人口数 | 比重（%） |
| 1979 | 210.35 | 110.72 | 52.64 | 99.63 | 47.36 | 97.75 | 46.47 | 112.60 | 53.53 |
| 1980 | 214.50 | 112.68 | 52.53 | 101.82 | 47.47 | 100.17 | 46.70 | 114.33 | 53.30 |
| 1981 | 215.98 | 113.53 | 52.57 | 102.45 | 47.43 | 102.42 | 47.42 | 113.56 | 52.58 |
| 1982 | 221.96 | 116.09 | 52.30 | 105.87 | 47.70 | 103.56 | 46.66 | 118.40 | 53.34 |
| 1983 | 222.84 | 116.74 | 52.39 | 106.10 | 47.61 | 107.63 | 48.30 | 115.21 | 51.70 |
| 1984 | 225.59 | 118.09 | 52.35 | 107.50 | 47.65 | 109.68 | 48.62 | 115.91 | 51.38 |
| 1985 | 228.71 | 119.60 | 52.29 | 109.11 | 47.71 | 112.69 | 49.27 | 116.02 | 50.73 |
| 1986 | 233.40 | 121.73 | 52.16 | 111.67 | 47.84 | 116.53 | 49.93 | 116.87 | 50.07 |
| 1987 | 237.49 | 123.55 | 52.02 | 113.94 | 47.98 | 119.24 | 50.21 | 118.25 | 49.79 |
| 1988 | 241.98 | 126.00 | 52.07 | 115.98 | 47.93 | 122.66 | 50.69 | 119.32 | 49.31 |
| 1989 | 246.74 | 128.27 | 51.99 | 118.47 | 48.01 | 125.56 | 50.89 | 121.18 | 49.11 |
| 1990 | 251.69 | 131.54 | 52.26 | 120.15 | 47.74 | 127.10 | 50.50 | 124.59 | 49.50 |
| 1991 | 255.01 | 132.70 | 52.04 | 122.31 | 47.96 | 129.85 | 50.92 | 125.16 | 49.08 |
| 1992 | 258.38 | 134.10 | 51.90 | 124.28 | 48.10 | 132.20 | 51.16 | 126.18 | 48.84 |
| 1993 | 261.21 | 135.43 | 51.85 | 125.78 | 48.15 | 133.87 | 51.25 | 127.34 | 48.75 |
| 1994 | 265.67 | 137.73 | 51.84 | 127.94 | 48.16 | 138.70 | 52.21 | 126.97 | 47.79 |
| 1995 | 270.84 | 140.11 | 51.73 | 130.73 | 48.27 | 142.99 | 52.80 | 127.85 | 47.20 |
| 1996 | 276.09 | 142.41 | 51.58 | 133.68 | 48.42 | 147.54 | 53.44 | 128.55 | 46.56 |
| 1997 | 280.46 | 144.57 | 51.55 | 135.89 | 48.45 | 150.65 | 53.72 | 129.81 | 46.28 |
| 1998 | 283.93 | 146.22 | 51.50 | 137.71 | 48.50 | 153.75 | 54.15 | 130.18 | 45.85 |
| 1999 | 287.19 | 148.08 | 51.56 | 139.11 | 48.44 | 156.58 | 54.52 | 130.61 | 45.48 |
| 2000 | 290.68 | 149.62 | 51.47 | 141.06 | 48.53 | 159.75 | 54.96 | 130.93 | 45.04 |
| 2001 | 296.51 | 152.47 | 51.42 | 144.04 | 48.58 | 164.87 | 55.60 | 131.64 | 44.40 |
| 2002 | 300.95 | 154.67 | 51.39 | 146.28 | 48.61 | 170.09 | 56.52 | 130.86 | 43.48 |
| 2003 | 304.36 | 156.53 | 51.43 | 147.83 | 48.57 | 175.54 | 57.68 | 128.82 | 42.32 |
| 2004 | 308.11 | 158.53 | 51.45 | 149.58 | 48.55 | 180.27 | 58.51 | 127.84 | 41.49 |
| 2005 | 311.74 | 160.29 | 51.42 | 151.45 | 48.58 | 183.93 | 59.00 | 127.81 | 41.00 |
| 2006 | 313.64 | 160.94 | 51.31 | 152.70 | 48.69 | 185.69 | 59.20 | 127.95 | 40.80 |
| 2007 | 319.28 | 163.68 | 51.27 | 155.6 | 48.73 | 198.53 | 62.18 | 120.75 | 37.82 |
| 2008 | 322.28 | 165.09 | 51.23 | 157.19 | 48.77 | 201.63 | 62.56 | 120.65 | 37.44 |
| 2009 | 323.59 | 165.2 | 51.05 | 158.39 | 48.95 | 202.77 | 62.66 | 120.82 | 37.34 |
| 2010 | 323.54 | 165.09 | 51.03 | 158.44 | 48.97 | 202.92 | 62.72 | 120.62 | 37.28 |
| 2011 | 323.30 | 164.35 | 50.84 | 158.95 | 49.16 | 202.67 | 62.69 | 120.63 | 37.31 |
| 2012 | 321.52 | 163.03 | 50.71 | 158.49 | 49.29 | 202.5 | 62.98 | 119.02 | 37.02 |
| 2013 | 321.43 | 162.74 | 50.63 | 158.69 | 49.37 | 201.41 | 62.66 | 120.02 | 37.34 |
| 2014 | 321.64 | 162.50 | 50.52 | 159.14 | 49.48 | 200.99 | 62.49 | 120.65 | 37.51 |
| 2015 | 321.90 | 162.4 | 50.45 | 159.50 | 49.55 | 214.17 | 66.53 | 107.73 | 33.47 |
| 2016 | 324.23 | 163.30 | 50.37 | 160.93 | 49.63 | 222.73 | 68.69 | 101.5 | 31.31 |
| 2017 | 325.55 | 163.5 | 50.22 | 162.05 | 49.78 | 226.05 | 69.44 | 99.5 | 30.56 |
| 2018 | 328.47 | 164.59 | 50.11 | 163.88 | 49.89 | 231.25 | 70.40 | 97.22 | 29.60 |
| 2019 | 331.92 | 166.01 | 50.02 | 165.91 | 49.98 | 235.72 | 71.02 | 96.20 | 28.98 |
| 2020 | 334 | 166.81 | 49.94 | 167.2 | 50.06 | 246.13 | 73.69 | 87.87 | 26.31 |
| 2021 | 336.28 | 167.79 | 49.9 | 168.49 | 50.1 | 248.34 | 73.85 | 87.94 | 26.15 |
| 2022 | 336.98 | 167.78 | 49.79 | 169.2 | 50.21 | 248.73 | 73.81 | 88.26 | 26.19 |

# 2-2 户籍人口自然变动情况

| 年份 | 出生人口（人） | 出生率（‰） | 死亡人口（人） | 死亡率（‰） | 自然增长率（‰） |
|---|---|---|---|---|---|
| 1979 | 30212 | 14.36 | 9410 | 4.73 | 9.63 |
| 1980 | 23621 | 11.01 | 9702 | 4.85 | 6.16 |
| 1981 | 35132 | 16.27 | 9940 | 4.82 | 11.45 |
| 1982 | 36541 | 16.46 | 10409 | 4.70 | 11.76 |
| 1983 | 34831 | 15.63 | 10403 | 4.68 | 10.95 |
| 1984 | 33714 | 14.91 | 10441 | 4.62 | 10.29 |
| 1985 | 31721 | 13.87 | 10430 | 4.55 | 9.32 |
| 1986 | 37634 | 16.12 | 10430 | 4.46 | 11.66 |
| 1987 | 39136 | 16.48 | 10400 | 4.69 | 11.79 |
| 1988 | 39024 | 16.13 | 10411 | 4.67 | 11.46 |
| 1989 | 35728 | 14.48 | 9549 | 3.87 | 10.61 |
| 1990 | 32518 | 12.92 | 9539 | 3.79 | 9.13 |
| 1991 | 34554 | 13.55 | 12546 | 4.92 | 8.63 |
| 1992 | 33693 | 13.04 | 13229 | 5.12 | 7.92 |
| 1993 | 33905 | 12.98 | 10762 | 4.12 | 8.86 |
| 1994 | 31987 | 12.04 | 10228 | 3.85 | 8.19 |
| 1995 | 38621 | 14.40 | 12398 | 4.62 | 9.78 |
| 1996 | 41756 | 15.27 | 12428 | 4.54 | 10.73 |
| 1997 | 34588 | 12.34 | 14824 | 5.28 | 7.06 |
| 1998 | 31938 | 11.24 | 15842 | 5.56 | 5.68 |
| 1999 | 26837 | 9.39 | 11002 | 3.85 | 5.54 |
| 2000 | 39386 | 13.62 | 19904 | 6.88 | 6.74 |
| 2001 | 32626 | 11.00 | 10324 | 3.48 | 7.52 |
| 2002 | 28276 | 9.40 | 12730 | 4.22 | 5.18 |
| 2003 | 26083 | 8.62 | 12399 | 4.10 | 4.52 |
| 2004 | 30509 | 9.96 | 18249 | 5.96 | 4.00 |
| 2005 | 32817 | 10.59 | 11202 | 3.61 | 6.98 |
| 2006 | 31249 | 9.99 | 12962 | 4.15 | 5.84 |
| 2007 | 36346 | 11.49 | 12180 | 3.85 | 7.64 |
| 2008 | 33596 | 10.47 | 13462 | 4.20 | 6.27 |
| 2009 | 31660 | 9.81 | 17641 | 5.46 | 4.35 |
| 2010 | 35785 | 11.06 | 25904 | 8.00 | 3.06 |
| 2011 | 30598 | 9.46 | 11342 | 3.51 | 5.95 |
| 2012 | 34178 | 10.60 | 20381 | 6.32 | 4.28 |
| 2013 | 34295 | 10.67 | 11817 | 3.68 | 6.99 |
| 2014 | 40861 | 12.71 | 14698 | 4.57 | 8.14 |
| 2015 | 34909 | 10.84 | 16654 | 5.17 | 5.67 |
| 2016 | 38453 | 11.86 | 13311 | 4.11 | 7.75 |
| 2017 | 37463 | 10.11 | 17564 | 4.74 | 5.37 |
| 2018 | 42349 | 12.89 | 26649 | 8.11 | 4.78 |
| 2019 | 40727 | 12.27 | 18116 | 5.46 | 6.81 |
| 2020 | 34734 | 10.4 | 23207 | 6.95 | 3.45 |
| 2021 | 26649 | 7.92 | 13477 | 4.01 | 3.91 |
| 2022 | 24681 | 7.33 | 33014 | 9.81 | -2.48 |

# 2-3　年末各县区户籍人口情况（2022年）

| 地区 | 年末总户数（万户） | 年末总人口（万人） | 按性别分 | | 按城乡分 | |
|---|---|---|---|---|---|---|
| | | | 男 | 女 | 城镇人口 | 乡村人口 |
| **兰州市** | **118.50** | **336.98** | **167.78** | **169.20** | **248.73** | **88.26** |
| 城关区 | 37.35 | 98.09 | 47.78 | 50.31 | 97.23 | 0.87 |
| 七里河区 | 17.95 | 48.10 | 23.98 | 24.12 | 40.31 | 7.79 |
| 西固区 | 12.13 | 32.15 | 15.80 | 16.35 | 29.14 | 3.01 |
| 安宁区 | 8.61 | 23.59 | 11.53 | 12.06 | 23.59 | 0.00 |
| 红古区 | 5.54 | 14.15 | 7.20 | 6.95 | 11.09 | 3.06 |
| 永登县 | 16.77 | 53.98 | 27.63 | 26.35 | 21.55 | 32.43 |
| 皋兰县 | 6.52 | 20.64 | 10.38 | 10.26 | 12.47 | 8.17 |
| 榆中县 | 13.63 | 46.28 | 23.49 | 22.80 | 13.35 | 32.93 |

# 2-4　第七次全国人口普查基本情况（2020年）

| 指标 | 全国 | 全省 | 兰州市 |
|---|---|---|---|
| **总人口（万人）** | **141177.87** | **2501.98** | **435.94** |
| 男 | 72333.99 | 1270.09 | 224.00 |
| 女 | 68843.88 | 1231.89 | 211.94 |
| 性别比（以女性为100） | 105.07 | 103.10 | 105.69 |
| **平均家庭户规模（人／户）** | **2.62** | **2.77** | **2.43** |
| **各年龄组人口比重（%）** | | | |
| 0–14岁 | 17.95 | 19.40 | 14.19 |
| 15–64岁 | 68.55 | 68.02 | 74.11 |
| 65岁及以上 | 13.50 | 12.58 | 11.70 |
| **民族人口** | | | |
| 汉族（万人） | 128631.13 | 2236.34 | 413.18 |
| 占总人口比重（%） | 91.11 | 89.38 | 94.78 |
| 少数民族（万人） | 12546.74 | 265.64 | 22.77 |
| 占总人口比重（%） | 8.89 | 10.62 | 5.22 |
| **每十万人拥有的各种受教育程度人口（人）** | | | |
| 大专及以上 | 15467 | 14506 | 28584 |
| 高中和中专 | 15088 | 12937 | 18718 |
| 初　中 | 34507 | 27423 | 27113 |
| 小　学 | 24767 | 29808 | 16612 |
| **文盲人口及文盲率** | | | |
| 文盲人口（万人） | 3775.02 | 168.03 | 10.01 |
| 文盲率（%） | 2.67 | 6.72 | 2.30 |
| **城乡人口（万人）** | | | |
| 城镇人口 | 90199.12 | 1306.73 | 362.26 |
| 乡村人口 | 50978.76 | 1195.25 | 73.69 |

注：1.2020年全国人口普查标准时点为当年11月1日零时。
　　2.2020年人口为常住人口。
　　3.全国人口为不含香港、澳门、台湾地区的人口。

# 2-5　年末各县区常住人口情况（2022年）

| 地区 | 年末常住人口（万人） | 按性别分 | | 按城乡分 | | 城镇化率（%） |
|---|---|---|---|---|---|---|
| | | 男 | 女 | 城镇人口 | 乡村人口 | |
| **兰州市** | **441.53** | **226.87** | **214.66** | **371.18** | **70.35** | **84.07** |
| 城关区 | 150.21 | 75.98 | 74.23 | 148.38 | 1.83 | 98.78 |
| 七里河区 | 72.12 | 37.44 | 34.67 | 63.24 | 8.88 | 87.69 |
| 西固区 | 41.22 | 21.02 | 20.20 | 37.86 | 3.36 | 91.85 |
| 安宁区 | 47.21 | 24.07 | 23.14 | 47.21 | 0.00 | 100.00 |
| 红古区 | 14.41 | 7.50 | 6.91 | 10.96 | 3.45 | 76.06 |
| 永登县 | 26.95 | 13.73 | 13.22 | 13.21 | 13.74 | 49.02 |
| 皋兰县 | 9.33 | 5.07 | 4.26 | 5.51 | 3.82 | 59.11 |
| 榆中县 | 47.23 | 24.09 | 23.14 | 24.88 | 22.35 | 52.68 |
| 兰州新区 | 32.85 | 17.97 | 14.88 | 19.93 | 12.92 | 60.67 |

注：本表中部分数据的合计数和部分计算数据因小数取舍而产生的误差，均未作机械调整。

# 2-6　年末各县区人口年龄构成（2022年）

| 地区 | 年末常住人口（万人） | 0–14岁 | | 15–64 | | 65岁及以上 | |
|---|---|---|---|---|---|---|---|
| | | 人口数 | 比重（%） | 人口数 | 比重（%） | 人口数 | 比重（%） |
| **兰州市** | **441.53** | **59.81** | **13.55** | **325.60** | **73.74** | **56.12** | **12.71** |
| 城关区 | 150.21 | 19.24 | 12.81 | 111.13 | 73.98 | 19.84 | 13.21 |
| 七里河区 | 72.12 | 9.74 | 13.51 | 52.59 | 72.92 | 9.79 | 13.57 |
| 西固区 | 41.22 | 5.73 | 13.90 | 29.61 | 71.84 | 5.88 | 14.26 |
| 安宁区 | 47.21 | 6.19 | 13.11 | 36.30 | 76.89 | 4.72 | 10.00 |
| 红古区 | 14.41 | 2.31 | 16.03 | 10.07 | 69.88 | 2.03 | 14.09 |
| 永登县 | 26.95 | 4.06 | 15.06 | 18.39 | 68.24 | 4.50 | 16.70 |
| 皋兰县 | 9.33 | 1.40 | 15.01 | 6.47 | 69.35 | 1.46 | 15.65 |
| 榆中县 | 47.23 | 6.91 | 14.63 | 34.37 | 72.77 | 5.95 | 12.60 |
| 兰州新区 | 32.85 | 4.23 | 12.88 | 26.67 | 81.19 | 1.95 | 5.94 |

注：本表中部分数据的合计数和部分计算数据因小数取舍而产生的误差，均未作机械调整。

# 2-7 分县区年末人口数

单位：万人

| 年份 | 兰州市 | 城关区 | 七里河区 | 西固区 | 安宁区 | 红古区 | 永登县 | 皋兰县 | 榆中县 | 兰州新区 |
|---|---|---|---|---|---|---|---|---|---|---|
| 2010 | 361.91 | 128.00 | 56.14 | 36.43 | 28.86 | 13.62 | 41.94 | 13.20 | 43.72 | |
| 2011 | 368.73 | 130.29 | 57.80 | 36.91 | 29.65 | 13.66 | 42.40 | 14.01 | 44.01 | 0.00 |
| 2012 | 377.11 | 132.47 | 59.35 | 37.31 | 31.16 | 13.75 | 36.63 | 12.22 | 44.45 | 9.76 |
| 2013 | 383.41 | 133.93 | 60.58 | 37.54 | 32.59 | 13.78 | 35.53 | 12.22 | 44.68 | 12.55 |
| 2014 | 390.56 | 135.92 | 62.06 | 37.96 | 34.19 | 13.86 | 34.52 | 12.26 | 45.05 | 14.73 |
| 2015 | 397.89 | 137.81 | 63.50 | 38.36 | 35.77 | 13.93 | 33.49 | 12.29 | 45.39 | 17.36 |
| 2016 | 405.66 | 139.97 | 65.07 | 38.83 | 37.41 | 14.02 | 32.52 | 12.34 | 45.81 | 19.68 |
| 2017 | 414.31 | 142.42 | 66.76 | 39.38 | 39.14 | 14.15 | 31.61 | 12.42 | 46.32 | 22.12 |
| 2018 | 421.53 | 144.35 | 68.22 | 39.79 | 40.72 | 14.22 | 30.59 | 12.45 | 46.67 | 24.52 |
| 2019 | 428.67 | 146.34 | 69.71 | 40.21 | 42.32 | 14.30 | 29.58 | 12.49 | 47.04 | 26.69 |
| 2020 | 437.18 | 148.74 | 71.48 | 40.77 | 44.21 | 14.39 | 28.33 | 12.50 | 47.45 | 29.30 |
| 2021 | 438.43 | 149.00 | 71.75 | 40.95 | 44.30 | 14.40 | 28.27 | 12.49 | 47.26 | 30.00 |
| 2022 | 441.53 | 150.21 | 72.12 | 41.22 | 47.21 | 14.41 | 26.95 | 9.33 | 47.23 | 32.85 |

注：2010年数据为当年人口普查数据推算数；其余年份数据为年度人口抽样调查推算数据。各地区数据为常住人口口径。

# 2-8 分县区年末城镇人口比重

单位：%

| 年份 | 兰州市 | 城关区 | 七里河区 | 西固区 | 安宁区 | 红古区 | 永登县 | 皋兰县 | 榆中县 | 兰州新区 |
|---|---|---|---|---|---|---|---|---|---|---|
| 2010 | 76.28 | 98.47 | 83.86 | 87.99 | 100.00 | 73.54 | 32.98 | 32.04 | 31.94 | |
| 2011 | 76.80 | 98.49 | 84.50 | 88.05 | 100.00 | 74.00 | 35.75 | 32.20 | 33.15 | |
| 2012 | 77.45 | 98.53 | 85.12 | 89.12 | 100.00 | 74.33 | 36.42 | 35.27 | 36.09 | 27.97 |
| 2013 | 78.56 | 98.56 | 85.62 | 90.10 | 100.00 | 74.60 | 39.52 | 39.52 | 39.23 | 33.00 |
| 2014 | 79.48 | 98.59 | 85.82 | 90.54 | 100.00 | 74.96 | 41.88 | 42.50 | 41.50 | 38.90 |
| 2015 | 80.58 | 98.62 | 86.16 | 90.90 | 100.00 | 75.31 | 44.61 | 46.47 | 45.20 | 43.86 |
| 2016 | 81.47 | 98.65 | 86.60 | 91.01 | 100.00 | 75.50 | 46.73 | 49.82 | 46.95 | 48.90 |
| 2017 | 82.68 | 98.70 | 87.48 | 91.60 | 100.00 | 75.65 | 48.61 | 55.23 | 48.56 | 53.93 |
| 2018 | 83.03 | 98.73 | 87.64 | 91.70 | 100.00 | 75.86 | 48.62 | 56.01 | 49.11 | 55.77 |
| 2019 | 83.08 | 98.75 | 87.65 | 91.80 | 100.00 | 76.00 | 48.63 | 56.30 | 49.15 | 56.90 |
| 2020 | 83.10 | 98.76 | 87.66 | 91.81 | 100.00 | 76.01 | 48.64 | 56.53 | 49.23 | 57.96 |
| 2021 | 83.56 | 98.77 | 87.67 | 91.82 | 100.00 | 76.03 | 48.71 | 56.54 | 52.03 | 60.04 |
| 2022 | 84.07 | 98.78 | 87.69 | 91.85 | 100.00 | 76.06 | 49.02 | 59.11 | 52.68 | 60.67 |

注：2010年数据为当年人口普查数据推算数；其余年份数据为年度人口抽样调查推算数据。各地区数据为常住人口口径。

# 主要统计指标解释

**人口数** 指一定时点、一定地区范围内的有生命的个人的总和。

**出生率** （又称粗出生率）指在一定时期内（通常为一年）一定地区的出生人数与同期内平均人数（或期中人数）之比。一般用于千分率表示。本资料中的出生率指年出生率，其计算公式为：

出生率=出生人数/年平均人数*1000

式中：出生人数指活产婴儿，即胎儿脱离母体时（不管怀孕月数），有过呼吸或其他生命现象。年平均人数指年初、年底人口数的平均数，也可用年中人口数代替。

**死亡率** （又称粗死亡率）指在一定时期内（通常为一年）一定地区的死亡人数与同期内平均人数（或期中人数）之比，一般用千分率表示。本资料中的死亡率指年死亡率，其计算公式为：

死亡率=年死亡人数/年平均人数*1000

**人口自然增长率** 指在一定时期内（通常为一年）人口自然增加数（出生人数减死亡人数）与该时期内平均人数（或期中人数）之比，一般用于千分率表示。计算公式为：

人口自然增长率=（本年出生人数-本年死亡人数）/年平均人数*1000

**户籍人口** 指公民依照《中华人民共和国户口登记条例》，已在其经常居住地的公安户籍管理机关登记了常住户口的人。这类人口不管其是否外出，也不管外出时间长短，只要在某地注册有常住户口，则为该地区的户籍人口。户籍人口数一般是通过公安部门的经常性统计月报或年报取得的。

**常住人口** 指实际经常居住在某地区半年以上的人口，包括离开户籍地半年以上的外来人口，不包括当地户籍外出半年以上的外出人口。主要包括三种类型的人口：一是居住在本乡镇街道且户口在本乡镇街道或户口待定的人。二是居住在本乡镇街道且离开户口登记地所在的乡镇街道半年以上的人。三是户口在本乡镇街道且外出不满半年或在境外工作学习的人。

**城镇化率** 城镇化率=城镇常住人口数/总常住人口数*100%

统计资料

# 三、工业、能源

# 3–1 工业总产值

单位：万元

| 年份 | 工业总产值 | 规模以上工业总产值 | 轻工业 | 重工业 | 规模以下工业总产值 |
|---|---|---|---|---|---|
| 1979 | 387180 | 382146 | | 313867 | 5034 |
| 1980 | 393214 | 388655 | | 306011 | 4559 |
| 1981 | 393634 | 368655 | | 284776 | 24979 |
| 1982 | 402933 | 397848 | | 303337 | 5085 |
| 1983 | 452318 | 446016 | 100809 | 345207 | 6302 |
| 1984 | 506286 | 497314 | 119696 | 377618 | 8972 |
| 1985 | 650997 | 636937 | 170041 | 466896 | 14060 |
| 1986 | 736686 | 716432 | 183217 | 533215 | 20254 |
| 1987 | 814390 | 788055 | 199186 | 588869 | 26335 |
| 1988 | 974522 | 935277 | 255726 | 679551 | 39245 |
| 1989 | 1236599 | 1137169 | 296794 | 840375 | 99430 |
| 1990 | 1337530 | 1266043 | 310566 | 955477 | 71487 |
| 1991 | 1412200 | 1337000 | 320200 | 1016800 | 75200 |
| 1992 | 1624700 | 1526000 | 353200 | 1172800 | 98700 |
| 1993 | 2148400 | 1979800 | 362000 | 1617800 | 168600 |
| 1994 | 2813500 | 2536700 | 424500 | 2112200 | 276800 |
| 1995 | 3063300 | 2719400 | 487600 | 2231800 | 343900 |
| 1996 | 3337100 | 2880400 | 514600 | 2365800 | 456700 |
| 1997 | 3633400 | 3026500 | 612500 | 2414000 | 606900 |
| 1998 | 3458292 | 2874587 | 540416 | 2334171 | 583705 |
| 1999 | 3525637 | 2994886 | 510166 | 2484720 | 530751 |
| 2000 | 4151708 | 3822717 | 633789 | 3188928 | 328991 |
| 2001 | 4465245 | 4119243 | 717486 | 3401757 | 346002 |
| 2002 | 4855780 | 4501780 | 826553 | 3675227 | 354000 |
| 2003 | 5615352 | 5266652 | 924420 | 4342232 | 348700 |
| 2004 | 6963369 | 6553669 | 1017456 | 5536213 | 409700 |
| 2005 | 8324634 | 7883023 | 943905 | 6939118 | 441611 |
| 2006 | 10121752 | 9531331 | 1076998 | 8454333 | 590421 |
| 2007 | 12466174 | 11806174 | 1295577 | 10510597 | 660000 |
| 2008 | 14266389 | 13556379 | 1275307 | 12281072 | 710010 |
| 2009 | 14096146 | 13315146 | 1437491 | 11877655 | 781000 |
| 2010 | 16843587 | 15914704 | 1750149 | 14164555 | 928833 |
| 2011 | 19738858 | 18913058 | 2020394 | 16892664 | 825800 |
| 2012 | 21236242 | 20554242 | 2534796 | 18019446 | 682000 |
| 2013 | 25008485 | 24161985 | 2997312 | 21164673 | 846500 |
| 2014 | 26380000 | 25482000 | 3178000 | 22304000 | 898000 |
| 2015 | 22793000 | 22181000 | 3457000 | 18724000 | 612000 |
| 2016 | 21633300 | 20872000 | 3569000 | 17303000 | 761300 |
| 2017 | 22330111 | 21797211 | 3319572 | 18477639 | 532900 |
| 2018 | 20937531 | 20351231 | 2693489 | 17657742 | 586300 |
| 2019 | 20040300 | 19684000 | 2724000 | 16960000 | 356300 |
| 2020 | 19302500 | 18893000 | 2697000 | 16196000 | 409500 |
| 2021 | 23648611 | 23271910 | 3419376 | 19852534 | 376701 |
| 2022 | 25929744 | 25583374 | 3117248 | 22466126 | 346370 |

注：2000年以前工业总产值划分为乡及乡以上和乡以下。

# 3-2 工业总产值指数

（上年=100）

| 年份 | 工业总产值 | 规模以上工业总产值 | 轻工业 | 重工业 | 规模以下工业总产值 |
|---|---|---|---|---|---|
| 1979 | 105.46 | 105.33 | | 109.91 | 124.23 |
| 1980 | 99.65 | 100.43 | | 97.17 | 90.56 |
| 1981 | 94.05 | 94.01 | | 103.24 | 99.30 |
| 1982 | 107.26 | 107.30 | | 102.52 | 102.12 |
| 1983 | 111.47 | 111.38 | 160.03 | 102.43 | 123.92 |
| 1984 | 110.68 | 110.42 | 110.64 | 110.35 | 142.36 |
| 1985 | 117.13 | 116.89 | 145.79 | 108.55 | 140.03 |
| 1986 | 108.32 | 107.86 | 92.42 | 113.84 | 144.03 |
| 1987 | 109.35 | 109.06 | 114.74 | 107.28 | 125.90 |
| 1988 | 111.10 | 110.36 | 113.50 | 109.31 | 148.84 |
| 1989 | 106.90 | 105.75 | 105.27 | 105.91 | 150.30 |
| 1990 | 108.09 | 106.22 | 105.79 | 106.37 | 157.71 |
| 1991 | 103.27 | 103.16 | 101.95 | 103.58 | 105.14 |
| 1992 | 110.48 | 109.20 | 106.61 | 110.08 | 133.03 |
| 1993 | 109.55 | 106.77 | 101.37 | 108.39 | 149.61 |
| 1994 | 111.00 | 109.74 | 104.62 | 111.48 | 123.97 |
| 1995 | 109.10 | 105.10 | 108.10 | 101.78 | 148.58 |
| 1996 | 109.62 | 104.90 | 101.90 | 107.61 | 138.01 |
| 1997 | 116.40 | 110.90 | 126.73 | 103.74 | 141.96 |
| 1998 | 105.10 | 102.66 | 92.27 | 106.34 | 113.93 |
| 1999 | 106.00 | 106.20 | 105.30 | 106.70 | 105.21 |
| 2000 | 109.88 | 107.10 | 106.45 | 107.30 | |
| 2001 | 112.00 | 111.70 | 114.30 | 110.90 | |
| 2002 | 113.60 | 113.38 | 114.66 | 113.00 | |
| 2003 | 112.60 | 112.94 | 109.95 | 113.89 | |
| 2004 | 114.90 | 114.73 | 109.82 | 115.32 | 104.75 |
| 2005 | 114.65 | 114.82 | 108.43 | 115.98 | 112.17 |
| 2006 | 114.88 | 114.98 | 111.60 | 115.07 | 114.72 |
| 2007 | 121.43 | 122.02 | 113.59 | 123.09 | 110.91 |
| 2008 | 115.19 | 116.02 | 116.41 | 115.83 | 102.51 |
| 2009 | 110.10 | 110.50 | 119.60 | 108.50 | 108.74 |
| 2010 | 112.35 | 112.62 | 118.54 | 111.98 | 110.09 |
| 2011 | 116.31 | 116.18 | 110.64 | 116.73 | 118.40 |
| 2012 | 109.50 | 109.40 | 125.00 | 107.50 | 110.10 |
| 2013 | 115.20 | 116.80 | 117.80 | 116.60 | 112.40 |
| 2014 | 108.50 | 108.60 | 108.90 | 108.50 | 106.10 |
| 2015 | 100.2 | 100.90 | 116.10 | 101.30 | 88.9 |
| 2016 | 98.30 | 98.70 | 108.90 | 96.90 | 89.80 |
| 2017 | 108.3 | 108.30 | 91.30 | 107.40 | 100.1 |
| 2018 | 114.3 | 113.7 | 93.9 | 117.5 | 116.2 |
| 2019 | 96.8 | 96.40 | 102.40 | 95.50 | 101.8 |
| 2020 | 103.2 | 96.70 | 107.50 | 95.10 | 101.6 |
| 2021 | 118.6 | 121.50 | 124.20 | 121.00 | 87.4 |
| 2022 | 107.80 | 108.10 | 90.80 | 111.10 | 88.5 |

# 3-3 工业增加值及指数

| 年份 | 工业增加值（亿元） | 规模以上工业增加值 | 工业增加值指数（上年=100） | 规模以上工业增加值 |
|---|---|---|---|---|
| 1979 | 17.72 | | 108.5 | |
| 1980 | 17.64 | | 99.5 | |
| 1981 | 15.61 | | 87.5 | |
| 1982 | 16.67 | | 106.5 | |
| 1983 | 19.25 | | 113.0 | |
| 1984 | 21.80 | | 111.0 | |
| 1985 | 25.46 | | 109.0 | |
| 1986 | 28.66 | | 108.0 | |
| 1987 | 29.68 | | 106.0 | |
| 1988 | 32.15 | | 108.0 | |
| 1989 | 38.52 | | 107.5 | |
| 1990 | 40.13 | | 107.0 | |
| 1991 | 40.17 | | 98.0 | |
| 1992 | 46.11 | | 109.8 | |
| 1993 | 64.64 | | 115.3 | |
| 1994 | 87.69 | | 118.8 | |
| 1995 | 103.01 | | 109.3 | |
| 1996 | 96.82 | | 108.4 | |
| 1997 | 94.04 | | 107.0 | |
| 1998 | 92.09 | 82.83 | 105.0 | 103.66 |
| 1999 | 94.42 | 84.61 | 107.0 | 105.80 |
| 2000 | 107.04 | 96.34 | 107.9 | 107.70 |
| 2001 | 116.37 | 104.91 | 110.1 | 110.00 |
| 2002 | 126.38 | 113.78 | 110.8 | 110.86 |
| 2003 | 144.62 | 129.55 | 113.0 | 112.12 |
| 2004 | 171.06 | 151.72 | 114.7 | 114.58 |
| 2005 | 203.67 | 181.39 | 117.6 | 118.36 |
| 2006 | 240.21 | 212.39 | 117.8 | 117.17 |
| 2007 | 281.49 | 247.92 | 118.3 | 117.98 |
| 2008 | 338.47 | 296.59 | 114.3 | 113.50 |
| 2009 | 355.02 | 308.17 | 110.5 | 109.83 |
| 2010 | 434.21 | 372.67 | 113.0 | 112.30 |
| 2011 | 546.40 | 465.00 | 116.3 | 115.00 |
| 2012 | 624.14 | 538.15 | 112.9 | 111.50 |
| 2013 | 643.52 | 575.13 | 107.6 | 114.20 |
| 2014 | 675.44 | 565.00 | 109.2 | 108.10 |
| 2015 | 655.05 | 515.00 | 107.2 | 105.50 |
| 2016 | 610.96 | 502.00 | 103.8 | 102.60 |
| 2017 | 704.47 | 583.69 | 105.6 | 104.80 |
| 2018 | 757.59 | 614.98 | 106.8 | 106.00 |
| 2019 | 749.20 | | 102.0 | 102.00 |
| 2020 | 725.94 | | 102.9 | 103.20 |
| 2021 | 877.99 | | 106.0 | 108.30 |
| 2022 | 935.36 | | 97.9 | 99.60 |

# 3-4 全市工业企业单位数及工业总产值、工业增加值增速

| 指标 | 企业单位数（个） | 工业总产值（万元） | 工业增加值增速（%） |
|---|---|---|---|
| 总计 | 4173 | 25929744 | -2.1 |
| 规模以上工业 | 454 | 25583374 | -0.4 |
| # 国有企业 | 21 | 2814897 | 6.4 |
| 集体企业 | 2 | 7953 | 2.6 |
| 股份合作企业 | 1 | 8373 | 100.0 |
| 股份制 | 404 | 21046586 | -1.1 |
| 港澳台及外商投资企业 | 13 | 1641102 | -5.1 |
| 其他经济类型 | 13 | 64465 | 18.4 |
| # 轻工业 | | 3117248 | -11.5 |
| 重工业 | | 22466126 | 3.9 |

# 3-5 规模以上工业企业单位数和工业总产值、销售产值

单位：万元

| 指标 | 企业单位数（个） | 工业总产值 | 工业销售产值 |
|---|---|---|---|
| **总计** | **454** | **25583374** | **25084529** |
| 国有控股企业 | 124 | 18466556 | 18122875 |
| **按登记注册类型分** | | | |
| 国有企业 | 21 | 2814897 | 2760325 |
| 集体企业 | 2 | 7953 | 7953 |
| 股份合作企业 | 1 | 8373 | 8336 |
| 股份制企业 | 404 | 21046586 | 20632753 |
| 外商及港澳台商投资企业 | 13 | 1641102 | 1616172 |
| 其他企业 | 13 | 64465 | 58990 |
| **按轻重工业** | | | |
| 轻工业 | | 3117248 | 3013899 |
| 重工业 | | 22466126 | 22070630 |
| **按工业行业大类分** | | | |
| 采掘业 | | | |
| 煤炭开采和洗选业 | 5 | 465945 | 541647 |
| 非金属矿采选业 | 2 | 3347 | 4003 |
| 制造业 | | | |
| 农副食品加工业 | 13 | 319583 | 315069 |
| 食品制造业 | 10 | 269446 | 249867 |
| 酒、饮料和精制茶制造业 | 8 | 322234 | 308834 |
| 烟草制品业 | 2 | 1058873 | 1085947 |
| 纺织业 | 3 | 43483 | 41166 |
| 纺织服装、服饰业 | 2 | 5737 | 6668 |
| 皮革、毛皮、羽毛及其制品和制鞋业 | 1 | 273 | 10970 |
| 木材加工和木、竹、藤、棕、草制品业 | 1 | 2104 | 454 |
| 家具制造业 | | | |
| 造纸和纸制品业 | 5 | 47145 | 51801 |
| 印刷和记录媒介复制业 | 6 | 23721 | 24461 |
| 石油、煤炭及其他燃料加工业 | 8 | 6108445 | 7402208 |
| 化学原料和化学制品制造业 | 50 | 2785698 | 1065028 |
| 医药制造业 | 24 | 817753 | 757730 |
| 化学纤维制造业 | 1 | 14666 | 12137 |
| 橡胶和塑料制品业 | 16 | 97911 | 96799 |
| 非金属矿物制品业 | 128 | 1545641 | 1495000 |
| 黑色金属冶炼和压延加工业 | 10 | 2100597 | 2081481 |
| 有色金属冶炼和压延加工业 | 15 | 2082864 | 3499043 |
| 金属制品业 | 46 | 2079842 | 759954 |
| 通用设备制造业 | 11 | 195379 | 177557 |
| 专用设备制造业 | 21 | 631645 | 585459 |
| 汽车制造业 | 2 | 2289 | 11131 |
| 铁路、船舶、航空航天和其他运输设备制造业 | | | |
| 电气机械和器材制造业 | 23 | 496524 | 495685 |
| 计算机、通信和其他电子设备制造业 | 5 | 648290 | 579146 |
| 仪器仪表制造业 | 1 | 7981 | 7976 |
| 其他制造业 | 1 | 3111 | 3180 |
| 废弃资源综合利用业 | 2 | 6201 | 6130 |
| 金属制品、机械和设备修理业 | 2 | 83118 | 158487 |
| 电力、热力生产和供应业 | 22 | 2827957 | 2774335 |
| 燃气生产和供应业 | 2 | 385069 | 382603 |
| 水的生产和供应业 | 6 | 100500 | 92576 |

# 3-6 规模以上工业增加值

| 指标 | 比2021年增长（%） |
| --- | --- |
| **总计** | -0.4 |
| 国有控股企业 | 0.7 |
| **按登记注册类型分** | |
| 国有企业 | 6.4 |
| 集体企业 | 2.6 |
| 股份合作企业 | 100.0 |
| 股份制企业 | -1.1 |
| 外商及港澳台商投资企业 | -5.1 |
| 其他企业 | 18.4 |
| **按隶属关系分** | |
| 中央企业 | 0.4 |
| 地方企业 | -2.0 |
| **按轻重工业分** | |
| 轻工业 | -11.5 |
| 重工业 | 3.9 |
| **按工业行业分** | |
| 煤炭开采和洗选业 | 1.3 |
| 非金属矿采选业 | 26.8 |
| 开采辅助活动 | |
| 农副食品加工业 | -19.4 |
| 食品制造业 | 0.9 |
| 酒、饮料和精制茶制造业 | 1.8 |
| 烟草制品业 | 3.7 |
| 纺织业 | 10.0 |

# 3-6 规模以上工业增加值（续一）

| 指标 | 比2021年增长（%） |
| --- | --- |
| 纺织服装、服饰业 | 81.1 |
| 皮革、毛皮、羽毛及其制品和制鞋业 | 8.5 |
| 木材加工和木、竹、藤、棕、草制品业 | -7.9 |
| 家具制造业 | |
| 造纸和纸制品业 | -24.1 |
| 印刷和记录媒介复制业 | -24.2 |
| 石油、煤炭及其他燃料加工业 | 8.5 |
| 化学原料和化学制品制造业 | 4.4 |
| 医药制造业 | -32.8 |
| 化学纤维制造业 | -5.6 |
| 橡胶和塑料制品业 | 0.2 |
| 非金属矿物制品业 | -16.4 |
| 黑色金属冶炼和压延加工业 | -6.2 |
| 有色金属冶炼和压延加工业 | 14.5 |
| 金属制品业 | -3.3 |
| 通用设备制造业 | -0.7 |
| 专用设备制造业 | 16.9 |
| 汽车制造业 | -84.4 |
| 铁路、船舶、航空航天和其他运输设备制造业 | |
| 电气机械和器材制造业 | -10.5 |
| 计算机、通信和其他电子设备制造业 | 54 |
| 仪器仪表制造业 | 41.5 |
| 其他制造业 | -88.3 |
| 废弃资源综合利用业 | -38.5 |
| 金属制品、机械和设备修理业 | 67.4 |
| 电力、热力生产和供应业 | 4 |
| 燃气生产和供应业 | 6.8 |
| 水的生产和供应业 | 15.9 |

# 3-7 规模以上独立核算工业企业效益指标

| 指标 | 资本保值率（%） | 资产负债率（%） | 工业成本费用利润率（%） | 全员劳动生产率（元/人、年） | 产品销售率（%） |
|---|---|---|---|---|---|
| **总计** | **102.84** | **61.92** | **3.35** | **637885.67** | **98.05** |
| 国有控股企业 | 98.40 | 63.59 | 3.14 | 812387.09 | 98.14 |
| **按登记注册类型分** | | | | | |
| 国有企业 | 109.86 | 74.73 | 8.41 | 1049152.59 | 98.06 |
| 集体企业 | | | | | 100.00 |
| 股份合作企业 | | | | | 99.57 |
| 股份制企业 | 102.47 | 60.48 | 3.20 | 625309.23 | 98.03 |
| 外商和港澳台商投资企业 | 100.69 | 61.04 | 0.53 | 405686.52 | 98.48 |
| 其他企业 | 162.50 | 75.00 | -3.33 | 116455.60 | 91.51 |
| **按工业行业分** | | | | | |
| 煤炭开采和洗选业 | 154.98 | 64.95 | 33.94 | 269898.76 | 116.25 |
| 非金属矿采选业 | 105.56 | 45.71 | -20.00 | | 119.58 |
| 开采辅助活动 | | | | | |
| 农副食品加工业 | 110.11 | 68.39 | | 126274.90 | 98.59 |
| 食品制造业 | 84.46 | 50.30 | 4.55 | 232678.30 | 92.73 |
| 酒、饮料和精制茶制造业 | 106.31 | 33.33 | 5.12 | 252701.60 | 95.84 |
| 烟草制品业 | 105.58 | 10.54 | 8.24 | 2964035.87 | 102.56 |
| 纺织业 | 102.90 | 24.47 | 3.85 | 124904.70 | 94.67 |
| 纺织服装、服饰业 | 116.67 | 30.00 | | | 116.23 |
| 皮革、毛皮、羽毛及其制品和制鞋业 | 93.75 | 19.35 | -8.33 | | 4018.28 |
| 木材加工和木、竹、藤、棕、草制品业 | | 100.00 | -33.33 | | 21.56 |
| 家具制造业 | | | | | |
| 造纸和纸制品业 | 86.67 | 60.61 | -1.85 | | 109.88 |
| 印刷和记录媒介复制业 | 66.67 | 97.37 | -2.27 | 94385.10 | 103.12 |
| 石油、煤炭及其他燃料加工业 | 105.89 | 70.81 | 1.14 | 1780032.18 | 121.18 |
| 化学原料和化学制品制造业 | 72.11 | 66.05 | -0.39 | 602842.68 | 38.23 |

# 3-7 规模以上独立核算工业企业效益指标（续一）

| 指标 | 资本保值率（%） | 资产负债率（%） | 工业成本费用利润率（%） | 全员劳动生产率（元/人、年） | 产品销售率（%） |
|---|---|---|---|---|---|
| 医药制造业 | 101.56 | 32.24 | 30.71 | 703769.86 | 92.66 |
| 化学纤维制造业 | -35.29 | 112.18 | -93.33 | | 82.75 |
| 橡胶和塑料制品业 | 65.54 | 48.95 | 5.74 | 155869.10 | 98.86 |
| 非金属矿物制品业 | 114.22 | 50.37 | 14.45 | 297314.19 | 96.72 |
| 黑色金属冶炼和压延加工业 | 37.87 | 92.91 | -5.61 | 442735.69 | 99.09 |
| 有色金属冶炼和压延加工业 | 97.09 | 60.98 | -1.24 | 618302.30 | 167.99 |
| 金属制品业 | 104.97 | 75.58 | -1.54 | 429793.13 | 36.54 |
| 通用设备制造业 | 104.43 | 78.85 | 3.89 | 137862.60 | 90.88 |
| 专用设备制造业 | 103.60 | 72.32 | 3.67 | 238738.35 | 92.69 |
| 汽车制造业 | 120.37 | 77.89 | -27.27 | | 486.28 |
| 铁路、船舶、航空航天和其他运输设备制造业 | | | | | |
| 电气机械和器材制造业 | 103.60 | 49.04 | 1.51 | 118718.30 | 99.83 |
| 计算机、通信和其他电子设备制造业 | 180.46 | 72.04 | 2.27 | 302647.25 | 89.33 |
| 仪器仪表制造业 | 98.30 | 35.93 | -6.67 | | 99.94 |
| 其他制造业 | 108.33 | 63.38 | 75.00 | | 102.21 |
| 废弃资源综合利用业 | 100.00 | 75.00 | | | 98.87 |
| 金属制品、机械和设备修理业 | 102.50 | 81.36 | 0.45 | 177916.10 | 190.68 |
| 电力、热力生产和供应业 | 142.65 | 85.25 | -0.14 | 853821.84 | 98.10 |
| 燃气生产和供应业 | 152.38 | 82.56 | 6.24 | 363890.60 | 99.36 |
| 水的生产和供应业 | 87.22 | 67.79 | -3.45 | 226295.70 | 92.12 |

# 3-8 规模以上独立核

| 指标 | 企业单位数（个） | 亏损企业（个） | 平均用工人数（万人） |
|---|---|---|---|
| **总计** | **454** | **157** | **11.3** |
| 国有控股企业 | 124 | 7 | 0.7 |
| 集体企业 | 2 | 0 | 0.0 |
| 股份合作企业 | 1 | 0 | 0.0 |
| 股份制企业 | 404 | 140 | 10.0 |
| 外商和港澳台商投资企业 | 13 | 5 | 0.5 |
| 其他控股类型企业 | 13 | 5 | 0.1 |
| **按工业行业分** | | | |
| 煤炭开采和洗选业 | 5 | 1 | 1.2 |
| 黑色金属矿采选业 | | | |
| 有色金属矿采选业 | | | |
| 非金属矿采选业 | 2 | 1 | 0.0 |
| 农副食品加工业 | 13 | 6 | 0.2 |
| 食品制造业 | 10 | 5 | 0.2 |
| 酒、饮料和精制茶制造业 | 8 | 1 | 0.3 |
| 烟草制品业 | 2 | 0 | 0.3 |
| 纺织业 | 3 | 0 | 0.1 |
| 纺织服装、鞋、帽制造业 | 2 | 0 | 0.0 |
| 皮革、毛皮、羽毛（绒）及其制品业 | 1 | 1 | 0.0 |
| 木材加工及木、竹、藤、棕、草制品业 | 1 | 1 | 0.0 |
| 家具制造业 | | | |
| 造纸及纸制品业 | 5 | 3 | 0.0 |
| 印刷业和记录媒介的复制 | 6 | 4 | 0.1 |
| 石油、煤炭及其他燃料加工业 | 8 | 0 | 1.4 |
| 化学原料及化学制品制造业 | 50 | 18 | 0.9 |
| 医药制造业 | 24 | 4 | 0.7 |
| 化学纤维制造业 | 1 | 1 | 0.0 |
| 橡胶和塑料制品业 | 16 | 4 | 0.1 |
| 非金属矿物制品业 | 128 | 47 | 1.3 |
| 黑色金属冶炼及压延加工业 | 10 | 3 | 0.7 |
| 有色金属冶炼及压延加工业 | 15 | 8 | 0.6 |
| 金属制品业 | 46 | 13 | 0.4 |
| 通用设备制造业 | 11 | 5 | 0.3 |
| 专用设备制造业 | 21 | 6 | 0.6 |
| 汽车制造业 | 2 | 2 | 0.0 |
| 铁路、船舶、航空航天和其他运输设备制造业 | | | |
| 电气机械及器材制造业 | 23 | 6 | 0.4 |
| 计算机、通信和其他电子设备制造业 | 5 | 3 | 0.2 |
| 仪器仪表及文化、办公用机械制造业 | 1 | 1 | 0.0 |
| 其他制造业 | 1 | 0 | 0.0 |
| 废弃资源综合利用业 | 2 | 2 | 0.0 |
| 金属制品、机械和设备修理业 | 2 | 0 | 0.1 |
| 电力、热力生产和供应业 | 22 | 9 | 0.7 |
| 燃气生产和供应业 | 2 | 0 | 0.2 |
| 水的生产和供应业 | 6 | 2 | 0.2 |

# 算工业企业经济指标

| 流动资产合计（亿元） | 负债合计（亿元） | 营业收入（亿元） | 税金及附加（亿元） | 营业成本（亿元） | 管理费用（亿元） | 利润总额（亏损为负）（亿元） |
|---|---|---|---|---|---|---|
| 1401.7 | 1789.0 | 2719.3 | 225.8 | 2248.5 | 76.5 | 95.8 |
| 89.1 | 204.3 | 202.0 | 0.8 | 172.8 | 6.7 | 17.7 |
| 0.0 | 0.0 | 0.0 | 0.0 | 0.0 | 0.0 | 0.0 |
| 0.0 | 0.0 | 0.0 | 0.0 | 0.0 | 0.0 | 0.0 |
| 1175.6 | 1462.6 | 2291.0 | 223.7 | 1862.3 | 65.8 | 77.3 |
| 132.0 | 114.2 | 218.2 | 1.2 | 206.1 | 3.5 | 1.2 |
| 4.9 | 7.8 | 8.0 | 0.0 | 7.4 | 0.6 | –0.3 |
| | | | | | | |
| 36.3 | 72.1 | 74.3 | 2.6 | 33.0 | 5.4 | 28.1 |
| | | | | | | |
| 1.1 | 1.6 | 0.4 | 0.0 | 0.4 | 0.1 | –0.1 |
| 17.8 | 21.2 | 41.5 | 0.0 | 38.7 | 1.0 | 0.0 |
| 13.1 | 16.5 | 26.4 | 0.0 | 22.8 | 1.0 | 1.3 |
| 23.1 | 11.8 | 39.2 | 0.0 | 28.4 | 1.1 | 2.4 |
| 89.7 | 12.7 | 167.7 | 0.1 | 43.2 | 5.5 | 14.4 |
| 5.6 | 2.3 | 4.4 | 0.1 | 3.5 | 0.5 | 0.2 |
| 0.7 | 0.3 | 0.7 | 1.2 | 0.4 | 0.2 | 0.0 |
| 7.1 | 1.8 | 1.0 | 98.6 | 0.8 | 0.2 | –0.1 |
| 0.1 | 0.4 | 0.3 | 0.1 | 0.4 | 0.0 | –0.1 |
| | | | | | | |
| 1.7 | 2.0 | 5.1 | 0.0 | 5.0 | 0.1 | –0.1 |
| 5.0 | 7.4 | 3.9 | 0.0 | 3.5 | 0.4 | –0.1 |
| 67.8 | 139.5 | 762.3 | 0.0 | 611.7 | 12.6 | 8.9 |
| 54.0 | 85.0 | 120.1 | 0.1 | 111.5 | 5.3 | –0.5 |
| 154.4 | 86.7 | 76.9 | 0.0 | 32.7 | 4.2 | 27.7 |
| 1.2 | 22.1 | 1.2 | 0.0 | 1.8 | 0.2 | –1.4 |
| 11.8 | 9.3 | 11.4 | 116.0 | 10.0 | 0.6 | 0.7 |
| 229.8 | 206.2 | 160.3 | 0.4 | 135.9 | 8.5 | 25.2 |
| 48.3 | 116.7 | 220.4 | 0.7 | 222.0 | 7.0 | –13.0 |
| 129.7 | 156.3 | 411.0 | 0.0 | 400.4 | 4.9 | –5.2 |
| 79.9 | 98.1 | 74.4 | 0.1 | 69.5 | 2.0 | –1.2 |
| 53.4 | 61.5 | 24.7 | 1.1 | 20.0 | 1.6 | 1.1 |
| 144.4 | 150.5 | 86.1 | 0.5 | 74.3 | 3.0 | 3.4 |
| 15.5 | 22.9 | 1.4 | 1.2 | 1.1 | 0.3 | –0.6 |
| | | | | | | |
| 36.0 | 33.2 | 49.0 | 0.3 | 43.6 | 1.5 | 0.8 |
| 53.7 | 80.9 | 81.8 | 0.2 | 76.4 | 0.6 | 1.9 |
| 4.0 | 9.7 | 0.9 | 0.5 | 0.3 | 0.2 | –0.1 |
| 1.9 | 4.5 | 0.3 | 0.0 | 0.3 | 0.1 | 0.3 |
| 0.4 | 0.9 | 0.6 | 0.0 | 0.5 | 0.1 | 0.0 |
| 17.5 | 35.8 | 20.4 | 0.3 | 18.2 | 1.0 | 0.1 |
| 49.9 | 224.2 | 202.6 | 0.2 | 193.3 | 5.0 | –0.3 |
| 17.0 | 30.3 | 38.8 | 0.0 | 36.6 | 1.4 | 2.6 |
| 29.5 | 64.6 | 9.8 | 0.0 | 8.2 | 1.2 | –0.4 |

# 3-9 规模以上工业企业

| 指标 | 工业总产值 | 工业增加值 | 工业销售产值 |
|---|---|---|---|
| **总计** | 100.00 | 100.00 | 100.00 |
| 煤炭开采和洗选业 | 1.82 | 4.49 | 2.16 |
| 黑色金属矿采选业 | | | |
| 非金属矿采选业 | 0.01 | 0.02 | 0.02 |
| 开采专业及辅助性活动 | | | |
| 农副食品加工业 | 1.25 | 0.35 | 1.26 |
| 食品制造业 | 1.05 | 0.65 | 1.00 |
| 酒、饮料和精制茶制造业 | 1.26 | 1.05 | 1.23 |
| 烟草制品业 | 4.14 | 12.34 | 4.33 |
| 纺织业 | 0.17 | 0.17 | 0.16 |
| 纺织服装、服饰业 | 0.02 | 0.05 | 0.03 |
| 皮革、毛皮、羽毛（绒）及其制品业 | 0.00 | 0.00 | 0.04 |
| 木材加工及木、竹、藤、棕、草制品业 | 0.01 | 0.00 | 0.00 |
| 家具制造业 | | | |
| 造纸及纸制品业 | 0.18 | 0.10 | 0.21 |
| 印刷和记录媒介复制业 | 0.09 | 0.13 | 0.10 |
| 石油、煤炭及其他燃料加工业 | 23.88 | 34.57 | 29.51 |
| 化学原料及化学制品制造业 | 10.89 | 7.53 | 4.25 |
| 医药制造业 | 3.20 | 6.83 | 3.02 |
| 化学纤维制造业 | 0.06 | 0.03 | 0.05 |
| 橡胶和塑料制品业 | 0.38 | 0.22 | 0.39 |
| 非金属矿物制品业 | 6.04 | 5.36 | 5.96 |
| 黑色金属冶炼及压延加工业 | 8.21 | 4.30 | 8.30 |
| 有色金属冶炼及压延加工业 | 8.14 | 5.15 | 13.95 |
| 金属制品业 | 8.13 | 2.39 | 3.03 |
| 通用设备制造业 | 0.76 | 0.57 | 0.71 |
| 专用设备制造业 | 2.47 | 1.99 | 2.33 |
| 汽车制造业 | 0.01 | 0.01 | 0.04 |
| 铁路、船舶、航空航天和其他运输设备制造业 | | | |
| 电气机械及器材制造业 | 1.94 | 0.66 | 1.98 |
| 计算机、通信和其他电子设备制造业 | 2.53 | 0.84 | 2.31 |
| 仪器仪表制造业 | 0.03 | 0.02 | 0.03 |
| 其他制造业 | 0.01 | 0.01 | 0.01 |
| 废弃资源综合利用业 | 0.02 | 0.02 | 0.02 |
| 金属制品、机械和设备修理业 | 0.32 | 0.25 | 0.63 |
| 电力、热力生产和供应业 | 11.05 | 8.29 | 11.06 |
| 燃气生产和供应业 | 1.51 | 1.01 | 1.53 |
| 水的生产和供应业 | 0.39 | 0.63 | 0.37 |

# 分行业主要指标构成

单位：%

| 资产总计 | 负债合计 | 产品销售收入 | 应交增值税 |
|---|---|---|---|
| 100.00 | 100.00 | 100.00 | 100.0 |
| 3.84 | 4.03 | 2.89 | 9.1 |
| 0.12 | 0.09 | 0.02 | 0.0 |
| 1.07 | 1.19 | 1.65 | 0.1 |
| 1.14 | 0.92 | 1.03 | 0.6 |
| 1.23 | 0.66 | 1.51 | 1.9 |
| 4.17 | 0.71 | 6.64 | 25.1 |
| 0.33 | 0.13 | 0.15 | 0.3 |
| 0.03 | 0.02 | 0.02 | 0.1 |
| 0.32 | 0.10 | 0.04 | 0.0 |
| 0.01 | 0.02 | 0.01 | 0.0 |
| 0.11 | 0.11 | 0.20 | 0.6 |
| 0.26 | 0.41 | 0.09 | 0.1 |
| 6.82 | 7.80 | 29.94 | 31.1 |
| 4.45 | 4.75 | 4.75 | 2.1 |
| 9.31 | 4.85 | 3.08 | 3.4 |
| 0.68 | 1.24 | 0.05 | 0.0 |
| 0.66 | 0.52 | 0.46 | 0.3 |
| 14.17 | 11.53 | 6.39 | 6.2 |
| 4.35 | 6.52 | 8.62 | 2.1 |
| 8.87 | 8.74 | 15.66 | 2.8 |
| 4.49 | 5.48 | 2.71 | 2.7 |
| 2.70 | 3.44 | 0.84 | 0.7 |
| 7.20 | 8.41 | 3.51 | 2.9 |
| 1.02 | 1.28 | 0.05 | 0.0 |
| 2.34 | 1.86 | 1.92 | 1.5 |
| 3.89 | 4.52 | 2.36 | -1.8 |
| 0.93 | 0.54 | 0.04 | 0.0 |
| 0.25 | 0.25 | 0.01 | 0.0 |
| 0.04 | 0.05 | 0.08 | 0.0 |
| 1.52 | 2.00 | 0.80 | 1.3 |
| 9.10 | 12.53 | 2.58 | 5.6 |
| 1.27 | 1.69 | 1.52 | 0.7 |
| 3.30 | 3.61 | 0.36 | 0.3 |

# 3-10 各区县规模以上

| 指标 | 城关区 | 七里河区 | 西固区 | 安宁区 |
|---|---|---|---|---|
| 企业及单位数（个） | 30 | 35 | 49 | 27 |
| 亏损企业 | 14 | 10 | 13 | 9 |
| 工业销售产值 | 1823821.2 | 1416262.1 | 8056053.2 | 2219308.9 |
| 出口交货值 | 56543.5 |  | 965.7 | 57.5 |
| 全部从业人员年平均人数（人） | 7918 | 9607 | 24000 | 9010 |
| 资产总计 | 2954660.0 | 2277871.2 | 3785364.1 | 2238864.4 |
| 流动资产合计 | 1492911.0 | 1647429.3 | 1617767.2 | 837908.5 |
| 固定资产原价 | 1061180.0 | 957236.3 | 4657954.9 | 1906178.5 |
| 负债合计 | 1316016.0 | 860396.2 | 2663543.8 | 1648824.9 |
| 所有者权益合计 | 1638644.0 | 1417474.7 | 1121820.3 | 592527.0 |
| 营业收入 | 1206816.0 | 2095190.9 | 8550736.9 | 2115710.8 |
| 营业成本 | 801524.0 | 777727.3 | 6982510.7 | 1882355.4 |
| 营业利润 | 208207.0 | 157205.4 | 93313.3 | 80694.8 |
| 管理费用 | 72620.0 | 77634.4 | 170946.6 | 46011.5 |
| 利润总额 | 208497.0 | 156472.1 | 57021.0 | 86198.6 |
| 资产负债率（%） | 44.5 | 37.8 | 70.4 | 73.7 |
| 工业成本费用利润率（%） | 21.8 | 8.3 | 0.8 | 8.1 |
| 产品销售率（%） | 95.5 | 102.9 | 98.9 | 99.9 |

# 工业企业主要经济指标

单位：万元

| 红古区 | 永登县 | 皋兰县 | 榆中县 | 兰州新区 |
|---|---|---|---|---|
| 25 | 39 | 36 | 62 | 151 |
| 9 | 11 | 14 | 24 | 52 |
| 2034406.3 | 1437995.6 | 1366703.4 | 2850968.4 | 3879010.1 |
| 82714.6 |  | 13728.1 | 6099.6 | 39875.25 |
| 18000 | 6000 | 6572 | 9008 | 24000 |
| 3858000.0 | 1155000.0 | 996514.7 | 3303977.5 | 8310924.9 |
| 1336000.0 | 494000.0 | 541373.4 | 1365921.3 | 4641874.2 |
| 2120000.0 | 1082000.0 | 456221.5 | 1990824.0 | 2517674.4 |
| 1700000.0 | 581000.0 | 588838.5 | 2467956.0 | 6057871.0 |
| 2158000.0 | 574000.0 | 407676.2 |  | 2253053.9 |
| 2283000.0 | 1561000.0 | 1393072.3 | 3110365.6 | 4871139.3 |
| 1660000.0 | 1467000.0 | 1282378.5 | 3105858.8 | 4515938.0 |
| 582000.0 | –10000.0 | 19319.5 | –212594.7 | 49482.1 |
| 88000.0 | 59000.0 | 31521.0 | 86160.5 | 134154.2 |
| 577000.0 | –12000.0 | 18555.2 | –209580.7 | 62234.1 |
| 44.1 | 50.3 | 59.1 | 74.7 | 72.9 |
| 31.2 | –0.8 | 1.4 | –6.4 | 1.3 |
| 100.0 | 100.3 | 98.9 | 97.5 | 93.9 |

# 3-11 规模以上工业企业

| 指标 | 2015年 | 2016年 | 2017年 | 2018年 |
| --- | --- | --- | --- | --- |
| 原煤（万吨） | 628.12 | 637.63 | 503.24 | 503.29 |
| 原油加工量（万吨） | 967.2 | 823.02 | 880.84 | 927.01 |
| 汽油（万吨） | 246.51 | 203.71 | 223.6 | 235.71 |
| 煤油（万吨） | 58.6 | 63.03 | 81.85 | 86.25 |
| 柴油（万吨） | 382.9 | 305.6 | 305.32 | 326.93 |
| 润滑油（万吨） | 28.23 | 16.72 |  | 15.356 |
| 燃料油（万吨） | 16.54 | 6.06 |  | 1.4258 |
| 焦炭（万吨） | 42.77 | 2.42 |  | 38.38 |
| 发电量总计（万千瓦时） | 1784700 | 1475300 | 1553200 | 1274500 |
| 啤酒（千升） | 386000 | 380127 | 329367 | 316193 |
| 合成洗涤剂（万吨） |  |  |  |  |
| 卷烟（万支） | 3462000 | 2938458 | 2824246 | 2783794 |
| 纱（万吨） |  |  |  |  |
| 绒线（毛线）（吨） |  |  |  |  |
| 毛机织物（呢绒）（万米） | 340.1 | 414.3 | 435 | 430.2 |
| 合成橡胶（万吨） | 13.4 | 11.9 | 14.44 | 16.52 |
| 合成纤维单体（万吨） | 2.5 | 2.2 | 2.67 | 2.72 |
| 塑料制品（万吨） | 17.4 | 22.5 | 49.75 | 2.8 |
| 塑料薄膜（万吨） | 2.5 | 3.2 | 2.99 | 2 |
| 机制纸板（万吨） |  |  |  |  |
| 合成氨（万吨） |  |  |  |  |
| 农用化肥（万吨） |  |  |  |  |
| 氮肥（万吨） |  |  |  |  |
| 磷肥（万吨） |  |  |  |  |
| 乙烯（万吨） | 64.2 | 51.7 | 64 | 64.38 |
| 聚丙烯树脂（万吨） | 42 | 33.4 | 41.32 | 43.1 |
| 水泥（万吨） | 1154.2 | 1130 | 905.91 | 774.63 |
| 平板玻璃（万重量箱） | 124.8 | 600.9 | 515.9 | 535.08 |
| 钢材（万吨） | 246.8 | 135 | 121.54 | 340.11 |
| 铁合金（万吨） | 29.3 | 25.3 | 26.63 | 30.66 |
| 原铝（电解铝）（万吨） | 77.2 | 82.3 | 81.29 | 68.99 |
| 变压器（万千伏安） | 70.8 | 63.3 | 58.58 | 132.6 |
| 家用洗衣机（万台） |  |  |  |  |

# 主要工业产品产量

| 2019年 | 2020年 | 2021年 | 2022年 | 2022年比<br>2021年增长<br>(%) |
|---|---|---|---|---|
| 509.17 | 515.02 | 537.57 | 540.66 | 0.58 |
| 914.73 | 911.3 | 915.00 | 947.01 | 3.50 |
| 228.06 | 229.89 | 248.29 | 239.20 | -3.66 |
| 82.11 | 68.65 | 80.56 | 66.15 | -17.89 |
| 336.96 | 318.00 | 293.90 | 345.30 | 17.49 |
| 12.43 | 11.18 | 11.84 | 12.00 | 1.37 |
| 1.2 | 1.27 | 1.45 | 3.25 | 124.27 |
| 38.1 | 40.75 | 41.15 | 37.31 | -9.34 |
| 1447548 | 1596600 | 168.12 | 168.98 | 0.25 |
| 293909 | 294949 | 361367 | 348213 | -3.64 |
| 0.01 | 0.0 | 0.0 | | |
| 2849710 | 2812976 | 2757611 | 2561400 | -7.12 |
| | | | | |
| 430.3 | 400.1 | 385.5 | 458.1 | 18.83 |
| 14.18 | 17.43 | 19.57 | 19.76 | 0.96 |
| 2.43 | 2.49 | 3.96 | 3.69 | -6.73 |
| 4.7 | 4.70 | 4.84 | 6.40 | 12.43 |
| 2.3 | 2.14 | 1.88 | 1.87 | -0.69 |
| | | | | |
| 53.34 | 69.70 | 73.85 | 70.54 | -4.49 |
| 36.6 | 45.62 | 46.75 | 45.30 | -3.10 |
| 1088.99 | 1112.17 | 1023.81 | 816.27 | -20.27 |
| 556.51 | 519.26 | 580.78 | 492.67 | -15.17 |
| 419.43 | 496.74 | 491.71 | 445.33 | -9.43 |
| 30.31 | 30.89 | 27.80 | 27.19 | -2.21 |
| 50.75 | 54.36 | 56.65 | 71.42 | 26.09 |
| 128.31 | 75.33 | 140.70 | 119.74 | -14.90 |

# 3-12 规模以上工业企业

| 指标 | 煤炭（万吨） | 焦炭（万吨） | 天然气（亿立方米） | 原油（万吨） |
|---|---|---|---|---|
| **规模以上工业企业** | **1116.46** | **191.40** | **5.53** | **949.79** |
| 轻工业 | | | | |
| 重工业 | | | | |
| 采掘业 | 52.71 | | 0.12 | |
| 煤炭开采和洗选业 | 52.71 | | 0.12 | |
| 黑色金属矿采选业 | | | | |
| 非金属矿采选业 | | | | |
| 制造业 | 291.16 | 191.40 | 5.13 | 949.79 |
| 农副食品加工业 | | | 0.03 | |
| 食品制造业 | 0.74 | | 0.05 | |
| 饮料制造业 | | | 0.15 | |
| 烟草制品业 | | | 0.03 | |
| 纺织业 | | | 0.03 | |
| 纺织服装、鞋、帽制造业 | | | | |
| 皮革、毛皮、羽毛（绒）等 | | | | |
| 木材加工及木、竹、藤等 | | | | |
| 家具制造业 | | | | |
| 造纸及纸制品业 | 3.10 | | | |
| 印刷业和记录媒介的复制 | | | | |
| 文教体育用品制造业 | | | | |
| 石油、煤炭及其他燃料加工业 | 29.87 | | 2.21 | 949.79 |
| 化学原料及化学制品制造 | 2.25 | 34.19 | 0.07 | |
| 医药制造业 | 0.39 | | 0.28 | |
| 化学纤维制造业 | | | 0.07 | |
| 橡胶和塑料制品业 | | | 0.01 | |
| 非金属矿物制品业 | 114.41 | 6.55 | 1.23 | |
| 黑色金属冶炼及压延 | 92.81 | 150.67 | | |
| 有色金属冶炼及压延 | 46.35 | | 0.61 | |
| 金属制品业 | 0.47 | | 0.21 | |
| 通用设备制造业 | | | 0.01 | |
| 专用设备制造业 | 0.06 | | 0.03 | |
| 汽车制造业 | | | | |
| 铁路、船舶、航空航天和其他运输设备制造业 | | | | |
| 电气机械及器材制造业 | | | 0.06 | |
| 通信设备、计算机及其他 | | | 0.01 | |
| 仪器仪表及文化、办公用 | | | | |
| 电力、热力生产和供应 | 772.58 | | 0.26 | |
| 燃气生产和供应业 | | | 0.02 | |
| 水的生产和供应业 | 0.01 | | | |

# 主要能源品种消费量

| 汽油（万吨） | 柴油（万吨） | 燃料油（万吨） | 炼厂干气（万吨） | 其他石油制品（万吨） | 热力（万百万千焦） | 电力（亿千瓦时） |
|---|---|---|---|---|---|---|
| 0.24 | 2.87 | 0.81 | 75.72 | 49.60 | 2087.72 | 261.72 |
| | | | | | | |
| | | | | | | |
| 0.01 | 0.10 | | | | | 2.24 |
| 0.01 | 0.10 | | | | | 2.18 |
| | | | | | | |
| | | | | | | |
| 0.15 | 2.69 | 0.81 | 75.72 | 49.60 | 2049.51 | 240.79 |
| | | | | | | 0.24 |
| | | | | | 0.16 | 0.41 |
| | | | | | | 1.10 |
| | | | | | | 0.27 |
| | | | | | 2.25 | 0.25 |
| | | | | | | 0.02 |
| | | | | | | 0.01 |
| | | | | | | 0.01 |
| | | | | | | 0.00 |
| | 0.01 | | | | | 0.61 |
| | | | | | | 0.08 |
| | | | | | | |
| | 0.08 | 0.46 | 75.70 | 49.60 | 1827.05 | 22.26 |
| 0.02 | 0.03 | 0.01 | 0.02 | | 148.49 | 28.98 |
| 0.01 | | | | | 19.92 | 1.74 |
| | | | | | | 0.42 |
| | | | | | | 0.44 |
| 0.03 | 2.16 | 0.33 | | | | 24.16 |
| 0.01 | 0.13 | | | | | 44.77 |
| 0.01 | 0.14 | | | | 26.54 | 109.90 |
| 0.01 | 0.01 | | | | 3.45 | 1.10 |
| 0.01 | | | | | | 0.10 |
| 0.01 | 0.01 | | | | | 0.49 |
| | | | | | | 0.01 |
| | | | | | | |
| 0.03 | 0.01 | | | | | 0.70 |
| | | | | | 21.65 | 2.51 |
| | | | | | | |
| 0.06 | 0.08 | | | | 34.44 | 16.90 |
| 0.02 | | | | | | 0.64 |
| | | | | | 3.78 | 1.16 |

# 3-13 各区县规模以上工业增加值

| 地区 | 比2021年增长（%） |
| --- | --- |
| **兰州市** | **-0.4** |
| 城关区 | -24.7 |
| 七里河区 | 1.5 |
| 西固区 | 2.4 |
| 安宁区 | -1.8 |
| 红古区 | 3.4 |
| 永登县 | 9.6 |
| 皋兰县 | -6.6 |
| 榆中县 | -5.7 |
| 兰州新区 | 20.3 |

# 3-14 规模以上工业主要能源消费与库存

| 指标 | 2022年年初库存量 | 工业生产消费量 | 2022年年末库存量 |
| --- | --- | --- | --- |
| 原煤（万吨） | 87.37 | 1044.48 | 74.77 |
| 焦炭（万吨） | 7.80 | 191.40 | 13.86 |
| 原油（万吨） | 7.74 | 949.79 | 7.07 |
| 汽油（万吨） | | 0.24 | |
| 煤油（万吨） | | | |
| 柴油（万吨） | 0.08 | 2.87 | 0.09 |
| 燃料油（万吨） | 0.01 | 0.81 | 0.01 |
| 天然气（亿立方米） | | 5.53 | |
| 热力（万百万千焦） | | 2087.72 | |
| 电力（亿千瓦小时） | | 261.72 | |

# 主要统计指标解释

**工业** 指从事自然资源的开采，对采掘品和农产品进行加工和再加工的物质部门。具体包括：（1）对自然资源的开采，如采矿、晒盐、森林采伐等（但不包括禽兽捕猎和水产捕捞）；（2）对农副产品的加工、再加工、如粮油加工、食品加工、轧花、缫丝、纺织、制革等；（3）对采掘品的加工、再加工、如炼铁、炼钢、化工生产、石油加工、机器制造、木材加工等，以及电力、自来水、煤气的生产和供应等；（4）对工业品的修理、翻新，如机器设备的修理、交通运输工具（包括小卧车）的修理等。

1984年以前农村的村及村以下办工业归属农业，1984年以后划归工业。

**工业统计调查单位** 工业统计调查单位分为两类：独立核算法人工业企业和工业活动单位。

（1）独立核算法人工业企业 是指从事工业生产经营活动的单位。独立核算法人工业企业应同时具备以下条件：①依法成立，有自己的名称、组织机构和场所，能够承担民事责任；②独立拥有和使用资产、承担负债，有权与其他单位签订合同；③独立核算盈亏，并能够编制资产负债表。

（2）工业活动单位 是指在一个场所从事一种或主要从事一种工业生产活动的经济单位。它包括独立核算工业企业按主营业务活动（即工业生产活动）划分的主营业务活动单位和非工业企业所属的工业生产活动单位（即原非独立核算工业生产单位）。工业活动单位，一般应同时具备以下三个条件：①具有一个场所，从事一种或主要从事一种工业活动；②单独组织工业生产、经营或业务活动；③单独核算收入和支出。

本年鉴中涉及的企业登记注册类型：

（1）国有及国有控股企业 指国有企业加上国有控股企业。国有企业（即过去的全民所有制工业或国营工业）是指企业全部资产归国家所有，并按《中华人民共和国企业法人登记管理条例》规定登记注册的非公司制的经济组织。包括国有企业、国有独资公司和国有联营企业。1957年以前的公私合营和私营工业，后均改造为国营工业，1992年改为国有工业，这部分工业的资料不单独分列时，均包括在国有企业内。国有控股企业是对混合所有制经济的企业进行的“国有控股”分类。它是指这些企业的全部资产中国有资产（股份）相对其他所有者中的任何一个所有者占资（股）最多的企业。该分组反映了国有经济控股情况。

（2）集体企业 指企业资产归集体所有，并按《中华人民共和国企业法人登记管理条例》规定登记注册的经济组织。是社会主义公有制经济的组成部分。包括城乡所有使用集体投资举办的企业，以及部分个人通过集资自愿放弃所有权并依法经工商行政管理机关认定为集体所有制的企业。

（3）股份合作企业 指以合作制为基础，由企业职工共同出资入股，吸收一定比例的社会资产投资组建，实行自主经营，自负盈亏，共同劳动，民主管理，按劳分配与按股分红相结合的一种集体经济组织。

（4）联营企业 指两个及两个以上相同或不同所有制性质的企业法人或事业单位法人，按自愿、平等、互利的原则，共同投资组成的经济组织。联营企业包括：

国有联营企业　指国有企业与国有企业间的联营；

集体联营企业　指集体企业与集体企业间的联营；

国有与集体联营企业　指国有企业与集体企业间的联营。

（5）有限责任公司　指根据《中华人民共和国公司登记管理条例》规定登记注册，由两个以上，五十个以下的股东共同出资，每个股东以其所认缴的出资额对公司承担有限责任，公司以其全部资产对其债务承担责任的经济组织。

有限责任公司包括国有独资公司以及其他有限责任公司。

（6）股份有限公司　指根据《中华人民共和国企业法人登记管理条例》规定登记注册，其全部注册资本由等额股份构成并通过发行股票筹集体资本，股东以其认购的股份对公司承担的有限责任，公司以其全部资产对其债务承担责任的经济组织。

（7）私营企业　指由自然人投资设立或由自然人控股，以雇佣劳动为基础的营利性经济组织。包括按照《公司法》《合伙企业法》《私营企业暂行条例》规定登记注册的私营有限责任公司、私营股份有限公司、私营合伙企业和私营独资企业。

（8）港、澳、台商投资企业　指企业注册登记类型中的港、澳、台资合资、合作、独资经营企业和股份有限公司之和。

（9）外商投资企业　指企业注册登记类型中的中外合资、合作经营企业、外资企业和外商投资股份有限公司之和。

“三资”企业系指港、澳、台商投资企业和外资企业的简称。

**规模以上工业企业**　规模以上工业为年主营业务收入2000万元以上的企业。

**轻工业**　指主要提供生活消费品和制作手工工具的工业。按其所使用的原料不同，可分为两大类：（1）以农产品为原料的轻工业，是指直接或间接以农产品为基本原料的轻工业。主要包括食品制造、饮料制造、烟草加工、纺织、缝纫、皮革和毛皮制作、造纸以及印刷等工业；（2）以非农产品为原料的轻工业，是指以工业品为原料的轻工业。主要包括文教体育用品、化学药品制造、合成纤维制造、日用化学制品、日用玻璃制品、日用金属制品、手工工具制造、医疗器械制造、文化和办公用机械制造等工业。

**重工业**　是指为国民经济各部门提供物质技术基础的主要生产资料的工业。按其生产性质和产品用途，可以分为下列三类：（1）采掘（伐）工业，是指对自然资源的开采，包括石油开采、煤炭开采、金属矿开采、非金属矿开采和木材采伐等工业；（2）原材料工业，指向国民经济各部门提供基本材料、动力和燃料的工业。包括金属冶炼及加工、炼焦及焦炭、化学、化工原料、水泥、人造板以及电力、石油和煤炭加工等工业；（3）加工工业，是指对工业原材料进行再加工制造的工业。包括装备国民经济各部门的机械设备制造工业、金属结构、水泥制品等工业，以及为农业提供的生产资料如化肥、农药等工业。

根据上述划分原则，修理业中以重工业产品为修理作业对象的划为重工业，反之划为轻工业。

**工业总产值** 是以货币表现的工业企业在一定时期内生产的已出售或可供出售工业产品总量，它反映一定时间内工业生产的总规模和总水平。它包括：在本企业内不再进行加工，经检验，包装入库（规定不需包装的产品除外）的成品价值，对外加工费收入，自制半成品、在产品期末初差额价值。工业总产值采用“工厂法”计算，即以工业企业作为一个整体，按企业工业生产活动的最终成果来计算，企业内部不允许重复计算，不能把企业内部各个车间（分厂）生产的成果相加。但在企业之间、行业之间、地区之间存在着重复计算。

轻重工业总产值的划分是按“工厂法”计算的，即一个工业企业生产的主要产品性质属于轻工业，则该企业的全部总产值作为轻工业总产值；如它的主要产品性质属于重工业，则该企业的全部总产值作为重工业总产值。

**工业增加值** 是指工业行业在报告期内以货币表现的工业生产活动的最终成果。

**实收资本** 指企业实际收到的投资人投入的资本。按投资主体可分为国家资本、集体资本、法人资本、个人资本、港澳台资本和外商资本等。

**资产合计** 指企业拥有或控制的能以货币计量的经济资源。包括各种财产、债权和其他权利。资产按其流动性划分为流动资产、长期投资、固定资产、无形及递延资产和其他资产。

（1）流动资产 指企业可以在一年内或者超过一年的一个生产周期内变现或耗用的资产合计。包括现金及各种存款、短期投资、应收及预付款项、存货等。

（2）固定资产 指企业固定资产净值、固定资产清理、在建工程、待处理固定资产损失所占用的资金合计。

（3）无形资产 指企业长期使用而没有实物形态的资产。包括专利权、非专利技术、商标权、著作权、土地使用权、商誉等。

**负债合计** 指企业承担能以货币计量，将以资产或劳务偿付的债务。负债一般按偿还期长短分为流动负债和长期负债、递延税项等。

（1）流动负债 指企业在一年内或者超过一年的一个营周期内需要偿还的债务合计，其中包括短期借款、应付及预收款项、应付工资、应交税金和应交利润等。

（2）长期负债 指企业在一年以上或者超过一年的一个营业周期以上需要偿还的债务合计，其中包括长期借款、应付债务、长期应付款项等。

**所有者权益** 指企业投资人对企业净资产的所有权。企业净资产等于企业全部资产减去全部负债后的余额，其中包括投资者对企业的最初投入，以及资本公积金、盈余公积金和未分配利润，对股份制企业即为股东权益。

**固定资产原价** 指企业在建造、购置、安装、改建、扩建、技术改造某项固定资产时所支出的全部货币总额。它一般包括买价、包装费、运杂费和安装费等。

**固定资产净值** 是指固定资产原价减去历年已提折旧额后的净额。

**流动资产** 是指可以在一年或者超过一年的一个营业周期内变现或者耗用的资产，包括现金及各种存款、短期投资、应收及预付货款、存货等。

**产品销售收入** 指企业销售产品和提供劳务等主要经营业务取得的收入总额。

**产品销售成本** 指企业销售品和提供劳务等主要经营业务的实际成本。

**产品销售税金及附加** 指企业销售产品和提供工业性劳务等主要经营业务应负担的城市维护建设税、消费税、资源税和教育费附加。

**产品销售利润** 指企业销售产品和提供工业性劳务等主要经营业务收入扣除其成本、费用、税金后的利润。

**利润总额** 指企业实现的利润。

**应交增值税** 指企业在报告期内应交纳的增值税额。

**总资产贡献率** 反映企业全部资产的获利能力，是企业经营业绩和管理水平的集中表现，是评价和考核企业盈利能力的核心指标。计算公式为：

总资产贡献率=（利润总额+税金总额+利息支出）/平均资产总额×100%

**资产负债率** 该指标既反映企业经营风险的大小，也反映企业利用债权人提供的资金从事经营活动的能力。计算公式为：

资产负债率=负债总额/资产总额×100%

**工业成本费用利润率** 指在一定时期内实现的利润与成本费用之比，是反映工业生产成本及费用投入的经济效益指标，同时也是反映降低成本的经济效益的指标。计算公式为：

工业成本费用利润率（%）=利润总额/成本及费用总额×100%

**工业增加值率** 指在一定时期内工业增加值占同期工业总产值的比重，反映降低中间消耗的经济效益。计算公式为：

工业增加值率（%）=工业增加值（现价）/工业总产值×100%

**流动资产周转次数** 指在一定时期内流动资产完成的周转次数，反映流动资产的周转速度。计算公式为：

流动资产周转次数=产品销售收入/全部流动资产平均余额

**产品销售率** 指报告期工业销售产值与同期全部工业总产值之比，是反映工业产品已实现销售的程度，分析工业产销衔接情况，研究工业产品满足社会需求程度的指标。计算公式为：

产品销售率（%）=工业销售产值/工业总产值（现价）×100%

**全员劳动生产率** 指根据产品的价值量指标计算的平均每一个从业人员在单位时间内的产品生产量。是考核企业经济活动的重要指标，是企业生产技术水平、经营管理水平、职工技术熟练程度和劳动积极性的综合表现。目前我国的全员劳动生产率是将工业企业的工业增加值除以同一时期全部从业人员的平均人数来计算的。计算公式为：

全员劳动生产率（%）=工业增加值/全部从业人员平均人数×100%

统计资料

# 四、交通运输业

# 4-1 交通运输业基本情况

| 指标 | 2010年 | 2011年 | 2012年 | 2013年 | 2014年 | 2015年 | 2016年 |
|---|---|---|---|---|---|---|---|
| **客运量总计（万人）** | **3802.30** | **4388.82** | **4829.07** | **5326.85** | **5655.52** | **6153.3** | **6950.64** |
| 铁路 | 975.81 | 1042.06 | 996.95 | 1042.03 | 1084.23 | 1277.3 | 1648.89 |
| 公路 | | 2965.86 | 3373.82 | 3719.86 | 3871.29 | 4067 | 4212.75 |
| 民用航空 | | 380.90 | 458.30 | 564.96 | 700.00 | 809.00 | 1089.00 |
| **货运量总计（万吨）** | | **8907.70** | **9671.89** | **10509.61** | **11139.69** | **11801.02** | **12208.84** |
| 铁路 | | 1214.52 | 1003.95 | 974.43 | 936.11 | 799.42 | 741.9 |
| 公路 | 6832.00 | 7663.50 | 8664.34 | 9531.00 | 10198.88 | 10996.60 | 11461.00 |
| 民用航空 | 1.14 | 2.68 | 3.60 | 4.18 | 4.70 | 5.00 | 5.94 |
| **公路货运周转量（万吨公里）** | **348553** | **408905.5** | **575369.5** | **822779.6** | **1033571** | **1271118** | **1484530** |
| **公路旅客周转量（万人公里）** | **286738** | **331490.9** | **481164.5** | **544721.33** | **582882.14** | **626095** | **660459** |

# 4-1 交通运输业基本情况（续一）

| 指标 | 2017年 | 2018年 | 2019年 | 2020年 | 2021年 | 2022年 | 2022年比2021年增长（%） |
|---|---|---|---|---|---|---|---|
| **客运量总计（万人）** | **7684.69** | **8328.64** | **7980.41** | **5977.36** | **6485.19** | **2751.31** | **-57.57** |
| 铁路 | 2039.42 | 2550.96 | 2837.25 | 1977.52 | 2086.94 | 1045.10 | -49.92 |
| 公路 | 4363.63 | 4391.86 | 3612.86 | 2887.14 | 3181.13 | 1111.97 | -65.04 |
| 民用航空 | 1281.64 | 1385.82 | 1530.30 | 1112.70 | 1217.12 | 594.24 | -51.17 |
| **货运量总计（万吨）** | **12882.39** | **13518.82** | **14121.83** | **14861.55** | **16587.86** | **15351.05** | **-7.45** |
| 铁路 | 837.12 | 869.96 | 834.09 | 907.10 | 791.20 | 826.67 | 4.48 |
| 公路 | 12039.18 | 12642.41 | 13280.54 | 13947.45 | 15789.35 | 14518.83 | -8.04 |
| 民用航空 | 6.09 | 6.15 | 7.20 | 7.00 | 7.31 | 5.55 | -24.07 |
| **公路货运周转量（万吨公里）** | **1739898** | **2018901** | **2182400** | **2261900** | **2635200** | **3750900** | **42.34** |
| **公路旅客周转量（万人公里）** | **699477** | **704450** | **429249** | **366100** | **404900** | **123900** | **-69.39** |

# 4-2 客运量和货运量

| 年份 | 客运量合计（万人） | 铁路 | 公路 | 民航 | 货运量合计（万吨） | 铁路 | 公路 | 民航 |
|---|---|---|---|---|---|---|---|---|
| 1983 | 833 | 389 | 444 | | 1616 | 1007 | 609 | |
| 1984 | 1165 | 452 | 709 | 5 | 1721 | 1040 | 681 | 0.11 |
| 1985 | 1000 | 466 | | 7 | 1541 | 817 | 724 | 0.17 |
| 1986 | 1121 | 503 | | 12 | 1723 | 942 | 781 | 0.17 |
| 1987 | 1167 | 517 | | 12 | 1977 | 1073 | 904 | 0.20 |
| 1988 | | | | | | | | |
| 1989 | 1273 | 510 | 753 | 10 | 2075 | 905 | 1170 | 0.23 |
| 1990 | 1037 | 405 | 620 | 12 | 2282 | 892 | 1390 | 0.18 |
| 1991 | 1163 | 409 | 736 | 18 | 2529 | 896 | 1633 | 0.25 |
| 1992 | 1250 | 434 | 790 | 26 | 3015 | 1191 | 1824 | 0.30 |
| 1993 | 1303 | 447 | 828 | 29 | 2701 | 703 | 1998 | 0.30 |
| 1994 | 1342 | 460 | 863 | 19 | 2849 | 599 | 2249 | 0.35 |
| 1995 | 1381 | 448 | 904 | 29 | 3245 | 724 | 2521 | 0.40 |
| 1996 | 1477 | 416 | 1003 | 59 | 3559 | 725 | 2833 | 0.32 |
| 1997 | 1569 | 431 | 1082 | 55 | 3932 | 742 | 3190 | 0.34 |
| 1998 | 1693 | 443 | 1224 | 26 | 4273 | 698 | 3574 | 0.35 |
| 1999 | 1832 | 459 | 1345 | 28 | 4749 | 764 | 3985 | 0.41 |
| 2000 | 2002 | 476 | 1483 | 43 | 5167 | 815 | 4351 | 0.53 |
| 2001 | 2141 | 499 | 1608 | 33 | 5401 | 758 | 4642 | 0.60 |
| 2002 | 2253 | 556 | 1662 | 35 | 5634 | 824 | 4809 | 0.99 |

# 4-2 客运量和货运量（续一）

| 年份 | 客运量合计（万人） | 铁路 | 公路 | 民航 | 货运量合计（万吨） | 铁路 | 公路 | 民航 |
|---|---|---|---|---|---|---|---|---|
| 2003 | 2209 | 474 | 1695 | 40 | 5581 | 653 | 4927 | 0.80 |
| 2004 | 2416 | 567 | 1798 | 51 | 5786 | 783 | 5002 | 0.88 |
| 2005 | 2546 | 587 | 1896 | 63 | 5972 | 821 | 5151 | 0.64 |
| 2006 | 2732 | 636 | 1996 | 100 | 6264 | 903 | 5360 | 0.75 |
| 2007 | 2926 | 673 | 2112 | 141 | 6839 | 1235 | 5604 | 0.95 |
| 2008 | 3150 | 777 | 2253 | 120 | 7207 | 1319 | 5887 | 1.01 |
| 2009 | 3373 | 847 | 2346 | 153 | 7358 | 1202 | 6155 | 1.04 |
| 2010 | 3802 | 976 | 2627 | 199 | 8054 | 1221 | 6832 | 1.14 |
| 2011 | 4389 | 1042 | 2966 | 381 | 8908 | 1215 | 7664 | 2.68 |
| 2012 | 4829 | 997 | 3374 | 458 | 9672 | 1004 | 8664 | 3.60 |
| 2013 | 5327 | 1042 | 3720 | 565 | 10510 | 974 | 9531 | 4.18 |
| 2014 | 5656 | 1084 | 3871 | 700 | 11140 | 936 | 10199 | 4.70 |
| 2015 | 6153.3 | 1277.3 | 4067 | 809.00 | 11801.02 | 799.42 | 10996.60 | 5.00 |
| 2016 | 6950.64 | 1648.89 | 4212.75 | 1089.00 | 12208.84 | 741.90 | 11461.00 | 5.94 |
| 2017 | 7684.69 | 2039.42 | 4363.63 | 1281.64 | 12882.39 | 837.12 | 12039.18 | 6.09 |
| 2018 | 8328.64 | 2550.96 | 4391.86 | 1385.82 | 13518.52 | 869.96 | 12642.41 | 6.15 |
| 2019 | 7980.41 | 2837.25 | 3612.86 | 1530.30 | 14121.83 | 834.09 | 13280.54 | 7.20 |
| 2020 | 5977.36 | 1977.52 | 2887.14 | 1112.70 | 14861.55 | 907.10 | 13947.45 | 7.00 |
| 2021 | 6485.19 | 2086.94 | 3181.13 | 1217.12 | 16587.86 | 791.20 | 15789.35 | 7.31 |
| 2022 | 2751.31 | 1045.10 | 1111.97 | 594.24 | 15351.05 | 826.67 | 14518.83 | 5.55 |

# 4-3 邮电业务基本情况

| 指标 | 2010年 | 2015年 | 2016年 | 2017年 | 2018年 | 2019年 | 2020年 |
|---|---|---|---|---|---|---|---|
| 邮电业务总量（亿元） | 36.05 | 92.39 | 145.06 | | | | |
| 电信业务总量（亿元） | 34.35 | 86.44 | 136.57 | 133.81 | 346.28 | 526.81 | 632.35 |
| 邮政业务总量（亿元） | | 5.95 | 8.49 | 9.99 | 11.64 | 14.78 | 18.62 |
| 快递企业业务量（万件） | | 2130.06 | 3333.97 | 3695.25 | 4610.25 | 5255.75 | 6390.73 |
| 函件（万件） | | 864.59 | 534.87 | 475.52 | 500.96 | 453.5 | 490.76 |
| 普通包件（万件） | | 16.17 | 8.96 | 8.54 | 8.92 | 5.52 | 5.68 |
| 代办特快专递（万件） | 71.00 | 17.25 | | 60.49 | 83.36 | 65.78 | 53.81 |
| 订销报刊累计数（万份） | | 6447.77 | 6266.50 | 5902.54 | 5760.4 | 6017.15 | 5612.47 |
| 固定长途电话（万分） | | 12339 | 14496 | 14137 | 13683 | 13978 | 12589 |
| 本地电话年末用户（万户） | 104.66 | 64.61 | 74.81 | 61.86 | 60.27 | 71.37 | 57.42 |
| 普通电话 | 88.29 | 60.27 | 67.07 | 57.1 | 60.56 | 57.02 | 55.73 |
| 公用电话 | 16.37 | 6.49 | 5.60 | 10.11 | 4.32 | 3.89 | 3.35 |
| 年末移动电话用户（万户） | 349.25 | 461.32 | 335.53 | 609.68 | 663.9 | 594.1 | 609.7 |
| 国际互联网用户（户） | 500400 | 795898 | 1009900 | 1354700 | 1642100 | 1922700 | 2096100 |
| 邮电局所（处） | 165 | 160 | 159 | 159 | 156 | 156 | 166 |
| 集邮业务（万枚） | 650.83 | 731.00 | 196.32 | 381.46 | 650 | 756.25 | 395.75 |

注：1.邮政报刊期发数调整为订销报刊累计数。

2.2020年电信业务总量按照2015年不变价格计算。

3.2020年起，本地电话年末用户数和年末移动电话用户数等指标较之前年份调整统计口径，以省通信管理局提供数据为准。

# 4-3 邮电业务基本情况（续一）

| 指标 | 2021年 | 2022年 |
|---|---|---|
| 邮电业务总量（亿元） | | |
| 电信业务总量（亿元） | 86.52 | 91.38 |
| 邮政业务总量（亿元） | 17.69 | - |
| 快递企业业务量（万件） | 8139.61 | 8108.09 |
| 函件（万件） | 453.84 | 475.5 |
| 普通包件（万件） | 7.35 | 8.25 |
| 订销报刊累计数（万份） | 6257.66 | 9191.29 |
| 固定长途电话（万分） | 13995 | 3822.1 |
| 本地电话年末用户（万户） | 54.28 | 51.83 |
| 普通电话 | 51.07 | 48.63 |
| 公用电话 | 3.21 | 3.2 |
| 年末移动电话用户（万户） | 617.59 | 630.89 |
| 国际互联网用户（户） | 392.78 | 252.51 |
| 邮政快递网点 | 1798 | 492 |

注：1.邮政报刊期发数调整为订销报刊累计数。

2.从2021年起，电信业务总量按照上年不变价格计算，与往年不可比。

# 4-4 汽车保有量

| 指标 | 2021年 | 2022年 |
|---|---|---|
| **民用汽车拥有量总计（万辆）** | **103.44** | **107.32** |
| 　载客汽车 | 87.06 | 91.1 |
| 　　大型 | 0.71 | 0.71 |
| 　　中型 | 0.32 | 0.3 |
| 　　小型 | 85.80 | 89.88 |
| 　　微型 | 0.23 | 0.21 |
| 　载货汽车 | 15.63 | 15.44 |
| 　　重型 | 3.43 | 3.39 |
| 　　中型 | 0.33 | 0.3 |
| 　　轻型 | 11.12 | 11.19 |
| 　　微型 | 0.00 | 0.00 |
| 　其他汽车 | 1.51 | 1.35 |
| **私人汽车拥有量总计（万辆）** | **79.70** | **83.58** |
| 　载客汽车 | 73.33 | 77.21 |
| 　　大型 | 0.00 | 0.00 |
| 　　中型 | 0.03 | 0.03 |
| 　　小型 | 73.13 | 77.03 |
| 　　微型 | 0.17 | 0.16 |
| 　载货汽车 | 6.10 | 6.09 |
| 　　重型 | 0.47 | 0.44 |
| 　　中型 | 0.06 | 0.05 |
| 　　轻型 | 4.97 | 5.16 |
| 　　微型 | 0.00 | 0.00 |
| 　其他汽车 | 0.86 | 0.71 |
| **新注册民用汽车总计（万辆）** | **8.95** | **6.64** |
| 　载客汽车 | 7.23 | 5.83 |
| 　　大型 | 0.01 | 0.02 |
| 　　中型 | 0.01 | 0.00 |
| 　　小型 | 7.21 | 5.8 |
| 　　微型 | 0.00 | 0.00 |
| 　载货汽车 | 1.65 | 0.77 |
| 　　重型 | 0.46 | 0.08 |
| 　　中型 | 0.01 | 0.01 |
| 　　轻型 | 1.16 | 0.67 |
| 　　微型 | 0.00 | 0.00 |
| 　其他汽车 | 0.09 | 0.06 |
| **公路营运汽车拥有量（万辆）** | **0.10** | **0.10** |
| 　载客汽车 | 0.10 | 0.10 |
| 　载货汽车 | 0.00 | 0.00 |

# 主要统计指标解释

**货（客）运量** 指在一定时期内，各种运输工具实际运送的货物（旅客）数量。它是反映运输业为国民经济和人民生活服务的数量指标，也是制定和检查运输生产计划、研究运输发展规模和速度的重要指标。货运按吨计算，客运按人计算。货物不论运输距离长短、货物类别，均按实际重量统计。旅客不论行程远近或票价多少，均按一人一次客运量统计；半价票、小孩票也按一人统计。

**邮电业务总量** 指以价值量形式表现的邮电通信企业为社会提供各类邮电通信服务的总数量。邮电业务量按专业分类包括函件、包件、汇票、报刊发行、邮政快件、特快专递、邮政储蓄、集邮、公众电报、用户电报、传真、长途电话、出租电路、移动电话、分组交换数据通信、出租代维等。计算方法为各类产品乘以相应的平均单价（不变价）之和，再加上出租电路和设备、代用户维护电话交换机和线路等的服务收入。它综合反映了一定时期邮电业务发展的总成果，是研究邮电业务量构成和发展趋势的重要指标。计算公式为：

邮电业务总量=Σ（各类邮电业务量×不变单价）+出租代维及其他业务收入

**移动电话用户** 是指通过移动电话交换机进入移动电话网、占用移动电话号码的电话用户。用户数量以报告期末在移动电话营业部门实际办理登记手续进入移动电话网的户数进行计算，一部移动电话统计为一户。

**电话用户** 指接入国家公众固定电话网，并按固定电话业务进行经营管理的电话用户。1997年以前，电话用户分为市内电话用户和农村电话用户。“市内电话用户”是指接入县城及县以上城市的电话网上的电话用户；“农村电话用户”是指接入县邮电局农话台及县以下农村电话交换点，以县城为中心（除市话用户外）联通县、乡（镇）、行政村、村民小组的用户。从1997年起，电话用户数分组调整为以用户所在区域划分为“城市电话用户”和“乡村电话用户”，与过去的按市内电话和农村电话划分方法不同。而电话用户总数、电话机总部数统计范围不变。

**城市电话用户** 指直辖市、省辖市、地级市、县级市的市区、市郊区及县城（包括县人民政府所在地的县城关区或行政建制相当于县人民政府所在地的镇）范围内接入局用交换机的电话用户数，包括分布在农村地区的独立工矿区、林区、驻军等接入局用交换机的电话用户数。

**乡村电话用户** 指县城关区以下的集镇和农村接入局用交换机的电话用户数。

**住宅电话用户** 是指安装在居民住宅或农民家里并按照住宅电话登记注册和收费的电话用户。包括私人付费、单位付费和按规定免费安装的住宅电话用户。

统计资料

# 五、农业

# 5-1 各区县农村基本情况

| 地区 | 乡镇数（个） | 镇 | 村民委员会（个） | 乡村户数（万户） | 乡村人口（万人） |
|---|---|---|---|---|---|
| **兰州市** | **61** | **47** | **728** | **32.92** | **121.52** |
| 城关区 | | | 16 | 0.36 | 1.57 |
| 七里河区 | 6 | 5 | 59 | 2.16 | 8.89 |
| 西固区 | 6 | 5 | 40 | 1.46 | 5.05 |
| 安宁区 | | | | | |
| 红古区 | 4 | 4 | 33 | 1.32 | 4.63 |
| 永登县 | 16 | 13 | 200 | 9.95 | 36.16 |
| 皋兰县 | 6 | 6 | 57 | 3.71 | 12.02 |
| 榆中县 | 20 | 11 | 268 | 10.82 | 40.27 |
| 兰州新区 | 3 | 3 | 55 | 3.14 | 12.93 |

# 5-2 各区县农村劳动力情况

单位：万人

| 地区 | 乡村劳动力 | 乡村从业人员 | 农林牧渔业 | 工业 | 建筑业 | 交通运输仓储及邮政业 | 批发零售贸易业 | 住宿和餐饮业 |
|---|---|---|---|---|---|---|---|---|
| **兰州市** | **75.95** | **65.67** | **32.99** | **5.56** | **5.98** | **3.67** | **2.42** | **2.28** |
| 城关区 | 1.06 | 0.84 | 0.38 | 0.02 | 0.01 | 0.07 | 0.02 | 0.07 |
| 七里河区 | 5.75 | 5.16 | 3.10 | 0.52 | 0.21 | 0.22 | 0.21 | 0.15 |
| 西固区 | 3.15 | 2.88 | 1.23 | 0.44 | 0.26 | 0.23 | 0.12 | 0.09 |
| 安宁区 | 0.00 | 0.00 | 0.00 | 0.00 | 0.00 | 0.00 | 0.00 | 0.00 |
| 红古区 | 2.78 | 2.37 | 1.54 | 0.17 | 0.16 | 0.16 | 0.10 | 0.06 |
| 永登县 | 23.02 | 20.03 | 9.54 | 1.48 | 1.59 | 1.27 | 0.79 | 0.77 |
| 皋兰县 | 7.14 | 6.41 | 3.36 | 0.51 | 0.54 | 0.44 | 0.25 | 0.23 |
| 榆中县 | 25.07 | 20.83 | 11.40 | 1.35 | 2.45 | 0.85 | 0.64 | 0.63 |
| 兰州新区 | 7.99 | 7.15 | 2.44 | 1.07 | 0.77 | 0.44 | 0.29 | 0.27 |

# 5-3 农林牧渔业增加值

单位：万元

| 年份 | 农林牧渔业增加值 | | | | | |
|---|---|---|---|---|---|---|
| | | 农业 | 林业 | 牧业 | 渔业 | 服务业 |
| 1979 | 7788.36 | 6638.07 | 110.88 | 1038.06 | 1.38 | |
| 1980 | 9392.15 | 8045.01 | | 1213.24 | 1.04 | |
| 1981 | 7994.08 | 6504.60 | | 1295.24 | 1.03 | |
| 1982 | 8420.08 | 6584.56 | | 1378.05 | 2.00 | |
| 1983 | 11178.75 | 8947.76 | | 1553.05 | 1.85 | |
| 1984 | 14017.15 | 11046.91 | 994.06 | 1974.45 | 1.73 | |
| 1985 | 18976.08 | 15294.47 | 1041.19 | 2635.64 | 4.78 | |
| 1986 | 22036.67 | 17611.67 | 911.00 | 3492.48 | 21.52 | |
| 1987 | 23296.91 | 18423.25 | 746.92 | 4077.74 | 49.00 | |
| 1988 | 30603.00 | 22452.91 | 741.23 | 7239.48 | 169.38 | |
| 1989 | 38054.41 | 27624.39 | 716.71 | 9578.27 | 135.05 | |
| 1990 | 42605.00 | 31278.31 | 1198.86 | 9800.29 | 327.54 | |
| 1991 | 50054.63 | 36455.46 | 1287.62 | 11901.63 | 409.92 | |
| 1992 | 55261.00 | 41527.47 | 968.69 | 12226.92 | 537.92 | |
| 1993 | 65390.76 | 49687.61 | 1320.88 | 13853.49 | 528.78 | |
| 1994 | 95391.00 | 67546.45 | 2431.70 | 24568.40 | 844.45 | |
| 1995 | 118296.96 | 89095.33 | 2856.17 | 25149.63 | 1195.83 | |
| 1996 | 137205.13 | 103602.91 | 3229..78 | 29073.27 | 1299.17 | |
| 1997 | 140826.62 | 101431.00 | 3262.37 | 34891.39 | 1240.97 | |
| 1998 | 152430.54 | 116295.29 | 3248.73 | 31399.17 | 1487.35 | |
| 1999 | 156129.94 | 119674.18 | 2851.99 | 31506.43 | 2097.34 | |
| 2000 | 158915.80 | 121106.04 | 3299.07 | 33007.61 | 1503.08 | |
| 2001 | 168914.30 | 129533.55 | 2800.48 | 34706.09 | 1874.18 | |
| 2002 | 176821.31 | 135578.93 | 2300.11 | 37217.84 | 1724.43 | |
| 2003 | 185709.77 | 140560.98 | 2754.87 | 38760.00 | 1700.40 | |
| 2004 | 206062.21 | 147959.34 | 2409.67 | 51800.50 | 1665.82 | 2226.83 |
| 2005 | 221299.01 | 162258.36 | 1174.17 | 53642.65 | 1880.66 | 2343.17 |
| 2006 | 227335.06 | 165709.78 | 1634.15 | 55151.49 | 2141.87 | 2697.77 |
| 2007 | 250558.67 | 192799.61 | 900.20 | 47718.80 | 1118.80 | 8021.25 |
| 2008 | 259685.09 | 205715.44 | 1128.28 | 39111.06 | 1259.37 | 12470.94 |
| 2009 | 272517.51 | 219099.41 | 1108.04 | 37334.10 | 1440.94 | 13535.02 |
| 2010 | 285232.40 | 226970.27 | 1515.00 | 43561.56 | 302.56 | 12883.01 |
| 2011 | 326505.32 | 254146.51 | 3104.99 | 50309.91 | 457.50 | 18486.40 |
| 2012 | 338327.93 | 260876.60 | 3602.24 | 53886.34 | 483.86 | 19478.88 |
| 2013 | 370041.40 | 284068.01 | 3394.22 | 59762.08 | 800.53 | 22016.56 |
| 2014 | 381593.58 | 293840.66 | 2881.75 | 60153.93 | 702.51 | 24014.74 |
| 2015 | 396686.05 | 305983.91 | 2977.55 | 61081.13 | 820.48 | 25822.97 |
| 2016 | 421023.67 | 314598.82 | 3880.40 | 83390.41 | 1252.64 | 17901.39 |
| 2017 | 447527.30 | 333634.08 | 3770.28 | 89332.75 | 1205.71 | 19584.50 |
| 2018 | 462764.50 | 332592.50 | 5508.20 | 103862.10 | 945.20 | 19856.50 |
| 2019 | 537672.07 | 377953.19 | 5797.49 | 131327.72 | 1504.83 | 21088.84 |
| 2020 | 585109.46 | 414820.63 | 7433.86 | 140073.86 | 566.47 | 22214.64 |
| 2021 | 648752.00 | 448220.47 | 7938.67 | 168455.89 | 577.42 | 23559.55 |
| 2022 | 660231.29 | 522344.37 | 3040.39 | 109051.24 | 599.46 | 25195.82 |

注：自2007年起农林牧渔业增加值数据为农普口径统计数据，增速为可比速度。

# 5-4 农林牧渔业增加值指数

（上年=100）

| 年份 | 农林牧渔业增加值 | 农业 | 林业 | 牧业 | 渔业 | 服务业 |
|---|---|---|---|---|---|---|
| 1979 | 91.22 | 90.94 | 97.74 | 91.9 | 120.64 | |
| 1980 | 116.38 | 116.52 | | 117.47 | 76.63 | |
| 1981 | 80.78 | 77.28 | | 92.49 | 84.28 | |
| 1982 | 110.09 | 105.85 | | 108.59 | 193.66 | |
| 1983 | 124.86 | 128.12 | | 106.71 | 93.45 | |
| 1984 | 117.78 | 114.97 | 140.86 | 121.65 | 92.58 | |
| 1985 | 128.48 | 131.52 | 85.46 | 135.44 | 358.13 | |
| 1986 | 109.9 | 108.54 | 87.89 | 122.57 | 198.01 | |
| 1987 | 97.5 | 97.07 | 81.89 | 101.32 | 394.66 | |
| 1988 | 100.6 | 101.82 | 85.77 | 98.42 | 113.07 | |
| 1989 | 109.64 | 107.26 | 79.81 | 129.21 | 119.04 | |
| 1990 | 110.88 | 110.45 | 115.3 | 106.56 | 129.05 | |
| 1991 | 112.49 | 116.61 | 74.64 | 102.9 | 98.43 | |
| 1992 | 107.23 | 108.74 | 96.52 | 102.31 | 106.62 | |
| 1993 | 102.74 | 92.72 | 169.67 | 137.29 | 159.33 | |
| 1994 | 101.18 | 101.96 | 104.93 | 98.72 | 101.45 | |
| 1995 | 101.2 | 102.73 | 97.83 | 96.67 | 120.55 | |
| 1996 | 105.83 | 107.53 | 102.31 | 101.04 | 106.33 | |
| 1997 | 103.6 | 100.78 | 97.72 | 113.47 | 95.79 | |
| 1998 | 107.1 | 112.87 | 101.33 | 90.94 | 114.79 | |
| 1999 | 120.42 | 119.27 | 121.58 | 127.15 | 107.02 | |
| 2000 | 107.6 | 107.09 | 116.48 | 107.45 | 90.42 | |
| 2001 | 105.5 | 105.6 | 98 | 106 | 105.8 | |
| 2002 | 104.8 | 105.4 | 70.7 | 105.7 | 107.8 | |
| 2003 | 104.9 | 104.84 | 130 | 104.87 | 100 | |
| 2004 | 103.27 | 100.94 | 96.61 | 111.9 | 96.76 | 115.17 |
| 2005 | 104.05 | 104.88 | 42.69 | 104.2 | 112.9 | 105.22 |
| 2006 | 103.11 | 101.97 | 135.51 | 104.92 | 113.92 | 115.13 |
| 2007 | 103.69 | 107.59 | 79.45 | 92.52 | 101.67 | 108.62 |
| 2008 | 105.71 | 103.96 | 123.9 | 115.74 | 103.87 | 103.32 |
| 2009 | 106.17 | 106.39 | 105 | 104.8 | 116.99 | 103.74 |
| 2010 | 105.01 | 104.89 | 138.64 | 109.08 | 34.11 | 99.46 |
| 2011 | 105.2 | 104.37 | 119.38 | 104.65 | 118.54 | 139.21 |
| 2012 | 106.7 | 107.26 | 95.3 | 104.56 | 100.37 | 106.29 |
| 2013 | 105.8 | 106.35 | 88.06 | 103.19 | 155.96 | 107.01 |
| 2014 | 106.28 | 106.81 | 97.46 | 103.31 | 89.6 | 111.23 |
| 2015 | 105.9 | 106.61 | 140.27 | 99.6 | 122.66 | 108.51 |
| 2016 | 106.03 | 106.96 | 123.11 | 99.22 | 101.8 | 105.76 |
| 2017 | 105.91 | 106.31 | 96.23 | 104.00 | 104.29 | 106.41 |
| 2018 | 105.76 | 105.82 | 88.78 | 107.35 | 102.21 | 101.91 |
| 2019 | 105.50 | 105.64 | 99.34 | 105.02 | 156.97 | 104.95 |
| 2020 | 104.95 | 107.27 | 116.27 | 98.72 | 40.41 | 104.09 |
| 2021 | 107.30 | 106.58 | 67.86 | 114.06 | 100.82 | 104.93 |
| 2022 | 104.95 | 105.99 | 92.22 | 101.07 | 99.61 | 104.72 |

# 5-5 农林牧渔业增加值

单位：万元

| 指标 | 2016年 | 2017年 | 2018年 | 2019年 | 2020年 | 2021年 | 2022年 | 2022年比2021年增长（%） |
|---|---|---|---|---|---|---|---|---|
| 农林牧渔业增加值 | 421023.67 | 447527.30 | 462764.50 | 537672.07 | 585109.46 | 648752.00 | 660231.29 | 4.95 |
| 农业 | 314598.82 | 333634.08 | 332592.50 | 377953.19 | 414820.63 | 448220.47 | 522344.37 | 5.99 |
| 林业 | 3880.40 | 3770.28 | 5508.20 | 5797.49 | 7433.86 | 7938.67 | 3040.39 | -7.78 |
| 牧业 | 83390.41 | 89332.75 | 103862.10 | 131327.72 | 140073.86 | 168455.89 | 109051.24 | 1.07 |
| 渔业 | 1252.64 | 1205.71 | 945.20 | 1504.83 | 566.47 | 577.42 | 599.46 | -0.39 |
| 农林牧渔服务业 | 17901.39 | 19584.50 | 19856.50 | 21088.84 | 22214.64 | 23559.55 | 25195.82 | 4.72 |

注：自2007年起农业相关数据为农普口径统计数据。

# 5-6 农林牧渔业增加值构成

单位：%

| 指标 | 2016年 | 2017年 | 2018年 | 2019年 | 2020年 | 2021年 | 2022年 |
|---|---|---|---|---|---|---|---|
| 农林牧渔业增加值 | 100.00 | 100.00 | 100.00 | 100.00 | 100.00 | 100.00 | 100.00 |
| 农业 | 74.72 | 74.55 | 71.87 | 70.29 | 70.90 | 69.09 | 79.12 |
| 林业 | 0.92 | 0.84 | 1.19 | 1.08 | 1.27 | 1.22 | 0.46 |
| 牧业 | 19.81 | 19.96 | 22.44 | 24.43 | 23.94 | 25.97 | 16.52 |
| 渔业 | 0.30 | 0.27 | 0.20 | 0.28 | 0.10 | 0.09 | 0.09 |
| 农林牧渔服务业 | 4.25 | 4.38 | 4.29 | 3.92 | 3.80 | 3.63 | 3.82 |

注：自2007年起农业相关数据为农普口径统计数据。

# 5-7 各县区农林牧渔业增加值

单位：万元

| 地区 | 农林牧渔业增加值 | 农业 | 林业 | 牧业 | 渔业 | 服务业 | 比2021年增长（%） |
|---|---|---|---|---|---|---|---|
| 兰州市 | 660231.29 | 522344.37 | 3040.39 | 109051.24 | 599.46 | 25195.82 | 4.95 |
| 城关区 | 5748.87 | 4290.54 | 752.49 | 370.87 | 0.00 | 334.97 | -4.94 |
| 七里河区 | 103015.70 | 84048.19 | 104.85 | 11770.93 | 0.00 | 7091.72 | 2.89 |
| 西固区 | 35716.72 | 30822.50 | 13.21 | 4416.59 | 0.00 | 464.42 | 1.34 |
| 安宁区 | 784.68 | 650.39 | 9.17 | 109.29 | 0.00 | 15.82 | -0.55 |
| 红古区 | 61457.14 | 49306.65 | 157.14 | 10968.80 | 57.84 | 966.70 | 4.63 |
| 永登县 | 131874.78 | 96644.32 | 863.55 | 32086.49 | 433.90 | 1846.53 | 7.80 |
| 皋兰县 | 93604.69 | 80431.69 | 22.41 | 11156.78 | 5.49 | 1988.32 | 0.10 |
| 榆中县 | 194759.74 | 161125.28 | 738.23 | 22133.06 | 102.23 | 10660.95 | 7.61 |
| 兰州新区 | 33268.96 | 15024.81 | 379.33 | 16038.42 | 0.00 | 1826.40 | 20.67 |

# 5-8 农林牧渔业总产值

单位：万元

| 年份 | 农林牧渔业 | 农业 | 林业 | 牧业 | 渔业 | 服务业 |
|---|---|---|---|---|---|---|
| 2007 | 415625.46 | 311831.62 | 4313.40 | 87643.71 | 2506.08 | 9330.65 |
| 2008 | 426154.25 | 321942.58 | 4337.85 | 75347.66 | 2872.39 | 21653.77 |
| 2009 | 440276.77 | 333282.94 | 4624.28 | 76151.41 | 2695.01 | 23523.14 |
| 2010 | 468906.80 | 349843.72 | 5545.69 | 87918.40 | 749.68 | 24849.30 |
| 2011 | 518620.38 | 373496.30 | 6629.19 | 100777.06 | 851.34 | 36866.49 |
| 2012 | 554788.06 | 393770.31 | 7355.69 | 111070.89 | 856.39 | 41734.78 |
| 2013 | 596279.36 | 418889.69 | 7775.68 | 121022.15 | 1156.85 | 47435.00 |
| 2014 | 603157.49 | 416730.20 | 7301.43 | 123172.86 | 1003.35 | 54949.65 |
| 2015 | 623544.50 | 422756.66 | 10207.21 | 128008.91 | 1091.11 | 61480.61 |
| 2016 | 650833.69 | 437710.16 | 12447.71 | 132312.17 | 1042.20 | 67321.45 |
| 2017 | 674283.36 | 455808.79 | 13670.34 | 129831.64 | 918.46 | 74054.13 |
| 2018 | 786311.79 | 533895.58 | 14963.87 | 159837.03 | 1244.17 | 76371.14 |
| 2019 | 947563.24 | 658614.27 | 11889.24 | 193711.46 | 2237.36 | 81110.91 |
| 2020 | 1020339.21 | 715506.68 | 14495.96 | 204035.60 | 859.96 | 85441.01 |
| 2021 | 1134729.34 | 841150.58 | 9526.91 | 192625.14 | 855.91 | 90570.81 |
| 2022 | 1160448.97 | 868532.22 | 8936.37 | 186562.07 | 862.29 | 95556.02 |

注：自2007年起农业相关数据为农普口径统计数据。

# 5-9 农林牧渔业总产值构成

单位：%

| 年份 | 农林牧渔业 | 农业 | 林业 | 牧业 | 渔业 | 服务业 |
|---|---|---|---|---|---|---|
| 2007 | 100.00 | 75.03 | 1.04 | 21.09 | 0.60 | 2.24 |
| 2008 | 100.00 | 75.55 | 1.02 | 17.68 | 0.67 | 5.08 |
| 2009 | 100.00 | 75.70 | 1.05 | 17.30 | 0.61 | 5.34 |
| 2010 | 100.00 | 74.61 | 1.18 | 18.75 | 0.16 | 5.30 |
| 2011 | 100.00 | 72.02 | 1.28 | 19.43 | 0.16 | 7.11 |
| 2012 | 100.00 | 70.98 | 1.33 | 20.02 | 0.15 | 7.52 |
| 2013 | 100.00 | 70.25 | 1.30 | 20.30 | 0.19 | 7.96 |
| 2014 | 100.00 | 69.09 | 1.21 | 20.42 | 0.17 | 9.11 |
| 2015 | 100.00 | 67.80 | 1.64 | 20.53 | 0.17 | 9.86 |
| 2016 | 100.00 | 67.25 | 1.91 | 20.33 | 0.16 | 10.34 |
| 2017 | 100.00 | 67.60 | 2.03 | 19.25 | 0.14 | 10.98 |
| 2018 | 100.00 | 67.90 | 1.90 | 20.33 | 0.16 | 9.71 |
| 2019 | 100.00 | 69.51 | 1.25 | 20.44 | 0.24 | 8.56 |
| 2020 | 100.00 | 70.12 | 1.42 | 20.00 | 0.08 | 8.37 |
| 2021 | 100.00 | 74.13 | 0.84 | 16.98 | 0.08 | 7.98 |
| 2022 | 100.00 | 74.84 | 0.77 | 16.08 | 0.07 | 8.23 |

注：自2007年起农业相关数据为农普口径统计数据。

# 5-10 农作物

| 指标 | 2012年 | 2013年 | 2014年 | 2015年 | 2016年 |
|---|---|---|---|---|---|
| **总播种面积（万亩）** | **257.07** | **255.36** | **258.52** | **259.36** | **249.90** |
| **谷物及其他作物播种面积** | **188.16** | **180.02** | **178.46** | **172.43** | **160.09** |
| 粮食作物 | 142.62 | 143.70 | 137.38 | 134.03 | 129.67 |
| 夏粮 | 63.26 | 61.94 | 55.17 | 52.78 | 48.97 |
| 秋粮 | 79.37 | 81.76 | 82.21 | 81.25 | 80.70 |
| 谷物 | 96.07 | 96.58 | 91.76 | 88.50 | 84.04 |
| 小麦 | 49.34 | 48.68 | 44.90 | 41.92 | 38.83 |
| 玉米 | 40.43 | 42.67 | 43.59 | 42.25 | 41.80 |
| 豆类 | 14.65 | 13.12 | 10.99 | 12.58 | 12.89 |
| 大豆 | 3.25 | 2.29 | 2.28 | 2.31 | 3.15 |
| 薯类 | 31.91 | 34.00 | 34.62 | 32.94 | 32.74 |
| 油料 | 20.86 | 18.77 | 15.63 | 15.10 | 15.15 |
| 甜菜 | 0.00 | 0.00 | 0.00 | 0.00 | 0.00 |
| **蔬菜园艺播种面积** | **55.03** | **59.71** | **63.34** | **68.15** | **73.26** |
| 蔬菜 | 54.40 | 58.97 | 62.68 | 67.58 | 72.70 |
| 花卉 | 0.62 | 0.74 | 0.66 | 0.57 | 0.56 |
| **瓜果播种面积** | **6.11** | **6.07** | **5.95** | **6.08** | **5.23** |
| 瓜类 | 6.03 | 6.02 | 5.89 | 6.05 | 5.20 |
| 草莓 | 0.08 | 0.05 | 0.06 | 0.03 | 0.03 |
| **药材播种面积** | **7.77** | **9.57** | **10.77** | **12.71** | **11.32** |
| **占总播种面积比重（%）** | | | | | |
| **谷物及其他作物播种面积** | **73.19** | **70.50** | **69.03** | **66.48** | **64.06** |
| 粮食作物 | 55.48 | 56.27 | 53.14 | 51.67 | 51.89 |
| 夏粮 | 24.61 | 24.25 | 21.34 | 20.35 | 19.60 |
| 秋粮 | 30.87 | 32.02 | 31.80 | 31.33 | 32.29 |
| 谷物 | 37.37 | 37.82 | 35.50 | 34.12 | 33.63 |
| 小麦 | 19.20 | 19.06 | 17.37 | 16.16 | 15.54 |
| 玉米 | 15.73 | 16.71 | 16.86 | 16.29 | 16.73 |
| 豆类 | 5.70 | 5.14 | 4.25 | 4.85 | 5.16 |
| 大豆 | 1.26 | 0.90 | 0.88 | 0.89 | 1.26 |
| 薯类 | 12.41 | 13.32 | 13.39 | 12.70 | 13.10 |
| 油料 | 8.11 | 7.35 | 6.05 | 5.82 | 6.06 |
| 甜菜 | 0.00 | 0.00 | 0.00 | 0.00 | 0.00 |
| **蔬菜园艺播种面积** | **21.41** | **23.38** | **24.50** | **26.27** | **29.32** |
| 蔬菜 | 21.16 | 23.09 | 24.24 | 26.05 | 29.09 |
| 花卉 | 0.24 | 0.29 | 0.25 | 0.22 | 0.22 |
| **瓜果播种面积** | **2.38** | **2.38** | **2.30** | **2.34** | **2.09** |
| 瓜类 | 2.35 | 2.36 | 2.28 | 2.33 | 2.08 |
| 草莓 | 0.03 | 0.02 | 0.02 | 0.01 | 0.01 |
| **药材播种面积** | **3.02** | **3.75** | **4.17** | **4.90** | **4.53** |

注：自2007年起农业相关数据为农普口径统计数据。

# 播种面积

| 2017年 | 2018年 | 2019年 | 2020年 | 2021年 | 2022年 |
|---|---|---|---|---|---|
| 250.65 | 238.99 | 248.59 | 274.03 | 280.96 | 290.57 |
| 153.66 | 143.73 | 146.46 | 164.92 | 166.83 | 173.23 |
| 123.92 | 117.29 | 114.61 | 125.04 | 126.78 | 132.13 |
| 46.34 | 42.97 | 43.14 | 47.16 | 47.34 | 52.54 |
| 77.58 | 74.32 | 71.47 | 77.88 | 79.44 | 79.59 |
| 78.84 | 74.96 | 75.36 | 76.76 | 77.86 | 86.98 |
| 36.46 | 35.52 | 35.06 | 34.11 | 33.05 | 37.48 |
| 40.88 | 37.96 | 38.76 | 41.28 | 41.76 | 42.33 |
| 11.59 | 9.83 | 7.08 | 11.97 | 12.75 | 13.84 |
| 2.45 | 2.56 | 0.01 | 0.01 | 0.01 | 0.01 |
| 33.49 | 32.50 | 32.17 | 36.30 | 36.17 | 31.32 |
| 15.62 | 12.08 | 13.63 | 15.96 | 14.75 | 13.73 |
| 0.00 | 0.00 | 0.00 | 0.00 | 0.00 | 0.00 |
| 77.28 | 78.57 | 83.55 | 88.42 | 92.43 | 95.29 |
| 76.66 | 77.92 | 82.96 | 87.76 | 91.80 | 94.67 |
| 0.63 | 0.65 | 0.59 | 0.66 | 0.63 | 0.62 |
| 5.33 | 4.90 | 4.79 | 5.02 | 5.68 | 5.11 |
| 5.30 | 4.88 | 4.72 | 4.91 | 5.58 | 5.00 |
| 0.03 | 0.03 | 0.07 | 0.10 | 0.10 | 0.10 |
| 14.38 | 11.78 | 13.78 | 15.67 | 16.02 | 16.93 |
| | | | | | |
| 61.31 | 60.14 | 58.92 | 60.18 | 59.38 | 59.62 |
| 49.44 | 49.07 | 46.10 | 45.63 | 45.12 | 45.47 |
| 18.49 | 17.98 | 17.35 | 17.21 | 16.85 | 18.08 |
| 30.95 | 31.10 | 28.75 | 28.42 | 28.27 | 27.39 |
| 31.46 | 31.36 | 30.31 | 28.01 | 27.71 | 29.93 |
| 14.55 | 14.86 | 14.10 | 12.45 | 11.76 | 12.90 |
| 16.31 | 15.88 | 15.59 | 15.06 | 14.86 | 14.57 |
| 4.62 | 4.11 | 2.85 | 4.37 | 4.54 | 4.76 |
| 0.98 | 1.07 | 0.00 | 0.00 | 0.00 | 0.00 |
| 13.36 | 13.60 | 12.94 | 13.25 | 12.87 | 10.78 |
| 6.23 | 5.05 | 5.48 | 5.82 | 5.25 | 4.73 |
| 0.00 | 0.00 | 0.00 | 0.00 | 0.00 | 0.00 |
| 30.83 | 32.88 | 33.61 | 32.27 | 32.90 | 32.79 |
| 30.58 | 32.60 | 33.37 | 32.03 | 32.67 | 32.58 |
| 0.25 | 0.27 | 0.24 | 0.24 | 0.22 | 0.21 |
| 2.13 | 2.05 | 1.93 | 1.83 | 2.02 | 1.76 |
| 2.11 | 2.04 | 1.90 | 1.79 | 1.99 | 1.72 |
| 0.01 | 0.01 | 0.03 | 0.04 | 0.03 | 0.03 |
| 5.74 | 4.93 | 5.54 | 5.72 | 5.70 | 5.79 |

# 5-11 各区县农作物播种面积

单位：万亩

| 地区 | 农作物播种面积 | 粮食 | 小麦 | 玉米 | 油料 | 药材 | 蔬菜 | 果园面积 |
|---|---|---|---|---|---|---|---|---|
| **兰州市** | **290.57** | **132.13** | **37.48** | **42.33** | **13.73** | **16.93** | **94.67** | **12.97** |
| 城关区 | 0.73 | 0.24 | 0.16 | 0.0039 | 0.05 | 0.00 | 0.38 | 0.43 |
| 七里河区 | 14.38 | 1.46 | 0.21 | 1.24 | 0.06 | 0.28 | 12.57 | 0.78 |
| 西固区 | 4.87 | 0.37 | 0.06 | 0.29 | 0.03 | 0.04 | 4.33 | 1.73 |
| 安宁区 | 0.00 | 0.00 | 0.00 | 0.00 | 0.00 | 0.00 | 0.00 | 0.22 |
| 红古区 | 11.96 | 1.71 | 0.3 | 1.41 | 0.01 | 0.00 | 10.13 | 1.05 |
| 永登县 | 108.93 | 65.75 | 26.03 | 16.55 | 5.05 | 4.44 | 18.54 | 2.21 |
| 皋兰县 | 25.69 | 10.62 | 2.61 | 3.22 | 1.16 | 0.00 | 9.92 | 4.66 |
| 榆中县 | 104.43 | 45.72 | 6.04 | 16.76 | 5.87 | 11.61 | 37.06 | 0.84 |
| 兰州新区 | 19.57 | 6.25 | 2.06 | 2.87 | 1.49 | 0.56 | 1.73 | 1.06 |

# 5-12 主要农产品产量

| 指标 | 2007年 | 2008年 | 2009年 | 2010年 | 2011年 | 2012年 | 2013年 | 2014年 |
|---|---|---|---|---|---|---|---|---|
| **主要农产品产量（万吨）** | | | | | | | | |
| 粮食 | 30.71 | 34.40 | 33.01 | 31.84 | 35.54 | 34.93 | 35.8 | 34.6 |
| 夏粮 | 16.00 | 17.40 | 16.40 | 12.80 | 13.81 | 13.52 | 13.2 | 12.7 |
| 秋粮 | 14.71 | 17.01 | 16.61 | 19.04 | 21.73 | 21.41 | 22.5 | 21.9 |
| 谷物 | 21.14 | 24.84 | 23.44 | 23.17 | 26.19 | 25.23 | 25.6 | 25.0 |
| 稻谷 | 0.07 | 0.07 | 0.07 | 0.11 | 0.11 | 0.11 | 0.1 | 0.1 |
| 小麦 | 12.49 | 13.89 | 12.89 | 9.99 | 11.00 | 10.69 | 10.5 | 10.2 |
| 玉米 | 6.15 | 8.15 | 8.15 | 11.15 | 13.15 | 13.15 | 13.8 | 13.8 |
| 豆类 | 2.73 | 2.73 | 2.73 | 2.53 | 2.54 | 2.39 | 2.3 | 2.3 |
| 薯类 | 6.84 | 6.84 | 6.84 | 6.14 | 6.81 | 7.31 | 7.9 | 7.4 |
| 油料 | 2.26 | 2.15 | 2.01 | 2.15 | 2.08 | 2.36 | 2.6 | 1.8 |
| 胡麻籽 | 1.60 | 1.55 | 1.43 | 1.58 | 1.42 | 1.73 | 1.5 | 1.2 |
| 油菜籽 | 0.46 | 0.36 | 0.31 | 0.43 | 0.50 | 0.46 | 0.5 | 0.5 |
| 甜菜 | 0.00 | 0.00 | 0.00 | 0.00 | 0.00 | 0.00 | 0.0 | 0.0 |
| 烟叶 | 0.16 | 0.17 | 0.13 | 0.11 | 0.10 | 0.06 | 0.1 | 0.1 |
| 药材 | 0.84 | 0.76 | 0.60 | 0.37 | 0.70 | 0.96 | 1.4 | 2.0 |
| 蔬菜 | 86.10 | 89.30 | 97.85 | 101.42 | 107.43 | 112.52 | 126.3 | 136.4 |
| 水果 | 11.25 | 11.43 | 11.54 | 11.61 | 11.42 | 12.73 | 13.4 | 14.6 |
| **农产品单位面积产量（公斤/亩）** | | | | | | | | |
| 粮食 | 214.03 | 239.19 | 224.17 | 217.85 | 244.46 | 244.91 | 248.8 | 251.7 |
| 谷物 | 241.54 | 291.70 | 243.60 | 245.52 | 275.70 | 262.59 | 265.0 | 272.0 |
| 油菜籽 | 66.64 | 85.98 | 69.56 | 87.77 | 84.46 | 91.66 | 94.8 | 96.7 |
| 甜菜 | 0.00 | 0.00 | 0.00 | 0.00 | 0.00 | 0.00 | 0.0 | 0.0 |
| 烟叶 | 143.59 | 154.01 | 151.89 | 132.64 | 193.23 | 132.57 | 184.5 | 209.9 |

# 5-12 主要农产品产量（续一）

| 指标 | 2015年 | 2016年 | 2017年 | 2018年 | 2019年 | 2020年 | 2021年 | 2022年 |
|---|---|---|---|---|---|---|---|---|
| **主要农产品产量(万吨)** | | | | | | | | |
| 粮食 | 32.6 | 30.9 | 30.0 | 29.8 | 30.3 | 33.6 | 33.3 | 33.8 |
| 夏粮 | 12.1 | 10.8 | 10.6 | 9.6 | 9.7 | 11.1 | 11.2 | 11.5 |
| 秋粮 | 20.5 | 20.1 | 19.5 | 20.1 | 20.6 | 22.6 | 22.1 | 22.3 |
| 谷物 | 24.2 | 22.4 | 21.1 | 21.4 | 22.0 | 22.9 | 22.6 | 23.8 |
| 稻谷 | 0.0 | 0.0 | 0.0 | 0.0 | 0.0 | 0.0 | 0.0 | 0.0 |
| 小麦 | 9.7 | 8.7 | 8.5 | 7.9 | 7.9 | 7.8 | 7.6 | 7.9 |
| 玉米 | 13.2 | 12.8 | 12.3 | 13.2 | 13.8 | 14.8 | 14.6 | 15.1 |
| 豆类 | 2.0 | 2.2 | 2.1 | 1.9 | 1.6 | 3.0 | 3.3 | 3.4 |
| 薯类 | 6.3 | 6.2 | 6.8 | 6.5 | 6.7 | 7.7 | 7.4 | 6.6 |
| 油料 | 1.8 | 1.8 | 1.7 | 1.6 | 1.8 | 2.3 | 2.2 | 1.9 |
| 胡麻籽 | 1.2 | 1.2 | 1.0 | 1.1 | 1.4 | 1.4 | 1.4 | 1.1 |
| 油菜籽 | 0.5 | 0.5 | 0.5 | 0.5 | 0.4 | 0.4 | 0.4 | 0.4 |
| 甜菜 | 0.0 | 0.0 | 0.0 | 0.0 | 0.0 | 0.0 | 0.0 | 0.0 |
| 烟叶 | 0.0 | 0.0 | 0.0 | 0.0 | 0.0 | 0.0 | 0.0 | 0.0 |
| 药材 | 2.2 | 2.1 | 2.7 | 3.2 | 3.3 | 3.7 | 4.0 | 4.3 |
| 蔬菜 | 146.5 | 146.8 | 159.1 | 166.9 | 180.5 | 191.8 | 208.3 | 215.1 |
| 水果 | 14.1 | 14.3 | 14.0 | 11.7 | 13.2 | 13.3 | 13.0 | 11.3 |
| **农产品单位面积产量(公斤/亩)** | | | | | | | | |
| 粮食 | 243.1 | 238.3 | 242.4 | 253.8 | 264.6 | 269.1 | 262.6 | 255.8 |
| 谷物 | 273.8 | 267.0 | 268.1 | 285.3 | 292.3 | 298.5 | 290.7 | 274.0 |
| 油菜籽 | 92.0 | 96.1 | 95.8 | 112.5 | 109.6 | 88.3 | 110.0 | 105.6 |
| 甜菜 | 0.0 | 0.0 | 0.0 | 0.0 | 0.0 | 0.0 | 0.0 | 0.0 |
| 烟叶 | 339.3 | 372.2 | 353.1 | 264.9 | 150.0 | 142.9 | 112.7 | 142.9 |

# 5-13　分区县农产品产量

单位：吨

| 地区 | 粮食 | | | 蔬菜 | 油料 |
|---|---|---|---|---|---|
| | | 小麦 | 玉米 | | |
| **兰州市** | **337982.37** | **79257.38** | **150956.79** | **2150647.19** | **18573.10** |
| 城关区 | 259.80 | 160.00 | 11.80 | 7321.37 | 75.00 |
| 七里河区 | 4042.44 | 394.70 | 3624.54 | 240955.65 | 56.52 |
| 西固区 | 1062.95 | 140.41 | 903.00 | 93080.17 | 47.50 |
| 安宁区 | 0.00 | 0.00 | 0.00 | 0.00 | 0.00 |
| 红古区 | 5137.92 | 618.30 | 4519.62 | 259360.54 | 29.90 |
| 永登县 | 153874.95 | 49818.36 | 55522.87 | 419907.15 | 5449.20 |
| 皋兰县 | 27427.22 | 6010.00 | 10035.22 | 265577.88 | 2222.00 |
| 榆中县 | 130186.65 | 17055.48 | 67390.03 | 824903.00 | 7610.61 |
| 兰州新区 | 15990.44 | 5060.13 | 8949.71 | 39541.43 | 3082.37 |

# 5-14 水果、水产品

| 指标 | 2007年 | 2008年 | 2009年 | 2010年 | 2011年 | 2012年 | 2013年 |
|---|---|---|---|---|---|---|---|
| **水果产量（万吨）** | 11.25 | 11.43 | 11.54 | 11.61 | 11.42 | 12.73 | 13.42 |
| 苹果 | 3.75 | 3.79 | 3.84 | 3.89 | 4.07 | 4.19 | 4.47 |
| 梨 | 3.43 | 3.37 | 3.51 | 3.17 | 3.04 | 3.10 | 3.29 |
| 葡萄 | 0.28 | 0.30 | 0.27 | 0.29 | 0.31 | 0.41 | 0.43 |
| 红枣 | 0.96 | 0.92 | 1.02 | 1.08 | 0.84 | 0.92 | 1.09 |
| 杏子 | 0.59 | 0.56 | 0.57 | 0.63 | 0.39 | 0.39 | 0.45 |
| 桃子 | 1.55 | 1.64 | 1.56 | 1.78 | 1.93 | 2.06 | 2.21 |
| 草莓 | 0.26 | 0.34 | 0.28 | 0.20 | 0.19 | 0.14 | 0.09 |
| **果园面积（万亩）** | 14.05 | 14.68 | 13.94 | 13.94 | 14.65 | 14.23 | 14.25 |
| 苹果园 | 4.29 | 4.35 | 4.21 | 4.17 | 4.07 | 4.07 | 4.14 |
| 梨园 | 4.95 | 4.66 | 4.41 | 4.28 | 4.17 | 3.77 | 3.74 |
| 桃园 | 1.53 | 1.49 | 1.46 | 1.45 | 1.41 | 1.42 | 1.40 |
| 杏园 | 1.22 | 1.54 | 1.46 | 1.64 | 1.56 | 1.70 | 1.72 |
| **水产品产量（吨）** | 1218.58 | 1149.32 | 1298.81 | 773.50 | 841.02 | 836.36 | 1125.02 |
| **水产品养殖面积（亩）** | 2862.23 | 2521.68 | 5167.42 | 2957.50 | 2966.83 | 2959.94 | 3026.02 |

注：自2007年起农业相关数据为农普口径统计数据。

# 生产情况

| 2014年 | 2015年 | 2016年 | 2017年 | 2018年 | 2019年 | 2020年 | 2021年 | 2022年 |
|---|---|---|---|---|---|---|---|---|
| 14.65 | 14.07 | 14.26 | 14.00 | 11.73 | 13.22 | 13.25 | 12.96 | 11.31 |
| 4.71 | 4.94 | 6.43 | 6.19 | 5.29 | 5.73 | 5.68 | 5.48 | 4.95 |
| 3.56 | 3.61 | 3.06 | 3.12 | 2.17 | 2.78 | 2.74 | 2.75 | 2.68 |
| 0.61 | 0.74 | 0.83 | 0.81 | 0.85 | 0.89 | 0.91 | 0.89 | 0.31 |
| 1.11 | 1.15 | 0.73 | 0.76 | 0.56 | 0.61 | 0.60 | 0.60 | 0.59 |
| 0.46 | 0.47 | 0.46 | 0.54 | 0.40 | 0.77 | 0.79 | 0.75 | 0.68 |
| 2.30 | 2.31 | 1.45 | 1.44 | 1.80 | 1.86 | 1.90 | 1.96 | 1.58 |
| 0.10 | 0.06 | 0.05 | 0.04 | 0.05 | 0.10 | 0.15 | 0.15 | 0.13 |
| 13.91 | 13.60 | 14.27 | 14.32 | 13.61 | 13.40 | 13.39 | 13.35 | 12.97 |
| 4.13 | 4.27 | 4.24 | 4.13 | 3.89 | 3.69 | 3.69 | 3.81 | 3.71 |
| 3.63 | 3.48 | 3.41 | 3.37 | 3.23 | 3.10 | 2.98 | 2.97 | 2.95 |
| 1.40 | 1.39 | 1.34 | 1.37 | 1.46 | 1.45 | 1.53 | 1.55 | 1.59 |
| 1.66 | 1.36 | 1.32 | 1.42 | 1.41 | 1.68 | 1.67 | 1.66 | 1.67 |
| 1027.47 | 1195.67 | 1197.93 | 1158.94 | 1177.26 | 611.00 | 614.00 | 617.00 | 628.00 |
| 2903.18 | 2984.67 | 2977.37 | 2979.40 | 3014.64 | 1504.00 | 855.00 | 4929.00 | 855.00 |

# 5-15 分区县水果、水产品生产情况

| 地区 | 水果产量（吨） | | | 水产品产量（吨） | 水产品养殖面积（亩） |
|---|---|---|---|---|---|
| | | 苹果 | 桃子 | | |
| 兰州市 | 113094.30 | 49510.52 | 15767.95 | 628.00 | 855.00 |
| 城关区 | 6754.16 | 5882.89 | 228.70 | 0.00 | 0.00 |
| 七里河区 | 12222.80 | 5612.90 | 2235.50 | 0.00 | 0.00 |
| 西固区 | 13141.00 | 3782.55 | 426.60 | 0.00 | 0.00 |
| 安宁区 | 2736.00 | 0.00 | 2594.00 | 0.00 | 0.00 |
| 红古区 | 17072.20 | 11798.30 | 2180.50 | 55.00 | 60.00 |
| 永登县 | 16814.00 | 8121.90 | 103.00 | 460 | 555.00 |
| 皋兰县 | 29317.05 | 11430.00 | 7771.05 | 4.00 | 15.00 |
| 榆中县 | 4818.19 | 2456.18 | 114.60 | 109 | 225.00 |
| 兰州新区 | 10218.90 | 425.80 | 114.00 | 0.00 | 0.00 |

# 5-16 林业生产

| 指标 | 2010年 | 2011年 | 2012年 | 2013年 | 2014年 | 2015年 | 2016年 |
|---|---|---|---|---|---|---|---|
| **荒山荒(沙)地造林面积(万亩)** | **6.62** | **4.8** | **4.76** | **6.04** | **8.16** | **9.9** | **8.95** |
| 人工造林 | 6.62 | 4.80 | 4.76 | 5.04 | 5.01 | 4.35 | 5.92 |
| 飞机播种造林 | | | | | | | |
| 防护林 | 2.22 | 2.20 | 2.89 | 2.70 | 4.75 | 7.75 | 6.61 |
| 用材林 | | | 0.01 | 0.01 | 0.08 | 0.00 | |
| 经济林 | 4.40 | 2.60 | 1.86 | 3.23 | 3.40 | 2.15 | 2.33 |
| 幼林抚育作业面积（万亩） | 37.05 | 18.04 | 16.86 | 10.90 | 11.33 | 11.66 | 11.72 |
| 成林抚育作业面积（万亩） | 17.54 | 33.41 | 34.93 | 36.75 | 39.25 | 38.95 | 38.95 |
| 迹地更新（万亩） | | | | | | | |
| 当年零星（四旁）植树（万株） | 223.59 | 236.19 | 206.04 | 230.93 | 81.25 | 228.21 | 80.32 |
| 年末实有育苗面积（万亩） | 0.69 | 1.27 | 2.01 | 1.84 | 2.28 | 2.62 | 2.73 |
| 本年新育面积（万亩） | 0.16 | 0.17 | 0.75 | 0.51 | 0.34 | 0.59 | 0.34 |
| **林产品产量（吨）** | | | | | | | |
| 核桃 | 195.00 | 438.53 | 2000.59 | 1146.23 | 5221.34 | 8500.43 | 7243.75 |
| 花椒 | 82.54 | 66.72 | 55.45 | 60.30 | 54.08 | 54.75 | 54.20 |

# 5-16 林业生产（续一）

| 指标 | 2017年 | 2018年 | 2019年 | 2020年 | 2021年 | 2022年 |
|---|---|---|---|---|---|---|
| **荒山荒(沙)地造林面积(万亩)** | **13.89** | **13.15** | **13.09** | **16.91** | **6.39** | **5.23** |
| 人工造林 | 13.36 | 11.15 | 6.55 | 8.81 | 6.38 | 4.88 |
| 飞机播种造林 | | | | | | |
| 防护林 | 8.47 | 12.03 | | | | |
| 用材林 | | | | | | |
| 经济林 | 5.42 | 1.12 | | | | |
| 幼林抚育作业面积（万亩） | 11.19 | 7.38 | | | | |
| 成林抚育作业面积（万亩） | 38.4 | 19.18 | | | | |
| 迹地更新（万亩） | | | | | | |
| 当年零星（四旁）植树（万株） | 57.71 | 66.92 | 173.24 | 154.74 | 141.21 | 139.7 |
| 年末实有育苗面积（万亩） | 2.17 | 1.19 | | | | |
| 本年新育面积（万亩） | 0.25 | 0.11 | | | | |
| **林产品产量（吨）** | | | | | | |
| 核桃 | 7227.22 | 1208.72 | 2907.61 | 4089.4 | 4215.2 | 2559.9 |
| 花椒 | 30.1 | 0.00 | 27.9 | 28.3 | 23.8 | 7.9 |

# 5-17　牲畜存栏及畜产品产量

| 指标 | 2007年 | 2008年 | 2009年 | 2010年 | 2011年 |
|---|---|---|---|---|---|
| **大牲畜年末头数（万头）** | **14.45** | **10.44** | **10.51** | **10.66** | **10.28** |
| 牛 | 5.72 | 4.44 | 4.69 | 4.86 | 4.91 |
| 良种乳牛 | 2.72 | 1.80 | 2.41 | 2.48 | 2.49 |
| 马 | 0.00 | 0.16 | 0.16 | 0.22 | 0.20 |
| 骡 | 0.00 | 3.34 | 3.25 | 3.09 | 2.94 |
| 驴 | 0.00 | 2.50 | 2.41 | 2.49 | 2.24 |
| 肉猪出栏头数（万头） | 0.00 | 29.23 | 31.08 | 33.32 | 31.72 |
| 猪年末存栏头数（万头） | 34.24 | 28.94 | 31.44 | 34.39 | 34.55 |
| 羊年末存栏只数（万只） | 60.30 | 53.15 | 55.04 | 60.46 | 61.79 |
| 山羊 | 7.80 | 6.86 | 7.04 | 8.82 | 10.61 |
| 绵羊 | 52.50 | 46.29 | 48.00 | 51.64 | 51.18 |
| 肉类产品（万吨） | 3.96 | 3.46 | 3.38 | 3.38 | 3.14 |
| 猪牛羊肉（吨） | 34349.48 | 30498.03 | 29875.17 | 29749.38 | 27243.34 |
| 猪肉（吨） | 28786.96 | 25240.55 | 25325.14 | 25184.87 | 22849.61 |
| 牛肉（吨） | 831.91 | 807.95 | 767.90 | 802.51 | 912.74 |
| 羊肉（吨） | 4730.61 | 4449.53 | 3782.13 | 3762.00 | 3480.99 |
| 牛奶产量（吨） | 5998.47 | 4625.34 | 5122.53 | 4922.18 | 4425.61 |
| 羊奶产量（吨） | 159.03 | 0.00 | 0.00 | 0.00 | 147.25 |
| 绵羊毛（吨） | 965.36 | 213.41 | 334.36 | 444.25 | 954.16 |
| 山羊毛（吨） | 53.31 | 9.60 | 7.53 | 9.22 | 68.97 |
| 羊绒（吨） | 10.23 | 793.43 | 852.64 | 948.31 | 11.67 |
| 禽蛋产量（万吨） | 0.55 | 0.00 | 0.00 | 0.00 | 1.03 |
| 蜂蜜产量（吨） | 0.00 | 0.00 | 0.08 | 0.00 | 0.00 |

注：自2007年起肉产品产量数据为农普口径统计数据。

# 5-17 牲畜存栏及畜产品产量（续一）

| 指标 | 2012年 | 2013年 | 2014年 | 2015年 | 2016年 | 2017年 |
|---|---|---|---|---|---|---|
| **大牲畜年末头数（万头）** | **9.82** | **9.34** | **9.07** | **6.52** | **6.89** | **7.72** |
| 牛 | 4.79 | 4.98 | 5.01 | 5.11 | 4.29 | 5.30 |
| 良种乳牛 | 2.55 | 2.64 | 2.74 | 3.11 | 1.90 | 2.79 |
| 马 | 0.19 | 0.25 | 0.23 | 0.13 | 0.18 | 0.18 |
| 骡 | 2.74 | 2.22 | 2.07 | 0.64 | 1.29 | 1.23 |
| 驴 | 2.10 | 1.89 | 1.76 | 0.64 | 1.13 | 1.00 |
| 肉猪出栏头数（万头） | 33.41 | 34.76 | 36.18 | 33.31 | 33.92 | 40.58 |
| 猪年末存栏头数（万头） | 35.53 | 36.50 | 37.20 | 31.64 | 32.95 | 35.97 |
| 羊年末存栏只数（万只） | 60.62 | 61.93 | 67.30 | 63.96 | 65.19 | 62.13 |
| 山羊 | 9.20 | 8.79 | 9.23 | 8.65 | 7.78 | 7.14 |
| 绵羊 | 51.42 | 53.14 | 58.07 | 55.30 | 57.41 | 54.99 |
| 肉类产品（万吨） | 3.30 | 3.40 | 3.75 | 3.67 | 4.32 | 4.47 |
| 猪牛羊肉（吨） | 28588.11 | 29588.75 | 32578.08 | 31695.69 | 31575.08 | 36507.37 |
| 猪肉（吨） | 24146.08 | 24886.92 | 27199.73 | 25852.96 | 24608.52 | 29215.15 |
| 牛肉（吨） | 851.54 | 936.21 | 1043.21 | 1077.27 | 1176.44 | 1231.71 |
| 羊肉（吨） | 3590.49 | 3765.62 | 4335.14 | 4765.46 | 5790.12 | 6060.51 |
| 牛奶产量（吨） | 4486.84 | 4448.39 | 4731.53 | 4696.89 | 78483.13 | 82207.36 |
| 羊奶产量（吨） | 211.61 | 208.31 | 231.80 | 250.07 | 178.95 | 152.25 |
| 绵羊毛（吨） | 971.49 | 981.42 | 1100.22 | 1047.91 | 1003.53 | 951.00 |
| 山羊毛（吨） | 61.91 | 62.26 | 67.36 | 60.96 | 46.13 | 42.04 |
| 羊绒（吨） | 10.54 | 10.62 | 11.53 | 10.96 | 11.15 | 10.09 |
| 禽蛋产量（万吨） | 1.11 | 1.15 | 1.13 | 1.15 | 2.53 | 2.05 |
| 蜂蜜产量（吨） | 0.00 | 0.00 | 0.00 | 0.00 | 0.00 | 0.03 |

注：自2007年起肉产品产量数据为农普口径统计数据。

# 5-17 牲畜存栏及畜产品产量（续二）

| 指标 | 2018年 | 2019年 | 2020年 | 2021年 | 2022年 |
|---|---|---|---|---|---|
| **大牲畜年末头数（万头）** | **7.45** | **7.06** | **6.74** | **7.07** | **7.29** |
| 牛 | 5.14 | 4.95 | 4.87 | 5.37 | 6.13 |
| 良种乳牛 | 2.66 | 2.55 | 2.39 | 2.63 | 3.81 |
| 马 | 0.18 | 0.16 | 0.17 | 0.18 | 0.13 |
| 骡 | 1.18 | 1.07 | 0.94 | 0.83 | 0.05 |
| 驴 | 0.95 | 0.87 | 0.75 | 0.69 | 0.53 |
| 肉猪出栏头数（万头） | 42.54 | 40.77 | 42.17 | 52.71 | 54.14 |
| 猪年末存栏头数（万头） | 37.09 | 37.74 | 48.00 | 51.41 | 52.03 |
| 羊年末存栏只数（万只） | 65.35 | 67.90 | 70.64 | 74.19 | 77.19 |
| 山羊 | 7.59 | 8.59 | 9.13 | 8.99 | 10.51 |
| 绵羊 | 57.76 | 59.31 | 61.52 | 65.20 | 66.68 |
| 肉类产品（万吨） | 4.62 | 4.30 | 4.52 | 5.23 | |
| 猪牛羊肉（吨） | 38070.17 | 37423.56 | 39708.64 | 48871.56 | 50047.00 |
| 猪肉（吨） | 30632.17 | 29353.24 | 30899.95 | 39956.08 | 41035.00 |
| 牛肉（吨） | 1223.61 | 1114.96 | 1178.31 | 1337.38 | 1376.00 |
| 羊肉（吨） | 6214..39 | 6955.36 | 7630.38 | 7578.10 | 7636.00 |
| 牛奶产量（吨） | 79036.27 | 84726.55 | 77943.85 | 90400.16 | 92841 |
| 羊奶产量（吨） | 164.81 | 174.85 | 161.49 | 203.63 | |
| 绵羊毛（吨） | 993.30 | 1014.59 | 1048.40 | 1102.24 | |
| 山羊毛（吨） | 43.99 | 49.33 | 64.12 | 89.66 | |
| 羊绒（吨） | 10.83 | 12.39 | 13.23 | 13.22 | |
| 禽蛋产量（万吨） | 1.89 | 1.91 | 1.95 | 1.83 | 1.78 |
| 蜂蜜产量（吨） | – | 0.00 | 0.00 | 0.00 | |

注：自2007年起肉产品产量数据为农普口径统计数据。

# 5-18 分区县畜牧业生产情况

| 地区 | 大牲畜存栏（万头） | 羊存栏数（万只） | 牛出栏数（万头） | 猪出栏数（万头） | 羊出栏数（万只） | 绵羊毛产量（吨） | 猪牛羊肉总产量（吨） |
|---|---|---|---|---|---|---|---|
| **兰州市** | 7.29 | 77.19 | 1.25 | 54.14 | 47.67 | | 50047 |
| 城关区 | 0.02 | 0.17 | 0.00 | 0.02 | 0.17 | | 49.11 |
| 七里河区 | 0.72 | 1.96 | 0.12 | 2.22 | 1.10 | | 1995.49 |
| 西固区 | 0.13 | 1.55 | 0.01 | 1.78 | 1.17 | | 1552.89 |
| 安宁区 | 0.02 | 0.13 | 0.00 | 0.00 | 0.07 | | 15.28 |
| 红古区 | 0.65 | 4.74 | 0.11 | 2.27 | 2.36 | | 2225.78 |
| 永登县 | 2.54 | 41.58 | 0.43 | 19.94 | 18.89 | | 18612.88 |
| 皋兰县 | 0.26 | 6.94 | 0.02 | 4.22 | 6.34 | | 4232.11 |
| 榆中县 | 2.06 | 14.10 | 0.50 | 13.42 | 13.48 | | 12884.33 |
| 兰州新区 | 0.89 | 6.03 | 0.04 | 10.26 | 4.09 | | 8478.9 |

# 5-19 受灾面积和成灾面积

单位：万亩

| 年份 | 受灾面积 | 成灾面积 | 成灾面积占受灾面积比重 | 水灾 | | 旱灾 | |
|---|---|---|---|---|---|---|---|
| | | | | 受灾面积 | 成灾面积 | 受灾面积 | 成灾面积 |
| 1992 | 124.90 | 92.62 | 74.16 | 5.59 | 3.22 | 81.62 | 64.32 |
| 1993 | 94.84 | 60.86 | | 0.03 | 0.03 | 27.85 | 19.51 |
| 1994 | 88.65 | 71.92 | | 2.34 | 2.24 | 64.04 | 51.61 |
| 1995 | 217.71 | 192.91 | | 2.47 | 2.02 | 188.66 | 171.63 |
| 1996 | 39.66 | 26.00 | | 0.79 | 0.73 | 6.03 | 5.14 |
| 1997 | 137.75 | 99.55 | 72.27 | 21.01 | 20.80 | 89.77 | 57.62 |
| 1998 | 52.03 | 37.75 | 72.55 | 12.10 | 7.75 | 21.49 | 18.10 |
| 1999 | 133.22 | 97.84 | 73.44 | 8.69 | 6.36 | 95.52 | 68.71 |
| 2000 | 191.45 | 153.75 | 80.31 | 1.96 | 1.93 | 172.37 | 138.94 |
| 2001 | 120.35 | 92.78 | 77.09 | 1.17 | 0.98 | 101.61 | 77.68 |
| 2002 | 54.96 | 39.53 | 71.93 | 3.50 | 2.26 | 17.99 | 14.62 |
| 2003 | 77.81 | 58.62 | 75.34 | 1.41 | 0.82 | 44.81 | 34.53 |
| 2004 | 148.35 | 123.37 | 83.16 | 3.78 | 3.77 | 116.67 | 104.04 |
| 2005 | 122.87 | 100.36 | 81.68 | 5.84 | 5.06 | 110.21 | 91.62 |
| 2006 | 153.78 | 118.81 | 77.26 | 2.23 | 2.08 | 137.08 | 104.79 |
| 2007 | 128.05 | 98.71 | 77.09 | 5.00 | 3.77 | 110.85 | 87.60 |
| 2008 | 100.76 | 67.50 | 67.00 | 0.68 | 0.54 | 80.82 | 53.58 |
| 2009 | 124.49 | 91.64 | 73.61 | 0.02 | 0.02 | 111.79 | 82.20 |
| 2010 | 159.92 | 106.48 | 66.58 | 5.05 | 3.93 | 107.57 | 69.24 |
| 2011 | 151.06 | 112.56 | 74.51 | 1.59 | 1.07 | 130.28 | 99.57 |
| 2012 | 122.51 | 84.82 | 69.24 | 18.14 | 16.41 | 86.44 | 53.72 |
| 2013 | 136.79 | 72.03 | 52.66 | 7.14 | 6.41 | 111.41 | 50.77 |
| 2014 | 46.42 | 29.06 | 62.60 | 1.65 | 1.19 | 1.17 | 2.29 |
| 2015 | 34.09 | 19.02 | 55.79 | 0.35 | 0.25 | 6.12 | 2.24 |
| 2016 | 25.33 | 10.00 | 39.48 | 2.39 | 2.17 | 20.94 | 6.54 |
| 2017 | 10.54 | 7.26 | 68.88 | 0.35 | | 3.33 | 1.44 |
| 2018 | 25.23 | 18.17 | 72.03 | 11.50 | 9.25 | 2.08 | 1.17 |
| 2019 | 7.45 | 5.24 | 70.33 | 1.7 | 1.04 | 0.02 | 0 |
| 2020 | 5.06 | 2.74 | 0.54 | 0.04 | 0.02 | 0 | 0 |
| 2021 | 41.52 | 28.2 | 67.93 | 0 | 0 | 21.71 | 20.38 |
| 2022 | 79.04 | 61.39 | 77.67 | 3.35 | 1.75 | 59.12 | 48.49 |

# 5-20 农业

| 指标 | 2010年 | 2011年 | 2012年 | 2013年 | 2014年 |
|---|---|---|---|---|---|
| **农业机械化** | | | | | |
| 当年机耕地面积（万亩） | 146.75 | 161.28 | 174.66 | 191.39 | 204.84 |
| 占总播种面积（%） | 45.86 | 51.36 | | 60.99 | 65.99 |
| 当年机播面积（万亩） | 90.14 | 102.17 | 111.57 | 121.40 | 134.57 |
| 占总播种面积（%） | 28.17 | 31.09 | | 35.17 | 38.44 |
| **农业水利化** | | | | | |
| 有效灌溉面积（万亩） | 119.08 | 114.61 | 122.13 | 121.72 | 120.11 |
| 占总播种面积（%） | 37.21 | 34.88 | 36.64 | 35.26 | 34.31 |
| 水平梯田面积（万亩） | 97.21 | 101.89 | 111.39 | 114.57 | 115.27 |
| 占总播种面积（%） | 30.38 | 31.00 | 33.41 | 33.19 | 32.92 |
| 条田面积（万亩） | 54.33 | 54.29 | 39.48 | 39.44 | 39.32 |
| **农业电气化** | | | | | |
| 农村用电量（万千瓦时） | 41883 | 42921 | 42698 | 45038 | 37644 |
| 农村生产用电（万千瓦时） | 30080 | 30367 | 29847 | 31047 | 23625 |
| 农民生活用电（万千瓦时） | 11803 | 12554 | 12851 | 13991 | 14019 |
| 农村水电站（个） | 14 | 14 | 14 | 15 | 18 |
| 已通电村（个） | 785 | 786 | 779 | 764 | 756 |
| 占全市总数（%） | 99.49 | 99.62 | 99.87 | 99.87 | 99.87 |
| **农业化学化** | | | | | |
| 农用化肥施用量(实物量)(吨) | 137958 | 139493 | 142677 | 145841 | 146723 |
| 农用化肥施用量(折纯量)(吨) | 42726 | 43932 | 45308 | 48191 | 47697 |
| 农用塑料薄膜使用量（吨） | 8266 | 8726 | 9100 | 11190 | 9812 |

注：农业机械化相关数据由兰州市农业农村局提供，农用塑料薄膜使用量（吨）2019年指标不含兰州新区。

# 现代化

| 2015年 | 2016年 | 2017年 | 2018年 | 2019年 | 2020年 | 2021年 | 2022年 |
|---|---|---|---|---|---|---|---|
| | | | | | | | |
| 210.21 | 212.13 | 229.35 | 180.00 | 210.55 | 232.18 | 243.77 | 253.06 |
| 68.27 | 68.87 | 75.24 | 78.00 | 84.70 | 89.00 | 90.8 | 92.0 |
| 134.12 | 136.23 | 138.9 | 143.00 | 122.33 | 136.80 | 139.01 | 143.65 |
| 37.8 | 38.10 | 38.33 | 59.84 | 49.21 | 52.00 | 51.78 | 52.25 |
| | | | | | | | |
| 121.62 | 122.40 | 119.64 | 105.49 | 101.32 | 108.16 | 108.42 | 110.59 |
| 34.28 | 35.10 | 33.01 | 44.14 | 40.76 | 45.00 | 38.60 | 38.06 |
| 118.02 | 119.14 | 120.58 | 121.16 | 121.93 | 123.61 | 125.24 | 125.84 |
| 33.26 | 33.86 | 33.27 | 50.70 | 49.05 | 39.00 | 44.58 | 43.31 |
| 40.32 | 41.22 | 40.20 | 22.86 | 21.7 | 22.42 | 23.78 | 21.43 |
| | | | | | | | |
| 37779 | 39784 | 38356 | 40483 | 36676 | 36600 | 37740 | 38508 |
| 23317 | 24323 | 23302 | 23684 | 21788 | 21248 | 21854 | 22243 |
| 14461 | 15461 | 15054 | 16800 | 14889 | 15353 | 15886 | 16265 |
| 18 | 18 | 18 | 18 | 18 | 18 | 18 | 18 |
| 754 | 756 | 753 | 740 | 725 | 727 | 727 | 728 |
| 99.87 | 99.81 | 99.86 | 99.33 | 99.72 | 100.00 | 100.00 | 100.00 |
| | | | | | | | |
| 143432 | 122023 | 118669 | 111547 | 105612 | 111783 | 112321 | 112465 |
| 47326 | 37358 | 36328 | 34557 | 33614 | 34080 | 34840 | 35165 |
| 10473 | 10214 | 10163 | 8367 | 8441 | 6313 | 7626 | 7298 |

# 5-21 农用机械、用

| 指标 | 合计 | 城关区 | 七里河区 | 西固区 |
|---|---|---|---|---|
| 农业机械化程度 | 65.54 | 65.58 | 21.37 | 40.65 |
| 机耕面积（千公顷） | 168.71 | 0.50 | 2.60 | 3.02 |
| 占总播种面积比重（%） | 92.05 | 0.27 | 1.42 | 1.65 |
| 机播面积（千公顷） | 95.77 | 0.21 | 0.96 | 0.47 |
| 机收面积（千公顷） | 74.92 | 0.21 | 0.96 | 0.2 |
| 农业机械拥有量 | | | | |
| 农业机械总动力（千瓦） | 1197115.61 | 22007.11 | 67900 | 47200 |
| 大中型拖拉机（混合台） | 3881 | 7 | 11 | 17 |
| 大中型拖拉机（千瓦） | 173301.03 | 752.59 | 492 | 668 |
| 小型拖拉机（混合台） | 38641 | 179 | 1363 | 763 |
| 小型拖拉机（千瓦） | 425555.48 | 1754 | 9541 | 10292 |
| 农用排灌动力机械（混合台） | | | | |
| 农用排灌动力机械（千瓦） | | | | |
| 农用水泵（台） | 4328 | 197 | 1391 | 205 |
| 收获机械（混合部） | 4527 | 0 | 2 | 2300 |
| 畜牧机械（台（套）） | 6519 | 17 | 901 | 630 |
| 渔业机械（部） | | | | |
| 农产品初加工机械（混合部） | 4102 | 0 | 20 | 164 |
| 农村电气化（万千瓦时） | | | | |
| 农村生产用量 | 22242.65 | 638.65 | 1115.28 | 2738.75 |
| 农民生活用电 | 16265.52 | 512.00 | 814.84 | 1289.51 |
| 农村化肥施用量 | | | | |
| 按实物价值量计算（吨） | 112464.98 | 707.59 | 5156.67 | 2016.47 |
| 按折纯法计算（吨） | 35165.12 | 262.93 | 1749.72 | 759.12 |
| 农村水利情况 | | | | |
| 年末有效灌溉面积（万亩） | 110.59 | 0.19 | 5.40 | 3.34 |
| 机电灌溉面积（万亩） | | | | |
| 保证灌溉面积（万亩） | 93.48 | 0.19 | 3.81 | 2.85 |
| 本年新增（万亩） | 1.76 | 0.00 | 0.00 | 0.00 |
| 水平梯田（万亩） | 125.84 | 0.64 | 7.18 | 1.81 |
| 本年新增（万亩） | 0.76 | 0.00 | 0.00 | 0.00 |
| 条田（万亩） | 21.43 | 0.00 | 0.15 | 0.78 |
| 本年新增（万亩） | 0.25 | 0 | 0 | 0 |
| 机电井达到数（眼） | 1230 | 3 | 52 | 0 |
| 已配套机电井合计（眼） | 1151 | 3 | 52 | 0 |
| 水窖（眼） | 211720 | 2589 | 9162 | 3184 |

注：农业机械化相关数据由兰州市农业农村局提供。

# 电、化肥、水利情况

| 安宁区 | 红古区 | 永登县 | 皋兰县 | 榆中县 | 兰州新区 |
|---|---|---|---|---|---|
| 0 | 51.1 | 69.61 | 68.53 | 69.55 | |
| 0 | 8.03 | 70.19 | 16.50 | 67.86 | |
| 0 | 4.38 | 38.30 | 9.00 | 37.03 | |
| 0 | 1.99 | 45 | 9.21 | 37.93 | |
| 0 | 1.26 | 34.66 | 6.95 | 30.68 | |
| 1051.5 | 125724 | 360546 | 202205 | 370482 | |
| 1 | 386 | 1369 | 666 | 1424 | |
| 51.5 | 15484.65 | 59501 | 26965 | 69386.29 | |
| 2 | 5615 | 15939 | 2229 | 12551 | |
| 35.3 | 59536.85 | 191254 | 44580 | 108562.33 | |
| 21 | 115 | 327 | 1200 | 872 | |
| 0 | 740 | 1307 | 15 | 163 | |
| 30 | 433 | 1820 | 650 | 2038 | |
| 0 | 450 | 793 | 400 | 2275 | |
| 538.60 | 2931.00 | 6805.26 | 1787.90 | 4061.47 | 1625.74 |
| 1305.00 | 2163.00 | 3466.71 | 926.01 | 3893.39 | 1895.06 |
| 5.00 | 8297.25 | 27375.98 | 8923.90 | 52769.36 | 7212.76 |
| 2.44 | 1898.90 | 9568.74 | 3121.08 | 15723.47 | 2078.72 |
| 0.00 | 6.01 | 33.38 | 15.50 | 27.32 | 19.46 |
| 0.00 | 5.60 | 28.03 | 13.08 | 20.65 | 19.27 |
| 0 | 0.00 | 0.07 | 0 | 0.03 | 1.66 |
| 0 | 0.73 | 42.43 | 1.52 | 66.42 | 5.10 |
| 0.00 | 0.00 | 0.34 | 0.00 | 0.33 | 0.10 |
| 0.00 | 0.35 | 7.30 | 0.00 | 8.51 | 4.35 |
| 0 | 0 | 0 | 0 | 0.15 | 0.10 |
| 0 | 0 | 631 | 14 | 470 | 60 |
| 0 | 0 | 590 | 12 | 434 | 60 |
| 0 | 4299 | 39437 | 30941 | 107905 | 14203 |

# 5-22 农业机

| 指标 | 2010年 | 2011年 | 2012年 | 2013年 | 2014年 |
|---|---|---|---|---|---|
| 农业机械总动力合计（万千瓦） | 140.54 | 145.12 | 153.42 | 159.53 | 163.84 |
| 柴油发动机动力（万千瓦） | 99.16 | 103.95 | 110.00 | 114.04 | 115.93 |
| 汽油发动机动力（万千瓦） | 6.16 | 6.08 | 6.09 | 6.05 | 6.62 |
| 电动机动力（万千瓦） | 35.21 | 35.09 | 37.33 | 39.45 | 41.28 |
| 农业机械原值（亿元） | 7.26 | 7.01 | 8.48 | 8.84 | 8.26 |
| 农业机械净值（亿元） | 4.58 | 4.46 | 5.24 | 5.56 | 5.06 |
| 农用大中型拖拉机（台） | 875 | 1764 | 2302 | 2769 | 2999 |
| 大中型拖拉机（万千瓦） | 2.24 | 3.83 | 5.35 | 5.90 | 6.63 |
| 小型拖拉机（台） | 20944 | 25546 | 29439 | 33224 | 33221 |
| 小型拖拉机（万千瓦） | 20.92 | 25.04 | 28.05 | 31.63 | 31.90 |
| 大中型拖拉机配套农具（部） | 1169 | 3119 | 3770 | 4683 | 5500 |
| 小型拖拉机配套农具（部） | 33359 | 56517 | 71900 | 81261 | 84525 |
| 农用排灌动力机械动力（万千瓦） | 29.02 | 28.54 | 28.28 | 28.33 | 28.41 |
| 联合收获机（台） | 34 | 44 | 43 | 52 | 80 |
| 机动脱粒机（台） | 732 | 717 | 1298 | 1452 | 3031 |
| 机动喷雾机（部） | 332 | 480 | 528 | 348 | 2134 |
| 农用运输车（辆） | 58490 | 58755 | 58911 | 59432 | 58039 |

注：2017年起，农用运输车指标农口不再统计，2019年起农业机械原值、农业机械净值、农用排灌动力机械动力、机动喷雾机农口不再统计，本表数据由兰州市农业农村局提供。

# 械拥有量

| 2015年 | 2016年 | 2017年 | 2018年 | 2019年 | 2020年 | 2021年 | 2022年 |
|---|---|---|---|---|---|---|---|
| 173.31 | 177.44 | 110.48 | 115 | 116.44 | 118.01 | 116.42 | 119.71 |
| 124.67 | 127.92 | 63.10 | 66.2 | 68.32 | 70.46 | 69.16 | 72.08 |
| 6.42 | 6.94 | 3.49 | 3.1 | 3.23 | 3.09 | 3.03 | 3.39 |
| 42.19 | 42.58 | 43.89 | 45.6 | 44.89 | 44.41 | 44.16 | 44.18 |
| 8.42 | 8.73 | 2.75 | 2.93 | | | | |
| 5.16 | 5.42 | 1.61 | 1.72 | | | | |
| 3676 | 4088 | 4582 | 2072 | 2234 | 2896.00 | 3269.00 | 3881 |
| 9.88 | 9.43 | 11.58 | 7.7 | 8.39 | 12.25 | 19.61 | 17.33 |
| 38878 | 41186 | 41500 | 44320 | 44113 | 42314.00 | 38985.00 | 38641 |
| 38.52 | 40.20 | 42.14 | 47 | 46.85 | 46.20 | 42.57 | 42.56 |
| 9130 | 9411 | 9823 | 6216 | 8936 | 629 | 1234 | 1313 |
| 85919 | 89910 | 92538 | 101905 | 176452 | 101643 | 99965 | 99817 |
| 28.72 | 28.89 | 28.99 | 29.3 | | | | |
| 73 | 90 | 76 | 44 | 70 | 104 | 109 | 114 |
| 3070 | 3186 | 3208 | 5355 | 5475 | 5452 | 5408 | 4017 |
| 2302 | 2497 | 4928 | 5078 | | | | |
| 58067 | 60505 | | | | | | |

# 5-23 水库、

| 指标 | 2010年 | 2011年 | 2012年 | 2013年 | 2014年 |
|---|---|---|---|---|---|
| 水库数（座） | 11 | 14 | 14 | 24 | 24 |
| 大型水库 | | | | | |
| 中型水库 | 1 | 1 | 1 | 5 | 5 |
| 小型水库 | 10 | 13 | 13 | 19 | 19 |
| 水库库容量（万立方米） | 1591 | 12951 | 12951 | 15105 | 15105 |
| 大型水库 | | | | | |
| 中型水库 | 1034 | 7594 | 7594 | 12520 | 12520 |
| 小型水库 | 557 | 5357 | 5357 | 2585 | 2585 |
| 灌溉面积（万亩） | 158.73 | 160.92 | 163.47 | 156.95 | 157.41 |
| 有效灌溉面积（万亩） | 135.00 | 136.05 | 137.05 | 133.50 | 134.19 |
| 旱涝保收面积（万亩） | 115.50 | 82.28 | 86.91 | 120.11 | 120.53 |
| 机电灌溉面积（万亩） | 67.06 | 57.28 | 53.66 | 51.39 | 47.95 |
| 机电提灌面积（万亩） | 61.22 | 92.58 | 70.18 | 77.08 | 55.58 |
| 水利工程年供水量（万立方米） | 138770 | 138447 | 180898.01 | 117833.14 | 121089.47 |
| 为水利发电年供水量（万立方米） | | | 5567 | | |
| 为农业年供水量（万立方米） | 44841 | 44928 | 69188 | 62759 | 53663 |
| 为工业年供水量（万立方米） | 70909 | 71092 | 57559 | 28211 | 44861 |
| 为城乡生活年供水量（万立方米） | 19991 | 19617 | 25108 | 15113 | 18650 |

注：此表数据由水利部门提供，自2018年起，机电类指标水利部门不再统计。

# 灌溉情况

| 2015年 | 2016年 | 2017年 | 2018年 | 2019年 | 2020年 | 2021年 | 2022年 |
|---|---|---|---|---|---|---|---|
| 24 | | 25 | 26 | 26 | 26 | 26 | 23 |
| | | | | | | | |
| 5 | 5 | 5 | 5 | 5 | 5 | 5 | 5 |
| 19 | 20 | 20 | 21 | 21 | 21 | 21 | 18 |
| 15105.4 | 21470.47 | 21470.47 | 13955.73 | 13955.73 | 13955.73 | 13955.73 | 12258 |
| | | | | | | | |
| 12520 | 18480 | 18480 | 11158 | 11158 | 11158 | 11158 | 11158 |
| 2585.4 | 2990.47 | 2990.47 | 2797.73 | 2797.73 | 2797.73 | 2797.73 | 1100 |
| 105.16 | 157.73 | 105.22 | 157.51 | 156.84 | 156.82 | 105.08 | 117 |
| 121.62 | 134.73 | 134.84 | 133.87 | 132.37 | 132.36 | 88.24 | 97.2 |
| 86.86 | | | | | | 54.22 | |
| 38.52 | 52.8792 | 52.88 | | | | | |
| | 79.3188 | 79.32 | | | | | |
| 114182.18 | 115362.07 | 110179.92 | 105623.22 | 101568.14 | 98872.3 | 100322.54 | 102034.99 |
| | | | | | | | |
| 56072.21 | 58172.74 | 53463.46 | 50005.95 | 45651.47 | 41950.5 | 44879.9 | 49416 |
| 37834.67 | 32166.67 | 32501.3 | 29406.01 | 28040.03 | 24998.9 | 16177 | 17711.83 |
| 19244.09 | 20623.16 | 19059.5 | 18232.55 | 20409.3 | 18806.5 | 22500 | 24742 |

# 主要统计指标解释

**农林牧渔业总产值** 指以货币表现的农、林、牧、渔业全部产品的总量，它反映一定时期内农业生产总规模和总成果。农林牧渔业总产值的计算方法通常是按农、林、牧、渔业产品及其副产品的产量分别乘以各自单位产品价格求得分项产品产值，产量不易统计的，则采用间接方法匡算其产值；然后将四业产品产值相加即为农林牧渔业总产值。

**粮食产量** 指农业生产经营者日历年度内生产的全部粮食数量。按收获季节包括夏收粮食、早稻和秋收粮食，按作物品种包括谷物、薯类和豆类。其中谷物包括小麦、玉米、早稻、中稻和一季晚稻、双季晚稻、大麦、高粱、谷子、荞麦等禾本科和蓼科粮食作物；薯类只包括马铃薯、甘薯，木薯统计在其他农作物，芋头等其他薯统计在其他蔬菜；豆类包括大豆、绿豆、红小豆、杂豆等。谷物产量按脱粒后的原粮计算，薯类按鲜薯重量的5：1折算，豆类按去豆荚后的干豆计算。

**油料产量** 指全部油料作物的生产量。包括花生、油菜籽、芝麻、向日葵籽、胡麻籽（亚麻籽）和其他油料。不包括大豆、木本油料和野生油料。花生以带壳干花生计算。

**水产品产量** 指渔业(捕捞和养殖)生产活动的最终有效成果。包括全部海水和淡水鱼类、甲壳类(虾、蟹)、贝类、头足类、藻类和其他类渔业产品的最终产量。不包括渔业生产过程中的中间成果，如鱼苗、鱼种、亲鱼、转塘鱼、存塘鱼和自用作饵料的产品等。水产品在上岸前已经腐烂变质，不能供人食用或加工成其他制品的，不统计在水产品产量中。

**猪肉产量** 指本调查期内出栏肥猪头数折算出的鲜、冷鲜、冷冻猪肉总量，按胴体重计算。

**牛肉产量** 指本调查期内出栏肉牛头数折算出的鲜、冷鲜、冷冻牛肉产量，按胴体重计算。

**羊肉产量** 指本调查期内出栏肥羊头数折算出的鲜、冷鲜、冷冻羊肉产量，按胴体重计算。

**期初（末）畜禽存栏头（只）数** 指报告期初（末）农村各种合作经济组织和国有农场、农民个人、机关、团体、学校、工矿企业、部队等单位以及城镇居民饲养的大牲畜、猪、羊、家禽等畜禽的存栏数。

**常用耕地** 是指耕地总资源中专门种植农作物并经常进行耕种、能够正常收获的土地。包括当年实际耕种的熟地；弃耕、休闲不满三年，随时可以复耕的地；开荒利用三年以上的地。不包括临时种植农作物的坡度在25度以上的陡坡地；在河套、湖畔、库区临时开发的成片或零星土地；也不包括已列为国家和省（区、市）退耕计划但临时耕种的土地。

**农作物播种面积** 指实际播种或移植有农作物的面积。凡是实际种植有农作物的面积，不论种植在耕地上还是种植在非耕地上，均包括在农作物播种面积中。在播种季节基本结束后，因遭灾而重新改种和补种的农作物面积，也包括在内。

**有效灌溉面积** 指具有一定的水源，地块比较平整，灌溉工程或设备已经配套、在一般年景下当年能够进行正常灌溉的耕地面积。在一般情况下，有效灌溉面积应等于灌溉工程或设备已经配备，能够进行正常灌溉的水田和水浇地面积之和。

**农用化肥施用量**　指统计报告期内（一般指本年内）实际用于农业生产的化肥数量，包括氮肥、磷肥、钾肥和复合肥（复合肥指含有两种或两种以上营养元素的化肥），分为农用化肥施用量（实物）和农用化肥施用量（折纯）。农用化肥施用量（实物）是指实际施用的化肥数量。农用化肥施用量（折纯）是指把氮肥、磷肥、钾肥分别按含氮、含五氧化二磷、含氧化钾的百分比进行折算后的数量，复合肥按其所含主要成分折算。

计算公式为：某种化肥折纯量=该种化肥实际施用量×折纯率（某种化肥有效成分含量的百分比），具体折纯率以化肥包装标识为准，也可参考农业农村部官网发布的《化肥折纯量参考计算表》。

**农业机械总动力**　指主要用于农、林、牧、渔业的各种动力机械的动力总和。包括耕地机械、排灌机械、收获机械、农用运输机械、植物保护机械、牧业机械、林业机械、渔业机械和其他农业机械内燃机按引擎马力折成瓦特计算、电动机按功率折成瓦特计算。不包括专门用于乡、镇、村、组办工业、基本建设、非农业运输、科学试验和教学等非农业生产方面用的动力机械与作业机械。

**农林牧渔业劳动力**　指农村社会直接参加农林牧渔业生产活动的劳动力。

# 六、投资、建筑

# 6-1 固定资产投资

单位：万元

| 年份 | 固定资产投资总额 | 国有经济 | 集体经济 | 个体经济 | 其他经济 | 市属固定资产投资总额 | 固定资产投资总额增长速度（%） |
|---|---|---|---|---|---|---|---|
| 1979 | 30970 | 30970 | | | | 8875 | |
| 1980 | 45515 | 45189 | | | | 8629 | 46.96 |
| 1981 | 49608 | 46869 | | | | 14099 | 8.99 |
| 1982 | 65863 | 54724 | | | | 17282 | 32.77 |
| 1983 | 68185 | 63869 | | | | 18693 | 3.53 |
| 1984 | 80607 | 73520 | 7087 | | | 24117 | 18.22 |
| 1985 | 106617 | 92987 | 11230 | 2401 | | 32386 | 32.27 |
| 1986 | 135289 | 120540 | 10166 | 4583 | | 40495 | 26.89 |
| 1987 | 170828 | 155704 | 9647 | 5477 | | 49620 | 26.27 |
| 1988 | 184714 | 161854 | 14337 | 8523 | | 50458 | 8.13 |
| 1989 | 163592 | 142486 | 13312 | 7794 | | 50598 | -11.43 |
| 1990 | 203301 | 186193 | 8878 | 8230 | | 60796 | 24.27 |
| 1991 | 205313 | 188241 | 8505 | 8567 | | 57760 | 0.99 |
| 1992 | 255004 | 231065 | 15316 | 8623 | | 79856 | 24.20 |
| 1993 | 362019 | 275363 | 42470 | 10629 | 33557 | 130755 | 41.97 |
| 1994 | 545365 | 405267 | 46822 | 18178 | 75098 | 174739 | 50.65 |
| 1995 | 660237 | 528561 | 40131 | 16630 | 74915 | 179779 | 21.06 |
| 1996 | 902797 | 732937 | 57879 | 16140 | 95841 | 186265 | 36.74 |
| 1997 | 1036486 | 841993 | 59069 | 18058 | 117366 | 209781 | 14.81 |
| 1998 | 1248269 | 993449 | 62958 | 21496 | 170366 | 322432 | 20.43 |
| 1999 | 1391029 | 1080780 | 60885 | 44423 | 204941 | 429830 | 11.44 |
| 2000 | 1537434 | 1188921 | 69891 | 33154 | 245468 | 596366 | 10.52 |
| 2001 | 1724216 | 1230185 | 46631 | 50677 | 396723 | 667010 | 12.15 |
| 2002 | 1945440 | 1389500 | 68088 | 48789 | 439063 | 807061 | 12.83 |
| 2003 | 2106367 | 1420813 | 41905 | 46482 | 597167 | 908420 | 8.27 |
| 2004 | 2319181 | 1469824 | 50025 | 42277 | 757055 | 1024253 | 10.10 |
| 2005 | 2595851 | 1520212 | 96180 | 48942 | 930517 | 1237937 | 11.93 |
| 2006 | 2982056 | 1572539 | 82446 | 40928 | 1286143 | 1607977 | 14.88 |
| 2007 | 3586085 | 1726413 | 98337 | 46380 | 1714955 | 2099459 | 20.26 |
| 2008 | 4319841 | 2084418 | 152440 | 81385 | 2001598 | 2626370 | 20.46 |
| 2009 | 5061847 | 2736103 | 151086 | 85631 | 2089027 | 2961185 | 17.18 |
| 2010 | 6606877 | 3432545 | 191678 | 64072 | 2918582 | 3683399 | 30.52 |
| 2011 | 8705683 | 3815066 | 249850 | 19436 | 4621331 | 5701293 | 43.98 |
| 2012 | 12391809 | 5089519 | 321357 | 259869 | 6721064 | 9525441 | 42.34 |
| 2013 | 13168629 | 5679060 | 241479 | | 7248090 | 9708727 | 27.42 |
| 2014 | 16106818 | 5178419 | 198120 | 12240 | 10718039 | 12045301 | 22.31 |
| 2015 | 18037526 | 5079472 | 307645 | 82329 | 12568080 | 15059612 | 11.99 |
| 2016 | 19909541 | 4217895 | 100726 | 40963 | 15549957 | 16389407 | 10.38 |
| 2017 | 13153496 | 4921582 | 4461 | 4570 | 8222883 | 11050966 | -33.93 |
| 2018 | | | | | | | 12.11 |
| 2019 | | | | | | | -4.66 |
| 2020 | | | | | | | 3.36 |
| 2021 | | | | | | | 7.66 |
| 2022 | | | | | | | -3.52 |

注：1.2012年起国有经济投资专业发生变化。
2.2014年统计口径发生变化，房地产、国有也包括国有独资。
3.根据国家规定，2018年起投资数据不对外公布绝对量。

# 6-2 固定资产投资主要指标增长情况

单位：%

| 指标 | 合计增速 | 其中：项目增速 | 房地产开发增速 |
|---|---|---|---|
| 固定资产投资 | -3.52 | 7.94 | -19.03 |
| 其中：国有及国有控股 | 6.56 | 0.19 | 34.10 |
| 民间投资（新口径） | -16.69 | 27.87 | -34.55 |
| **分项目隶属关系** | | | |
| 中央项目 | -18.41 | -20.11 | 3.22 |
| 地方 | -1.93 | 13.07 | -19.41 |
| **分产业** | | | |
| 第一产业 | -24.99 | -24.99 | - |
| 第二产业 | 40.16 | 40.16 | - |
| 其中：工业 | 40.31 | 40.31 | - |
| 第三产业 | -10.33 | -1.57 | -19.03 |
| **按构成分** | | | |
| 建筑安装工程 | -11.49 | 3.36 | -30.99 |
| 设备工具器具购置 | 79.13 | 78.72 | 134.15 |
| 其他费用 | 2.75 | -19.08 | 21.87 |
| **新增固定资产** | **-23.26** | **-45.55** | **-17.11** |
| **本年资金来源** | | | |
| 本年资金来源小计 | -4.00 | 7.56 | -17.49 |
| （1）国家预算资金 | -5.00 | -5.00 | - |
| （2）国内贷款 | -24.34 | -21.86 | -31.92 |
| （3）债券 | -100.00 | -100.00 | - |
| （4）利用外资 | -7.61 | -7.61 | - |
| （5）自筹资金 | 21.63 | 17.23 | 29.95 |
| （6）其他资金来源 | -26.88 | 38.15 | -39.85 |

# 6-3 固定资产投资分行业增长情况

单位：%

| 指标 | 合计增速 | 其中：项目增速 | 房地产开发增速 |
|---|---|---|---|
| 固定资产投资 | -3.52 | 7.94 | -19.03 |
| 按行业分组 | | | |
| 农、林、牧、渔业 | -24.99 | -24.99 | |
| 采矿业 | 23.20 | 23.20 | |
| 制造业 | 51.90 | 51.90 | |
| 电力、热力、燃气及水生产和供应业 | 12.29 | 12.29 | |
| 建筑业 | -57.44 | -57.44 | |
| 批发和零售业 | -46.72 | -46.72 | |
| 交通运输、仓储和邮政业 | 11.30 | 11.30 | |
| 住宿和餐饮业 | 671.61 | 671.61 | |
| 信息传输、软件和信息技术服务业 | 46.62 | 46.62 | |
| 金融业 | -43.06 | -43.06 | |
| 房地产业 | -5.35 | -5.35 | |
| 租赁和商务服务业 | -24.90 | -24.90 | |
| 科学研究和技术服务业 | 67.53 | 67.53 | |
| 水利、环境和公共设施管理业 | -8.05 | -8.05 | |
| 居民服务、修理和其他服务业 | 479.93 | 479.93 | |
| 教育 | -26.77 | -26.77 | |
| 卫生和社会工作 | -11.47 | -11.47 | |
| 文化、体育和娱乐业 | -59.20 | -59.20 | |
| 公共管理、社会保障和社会组织 | -29.62 | -29.62 | |
| 国际组织 | | | |

# 6-4 固定资产投资按经济类型增长情况

单位：%

| 指标 | 合计增速 | 其中：项目增速 | 房地产开发增速 |
|---|---|---|---|
| 固定资产投资 | -3.52 | 7.94 | -19.03 |
| **按经济类型分** | | | |
| 内资企业 | -4.24 | 6.86 | -18.70 |
| 国有企业 | 12.31 | -4.04 | 87.98 |
| 集体企业 | -42.68 | -42.68 | |
| 股份合作企业 | 148.23 | 148.23 | |
| 联营企业 | | | |
| 有限责任公司 | 0.77 | 11.44 | -14.47 |
| 股份有限公司 | -12.14 | -1.49 | -34.95 |
| 私营企业 | -32.25 | -9.88 | -40.85 |
| 其他企业 | 0.69 | 23.62 | -100.00 |
| 港、澳、台商投资企业 | -28.18 | 25.17 | -100.00 |
| 外商投资企业 | 32.63 | 32.76 | -100.00 |
| 个体经营 | | | |

# 6-5 各县区固定资产投资增长情况

单位：%

| 地区 | 固定资产投资增速 | 其中：项目增速 | 房地产投资增速 |
|---|---|---|---|
| **兰州市** | **-3.52** | **7.94** | **-19.03** |
| 城关区 | -11.85 | -13.21 | -10.71 |
| 七里河区 | -19.18 | -31.62 | -8.88 |
| 西固区 | -1.39 | -11.39 | 11.36 |
| 安宁区 | -1.44 | -5.89 | 4.69 |
| 红古区 | 10.30 | 22.32 | -17.76 |
| 永登县 | 11.65 | 30.01 | -52.41 |
| 皋兰县 | -29.66 | 1.87 | -64.48 |
| 榆中县 | -29.37 | -5.04 | -57.17 |
| 兰州新区 | 18.03 | 31.32 | -10.21 |

# 6-6 各县区固定资产投资项目个数

单位：个

| 地区 | 固定资产投资个数 | 其中：项目个数 | 房地产投资个数 |
|---|---|---|---|
| **兰州市** | **1578** | **1233** | **345** |
| 市直项目 | 30 | 30 | 0 |
| 城关区 | 329 | 230 | 99 |
| 七里河区 | 124 | 74 | 50 |
| 西固区 | 127 | 107 | 20 |
| 安宁区 | 63 | 42 | 21 |
| 红古区 | 112 | 90 | 22 |
| 永登县 | 107 | 100 | 7 |
| 皋兰县 | 75 | 55 | 20 |
| 榆中县 | 200 | 155 | 45 |
| 兰州新区 | 411 | 350 | 61 |

# 6-7 房地产开发企业投资、资金来源和土地开发情况汇总表

单位：万元

| 指标 | 总计 | 按经济类型分组 | | | 按隶属关系分组 | |
|---|---|---|---|---|---|---|
| | | 国有 | 集体 | 其他 | 中央 | 地方 |
| 计划总投资 | 42293845 | 7677813 | 0 | 34616032 | 783053 | 41510792 |
| 自开始建设累计完成投资 | 21494768 | 3741618 | 0 | 17753150 | 470664 | 21024104 |
| 本年完成投资 | 4869589 | 1258213 | 0 | 3611376 | 102538 | 4767051 |
| **按构成分** | | | | | | |
| 建筑工程 | 3039790 | 804771 | 0 | 2235019 | 51799 | 2987991 |
| 安装工程 | 181056 | 53213 | 0 | 127843 | 5416 | 175640 |
| 设备工器具购置 | 14585 | 1777 | 0 | 12808 | 20 | 14565 |
| 其他费用 | 1634158 | 398452 | 0 | 1235706 | 45303 | 1588855 |
| 旧建筑物购置费 | 21900 | 0 | 0 | 21900 | 9000 | 12900 |
| 土地购置费 | 1301051 | 359743 | 0 | 941308 | 34128 | 1266923 |
| **按工程用途分** | | | | | | |
| 商品住宅 | 3487996 | 885725 | 0 | 2602271 | 93841 | 3394155 |
| 90平方米以下 | 2781100 | 72589 | 0 | 294858 | 63765 | 2717335 |
| 144平方米以上 | 339449 | 71130 | 0 | 268319 | 0 | 339449 |
| 办公楼 | 160480 | 13861 | 0 | 146619 | 0 | 160480 |
| 商业营业用房 | 329598 | 65646 | 0 | 263952 | 60 | 329538 |
| 其他 | 891515 | 292981 | 0 | 598534 | 8637 | 882878 |
| 本年新增固定资产 | 1827941 | 207051 | 0 | 1620890 | 0 | 1827941 |
| **本年资金来源合计** | | | | | | |
| 上年末结余资金 | 1638857 | 66707 | 0 | 1378231 | 38778 | 1600079 |
| 本年资金来源小计 | 3955248 | 175951 | 0 | 2467912 | 92621 | 3862627 |
| 国内贷款 | 235625 | 0 | 0 | 161667 | 0 | 235625 |
| 银行贷款 | 229325 | 0 | 0 | 156667 | 0 | 229325 |
| 非银行金融机构贷款 | 6300 | 0 | 0 | 5000 | 0 | 6300 |
| 自筹资金 | 1944599 | 136874 | 0 | 972140 | 51966 | 1892633 |
| 其他资金来源 | 1775024 | 39077 | 0 | 1334105 | 40655 | 1734369 |
| 定金及预收款 | 1018331 | 39077 | 0 | 766068 | 26618 | 991713 |
| 个人按揭贷款 | 709491 | 0 | 0 | 567830 | 14037 | 695454 |
| **本年各项应付款合计** | 3011630 | 69754 | 0 | 1551323 | 76213 | 2935417 |
| 工程款 | 2120796 | 69754 | 0 | 998223 | 62468 | 2058328 |
| 待开发土地面积（平方米） | 1105603 | 0 | 0 | 839280 | 151478 | 954125 |
| 本年购置土地面积（平方米） | 74852 | 0 | 0 | 51706 | 0 | 74852 |
| 本年土地成交价款 | 45074 | 0 | 0 | 33269 | 0 | 45074 |

# 6-7 房地产开发企业投资、资金来源和土地开发情况汇总（续一）

单位：万元

| 指标 | 总计 | 按资质等级分 | | | | | |
|---|---|---|---|---|---|---|---|
| | | 一级 | 二级 | 三级 | 四级 | 暂定 | 其他 |
| 计划总投资 | 42293845 | 1705247 | 6206078 | 7703916 | 11276757 | 14411035 | 990812 |
| 自开始建设累计完成投资 | 21494768 | 1186870 | 2625602 | 4493683 | 5856606 | 7188267 | 143740 |
| 本年完成投资 | 4869589 | 261421 | 640822 | 1114306 | 928980 | 1880957 | 43103 |
| **按构成分** | | | | | | | |
| 建筑工程 | 3039790 | 220723 | 374203 | 850153 | 521158 | 1041093 | 32460 |
| 安装工程 | 181056 | 893 | 27770 | 51721 | 40102 | 59269 | 1301 |
| 设备工器具购置 | 14585 | 0 | 2486 | 1517 | 5344 | 5238 | 0 |
| 其他费用 | 1634158 | 39805 | 236363 | 210915 | 362376 | 775357 | 9342 |
| 旧建筑物购置费 | 21900 | 0 | 9000 | 0 | 0 | 12900 | 0 |
| 土地购置费 | 1301051 | 12300 | 175492 | 184043 | 204901 | 714973 | 9342 |
| **按工程用途分** | | | | | | | |
| 商品住宅 | 3487996 | 144237 | 425493 | 797262 | 745283 | 1343168 | 32553 |
| 90平方米以下 | 367447 | 18203 | 73024 | 68420 | 38947 | 166178 | 2675 |
| 144平方米以上 | 339449 | 20072 | 70885 | 93613 | 54531 | 100348 | 0 |
| 办公楼 | 160480 | 1193 | 21023 | 24177 | 26196 | 84783 | 3108 |
| 商业营业用房 | 329598 | 38784 | 55064 | 102212 | 43825 | 89501 | 212 |
| 其他 | 891515 | 77207 | 139242 | 190655 | 113676 | 363505 | 7230 |
| 本年新增固定资产 | 1827941 | 195672 | 369328 | 377290 | 517972 | 367679 | 0 |
| **本年资金来源合计** | | | | | | | |
| 上年末结余资金 | 1638857 | 9826 | 154250 | 148413 | 609127 | 708683 | 8558 |
| 本年资金来源小计 | 3955248 | 105471 | 575705 | 900527 | 903583 | 1446940 | 23022 |
| 国内贷款 | 235625 | 0 | 69230 | 0 | 25437 | 140958 | 0 |
| 银行贷款 | 229325 | 0 | 64230 | 0 | 25437 | 139658 | 0 |
| 非银行金融机构贷款 | 6300 | 0 | 5000 | 0 | 0 | 1300 | 0 |
| 自筹资金 | 1944599 | 62543 | 250185 | 690771 | 481298 | 458502 | 1300 |
| 其他资金来源 | 1775024 | 42928 | 256290 | 209756 | 396848 | 847480 | 21722 |
| 定金及预收款 | 1018331 | 24701 | 89423 | 136234 | 253180 | 493071 | 21722 |
| 个人按揭贷款 | 709491 | 18227 | 166867 | 28522 | 143668 | 352207 | 0 |
| **本年各项应付款合计** | **3011630** | **220137** | **290825** | **817864** | **572778** | **1078599** | **31427** |
| 工程款 | 2120796 | 212084 | 153395 | 639909 | 435304 | 666428 | 13676 |
| 待开发土地面积（平方米） | 1105603 | 0 | 247446 | 109845 | 468939 | 279373 | 0 |
| 本年购置土地面积（平方米） | 74852 | 0 | 51706 | 0 | 0 | 23146 | 0 |
| 本年土地成交价款 | 45074 | 0 | 33269 | 0 | 0 | 11805 | 0 |

# 6-8 房地产开发企业（单位）财务状况汇总表

单位：万元

| 指标 | 总计 | 按经济类型分组 | | | 按隶属关系分组 | |
|---|---|---|---|---|---|---|
| | | 国有 | 集体 | 其他 | 中央 | 地方 |
| **开发企业个数（个）** | 382 | 34 | 1 | 347 | 6 | 376 |
| **年初存货** | 26428303 | 3027791 | 280 | 23400232 | 343262 | 26085041 |
| **期末资产负债** | | | | | | |
| 流动资产 | 44097325 | 5981209 | 7609 | 38108507 | 485864 | 43611461 |
| 存货 | 25926562 | 2981543 | 2935 | 22942083 | 385808 | 25540754 |
| 固定资产原价 | 1379216 | 82948 | 633 | 1295635 | 3629 | 1375587 |
| 累计折旧 | 541455 | 16705 | 71 | 524679 | 978 | 540478 |
| 本年折旧 | 48725 | 2910 | 71 | 45743 | 86 | 48638 |
| 资产总计 | 53317889 | 10467089 | 8171 | 42842629 | 554104 | 52763785 |
| 负债合计 | 45534949 | 6774976 | 5877 | 38754096 | 443847 | 45091102 |
| 所有者权益 | 7781179 | 3692113 | 2294 | 4088533 | 110257 | 7672683 |
| 实收资本 | 3372671 | 928190 | 1084 | 2443397 | 75873 | 3296798 |
| **损益及分配** | | | | | | |
| 主营业务收入 | 4499872 | 606996 | 0 | 3892876 | 93899 | 4405973 |
| 土地转让收入 | 17462 | 0 | 0 | 17462 | 0 | 17462 |
| 商品房屋销售收入 | 4233561 | 453137 | 0 | 3780424 | 91313 | 4142248 |
| 房屋出租收入 | 40961 | 14358 | 0 | 26603 | 0 | 40961 |
| 其他收入 | 196806 | 133369 | 0 | 63437 | 2586 | 194221 |
| 主营业务成本 | 3978142 | 514916 | 0 | 3463226 | 63304 | 3914838 |
| 主营业务税金及附加 | 144987 | 11793 | 0 | 133195 | 2933 | 142054 |
| 其他业务利润 | 4705 | 10 | 0 | 4695 | 0 | 4705 |
| 销售费用 | 142072 | 13113 | 0 | 128959 | 3125 | 138948 |
| 管理费用 | 161436 | 18543 | 0 | 142893 | 1988 | 159449 |
| 财务费用 | 107065 | 28868 | 0 | 78197 | -3125 | 110190 |
| 利息收入 | 4548 | 2820 | 0 | 1729 | 222 | 4326 |
| 利息支出 | 68910 | 8056 | 0 | 60854 | -2884 | 71794 |
| 投资收益 | 35727 | 18340 | 0 | 17388 | 0 | 35727 |
| 营业利润 | 1071 | -10445 | 0 | 11516 | 6277 | -5206 |
| 营业外收入 | 14717 | 810 | 0 | 13907 | 0 | 14717 |
| 营业外支出 | 23475 | 3236 | 0 | 20239 | 53 | 23423 |
| 利润总额 | -9091 | -12673 | 0 | 3582 | 6224 | -15316 |
| 应交所得税 | 71107 | -1823 | 0 | 72930 | 2010 | 69097 |
| **人工成本** | | | | | | |
| 应付职工薪酬 | 123028 | 19514 | 0 | 103515 | 3396 | 119633 |

# 6-8 房地产开发企业（单位）财务状况汇总表（续一）

单位：万元

| 指标 | 合计 | 按企业资质等级分组 | | | | | |
|---|---|---|---|---|---|---|---|
| | | 一级 | 二级 | 三级 | 四级 | 暂定 | 其他 |
| **开发企业个数（个）** | 382 | 7 | 69 | 95 | 88 | 118 | 5 |
| **年初存货** | 26428303 | 2223780 | 5242351 | 4778252 | 6114766 | 7545761 | 523393 |
| **期末资产负债** | | | | | | | |
| 流动资产 | 44097325 | 4042182 | 8740624 | 8342322 | 9771351 | 12200003 | 1000844 |
| 存货 | 25926562 | 2134266 | 5180190 | 4476146 | 5956053 | 7542645 | 637262 |
| 固定资产原价 | 1379216 | 41846 | 548541 | 581341 | 49633 | 153771 | 4084 |
| 累计折旧 | 541455 | 4547 | 133791 | 292521 | 21860 | 88050 | 686 |
| 本年折旧 | 48725 | 841 | 23412 | 12863 | 3777 | 7639 | 192 |
| 资产总计 | 53317889 | 5033229 | 9885006 | 10879751 | 11564133 | 14649600 | 1306170 |
| 负债合计 | 45534949 | 4003572 | 8818955 | 9267511 | 10164198 | 12402540 | 878173 |
| 所有者权益 | 7781179 | 1029657 | 1066051 | 1612240 | 1399935 | 2247060 | 427997 |
| 实收资本 | 3372671 | 149600 | 685566 | 1102294 | 664849 | 707361 | 63000 |
| **损益及分配** | | | | | | | |
| 主营业务收入 | 4499872 | 318644 | 1136161 | 827483 | 820031 | 1390434 | 7120 |
| 土地转让收入 | 17462 | 0 | 3104 | 12671 | 0 | 1687 | 0 |
| 商品房屋销售收入 | 4233561 | 316423 | 1103165 | 657253 | 773316 | 1383174 | 229 |
| 房屋出租收入 | 40961 | 0 | 19173 | 17970 | 1515 | 2304 | 0 |
| 其他收入 | 196806 | 1039 | 10064 | 133379 | 43411 | 2023 | 6891 |
| 主营业务成本 | 3978142 | 285352 | 1004228 | 868573 | 766589 | 1050810 | 2591 |
| 主营业税金及附加 | 144987 | 6463 | 36846 | 41610 | 23181 | 36538 | 349 |
| 其他业务利润 | 4705 | 0 | 4003 | 204 | 480 | 19 | 0 |
| 销售费用 | 142072 | 5220 | 25857 | 16030 | 30244 | 63436 | 1285 |
| 管理费用 | 161436 | 7539 | 45961 | 37072 | 27739 | 41687 | 1438 |
| 财务费用 | 107065 | 1506 | 36031 | 36132 | 23575 | 7083 | 2739 |
| 利息收入 | 4548 | 393 | 772 | 2905 | 305 | 153 | 21 |
| 利息支出 | 68910 | 1030 | 28456 | 11768 | 18051 | 6912 | 2693 |
| 投资收益 | 35727 | 3940 | -11762 | 23179 | 61 | 20250 | 61 |
| 营业利润 | 1071 | 24622 | -28891 | 89390 | -206948 | 124025 | -1126 |
| 营业外收入 | 14717 | 300 | 1249 | 9895 | 1603 | 1578 | 92 |
| 营业外支出 | 23475 | 993 | 4783 | 7158 | 3169 | 7351 | 23 |
| 利润总额 | -9091 | 23929 | -32497 | 91791 | -208599 | 117411 | -1126 |
| 应交所得税 | 71107 | 6232 | 0 | 4812 | 11851 | 42982 | -178 |
| **人工成本** | | | | | | | |
| 应付职工薪酬 | 123028 | 7698 | 0 | 26477 | 21654 | 35258 | 1665 |

# 6-9 房地产开发企业施工、销售和待售情况汇总表

| 指标 | 总计 | 按经济类型分组 | | | 按隶属关系分组 | |
|---|---|---|---|---|---|---|
| | | 国有 | 集体 | 其他 | 中央 | 地方 |
| **房屋施工面积（平方米）** | **48616782** | **8814158** | **0** | **39802624** | **816258** | **47800524** |
| 住宅 | 33287850 | 6183772 | 0 | 27104078 | 706422 | 32581428 |
| 90平方米以下住宅 | | | | | | |
| 144平方米以上住宅 | | | | | | |
| 办公楼 | 1916631 | 85370 | 0 | 1831261 | 0 | 1916631 |
| 商业营业用房 | 3993778 | 589295 | 0 | 3404483 | 46581 | 3947197 |
| 其他 | 9418523 | 1955721 | 0 | 7462802 | 63255 | 9355268 |
| **房屋竣工面积（平方米）** | **4823426** | **442229** | **0** | **4381197** | **0** | **4823426** |
| 住宅 | 3681128 | 350432 | 0 | 3330696 | 0 | 3681128 |
| 90平方米以下住宅 | | | | | | |
| 144平方米以上住宅 | | | | | | |
| 办公楼 | 158184 | 0 | 0 | 158184 | 0 | 158184 |
| 商业营业用房 | 285552 | 30422 | 0 | 255130 | 0 | 285552 |
| 其他 | 698562 | 61375 | 0 | 637187 | 0 | 698562 |
| **商品房销售面积（平方米）** | **2824974** | **428031** | **0** | **2396943** | **50482** | **2774492** |
| 住宅 | 2597814 | 423402 | 0 | 2174412 | 50482 | 2547332 |
| 90平方米以下住宅 | 187223 | 33577 | 0 | 153646 | 0 | 187223 |
| 144平方米以上住宅 | 165081 | 7446 | 0 | 157635 | 0 | 165081 |
| 办公楼 | 64616 | 3164 | 0 | 61452 | 0 | 64616 |
| 商业营业用房 | 118179 | 1465 | 0 | 116714 | 0 | 118179 |
| 其他 | 44365 | 0 | 0 | 44365 | 0 | 44365 |
| **商品房销售额（万元）** | **2253381** | **319987** | **0** | **1933394** | **56468** | **2196913** |
| 住宅 | 2032120 | 314992 | 0 | 1717128 | 56468 | 1975652 |
| 90平方米以下住宅 | 132707 | 22620 | 0 | 110087 | 0 | 132707 |
| 144平方米以上住宅 | 174785 | 4610 | 0 | 170175 | 0 | 174785 |
| 办公楼 | 65867 | 1886 | 0 | 63981 | 0 | 65867 |
| 商业营业用房 | 145485 | 3109 | 0 | 142376 | 0 | 145485 |
| 其他 | 9909 | 0 | 0 | 9909 | 0 | 9909 |
| **待售面积（平方米）** | **893091** | **0** | **0** | **893091** | **5156** | **887935** |
| 住宅 | 432777 | 0 | 0 | 432777 | 0 | 432777 |
| 90平方米以下住宅 | | | | | | |
| 144平方米以上住宅 | | | | | | |
| 办公楼 | 69053 | 0 | 0 | 69053 | 0 | 69053 |
| 商业营业用房 | 219656 | 0 | 0 | 219656 | 5156 | 214500 |
| 其他 | 171605 | 0 | 0 | 171605 | 0 | 171605 |

# 6-9 房地产开发企业施工、销售和待售情况汇总表（续一）

| 指标 | 总计 | 按资质等级分 | | | | | |
|---|---|---|---|---|---|---|---|
| | | 一级 | 二级 | 三级 | 四级 | 暂定 | 其他 |
| **房屋施工面积（平方米）** | **48616782** | **2118752** | **5868889** | **11205098** | **11729679** | **17269560** | **424804** |
| 商品住宅 | 33287850 | 1330674 | 4295871 | 7410225 | 8001586 | 11866103 | 383391 |
| 90平方米以下住宅 | | | | | | | |
| 144平方米以上住宅 | | | | | | | |
| 办公楼 | 1916631 | 63127 | 105154 | 370773 | 646026 | 728551 | 3000 |
| 商业营业用房 | 3993778 | 217016 | 371232 | 1154796 | 701883 | 1526516 | 22335 |
| 其他 | 9418523 | 507935 | 1096632 | 2269304 | 2380184 | 3148390 | 16078 |
| **房屋竣工面积（平方米）** | **4823426** | **468791** | **927735** | **1098085** | **1053246** | **1275569** | **0** |
| 商品住宅 | 3681128 | 303043 | 628384 | 855039 | 711337 | 1183325 | 0 |
| 90平方米以下住宅 | | | | | | | |
| 144平方米以上住宅 | | | | | | | |
| 办公楼 | 158184 | 0 | 0 | 67725 | 90459 | 0 | 0 |
| 商业营业用房 | 285552 | 41163 | 104198 | 39404 | 100787 | 0 | 0 |
| 其他 | 698562 | 124585 | 195153 | 135917 | 150663 | 92244 | 0 |
| **商品房销售面积（平方米）** | **2824974** | **136921** | **390471** | **485880** | **600670** | **1174139** | **36893** |
| 商品住宅 | 2597814 | 119856 | 331387 | 460324 | 566272 | 1083082 | 36893 |
| 90平方米以下住宅 | 187223 | 422 | 4305 | 19969 | 64057 | 98470 | 0 |
| 144平方米以上住宅 | 165081 | 15504 | 44320 | 22099 | 27550 | 55608 | 0 |
| 办公楼 | 64616 | 10186 | 2388 | 7215 | 12648 | 32179 | 0 |
| 商业营业用房 | 118179 | 6879 | 21401 | 18313 | 15192 | 56394 | 0 |
| 其他 | 44365 | 0 | 35295 | 28 | 6558 | 2484 | 0 |
| **商品房销售额（万元）** | **2253381** | **154898** | **256425** | **334171** | **492638** | **993725** | **21524** |
| 商品住宅 | 2032120 | 109152 | 234852 | 309317 | 452728 | 904547 | 21524 |
| 90平方米以下住宅 | 132707 | 954 | 3143 | 12552 | 38626 | 77432 | 0 |
| 144平方米以上住宅 | 174785 | 26972 | 32094 | 26917 | 31891 | 56911 | 0 |
| 办公楼 | 65867 | 20177 | 1512 | 5566 | 11724 | 26888 | 0 |
| 商业营业用房 | 145485 | 25569 | 14585 | 19278 | 24440 | 61613 | 0 |
| 其他 | 9909 | 0 | 5476 | 10 | 3746 | 677 | 0 |
| **待售面积（平方米）** | **893091** | **0** | **250406** | **99113** | **350142** | **193430** | **0** |
| 商品住宅 | 432777 | 0 | 89677 | 26929 | 200981 | 115190 | 0 |
| 90平方米以下住宅 | | | | | | | |
| 144平方米以上住宅 | | | | | | | |
| 办公楼 | 69053 | 0 | 0 | 0 | 62066 | 6987 | 0 |
| 商业营业用房 | 219656 | 0 | 104677 | 38652 | 54589 | 21738 | 0 |
| 其他 | 171605 | 0 | 56052 | 33532 | 32506 | 49515 | 0 |

# 6-10 建筑业总承包和专业

| 指标 | 企业个数（个） | | 合同情况（万元） | | |
|---|---|---|---|---|---|
| | 全部企业个数 | 有工作量的企业个数 | 签订的合同额 | 其中：上年结转合同额 | 其中：本年新签合同额 |
| **总计** | **440** | **406** | **35768979** | **17739234** | **18029745** |
| **按经济行业分** | | | | | |
| 房屋建筑业 | 128 | 118 | 13791283 | 6863185 | 6928098 |
| 土木工程建筑业 | 149 | 142 | 17659750 | 9142040 | 8517710 |
| 建筑安装业 | 69 | 64 | 2892512 | 986353 | 1906159 |
| 建筑装饰、装修和其他建筑业 | 94 | 82 | 1425434 | 747656 | 677778 |
| **按登记注册类型分** | | | | | |
| 内资企业 | 439 | 405 | 35768883 | 17739234 | 18029650 |
| 国有企业 | 24 | 24 | 5485365 | 1944102 | 3541263 |
| 集体企业 | 8 | 8 | 25108 | 11405 | 13703 |
| 有限责任公司 | 132 | 123 | 24846084 | 12456502 | 12389581 |
| 股份有限公司 | 11 | 9 | 1960559 | 1082438 | 878120 |
| 私营企业 | 264 | 241 | 3451768 | 2244786 | 1206982 |
| 港、澳、台商投资企业 | | | | | |
| 外商投资企业 | 1 | 1 | 96 | | 96 |
| **按控股情况分** | | | | | |
| 国有控股 | 95 | 95 | 30515777 | 14548453 | 15967323 |
| 集体控股 | 22 | 21 | 398942 | 155000 | 243942 |
| 私人控股 | 321 | 288 | 4378519 | 2877327 | 1501192 |
| 其他 | 2 | 2 | 475742 | 158454 | 317288 |
| **按资质等级分** | | | | | |
| 特级 | 5 | 5 | 10083106 | 6139611 | 3943495 |
| 一级 | 78 | 75 | 20299154 | 9039543 | 11259611 |
| 二级 | 219 | 197 | 3622290 | 1917015 | 1705275 |
| 三级及以下 | 138 | 129 | 1764429 | 643065 | 1121364 |
| **按隶属关系分** | | | | | |
| 中央 | 16 | 16 | 11355833 | 5895214 | 5460619 |
| 地方 | 77 | 73 | 16337362 | 8164590 | 8172772 |
| 其他 | 347 | 317 | 8075784 | 3679429 | 4396354 |
| **按区县分** | | | | | |
| 城关区 | 234 | 210 | 8770467 | 4196370 | 4574097 |
| 七里河区 | 64 | 61 | 7818899 | 3766663 | 4052237 |
| 西固区 | 39 | 35 | 4092170 | 2051627 | 2040543 |
| 安宁区 | 14 | 13 | 8229655 | 4442562 | 3787093 |
| 红古区 | 12 | 12 | 84454 | 33681 | 50773 |
| 永登县 | 9 | 9 | 69931 | 18093 | 51838 |
| 皋兰县 | 14 | 13 | 30328 | 11655 | 18673 |
| 榆中县 | 11 | 11 | 2198122 | 1543192 | 654930 |
| 兰州新区 | 43 | 42 | 4474953 | 1675391 | 2799562 |

# 承包生产情况汇总表

| 承包工程完成情况（万元） | | | | 建筑业总产值（万元） | | | |
|---|---|---|---|---|---|---|---|
| 直接从建设单位承揽工程完成的产值 | 其中：自行完成施工产值 | 其中：分包出去工程的产值 | 从建设单位以外承揽工程完成的产值 | 合计 | 其中：装配式建筑工程产值 | 其中：装饰装修产值 | 其中：在外省完成的产值 |
| 13806001 | 12678162 | 1127839 | 145400 | 12823562 | 39767 | 200492 | 2892147 |
| | | | | | | | |
| 5768657 | 5755389 | 13268 | 37665 | 5793054 | 10106 | 56245 | 770420 |
| 6342008 | 5378807 | 963201 | 51839 | 5430646 | 8051.7 | 49088 | 1766452 |
| 1337088 | 1251178 | 85910 | 8333 | 1259511 | 21609 | 11901 | 343892 |
| 358249 | 292789 | 65460 | 47563 | 340352 | | 83257 | 11382 |
| | | | | | | | |
| 13805905 | 12678067 | 1127839 | 145400 | 12823466 | 39767 | 200396 | 2892147 |
| 2071317 | 2059855 | 11462 | 35740 | 2095594 | | 22430 | 562370 |
| 19315 | 19315 | | | 19315 | | 2622 | 462 |
| 9066466 | 7961787 | 1104680 | 91952 | 8053738 | 36648 | 103392 | 1647061 |
| 1204037 | 1204037 | | | 1204037 | | 5049 | 81430 |
| 1444770 | 1433073 | 11697 | 17709 | 1450782 | 3120 | 66904 | 600824 |
| | | | | | | | |
| 96 | 96 | | | 96 | | 96 | |
| | | | | | | | |
| 11671983 | 10622832 | 1049151 | 112300 | 10735133 | 32189 | 119504 | 2208801 |
| 245642 | 183618 | 62024 | | 183618 | | 2622 | 1869 |
| 1769496 | 1753264 | 16232 | 33100 | 1786363 | 7578 | 78365 | 681477 |
| 118881 | 118449 | 432 | | 118449 | | | |
| | | | | | | | |
| 3606734 | 2668253 | 938481 | | 2668253 | | 5049 | 871719 |
| 7991084 | 7883758 | 107327 | 9068 | 7892825 | 24450 | 134455 | 1926801 |
| 1369465 | 1290020 | 79445 | 65302 | 1355322 | 3050 | 34571 | 28674 |
| 838719 | 836133 | 2586 | 71030 | 907163 | 12268 | 26417 | 64953 |
| | | | | | | | |
| 3304644 | 2333284 | 971360 | 701.7 | 2333985 | | 53578 | 1297362 |
| 6275793 | 6198034 | 77760 | 111567 | 6309600 | 27411 | 49838 | 596550 |
| 4225564 | 4146845 | 78719 | 33131 | 4179977 | 12356 | 97076 | 998235 |
| | | | | | | | |
| 4292274 | 4261833 | 30442 | 12997 | 4274830 | 7288 | 128727 | 547635 |
| 3129585 | 3067530 | 62055 | 2258 | 3069788 | 18501 | 30757 | 661413 |
| 1356632 | 1327718 | 28915 | 17326 | 1345043 | 411 | 13392 | 341262 |
| 2688177 | 1749197 | 938980 | | 1749197 | 2198 | 4763 | 514232 |
| 42650 | 42650 | | | 42650 | | | |
| 35042 | 35042 | | | 35042 | 500 | 90 | |
| 20778 | 20698 | 80 | 4473 | 25170 | 1017 | 39 | 2400 |
| 781971 | 779971 | 2000 | 2000 | 781971 | 4778.6 | 6015.5 | 541277.1 |
| 1458892 | 1393524 | 65367 | 106346 | 1499871 | 5074 | 16709 | 283928 |

# 6-10 建筑业总承包和专业

| 指标 | 建筑业总产值按构成分（万元） | | | 竣工产值（万元） |
|---|---|---|---|---|
| | 建筑工程产值 | 安装工程产值 | 其他产值 | |
| **总计** | **11399297** | **1101182** | **323084** | **3480245** |
| **按经济行业分** | | | | |
| 房屋建筑业 | 5593594 | 142090 | 57370 | 2579844 |
| 土木工程建筑业 | 5026320 | 285719 | 118606 | 484310 |
| 建筑安装业 | 495198 | 629479 | 134834 | 308520 |
| 建筑装饰、装修和其他建筑业 | 284185 | 43895 | 12273 | 107570 |
| **按登记注册类型分** | | | | |
| 内资企业 | 11399201 | 1101182 | 323084 | 3480149 |
| 国有企业 | 1282779 | 698684 | 114131 | 568038 |
| 集体企业 | 17891 | 440 | 984 | 4405 |
| 有限责任公司 | 7563552 | 313823 | 176364 | 1772873 |
| 股份有限公司 | 1199733 | 4305 | | 747314 |
| 私营企业 | 1335246 | 83930 | 31605 | 387519 |
| 港、澳、台商投资企业 | | | | |
| 外商投资企业 | 96 | | | 96 |
| **按控股情况分** | | | | |
| 国有控股 | 9468405 | 993971 | 272757 | 2915333 |
| 集体控股 | 177541 | 859 | 5218 | 19365 |
| 私人控股 | 1635049 | 106352 | 44963 | 545300 |
| 其他 | 118302 | | 147 | 247 |
| **按资质等级分** | | | | |
| 特级 | 2658077 | | 10176 | 572217 |
| 一级 | 6795369 | 937601 | 159855 | 2387032 |
| 二级 | 1229071 | 108024 | 18228 | 332194 |
| 三级及以下 | 716780 | 55558 | 134825 | 188802 |
| **按隶属关系分** | | | | |
| 中央 | 1981902 | 328678 | 23405 | 262461 |
| 地方 | 5820703 | 258382 | 230516 | 2272450 |
| 其他 | 3596692 | 514122 | 69162 | 945334 |
| **按区县分** | | | | |
| 城关区 | 4117460 | 137558 | 19812 | 1518286 |
| 七里河区 | 2516710 | 518105 | 34974 | 655549 |
| 西固区 | 1045507 | 167957 | 131579 | 950217 |
| 安宁区 | 1523270 | 213549 | 12379 | 134981 |
| 红古区 | 42650 | | | 24025 |
| 永登县 | 29685 | 3190 | 2167 | 17182 |
| 皋兰县 | 22425 | 1148 | 1597 | 16405 |
| 榆中县 | 774408 | 1092.3 | 6472 | 46937 |
| 兰州新区 | 1327183 | 58583 | 114105 | 116662 |

# 承包生产情况汇总表（续一）

| 房屋建筑施工面积（平方米） | | 企业总产值（万元） | 从业人员情况（人） | |
|---|---|---|---|---|
| 施工面积 | 本年新开工面积 | | 从事建筑业活动的平均人数 | 企业期末人数 |
| **72475897** | **16777706** | **13086329** | **190440** | **176498** |
| | | | | |
| 60378384 | 13852049 | 5938216 | 94911 | 93321 |
| 9959470 | 2814619 | 5532290 | 61279 | 51671 |
| 523347 | 41880 | 1277004 | 27479 | 27237 |
| 1614696 | 69158 | 338820 | 6771 | 4269 |
| | | | | |
| 72475897 | 16777706 | 13086233 | 190436 | 176495 |
| 5242378 | 1137889 | 2156072 | 28899 | 35096 |
| 1451 | | 19815 | 1159 | 1200 |
| 51420528 | 13603006 | 8218557 | 117742 | 102041 |
| 12813860 | 1730290 | 1204037 | 20489 | 18993 |
| 2997680 | 306521 | 1487751 | 22147 | 19165 |
| | | | | |
| | | 95.9 | 4 | 3 |
| | | | | |
| 67066816 | 16179692 | 10955321 | 154839 | 146386 |
| 446018 | 185203 | 184174 | 4859 | 4951 |
| 4963063 | 412811 | 1828385 | 28897 | 23325 |
| | | 118449 | 1845 | 1836 |
| | | | | |
| 11462056 | 1668361 | 2668253 | 39122 | 35111 |
| 53830160 | 12899536 | 8057515 | 113402 | 111607 |
| 3917343 | 384366 | 1457114 | 23650 | 19744 |
| 3266338 | 1825443 | 903447 | 14266 | 10036 |
| | | | | |
| 10087554 | 3805990 | 2415271 | 21771 | 20733 |
| 51525824 | 11213303 | 6398592 | 98905 | 89501 |
| 10862519 | 1758413 | 4272465 | 69764 | 66264 |
| | | | | |
| 26173717 | 3125208 | 4349249 | 73865 | 74059 |
| 18929027 | 4142762 | 3173822 | 50388 | 48572 |
| 7170446 | 2653393 | 1351450 | 31724 | 26026 |
| 11534863 | 2168550 | 1735530 | 10493 | 10013 |
| 268562 | | 42661 | 2170 | 1725 |
| 96445 | 95735 | 35042 | 1146 | 917 |
| 13760 | 13080 | 25230 | 644 | 610 |
| 1243111 | 415115 | 781971 | 3383 | 3804 |
| 7045966 | 4163863 | 1591374 | 16627 | 10772 |

# 6-10 建筑业总承包和专业

| 指标 | 房屋建筑竣工面积（平方米） | | | |
|---|---|---|---|---|
| | 合计 | 住宅房屋 | 商业及服务用房屋 | 办公用房屋 |
| **总计** | **10053103** | **7293613** | **1300491** | **64062** |
| **按经济行业分** | | | | |
| 房屋建筑业 | 9217150 | 7191662 | 1298532 | 57929 |
| 土木工程建筑业 | 639564 | 13402 | 1959 | |
| 建筑安装业 | 185191 | 88199 | | 6133 |
| 建筑装饰、装修和其他建筑业 | 11198 | 350 | | |
| **按登记注册类型分** | | | | |
| 内资企业 | 10053103 | 7293613 | 1300491 | 64062 |
| 国有企业 | 1099923 | 844281 | 155112 | |
| 集体企业 | 1451 | | | 1230 |
| 有限责任公司 | 5600058 | 3927527 | 888086 | 42929 |
| 股份有限公司 | 2815253 | 2144660 | 256985 | 17554 |
| 私营企业 | 536418 | 377145 | 308 | 2349 |
| 港、澳、台商投资企业 | | | | |
| 外商投资企业 | | | | |
| **按控股情况分** | | | | |
| 国有控股 | 8915456 | 6331490 | 1296293 | 55554 |
| 集体控股 | 32151 | 30700 | | 1230 |
| 私人控股 | 1105496 | 931423 | 4198 | 7278 |
| 其他 | | | | |
| **按资质等级分** | | | | |
| 特级 | 2425679 | 2014311 | 211548 | |
| 一级 | 6743713 | 4682722 | 1082786 | 52322 |
| 二级 | 652168 | 527591 | 5497 | 11540 |
| 三级及以下 | 231543 | 68989 | 660 | 200 |
| **按隶属关系分** | | | | |
| 中央 | 379966 | | 1959 | |
| 地方 | 7557130 | 5381369 | 1294334 | 53552 |
| 其他 | 2116007 | 1912244 | 4198 | 10510 |
| **按区县分** | | | | |
| 城关区 | 4494497 | 3238060 | 414056 | 20455 |
| 七里河区 | 1766994 | 1481479 | 84082 | 40028 |
| 西固区 | 2043617 | 1229902 | 801155 | 1230 |
| 安宁区 | 1166597 | 1021165 | | |
| 红古区 | 91415 | 90193 | | 200 |
| 永登县 | 14112 | 13402 | | |
| 皋兰县 | 13495 | 4558 | | 2149 |
| 榆中县 | 148194 | 46077 | | |
| 兰州新区 | 314182 | 168777 | 1198 | |

# 承包生产情况汇总表（续二）

| 科研、教育、医疗用房屋 | 文化、体育、娱乐用房屋 | 厂房及建筑物 | 仓库 | 其他未列明的房屋建筑物 |
|---|---|---|---|---|
| **1021630** | **26665** | **252773** | **249** | **93620** |
| | | | | |
| 538952 | 26665 | 90250 | 249 | 12911 |
| 482678 | | 140875 | | 650 |
| | | 15000 | | 75859 |
| | | 6648 | | 4200 |
| | | | | |
| 1021630 | 26665 | 252773 | 249 | 93620 |
| 100530 | | | | |
| | | | 221 | |
| 469426 | 8898 | 181924 | | 81268 |
| 344083 | 17087 | 31527 | | 3357 |
| 107591 | 680 | 39322 | 28 | 8995 |
| | | | | |
| | | | | |
| | | | | |
| 909731 | 25985 | 213451 | | 82952 |
| | | | 221 | |
| 111899 | 680 | 39322 | 28 | 10668 |
| | | | | |
| | | | | |
| 168293 | | 31527 | | |
| 846475 | 25985 | 46330 | 0 | 7093 |
| 4308 | 0 | 17106 | 249 | 85877 |
| 2554 | 680 | 157810 | 0 | 650 |
| | | | | |
| 378007 | | | | |
| 506832 | 25985 | 212429 | 221 | 82408 |
| 136791 | 680 | 40344 | 28 | 11212 |
| | | | | |
| 744107 | 17087 | 53175 | | 7557 |
| 106177 | 8898 | 46330 | | |
| | | 9436 | 221 | 1673 |
| 65837 | | | | 79595 |
| | | 1022 | | |
| | | 60 | | 650 |
| | 680 | 1935 | 28 | 4145 |
| 102117 | | | | |
| 3392 | | 140815 | | |

# 6-11 建筑业总承包和

| 指标 | 年初存货 | 年末资产负债（万元） | | |
|---|---|---|---|---|
| | | 流动资产合计 | 应收工程款 | 存货 |
| **总计** | **1851279** | **25078442** | **5831511** | **1654715** |
| **按经济行业分** | | | | |
| 房屋建筑业 | 1027543 | 13696340 | 3273282 | 974326 |
| 土木工程建筑业 | 303083 | 8980722 | 2044927 | 324397 |
| 建筑安装业 | 206247 | 1114059 | 283110 | 133407 |
| 建筑装饰、装修和其他建筑业 | 314408 | 1287322 | 230192 | 222586 |
| **按登记注册类型分** | | | | |
| 内资企业 | 1851227 | 25077094 | 5831221 | 1654694 |
| 国有企业 | 94654 | 2599832 | 414615 | 92149 |
| 集体企业 | 3461 | 24106 | 10104 | 517 |
| 有限责任公司 | 1291590 | 17154001 | 3851544 | 1124378 |
| 股份有限公司 | 168942 | 2441467 | 738668 | 106555 |
| 私营企业 | 292581 | 2857689 | 816290 | 331095 |
| 港、澳、台商投资企业 | | | | |
| 外商投资企业 | 52 | 1349 | 290 | 21 |
| **按控股情况分** | | | | |
| 国有控股 | 1304870 | 21000027 | 4541942 | 1147952 |
| 集体控股 | 174415 | 315421 | 108637 | 90276 |
| 私人控股 | 371995 | 3762994 | 1180931 | 416487 |
| 其他 | | | | |
| **按资质等级分** | | | | |
| 特级 | 163343 | 9755050 | 1644116 | 176030 |
| 一级 | 703883 | 10025708 | 2698742 | 580569 |
| 二级 | 878485 | 4060331 | 947823 | 806046 |
| 三级及以下 | 105568 | 1237354 | 540830 | 92071 |
| **按隶属关系分** | | | | |
| 中央 | 73802 | 4492063 | 673954 | 94238 |
| 地方 | 1086121 | 14424623 | 3402639 | 924238 |
| 其他 | 691356 | 6161756 | 1754918 | 636240 |
| **按区县分** | | | | |
| 城关区 | 552944 | 7753238 | 2219448 | 487509 |
| 七里河区 | 357185 | 7161102 | 1649189 | 280104 |
| 西固区 | 44575 | 1422615 | 220179 | 61372 |
| 安宁区 | 142444 | 4331733 | 571591 | 174778 |
| 红古区 | 5520 | 74857 | 44181 | 3769 |
| 永登县 | 3078 | 34579 | 21207 | 7961 |
| 皋兰县 | 3952 | 27056 | 11533 | 1561 |
| 榆中县 | 30159 | 999836 | 173582 | 29951 |
| 兰州新区 | 711423 | 3271312 | 920603 | 607712 |

# 专业承包财务情况汇总表

| 固定资产减值准备 | 固定资产原价 | | | 累计折旧 | | 在建工程 |
|---|---|---|---|---|---|---|
| | | 房屋和构筑物 | 机器设备 | | 本年折旧 | |
| **1871** | **1796225** | **576931** | **384903** | **586669** | **70565** | **266459** |
| 853 | 958847 | 368212 | 87623 | 161958 | 23987 | 148095 |
| 295 | 646406 | 162646 | 239275 | 333150 | 40750 | 106958 |
| 448 | 151618 | 39994 | 41912 | 67883 | 3682 | 7915 |
| 276 | 39355 | 6078 | 16093 | 23679 | 2147 | 3493 |
| 1871 | 1796157 | 576931 | 384903 | 586605 | 70565 | 266459 |
| 448 | 173877 | 66859 | 62633 | 76001 | 5369 | 6169 |
| 105 | 5540 | 878 | 1294 | 2266 | 106 | 2686 |
| 28 | 1195310 | 334233 | 251454 | 389792 | 44688 | 193004 |
| 822 | 254563 | 145387 | 14794 | 30898 | 8189 | 19233 |
| 469 | 166867 | 29574 | 54728 | 87648 | 12213 | 45368 |
| | 69 | | | 64 | | |
| 1298 | 1549332 | 524509 | 300213 | 453626 | 54084 | 206310 |
| 105 | 33178 | 7264 | 11794 | 22331 | 1024 | 10246 |
| 469 | 213715 | 45158 | 72896 | 110712 | 15457 | 49904 |
| 822 | 432627 | 145593 | 55481 | 106116 | 9310 | 52340 |
| | 976663 | 323928 | 189367 | 314905 | 32538 | 92465 |
| 305 | 265296 | 64474 | 81995 | 118807 | 19861 | 81674 |
| | 121640 | 42936 | 58060 | 46840 | 8857 | 39980 |
| 474 | 283877 | 50769 | 105959 | 193646 | 11728 | 2050 |
| 823 | 1040222 | 418990 | 153650 | 202601 | 33615 | 174701 |
| 575 | 472126 | 107171 | 125294 | 190422 | 25222 | 89709 |
| 1073 | 635142 | 272357 | 157073 | 242233 | 31779 | 139642 |
| | 475824 | 142963 | 53654 | 120661 | 12664 | 23993 |
| 474 | 264513 | 55913 | 71925 | 78940 | 6734 | 39040 |
| 136 | 249241 | 44313 | 55961 | 84377 | 4714 | 14134 |
| | 7298 | 46 | 6649 | 3608 | 400 | 8976 |
| 159 | 950 | 85 | 644 | 354 | 109 | 29 |
| | 2434 | 314 | 1664 | 1121 | 286 | 713 |
| 28 | 11978 | 3407 | 3947 | 5471 | 2423 | 158 |
| 2 | 148701 | 57533 | 33241 | 49859 | 11442 | 39775 |

# 6-11 建筑业总承包和

| 指标 | 年末资产负债（万元） | | | |
|---|---|---|---|---|
| | 无形资产 | 土地使用权 | 资产总计 | 流动负债合计 |
| **总计** | **414368** | **323155** | **33886078** | **22777639** |
| **按经济行业分** | | | | |
| 房屋建筑业 | 111807 | 56869 | 19386415 | 12199510 |
| 土木工程建筑业 | 266276 | 232012 | 11765443 | 8439839 |
| 建筑安装业 | 14039 | 13525 | 1341897 | 1043697 |
| 建筑装饰、装修和其他建筑业 | 22246 | 20748 | 1392323 | 1094593 |
| **按登记注册类型分** | | | | |
| 内资企业 | 414368 | 323155 | 33883421 | 22777603 |
| 国有企业 | 24216 | 11438 | 3360939 | 2356421 |
| 集体企业 | | | 31512 | 27739 |
| 有限责任公司 | 355456 | 294018 | 23462680 | 15734358 |
| 股份有限公司 | 17264 | 7099 | 3074262 | 2354293 |
| 私营企业 | 17433 | 10601 | 3954028 | 2304791 |
| 港、澳、台商投资企业 | | | | |
| 外商投资企业 | | | 2657 | 35 |
| **按控股情况分** | | | | |
| 国有控股 | 389227 | 305184 | 28528556 | 19498525 |
| 集体控股 | 154 | 116 | 382606 | 287214 |
| 私人控股 | 24987 | 17855 | 4974916 | 2991900 |
| 其他 | | | | |
| **按资质等级分** | | | | |
| 特级 | 20967 | 9353 | 14545878 | 9279865 |
| 一级 | 201481 | 139538 | 12746601 | 9424196 |
| 二级 | 174871 | 166413 | 5169257 | 3039797 |
| 三级及以下 | 17049 | 7852 | 1424342 | 1033781 |
| **按隶属关系分** | | | | |
| 中央 | 25960 | 8733 | 5624105 | 4438720 |
| 地方 | 310835 | 288706 | 20128139 | 13237438 |
| 其他 | 77573 | 25717 | 8133834 | 5101480 |
| **按区县分** | | | | |
| 城关区 | 95534 | 78627 | 9747006 | 6659992 |
| 七里河区 | 22139 | 4295 | 11456958 | 6700070 |
| 西固区 | 12942 | 12610 | 1788716 | 1520795 |
| 安宁区 | 53684 | 6898 | 5557278 | 4398879 |
| 红古区 | 100 | | 88123 | 62044 |
| 永登县 | 44 | 38 | 45896 | 37960 |
| 皋兰县 | | | 30358 | 16954 |
| 榆中县 | 201 | | 1436586 | 937413 |
| 兰州新区 | 229725 | 220687 | 3731977 | 2442588 |

# 专业承包财务情况汇总表（续一）

| 应付账款 | 非流动负债合计 | 负债合计 | 所有者权益合计 | 实收资本 | 个人资本 |
|---|---|---|---|---|---|
| **8461105** | **2979508** | **25851140** | **8034939** | **3745868** | **151029** |
| | | | | | |
| 4529019 | 2234033 | 14500577 | 4885838 | 2056814 | 67446 |
| 3030440 | 712802 | 9171386 | 2594057 | 1215434 | 48094 |
| 438855 | 15914 | 1059810 | 282087 | 260552 | 12278 |
| 462791 | 16760 | 1119366 | 272957 | 213068 | 23211 |
| | | | | | |
| 8461071 | 2979508 | 25851104 | 8032317 | 3745368 | 151029 |
| 950667 | 212704 | 2597457 | 763482 | 387476 | |
| 21296 | 20 | 27810 | 3702 | 5693 | |
| 5626031 | 2314819 | 18065783 | 5396897 | 2196441 | 34334 |
| 1220496 | 317768 | 2672062 | 402201 | 115008 | |
| 642581 | 134197 | 2487993 | 1466036 | 1040750 | 116695 |
| | | | | | |
| 34 | | 35 | 2622 | 500 | |
| | | | | | |
| 7399569 | 2818520 | 22347520 | 6181037 | 2413224 | 6080 |
| 155667 | 4231 | 291496 | 91110 | 49531 | |
| 905869 | 156758 | 3212124 | 1762792 | 1283114 | 144949 |
| | | | | | |
| | | | | | |
| 2412859 | 1954314 | 11234179 | 3311699 | 1236800 | |
| 4390373 | 704069 | 10162006 | 2584595 | 1170129 | 48638 |
| 1165632 | 299465 | 3380109 | 1789148 | 1101018 | 69434 |
| 492240 | 21661 | 1074845 | 349497 | 237921 | 32957 |
| | | | | | |
| 1803843 | 235094 | 4673814 | 950291 | 563225 | |
| 4816317 | 2141337 | 15380915 | 4747224 | 1634633 | 9144 |
| 1840944 | 603077 | 5796411 | 2337423 | 1548010 | 141885 |
| | | | | | |
| 2981036 | 841987 | 7578993 | 2168013 | 1249040 | 90912 |
| 1929420 | 1361502 | 8062900 | 3394058 | 1616264 | 43662 |
| 727385 | 30296 | 1552657 | 236059 | 167544 | 4736 |
| 1537888 | 345332 | 4744211 | 813067 | 338075 | 1097 |
| 43734 | 22 | 62478 | 25645 | 12588 | 18 |
| 33845 | | 40377 | 5518 | 4864 | 2103 |
| 9270 | 40 | 16995 | 13363 | 11245 | 2301 |
| 64459 | 120676 | 1062623 | 373962 | 84702 | 1200 |
| 1133126 | 279654 | 2728962 | 1003014 | 259547 | 5001 |

# 6-11 建筑业总承包和

| 指标 | 损益及分配（万元） | | | | |
|---|---|---|---|---|---|
| | 营业收入 | 主营业务收入 | 营业成本 | 主营业务成本 | 营业税金及附加 |
| **总计** | 14149251 | 13923821 | 13180315 | 12949944 | 60254 |
| **按经济行业分** | | | | | |
| 房屋建筑业 | 5683419 | 5566374 | 5299259 | 5198952 | 32465 |
| 土木工程建筑业 | 6674432 | 6579289 | 6233979 | 6122808 | 19855 |
| 建筑安装业 | 1337760 | 1328698 | 1237830 | 1229133 | 5921 |
| 建筑装饰、装修和其他建筑业 | 453641 | 449461 | 409248 | 399052 | 2013 |
| **按登记注册类型分** | | | | | |
| 内资企业 | 14149163 | 13923733 | 13180236 | 12949865 | 60254 |
| 国有企业 | 2133099 | 2048504 | 1979713 | 1908594 | 6255 |
| 集体企业 | 17161 | 17057 | 16500 | 15846 | 89 |
| 有限责任公司 | 9299726 | 9197986 | 8716625 | 8599392 | 33016 |
| 股份有限公司 | 1211622 | 1200045 | 1106234 | 1094797 | 6560 |
| 私营企业 | 1487555 | 1460140 | 1361165 | 1331236 | 14333 |
| 港、澳、台商投资企业 | | | | | |
| 外商投资企业 | 88 | 88 | 80 | 80 | 0 |
| **按控股情况分** | | | | | |
| 国有控股 | 12058996 | 11876608 | 11262631 | 11089925 | 42440 |
| 集体控股 | 242035 | 237694 | 223104 | 219802 | 1330 |
| 私人控股 | 1848221 | 1809520 | 1694580 | 1640218 | 16484 |
| 其他 | | | | | |
| **按资质等级分** | | | | | |
| 特级 | 4056505 | 4010210 | 3843435 | 3825877 | 11278 |
| 一级 | 7701094 | 7589949 | 7175933 | 7062471 | 28360 |
| 二级 | 1594751 | 1538306 | 1457173 | 1369989 | 17052 |
| 三级及以下 | 796902 | 785357 | 703775 | 691607 | 3563 |
| **按隶属关系分** | | | | | |
| 中央 | 3508924 | 3458560 | 3386188 | 3326216 | 7904 |
| 地方 | 6245926 | 6112733 | 5703634 | 5589306 | 26977 |
| 其他 | 4394401 | 4352529 | 4090493 | 4034423 | 25372 |
| **按区县分** | | | | | |
| 城关区 | 4634058 | 4595750 | 4242900 | 4175517 | 27290 |
| 七里河区 | 2588167 | 2462462 | 2404899 | 2308453 | 12683 |
| 西固区 | 1339595 | 1326143 | 1267077 | 1257207 | 5644 |
| 安宁区 | 3522294 | 3486123 | 3366867 | 3338147 | 7414 |
| 红古区 | 39230 | 39128 | 35915 | 35889 | 646 |
| 永登县 | 35958 | 35792 | 34468 | 34320 | 166 |
| 皋兰县 | 29945 | 28909 | 27538 | 26967 | 181 |
| 榆中县 | 662225 | 662224 | 619078 | 619008 | 1546 |
| 兰州新区 | 1294962 | 1284473 | 1178892 | 1151756 | 4676 |

# 专业承包财务情况汇总表（续二）

| 主营业务税金及附加 | 其他业务利润 | 销售费用 | 管理费用 | 研发费用 | 财务费用 | 利息收入 | 利息支出 |
|---|---|---|---|---|---|---|---|
| 51618 | 12490 | 22734 | 395227 | 113607 | 150021 | 194615 | 250730 |
| | | | | | | | |
| 26077 | -3 | 2065 | 156615 | 47300 | 99825 | 120590 | 160672 |
| 18066 | 11425 | 15183 | 164354 | 55845 | 47235 | 62284 | 76821 |
| 5497 | 1068 | 3245 | 53200 | 9934 | 2034 | 1687 | 3059 |
| 1978 | 0 | 2241 | 21058 | 527 | 927 | 10054 | 10178 |
| | | | | | | | |
| 51617 | 12490 | 22734 | 395205 | 113607 | 150021 | 194615 | 250730 |
| 5425 | 3045 | 554 | 48127 | 15589 | 12679 | 11706 | 22937 |
| 69 | | 45 | 1508 | | 18 | 0 | |
| 26374 | 9324 | 13651 | 227515 | 67034 | 80406 | 153126 | 196634 |
| 6502 | | 5 | 52136 | 24043 | 21570 | 17438 | 11262 |
| 13247 | 120 | 8479 | 65920 | 6940 | 35348 | 12345 | 19896 |
| | | | | | | | |
| 0 | | | 22 | | 0 | | |
| | | | | | | | |
| 35787 | 11689 | 13942 | 292171 | 105087 | 109377 | 180646 | 225324 |
| 1094 | | 45 | 18362 | 101 | 1035 | 280 | 977 |
| 14737 | 801 | 8747 | 84695 | 8418 | 39609 | 13690 | 24428 |
| | | | | | | | |
| 8920 | 1996 | 11062 | 84190 | 32240 | 44660 | 140250 | 130773 |
| 24499 | | 6380 | 192132 | 71692 | 86439 | 41945 | 93364 |
| 15627 | | 2828 | 68944 | 6742 | 12379 | 11678 | 20307 |
| 2572 | 3680 | 2463 | 49961 | 2933 | 6543 | 742 | 6286 |
| | | | | | | | |
| 7119 | 444 | 10273 | 54976 | 29325 | -17846 | 46189 | 24787 |
| 20901 | 9670 | 2377 | 196067 | 57635 | 102872 | 126779 | 171326 |
| 23598 | 2377 | 10084 | 144185 | 26646 | 64994 | 21648 | 54617 |
| | | | | | | | |
| 26688 | 5242 | 6810 | 168732 | 67820 | 73983 | 36972 | 63224 |
| 9046 | 2438 | 2088 | 88805 | 13800 | 34580 | 83156 | 104108 |
| 2789 | 5120 | 140 | 33484 | 8387 | 8178 | 2656 | 8111 |
| 7188 | | 8998 | 46434 | 16629 | 618 | 50239 | 46007 |
| 92 | 76 | 453 | 2276 | | 21 | 4 | 15 |
| 166 | | 26 | 580 | | 28 | | 6 |
| 180 | | 39 | 1828 | | 13 | 14 | 2 |
| 1546 | | 3274 | 7924 | 2214 | 24723 | 12245 | 14664 |
| 3916 | -386 | 907 | 45056 | 4758 | 7878 | 9330 | 14592 |

# 6-11 建筑业总承包和

| 指标 | 损益及分配（万元） | | | | |
|---|---|---|---|---|---|
| | 资产减值损失 | 公允价值变动收益 | 投资收益 | 其他收益 | 营业利润 |
| **总计** | **-14184** | **7862** | **85019** | **1930** | **398418** |
| **按经济行业分** | | | | | |
| 房屋建筑业 | -6739 | 7862 | 33200 | -1124 | 113583 |
| 土木工程建筑业 | -5195 | | 50347 | 1792 | 231759 |
| 建筑安装业 | -2121 | | 1473 | 1215 | 28139 |
| 建筑装饰、装修和其他建筑业 | -129 | | | 47 | 24937 |
| **按登记注册类型分** | | | | | |
| 内资企业 | -14184 | 7862 | 85019 | 1930 | 398432 |
| 国有企业 | -677 | 18 | 5409 | 1057 | 77276 |
| 集体企业 | | | | | -335 |
| 有限责任公司 | -8455 | 8540 | 77458 | 2417 | 292677 |
| 股份有限公司 | -2402 | -695 | 1032 | 686 | 11042 |
| 私营企业 | -2650 | | 1120 | -2229 | 17772 |
| 港、澳、台商投资企业 | | | | | |
| 外商投资企业 | | | | | -14 |
| **按控股情况分** | | | | | |
| 国有控股 | -11641 | 7862 | 82869 | 3619 | 370757 |
| 集体控股 | 94 | | 1019 | 172 | 3902 |
| 私人控股 | -2637 | | 1132 | -1861 | 23758 |
| 其他 | | | | | |
| **按资质等级分** | | | | | |
| 特级 | -1994 | 8572 | 69857 | 814 | 119763 |
| 一级 | -9746 | | 10304 | 702 | 173316 |
| 二级 | -503 | | 4404 | 308 | 72223 |
| 三级及以下 | -1941 | | 454 | 107 | 33115 |
| **按隶属关系分** | | | | | |
| 中央 | -1830 | | -3569 | 1070 | 53555 |
| 地方 | -7392 | 8327 | 39529 | 2762 | 232021 |
| 其他 | -4963 | -464 | 49060 | -1902 | 112841 |
| **按区县分** | | | | | |
| 城关区 | -8561 | -695 | 58962 | -1300 | 152968 |
| 七里河区 | -2900 | 9138 | 33070 | 1431 | 83222 |
| 西固区 | -1090 | -116 | 24 | 621 | 18162 |
| 安宁区 | -275 | -464 | -7875 | 1230 | 66713 |
| 红古区 | | | | 1 | 2 |
| 永登县 | | | | | 805 |
| 皋兰县 | | | 11 | | 482 |
| 榆中县 | -65 | | 78 | 155 | 6648 |
| 兰州新区 | -1294 | | 750 | -207 | 69396 |

# 专业承包财务情况汇总表（续三）

| 营业外收入 | 营业外支出 | 利润总额 | 所得税费 | 应付职工薪酬（本年贷方累计发生额）（万元） | 增值税总额（本期累计发生额） | 建筑业企业在境外完成的营业收入 |
|---|---|---|---|---|---|---|
| 10416 | 8059 | 400930 | 66574 | 1178784 | 348446 | 74966 |
| | | | | | | |
| 2674 | 3673 | 112588 | 25360 | 472754 | 125381 | 41 |
| 6789 | 2501 | 236176 | 29619 | 460207 | 176270 | 63923 |
| 875 | 789 | 28225 | 4741 | 223504 | 30834 | |
| 78 | 1095 | 23941 | 6854 | 22320 | 15961 | 11001 |
| | | | | | | |
| 10416 | 8059 | 400944 | 66574 | 1178770 | 348438 | 74966 |
| 1281 | 471 | 78086 | 15287 | 225095 | 45828 | 799 |
| 1343 | 6 | 1001 | 6 | 3064 | 919 | |
| 6110 | 4348 | 294442 | 43703 | 756918 | 192863 | 61680 |
| 555 | 1322 | 10275 | 4632 | 83749 | 21162 | 11001 |
| 1127 | 1911 | 17141 | 2946 | 109944 | 87666 | 1486 |
| | | | | | | |
| | | –14 | | 14 | 8 | |
| | | | | | | |
| 7018 | 5205 | 372570 | 61155 | 994251 | 241632 | 73480 |
| 1867 | 670 | 5104 | 1066 | 42960 | 5360 | |
| 1530 | 2184 | 23256 | 4353 | 141573 | 101455 | 1486 |
| | | | | | | |
| 3083 | 1874 | 120972 | 8981 | 217188 | 110956 | 61680 |
| 3719 | 3682 | 173353 | 34589 | 778933 | 171205 | 11800 |
| 2840 | 1784 | 73282 | 16595 | 126567 | 45799 | |
| 774 | 719 | 33323 | 6408 | 56096 | 20487 | |
| | | | | | | |
| 4636 | 1397 | 56794 | 3494 | 257192 | 42259 | 62478 |
| 3670 | 3247 | 232444 | 48383 | 509212 | 149953 | |
| 2110 | 3415 | 111692 | 14697 | 412380 | 156234 | 12487 |
| | | | | | | |
| 4430 | 3131 | 154244 | 21565 | 383921 | 95059 | 11001 |
| 595 | 2215 | 81606 | 13565 | 348496 | 70828 | |
| 462 | 1059 | 17565 | 4251 | 185282 | 32416 | 1445 |
| 2737 | 747 | 68703 | 9844 | 176302 | 57530 | 62478 |
| 33 | 39 | 17 | 68 | 4120 | 1559 | |
| 4 | 0 | 808 | 169 | 6952 | 1141 | |
| 6 | 38 | 450 | 30 | 3611 | 1238 | |
| 873 | 309 | 7365 | 1228 | 28145 | 65209 | |
| 1274 | 521 | 70149 | 15852 | 41913 | 23345 | 41 |

# 主要统计指标解释

**固定资产投资（不含农户）** 指城镇和农村各种登记注册类型的企业、事业、行政单位及城镇个体户进行的计划总投资500万元及500万元以上的建设项目投资和房地产开发投资，包含原口径的城镇固定资产投资加上农村企事业组织项目投资，该口径自2011年起开始使用。

**房地产开发投资** 指各种登记注册类型的房地产开发法人单位统一开发的包括统代建、拆迁还建的住宅、厂房、仓库、饭店、宾馆、度假村、写字楼、办公楼等房屋建筑物，配套的服务设施，土地开发工程（如道路、给水、排水、供电、供热、通讯、平整场地等基础设施工程）和土地购置的投资；不包括单纯的土地开发和交易活动。

**建筑工程** 指各种房屋、建筑物的建造工程。这部分投资额必须兴工动料，通过施工活动才能实现。建筑工程包括：（1）各种房屋如厂房、仓库、办公室、住宅、商店、学校、医院、俱乐部、食堂、招待所。包括：房屋的土建工程；列入房屋工程预算内的暖气、卫生、通风、照明、煤气等设备的价值及装设油饰工程；列入建筑工程预算内的各种管道（如蒸汽、压缩空气、石油、给排水等管道）、电力、电讯电缆导线等的敷设工程。（2）设备基础、支柱、操作平台、梯子、烟囱、凉水塔、水池、灰塔等建筑工程；炼焦炉、裂解炉、蒸汽炉等各种窑炉的砌筑工程及金属结构工程。（3）为施工而进行的建筑场地的布置、工程地质勘探，原有建筑物和障碍物的拆除，平整场地、施工临时用水、电、汽、道路工程，以及完工后建筑场地的清理、环境绿化美化工作等。（4）矿井的开凿，井巷掘进延伸，露天矿的剥离，石油、天然气钻井工程和铁路、公路、港口、桥梁等工程。（5）水利工程，如水库、堤坝、灌溉以及河道整治等工程。（6）防空、地下建筑等特殊工程及其他建筑工程。

**安装工程** 指各种设备、装置的安装工程。安装工程包括：（1）生产、动力、起重、运输、传动和医疗、实验等各种需要安装设备的装配和安装，与设备相连的工作台、梯子、栏杆等装设工程，附属于被安装设备的管线敷设工程，被安装设备的绝缘、防腐、保温、油漆等工作。（2）为测定安装工程质量，对单个设备、系统设备进行单机试运、系统联动无负荷试运工作（投料试运工作不包括在内）。

**设备工器具购置** 指报告期内购置或自制的，达到固定资产标准的设备、工具、器具的价值。

（1）设备：指各种生产设备、传导设备、动力设备、运输设备等。分为需要安装的设备和不需要安装的设备两种。需要安装的设备（简称“需安设备”）是指必须将其整体或几个部位装配起来，安装在基础上或建筑物支架上才能使用的设备。如轧钢机、发电机、蒸汽锅炉、变压器、塔、换热器、各种泵、机床等。有的设备虽不要基础，但必须进行组装工作，并在一定范围内使用，如生产用电铲、塔吊、门吊、皮带运输机等也作为需要安装的设备统计。不需要安装的设备（简称“不需安设备”）指不必固定在一定位置或支架上就可以使用的各种设备，如电焊机、叉车、汽车、机车、飞机、船舶以及生产上流动使用的空压机、泵等。

（2）工具、器具：指具有独立用途的各种生产用具、工作工具和仪器。如生产和维修用的切削工具、压延工具、铆焊工具、模压器、铸型、风镐等，检验、实验测量用的各种计量、分析、化验仪器，以及达到固定资产标准的包装容器等。以融资租赁方式购置的设备，租金支出应纳入固定资产投资，由承租人填报，出租人不得填报。以经营租赁方式购置的设备，租金支出不应纳入固定资产投资统计。外购设备、工具、器具除设备本身的价格外，还应包括运杂费、仓库保管费、购买支持设备运行的软件系统的费用等，但不包括软件系统的后续技术服务费。自制的设备、工具、器具，按实际发生的全部支出计算。

**其他费用** 指在项目建设过程中发生的，除建筑安装工程和设备、工器具购置投资完成额以外的费用，不指经营中财务上的其他费用。

**房屋建筑面积** 指从房屋外墙线算起的各层平面面积的总和，包括可供使用的有效面积和房屋结构（如柱、墙）占用的面积。多层建筑按各层（包括地下室）面积总和计算。

**住宅建筑面积** 指施工和竣工房屋建筑面积中供居住用的施工和竣工房屋建筑面积。

**房屋施工面积** 指报告期内施工的全部房屋建筑面积。包括本期新开工的面积、上期跨入本期继续施工的房屋面积、上期停缓建在本期恢复施工的房屋面积、本期竣工的房屋面积及本期施工后又停缓建的房屋面积。

**房屋竣工面积** 指在报告期内房屋建筑按照设计要求已全部完工，达到住人和使用条件，经验收鉴定合格，正式移交使用单位的建筑面积。

**新增固定资产** 是指已经完成建造和购置过程，并已交付生产或使用单位的固定资产的价值，包括已经建成投入生产或交付使用的工程投资和达到固定资产标准的设备、工具、器具的投资及有关应摊入的费用。该指标是表示固定资产投资成果的价值指标，也是反映建设进度，计算固定资产投资效果的重要指标。

**建筑业统计单位** 指从事房屋、构筑物建造和设备安装活动的法人企业。建筑业法人企业应同时具备的条件是：①依法成立，有自己的名称、组织机构和场所，能够承担民事责任；②独立拥有和使用资产，承担负债，有权与其他单位签订合同；③独立核算盈亏，能够编制资产负债表；④具有建筑业资质。

**建筑业总产值（即自行完成施工产值）** 是以货币表现的建筑安装企业在一定时期内生产的建筑业产品和服务的总和。建筑业总产值包括：

（1）建筑工程产值：指列入建筑工程预算内的各种工程价值。

（2）设备安装工程产值：指设备安装工程价值，不包括被安装设备本身价值。

（3）房屋、构筑物修理产值：指房屋、构筑物修理所完成的价值，但不包括被修理房屋、构筑物本身的价值和生产设备的修理价值。

（4）非标准设备制造产值：指加工制造没有定型的、非标准的生产设备的加工费和原材料价值，以及附属加工厂为本企业承建工程制作的非标准设备的价值。

**房屋建筑施工面积** 指在报告期内施过工的全部房屋建筑面积，包括本期新开工的房屋面积、上期施工跨入本期继续施工的房屋面积、上期停缓建在本期恢复施工的房屋面积、本期竣工的房屋面积及本期施工后又停缓建的房屋面积。

**房屋建筑竣工面积** 指在报告期内房屋建筑按照设计要求已全部完工，达到了住人和使用条件，经验收鉴定合格，正式移交使用单位的房屋建筑面积。

**营业收入** 指企业经营主要业务和其他业务所确认的收入总额。营业收入包括“主营业务收入”和“其他业务收入”。

**主营业务收入** 指企业确认的销售商品、提供劳务等主营业务的收入。

**营业成本** 指企业经营主要业务和其他业务所发生的成本总额。包括企业（单位）在报告期内从事销售商品、提供劳务等日常活动发生的各种耗费。包括“主营业务成本”和“其他业务成本”。

**主营业务成本** 指企业经营主要业务所发生的成本总额。

**税金及附加** 指企业因从事生产经营活动按税法规定应缴纳的消费税、城市维护建设税、资源税、教育费附加及房产税、土地使用税、车船使用税、印花税等相关税费。

**营业利润** 指企业从事生产经营活动所取得的利润，如亏损以“-”号表示。

**利润总额** 指企业在一定会计期间的经营成果，是生产经营过程中各种收入扣除各种耗费后的盈余，反映企业在报告期内实现的盈亏总额。利润总额为营业利润加上营业外收入，减去营业外支出后的金额。

统计资料

# 七、城市建设

# 7-1 城市主要经济指标

| 指标 | 单位 | 全市合计 | 市区合计 | 市区占全市比重（%） |
|---|---|---|---|---|
| **人口、劳动力及土地面积** | | | | |
| 年末户籍人口 | 万人 | 336.98 | 216.08 | 64.12 |
| 年平均人口 | 万人 | 336.63 | 216.23 | 64.23 |
| 常住人口 | 万人 | 441.53 | 325.17 | 73.65 |
| 年出生人口 | 人 | 24681 | 15675 | 63.51 |
| 年死亡人口 | 人 | 33014 | 27221 | 82.45 |
| 年末总户数 | 万户 | 118.50 | 81.57 | 68.84 |
| 年末单位就业人员数 | 万人 | 76.61 | – | |
| 第一产业（农、林、牧、渔业） | 万人 | 0.35 | – | |
| 第二产业 | 万人 | 26.65 | – | |
| 采矿业 | 万人 | 0.96 | – | |
| 制造业 | 万人 | 8.43 | – | |
| 电力、燃气及水的生产和供应业 | 万人 | 5.31 | – | |
| 建筑业 | 万人 | 11.95 | – | |
| 第三产业 | 万人 | 49.62 | – | |
| 交通运输、仓储及邮政业 | 万人 | 3.55 | – | |
| 信息传输、计算机服务和软件业 | 万人 | 1.82 | – | |
| 批发和零售业 | 人 | 43112 | – | |
| 住宿、餐饮业 | 人 | 11325 | – | |
| 金融业 | 万人 | 4.48 | – | |
| 房地产业 | 万人 | 3.78 | – | |
| 租赁和商业服务业 | 万人 | 2.10 | – | |
| 科学研究、技术服务和地质勘查业 | 万人 | 4.65 | – | |
| 水利、环境和公共设施管理业 | 万人 | 1.39 | – | |
| 居民服务和其他服务业 | 万人 | 0.35 | – | |
| 教育 | 万人 | 8.00 | – | |
| 卫生和社会工作 | 人 | 46738 | – | |
| 文化、体育和娱乐业 | 万人 | 0.98 | – | |
| 公共管理和社会组织 | 万人 | 8.42 | – | |
| 年末城镇登记失业人员数 | 人 | 35063 | 33146 | 94.53 |
| 行政区域土地面积 | 平方公里 | 13178.80 | 1632.00 | 12.38 |
| 建成区面积 | 平方公里 | 413.14 | 253.88 | 61.45 |
| 城市建设用地面积 | 平方公里 | 409.46 | 253.83 | 61.99 |
| 居住用地面积 | 平方公里 | 110.19 | 80.48 | 73.04 |
| 公共设施用地面积 | 平方公里 | 7.73 | 4.68 | 60.54 |
| 工业用地面积 | 平方公里 | 85.48 | 50.82 | 59.45 |

注：自2020年开始，从业人员改为抽样调查，无区（县）数据。

# 7-1 城市主要经济指标（续一）

| 指标 | 单位 | 全市合计 | 市区合计 | 市区占全市比重（%） |
|---|---|---|---|---|
| **综合经济** | | | | |
| 地区生产总值（当年价格） | 亿元 | 3343.50 | 2595.34 | 77.62 |
| 第一产业增加值 | 亿元 | 64.97 | 19.78 | 30.45 |
| 第二产业增加值 | 亿元 | 1150.76 | 812.84 | 70.64 |
| 第三产业增加值 | 亿元 | 2127.77 | 1762.72 | 82.84 |
| 地区生产总值（2015年价格） | 亿元 | 2966.84 | 2291.18 | 77.23 |
| 人均地区生产总值 | 元 | 75992 | 80800 | |
| 地区生产总值增长率 | % | 0.8 | -0.1 | |
| **财政、金融、保险** | | | | |
| 公共财政预算收入 | 万元 | 2209765 | 1706158 | 77.21 |
| 税收收入 | 万元 | 1575198 | 1248424 | 79.26 |
| 企业所得税 | 万元 | 181965 | 148418 | 81.56 |
| 个人所得税 | 万元 | 61246 | 55002 | 89.81 |
| 公共财政预算支出 | 万元 | 4987969 | 3348095 | 67.12 |
| 一般性公共服务支出 | 万元 | 517691 | 364846 | 70.48 |
| 科学技术支出 | 万元 | 72630 | 43388 | 59.74 |
| 教育支出 | 万元 | 802339 | 555848 | 69.28 |
| 文化体育与传媒支出 | 万元 | 54713 | 45374 | 82.93 |
| 医疗卫生支出（卫生健康支出） | 万元 | 498950 | 360655 | 72.28 |
| 节能保护支出 | 万元 | 122144 | 53002 | 43.39 |
| 城乡社区事务支出 | 万元 | 472256 | 264966 | 56.11 |
| 交通运输支出 | 万元 | 487588 | 419939 | 86.13 |
| 社会保障和就业支出 | 万元 | 619300 | 439426 | 70.96 |
| 住房保障支出 | 万元 | 205613 | 157282 | 76.49 |
| 年末金融机构人民币存款余额 | 万元 | 100716053 | 83530185 | 82.94 |
| 其中：住户存款 | 万元 | 45692581 | 39950622 | 87.43 |
| 年末金融机构人民币贷款余额 | 万元 | 149117070 | 94266339 | 63.22 |

# 7-1 城市主要经济指标（续二）

| 指标 | 单位 | 全市合计 | 市区合计 | 市区占全市比重（%） |
|---|---|---|---|---|
| **工业** | | | | |
| 工业企业数 | 个 | 459 | 182 | 39.65 |
| 内资企业 | 个 | 447 | 177 | 39.60 |
| 国有企业 | 个 | 20 | 9 | 45.00 |
| 私营企业 | 个 | 227 | 78 | 34.36 |
| 港、澳、台商投资企业 | 个 | 4 | 0 | 0.00 |
| 外商投资企业 | 个 | 8 | 5 | 62.50 |
| 工业总产值（当年价） | 亿元 | 2471.7 | 1501.7 | 60.76 |
| 内资企业 | 亿元 | 2312.5 | 1474.5 | 63.76 |
| 国有企业 | 亿元 | 131.3 | 110.4 | 84.08 |
| 私营企业 | 亿元 | 333.4 | 86.6 | 25.97 |
| 港、澳、台商投资企业 | 亿元 | 117.4 | 0 | 0.00 |
| 外商投资企业 | 亿元 | 41.9 | 27.2 | 64.92 |
| 从业人员年平均人数 | 万人 | 10.8 | 6.4 | 59.26 |
| 流动资产合计 | 亿元 | 1387.3 | 712.8 | 51.38 |
| 固定资产原价 | 亿元 | 1507.5 | 935.1 | 62.03 |
| 主营业务收入 | 亿元 | 2501.2 | 1484.3 | 59.34 |
| 主营业务成本 | 亿元 | 2130.9 | 1111.6 | 52.17 |
| 主营业务税金及附加 | 亿元 | 225.4 | 221.4 | 98.23 |
| 本年应交增值税 | 亿元 | 66.6 | 58.9 | 88.44 |
| 利润总额 | 亿元 | 94.3 | 95.9 | 101.70 |
| **邮电** | | | | |
| 年末邮政局（所）数 | 处 | 157 | 98 | 62.42 |
| 邮政业务收入 | 万元 | 4539 | 2892 | 63.71 |
| 电信业务收入 | 万元 | 63093.19 | 54079.88 | 85.71 |
| 固定电话年末用户数 | 万户 | 51.93 | | |
| 移动电话年末用户数 | 万户 | 628.01 | 295.4 | 47.04 |
| 3G以上移动电话用户 | 万户 | 557.82 | 257.51 | 46.16 |
| 互联网宽带接入用户数 | 万户 | 252.09 | 68.63 | 27.22 |
| **能源、用电量** | | | | |
| 综合能源消费量 | 万吨/标准煤 | | | |
| 全社会用电量 | 万千瓦时 | 3241005 | 356036.34 | 10.99 |
| 工业用电 | 万千瓦时 | 2315439 | 43837.09 | 1.89 |
| 城乡居民生活用电 | 万千瓦时 | 292655 | 104581 | 35.74 |

注：工业统计范围为规模以上工业企业。

# 7-1 城市主要经济指标（续三）

| 指标 | 单位 | 全市合计 | 市区合计 | 市区占全市比重（%） |
|---|---|---|---|---|
| **内外贸易、外经** | | | | |
| 限额以上批发零售贸易业商品销售总额 | 万元 | 78808037.4 | 45926731.9 | 58.30 |
| 社会消费品零售总额 | 万元 | 15982127.1 | 14094767.8 | 88.20 |
| 限额以上批发零售企业数（法人数） | 个 | 750 | 561 | 74.80 |
| 零售业 | 个 | 292 | 242 | 82.90 |
| 货物进口额（海关数据） | 亿元 | 103.5 | | |
| 货物出口额（海关数据） | 亿元 | 65.3 | | |
| **外商直接投资** | | | | |
| 外商直接投资合同项目 | 个 | 12 | 9 | 75.00 |
| 当年实际使用外资金额 | 万美元 | 2956.28 | 538 | 18.20 |
| **固定资产投资** | | | | |
| 固定资产投资额（不含农村） | 万元 | | | |
| 房地产开发投资额 | 万元 | 4869589 | 2994776 | 61.50 |
| 住宅 | 万元 | 3487996 | 2098225 | 60.16 |
| 全年新增固定资产 | 万元 | | | |
| 商品房屋销售面积 | 万平方米 | 282.5 | 151.1 | 53.49 |
| 住宅 | 万平方米 | 259.8 | 133.6 | 51.42 |
| 商品房屋销售额 | 万元 | 2253381 | 1472014 | 65.32 |
| 住宅 | 万元 | 2032120 | 1299231 | 63.93 |
| 待售面积 | 万平方米 | 89.3 | 66.5 | 74.47 |
| **教育、科技、文化、卫生** | | | | |
| 学校数 | | | | |
| 普通高等学校 | 所 | 28 | 20 | 71.43 |
| 中等职业教育学校 | 所 | 42 | 18 | 42.86 |
| 普通中学 | 所 | 215 | 125 | 58.14 |
| 小学 | 所 | 421 | 206 | 48.93 |
| 专任教师数 | | | | |
| 普通高等学校 | 人 | 24035 | 19686 | 81.91 |
| 中等职业教育学校 | 人 | 2070 | 553 | 26.71 |
| 普通中学 | 人 | 16267 | 11315 | 69.56 |
| 小学 | 人 | 15233 | 9558 | 62.75 |
| 在校学生数 | | | | |
| 普通高等学校 | 人 | 495145 | 384446 | 77.64 |

# 7–1 城市主要经济指标（续四）

| 指标 | 单位 | 全市合计 | 市区合计 | 市区占全市比重（%） |
|---|---|---|---|---|
| 高中阶段在校学生数 | 人 | 67038 | 42830 | 63.89 |
| 中等职业教育学校学生数 | 人 | 27008 | 10166 | 37.64 |
| 普通中学学生数 | 万人 | 17.66 | 11.75 | 66.53 |
| 小学学生数 | 万人 | 26.35 | 18.85 | 71.54 |
| 初中毕业生升学率 | % | 99.80 | 99.80 | |
| 成人高等学校在校学生数 | 人 | | | |
| 体育场馆数 | 个 | 17 | 10 | 58.82 |
| 剧场、影剧院数 | 个 | 53 | 44 | 83.02 |
| 公共图书馆图书总藏量 | 千册 | 1603.50 | 1322.70 | 82.49 |
| 广播节目综合人口覆盖率 | % | 90.00 | 90.00 | |
| 电视节目综合人口覆盖率 | % | 99.70 | 99.70 | |
| 有线电视入户率 | % | 100.0 | 100.0 | |
| 医院、卫生院数 | 个 | 180 | 113 | 62.78 |
| 医院、卫生院床位数 | 张 | 30736 | 25354 | 82.49 |
| 医生数（执业医师+执业助理医师） | 人 | 15752 | 13784 | 87.51 |
| 注册护士 | 人 | 22319 | 19508 | 87.41 |
| **社会保障** | | | | |
| 居民消费价格指数（上年为100） | % | 102.30 | | |
| 城镇职工基本养老保险参保人数 | 人 | 1150596 | 1046980 | 90.99 |
| 城镇居民基本医疗保险参保人数 | 人 | 2071105 | 1113786 | 53.78 |
| 失业保险参保人数 | 人 | 732265 | 691528 | 94.44 |
| 社会福利院数 | 个 | 5 | 3 | 60.00 |
| 社会福利院床位数 | 张 | 998 | 846 | 84.77 |
| 社区服务设施数 | 个 | 417 | 372 | 89.21 |
| 城市社区综合服务设施覆盖率 | % | 100% | | |
| 城镇居民最低生活保障人数 | 人 | 25884 | 21829 | 84.33 |
| **社会治安** | | | | |
| 交通事故死亡人数 | 人 | 187 | 82 | 43.85 |
| 交通事故损失额 | 万元 | 454.67 | 244.42 | 53.76 |
| 火灾事故死亡人数 | 人 | 6 | 3 | 50.00 |
| 火灾事故损失额 | 万元 | 1463.76 | 641.37 | 43.82 |
| 刑事案件立案数 | 起 | 8961 | 5374 | 59.97 |
| 犯罪人数 | 人 | 5490 | 3002 | 54.68 |
| 青少年人数（年龄16–25周岁） | 人 | 941 | 516 | 54.84 |

# 7-2 城市设

| 指标 | 2010年 | 2011年 | 2012年 | 2013年 | 2014年 |
|---|---|---|---|---|---|
| 建成区面积（平方公里） | 196.26 | 196.97 | 198.67 | 207.00 | 282.20 |
| 城市人口密度（人/平方公里） | 1614.00 | 1613.00 | 9561.00 | 8931.00 | 5878.00 |
| 燃气普及率（%） | 89.37 | 88.98 | 88.71 | 90.10 | 86.93 |
| 年末公用自来水生产能力（万立方米/日） | 156.51 | 157.97 | 150.78 | 144.60 | 148.85 |
| 地下水 | 12.60 | 12.60 | 12.00 | 10.00 | 10.70 |
| 全年供水总量（万立方米） | 24275.92 | 29401.10 | 26827.67 | 21818.49 | 23902.57 |
| 居民家庭用水 | 9804.14 | 10132.90 | 9644.75 | 9337.83 | 10230.56 |
| 用水人口（万人） | 188.54 | 187.10 | 186.46 | 174.27 | 205.31 |
| 道路长度（公里） | 906.60 | 909.81 | 926.57 | 1093.22 | 1513.50 |
| 道路面积（万平方米） | 2161.50 | 2168.35 | 2218.89 | 2910.44 | 3545.53 |
| 人均拥有道路面积（平方米） | 10.89 | 10.97 | 11.18 | 14.79 | 16.56 |
| 排水管道长度（公里） | 724.00 | 765.49 | 832.39 | 1360.50 | 2311.01 |
| 桥梁数（个） | 199 | 202 | 205 | 206 | 254 |
| 污水年排放量（万立方米） | 22318 | 16097.3 | 19785 | 19285 | 19018 |
| 污水年处理量（万立方米） | 12845 | 10760 | 13401 | 14781 | 15881 |
| 污水日处理能力（万立方米） | 44.0 | 44.5 | 71.9 | 71.9 | 75.1 |
| 污水处理率（%） | 60.00 |  | 67.73 | 82.03 | 83.51 |
| 防洪堤长度（公里） | 180.00 | 180.00 | 180.00 | 235.20 | 260.12 |
| 绿化覆盖面积（公顷） | 5495.00 | 4940.00 | 6548.00 | 7730.00 | 7919.36 |
| 建成区绿化覆盖率（%） | 25.02 | 25.08 | 30.01 | 34.52 | 26.46 |
| 园林绿地面积（公顷） | 4441.00 | 4471.00 | 5494.00 | 6584.00 | 7201.62 |
| 公共绿地面积（公顷） | 1714.00 | 1720.00 | 1762.00 | 2058.00 | 2333.13 |
| 人均公共绿地面积（平方米） | 8.63 | 8.70 | 8.88 | 10.46 | 10.90 |
| 公园个数（个） | 14 | 14 | 14 | 16 | 25 |
| 公共汽（电）车营运车辆（辆） | 2149 | 2163 | 2270 | 2745 | 2769 |
| 标准运营台数（标台） | 2666 | 2682 | 2924 | 3326 | 3115 |
| 公共汽（电）车客运总量（万人次） | 61554 | 62050 | 3373 | 76428 | 77676 |
| 出租汽车（辆） | 6738 | 6738 | 6738 | 7913 | 7591 |

注：2007年道路长度、道路面积等市政设施数据为市政管理系统内数据，与往年数据不可比。

# 施水平

| 2015年 | 2016年 | 2017年 | 2018年 | 2019年 | 2020年 | 2021年 | 2022年 |
|---|---|---|---|---|---|---|---|
| 310.86 | 310.85 | 356.79 | 366.84 | 366.84 | 366.84 | 375.61 | 413.14 |
| 7274 | 7253 | 7211 | 7054.5 | 7734 | 7734 | 8127.46 | 6029 |
| 87.3 | 87.64 | 87.65 | 92.93 | 91.3 | 93.37 | 98.01 | 97.8 |
| 165.27 | 161.27 | 175.17 | 175.67 | 178.07 | 188 | 175.25 | 174.95 |
| 12.3 | 13.81 | 13.86 | 13.86 | 13.84 | 10 | 0.21 | 0.16 |
| 27491.6 | 26441.37 | 27178.06 | 28463.3 | 28800.71 | 24747 | 31057.39 | 30045.95 |
| 11082.04 | 10327.2 | 10405.87 | 11556 | 11770.77 | 11775.97 | 12360.62 | 12547.08 |
| 257.49 | 264.46 | 269.49 | 257.01 | 270.58 | 270.58 | 321.13 | 324.88 |
| 1678.95 | 1834.33 | 1963.26 | 2213.37 | 2355.22 | 2355.22 | 2466.27 | 2539.05 |
| 4294.88 | 4536.73 | 4805.11 | 5611.84 | 5872.34 | 5982.48 | 5985.1 | 5837.95 |
| 16 | 16.57 | 17.43 | 20.75 | 20.77 | 22.77 | 18.37 | 17.86 |
| 2783.7 | 3028.7 | 3241.22 | 3219.11 | 3193 | 3193 | 3543.66 | 3565.4 |
| 337 | 375 | 419 | 423 | 435 | 435 | 460 | 460 |
| 19971 | 18686 | 19986 |  | 19684 | 20511 | 24488.18 | 23853.09 |
| 17766 | 17743 | 19081 |  | 19207 | 19993 | 23571.99 | 23099 |
| 77.6 | 70.7 | 74 |  | 60 | 60 | 76 | 113.5 |
| 88.96 | 94.95 | 95.47 |  | 97 | 97.47 | 96.26 | 96.84 |
|  |  |  |  | 327.77 | 328.92 | 344.7 | 362.56 |
| 8369.36 | 9311 | 10733.87 | 11285.42 | 11451.07 | 11451.07 | 12010.19 | 12727.04 |
| 25.2 | 26.69 | 29.98 | 31.07 | 33.14 | 33.14 | 31.82 | 30.73 |
| 7742.59 | 7852.3 | 9592.07 | 10076.76 | 10003.6 | 10003.6 | 10614.02 | 11610.98 |
| 2526.9 | 2586.3 | 3454.5 | 3660.24 | 3693.27 | 3731.09 | 3738.25 | 4557.06 |
| 9.41 | 9.52 | 12.53 | 13.54 | 13.06 | 13.19 | 11.47 | 13.94 |
| 29 | 29 | 35 | 36 | 37 | 37 | 40 | 43 |
| 2739 | 2800 | 2801 | 3319 | 3109 | 3189 | 3189 | 3078 |
| 3094 | 3162 | 3165 | 4191.7 | 3928 | 3816 | 3816 | 3933 |
| 75004 | 80186 | 81756 | 79733.9 | 78335 | 59695 | 58028 | 35302 |
| 8221 | 9583 | 9648 | 10309 | 10566 | 10766 | 10640 | 10416 |

# 7–3 工业废水排

| 指标 | 2005年 | 2006年 | 2007年 | 2008年 | 2009年 |
|---|---|---|---|---|---|
| **工业废水** | | | | | |
| 工业废水排放量（万吨） | 4352.00 | 4029.00 | 3725.00 | 3737.12 | 2945.18 |
| 化学需氧量（吨） | 3583.00 | 3095.00 | 2112.00 | 2199.38 | 1834.62 |
| 氨氮（吨） | 267.11 | 281.95 | | 205.34 | 134.89 |
| 石油类（吨） | 207.16 | 140.60 | | 79.68 | 40.19 |
| 挥发酚（吨） | 0.94 | 0.61 | | 0.15 | 0.21 |
| 氰化物（吨） | 0.59 | 0.11 | | 0.13 | 0.10 |
| 砷（吨） | 0.17 | 0.15 | 0.18 | 0.21 | 0.20 |
| 铅（吨） | 1.04 | 1.23 | 1.20 | 0.28 | 0.14 |
| 镉（吨） | 0.25 | 0.19 | 0.25 | 0.20 | 0.09 |
| 六价铬化合物（吨） | 0.10 | 0.88 | 0.64 | 0.29 | 0.11 |
| **工业废气** | | | | | |
| 工业废气排放量（亿标立方米） | 1338 | 1342 | 1766 | 1870 | 2070 |
| 二氧化硫排放量（吨） | 60924 | 69947 | 64044 | 71865 | 70687 |
| 氮氧化物排放量（吨） | | 34349 | 37431 | 36644 | 43738 |
| 工业烟尘排放量（吨） | | 36457 | 27237 | 24084 | 19424 |
| **工业固体废物** | | | | | |
| 工业固体废物产生量（万吨） | 160.54 | 258.39 | 412.41 | 372.41 | 485.82 |
| 工业固体废物处置量（万吨） | 0.48 | 34.94 | 21.67 | 22.26 | 30.35 |
| 工业固体废物综合利用量（万吨） | 152.31 | 181.66 | 344.60 | 290.75 | 364.88 |
| 工业固体废物贮存量（万吨） | 4.64 | 41.78 | 54.39 | 59.42 | 102.00 |
| **生活污水** | | | | | |
| 城镇生活污水排放量（万立方米） | 12375 | 12625 | 12740 | 13859 | 13923 |
| 城镇生活污水处理量（万立方米） | 4839 | 5200 | 5002 | 5564 | 8555 |
| 城镇生活污水处理率（%） | 39.10 | 41.19 | 39.26 | 40.15 | 61.45 |

注：2011年环境统计国家启动“十二五”环境统计系统，与“十一五”环境统计在统计口径、方法、范围等方面有所调整变动，故部分统计指标数据与往年不可比。

# 放处理情况

| 2010年 | 2011年 | 2012年 | 2013年 | 2014年 | 2015年 | 2016年 |
|---|---|---|---|---|---|---|
| 2529.10 | 4097.28 | 4624.55 | 4909.07 | 4563.49 | 4138.48 | 3341.89 |
| 3103.38 | 4658.62 | 4348.47 | 4445.77 | 4005.99 | 3307.95 | 899.96 |
| 209.84 | 2431.58 | 2642.68 | 2723.12 | 2648.30 | 2656.1 | 66.54 |
| 28.42 | 86.57 | 68.79 | 87.85 | 93.53 | 541.15 | 17.13 |
| 0.17 | 8.40 | 0.39 | 0.79 | 3.14 | 1.75 | 0.80 |
| 0.12 | 0.02 | 0.03 | 0.02 | 0.02 | 0.02 | 0.04 |
| 0.12 | | | | 0.00 | 0.001 | 1.06 |
| 0.05 | 0.09 | | | 0.01 | 0.009 | 1.37 |
| 0.04 | 0.02 | | | 0.01 | 0.004 | 4.15 |
| 0.12 | 0.15 | 0.00 | 0.01 | 0.01 | 0.006 | 2.77 |
| | | | | | | |
| 1805 | 3183 | 3954 | 4068 | 3768 | 3576.57 | 2566.45 |
| 69800 | 92722 | 68654 | 72148 | 67616 | 61240 | 19192.01 |
| 45243 | 79722 | 83804 | 79915 | 66026 | 54079 | 28557.87 |
| 21269 | 39710 | 33598 | 40109 | 64214 | 45209 | 15891.59 |
| | | | | | | |
| 507.31 | 604.55 | 627.88 | 624.58 | 638.62 | 607.75 | 291.05 |
| 29.17 | 43.39 | 23.19 | 14.75 | 7.22 | 7.4 | 10.07 |
| 413.23 | 561.15 | 603.04 | 608.17 | 628.73 | 598.4 | 280.72 |
| 82.19 | 0.04 | 1.65 | 1.66 | 2.67 | 2.07 | 0.55 |
| | | | | | | |
| 15147 | 12000 | 13687 | | 19018 | 19971 | 17530.51 |
| 10636 | 9502 | 9670 | | 15881 | 17766 | 17342.91 |
| 70.22 | 79.19 | 70.65 | | 83.51 | 88.96 | 98.93 |

# 7-3 工业废水排放处理情况（续一）

| 指标 | 2017年 | 2018年 | 2019年 | 2020年 | 2021年 | 2022年 |
|---|---|---|---|---|---|---|
| **工业废水** | | | | | | |
| 工业废水排放量（万吨） | 3527.75 | 3780.53 | 3260.03 | 3006.08 | 2611.15 | 2625.62 |
| 化学需氧量（吨） | 2168.76 | 1093.25 | 1043.78 | 813.54 | 795.97 | 716.56 |
| 氨氮（吨） | 68.43 | 43.62 | 32.77 | 35.66 | 27.93 | 20.84 |
| 石油类（吨） | 45.43 | 38.47 | 43.17 | 11.88 | 7.60 | 10.74 |
| 挥发酚（千克） | 24530.59 | 331.84 | 159.28 | 71.66 | 101.95 | 144.86 |
| 氰化物（千克） | 83.74 | 34.7 | 0.30 | 0.31 | 69.09 | 143.51 |
| 砷（千克） | 6.56 | 5.3 | 5.75 | 0.74 | 2.87 | 2.56 |
| 铅（千克） | 13.15 | 2.75 | 2.69 | 0.12 | 0.06 | 0.07 |
| 镉（千克） | 6.22 | 1.80 | 1.16 | 0.18 | 0.49 | 0.79 |
| 六价铬化合物（千克） | 7.68 | 4.00 | 2.67 | 0.74 | 0.61 | 0.43 |
| **工业废气** | | | | | | |
| 工业废气排放量（亿标立方米） | 2146.49 | 2731.78 | 2467.52 | 2844.93 | 3055.06 | 2827.22 |
| 二氧化硫排放量（吨） | 20095.17 | 21376.50 | 17442.80 | 12713.86 | 12922.42 | 12380.76 |
| 氮氧化物排放量（吨） | 27618.2 | 29608.39 | 30149.17 | 15919.03 | 15038.83 | 15151.89 |
| 工业烟尘排放量（吨） | 15786.31 | 19986.35 | 24878.54 | 6731.92 | 5245.04 | 5632.49 |
| **工业固体废物** | | | | | | |
| 工业固体废物产生量（万吨） | 307.8 | 402.02 | 413.47 | 522.65 | 522.16 | 572.63 |
| 工业固体废物处置量（万吨） | 28.74 | 12.32 | 15.29 | 5.84 | 4.66 | 5.46 |
| 工业固体废物综合利用量（万吨） | 279.22 | 389.51 | 398.39 | 510.59 | 511.43 | 561.19 |
| 工业固体废物贮存量（万吨） | 0.48 | 1.93 | 1.16 | 6.31 | 6.19 | 6.09 |
| **生活污水** | | | | | | |
| 城镇生活污水排放量（万立方米） | 17773.26 | 21468.35 | 19684 | 20511 | 24488.18 | 23853.09 |
| 城镇生活污水处理量（万立方米） | 17364.35 | 19665.14 | 19207 | 19993 | 23571.99 | 23099 |
| 城镇生活污水处理率（%） | 97.7 | 91.6 | 97.58 | 97.47 | 96.26 | 96.84 |

注：2011年环境统计国家启动“十二五”环境统计系统，与“十一五”环境统计在统计口径、方法、范围等方面有所调整变动，故部分统计指标数据与往年不可比。

# 7-4 环境保护

| 指标 | 2016年 | 2017年 | 2018年 | 2019年 | 2020年 | 2021年 | 2022年 |
|---|---|---|---|---|---|---|---|
| 工业废水排放量（万吨） | 3341.87 | 3527.75 | 3780.53 | 3260.03 | 3006.08 | 2611.15 | 2625.62 |
| 工业废气排放量（亿立方米） | 2566.45 | 2146.49 | 2731.78 | 2467.52 | 2844.93 | 3055.06 | 2827.22 |
| 工业二氧化硫产生量（吨） | 108371.78 | 94777.47 | 121178.64 | 105708.15 | 115384.26 | 109743.66 | 106440.57 |
| 工业二氧化硫排放量（吨） | 19192.01 | 20095.17 | 21376.50 | 17442.80 | 12713.86 | 12922.42 | 12380.76 |
| 工业氮氧化物产生量（吨） | 54119.06 | 54896.46 | 54518.43 | 61612.82 | 47534.22 | 47266.20 | 44990.47 |
| 工业氮氧化物排放量（吨） | 28557.87 | 27618.2 | 29608.39 | 30149.17 | 15919.03 | 15038.83 | 15151.89 |
| 工业烟（粉）尘产生量（吨） | 3199993.62 | 2738546.55 | 3123671.39 | 3576534.80 | 3269841.92 | 3508685.19 | 3677149.41 |
| 工业烟（粉）尘排放量（吨） | 15891.59 | 15786.31 | 19986.35 | 24878.54 | 6731.92 | 5245.04 | 5632.49 |
| 一般工业固体废物综合利用率（%） | 96.45 | 90.52 | 96.48 | 96.04 | 97.69 | 97.94 | 98.0 |
| 城镇污水处理率（%） | 95.72 | 95.49 | 96.00 | 97.0 | 97.47 | 96.26 | 96.84 |
| 污水处理厂集中处理率（%） | 95.72 | 95.49 | 96.00 | 97.0 | 97.47 | 96.26 | 96.84 |
| 生活垃圾无害化处理率（%） | 40.40 | 100.0 | 99.39 | 100.0 | 100.0 | 100.0 | 100.0 |
| 空气质量达到及好于二级的天数（天） | 243 |  | 213 | 296 | 312 | 296 | 301 |
| 空气质量达到及好于二级的比例（%） |  | 68.9 | 67 | 81.1 | 85.2 | 81.1 | 82.5 |

注：2014年环境统计在统计口径、方法、范围等方面有所调整变动。

# 主要统计指标解释

**年末自来水生产能力** 指年底城建部门管理的自来水厂和自备水源的社会单位取水、净化、送水、出厂输水干管等环节的实际生产能力。

**年末供水管道长度** 指从送水泵到用户水表之间所有管道的长度。

**全年供水总量** 指公用自来水厂和自备水源的社会单位全年的供水总量，包括有效供水量及损失水量。

**生活用水量** 指居民日常生活与公共福利设施的用水量，包括居民、饮食店、旅馆、医院、理发店、浴池、洗衣店、游泳池、商店、学校、机关、部队等单位的用水量。

**城市人口用水普及率** 指城市用水人口数与城市人口总数之比。计算公式为：

用水普及率=城市用水人口数/城市人口总数×100%

**全年供气总量** 指全年售给各类用户的全部煤气量，包括工业用量、家庭用量和其他用量。

**城市用气普及率** 指使用煤气（包括人工煤气、液化石油气、天然气）的城市人口数与人口总数之比。计算公式为：

城市用气普及率=城市用气人口数/城市人口总数×100%

**年底实有铺装道路长度** 指除土路外，路面经过铺装宽度在3.5米以上的道路，包括高级、次高级道路和普通道路。

**城市桥梁** 指城市范围内，修建在河道上的桥梁和道路与道路立交、道路跨越铁路的立交桥及人行天桥。包括永久性桥和半永久性桥、不包括临时性桥、铁路桥、涵洞。

**城市下水道总长度** 指所有排水总管、干管、支管及暗渠、检查井、连接井进出水口等长度之和。

**城市污水日处理能力** 指污水处理厂每昼夜处理污水量的设计能力。

**年末实有公共汽（电）车** 指年底可参加营运的全部车辆数，包括营运车辆数和库存查封未参加营运的车辆。不包括非营运车辆，如架线车、油罐车、工程车、货车及其他专用车辆和借入的客运车辆。

**城市园林绿地面积** 指城市公共绿地、专用绿地、生产绿地、防护绿地、郊区风景名胜区的全部面积。

**公共绿地** 指供游览休息的各种公园、动物园、植物园、陵园以及花园、游园和供游览休息用的林荫道绿地、广场绿地，不包括一般栽植的行道树及林荫道的面积。

**工业废水排放量** 指经过企业厂区所有排放口排到企业外部的工业废水量。包括生产废水、外排的直接冷却水、超标排放的矿井地下水和与工业废水混排的厂区生活污水，不包括外排的间接冷却水（清污不分流的间接冷却水应计算在内）。

**工业废水排放达标量** 指各项指标都达到国家或地方排放标准的外排工业废水量，包括未经处理外排达标和经过处理后外排达标两部分。

**工业废气排放量** 指企业厂区内燃料燃烧和生产工艺过程中产生的各种排入空气的含有污染物的气体总量，按标准状态（273K，101325Pa）计算。

**工业二氧化硫排放量** 指企业在燃料燃烧和生产工艺过程中排入大气的二氧化硫数量。

**烟尘排放量** 指企业厂区内燃料燃烧产生的烟气中夹带的颗粒物数量。

**工业粉尘排放量** 指企业在生产工艺过程中排放的颗粒物重量，如钢铁企业的耐火材料粉尘、焦化企业的筛焦系统粉尘、烧结机的粉尘、石灰窑的粉尘、建材企业的水泥粉尘等。不包括电厂排入大气的烟尘。

**工业固体废物产生量** 指企业在生产过程中产生的固体状、半固体状和高浓度液体状废弃物的总量，包括危险废物、冶炼废渣、粉煤灰、炉渣、煤矸石、尾矿、放射性废物和其他废物等；不包括矿山开采的剥离废石和掘进废石（煤矸石和呈酸性或碱性的废石除外）。酸性或碱性废石指采掘的废石其流经水、雨淋水的PH值小于4或PH值大于10.5者。

**工业固体废物处置量** 指将固体废物焚烧或者最终置于符合环境保护规定要求的场所，并不再回取的工业固体废物量（包括当年处置往年的工业固体废物累计贮存量）。处置方法有填埋（其中危险废物应安全填埋）、焚烧、专业贮存场（库）封场处理、深层灌注、回填矿井等。

# 统计资料

# 八、商业、物价

# 8-1 社会消费品零售总额

| 年份 | 社会消费品零售总额（万元） | | | | 构成（%）总额=100 | | |
|---|---|---|---|---|---|---|---|
| | | 市 | 县 | 县以下 | 市 | 县 | 县以下 |
| 1979 | 64608 | 53500 | 3259 | 4849 | 82.8 | 5.04 | 7.51 |
| 1980 | 79602 | 72573 | 2237 | 4792 | 91.2 | 2.81 | 6.02 |
| 1981 | 92916 | 84135 | | 5501 | 90.5 | 3.53 | 5.92 |
| 1982 | 98106 | 87569 | | 6446 | 89.3 | 4.17 | 6.57 |
| 1983 | 109073 | 99474 | | 6032 | 91.2 | 3.27 | 5.53 |
| 1984 | 166936 | 151828 | | | 90.9 | 9.05 | |
| 1985 | 203181 | 177743 | 25438 | | 87.5 | 12.52 | |
| 1986 | 238390 | 216103 | 22287 | | 90.7 | 9.35 | |
| 1987 | 267759 | 237787 | 29972 | | 88.8 | 11.19 | |
| 1988 | 366358 | 326329 | 40029 | | 89.1 | 10.93 | |
| 1989 | 408412 | 365089 | 43323 | | 89.4 | 10.61 | |
| 1990 | 354709 | 311443 | 43266 | | 87.8 | 12.20 | |
| 1991 | 394014 | 354217 | 39797 | | 89.9 | 10.10 | |
| 1992 | 493967 | 448676 | 45291 | | 90.8 | 9.17 | |
| 1993 | 605588 | 564094 | 41494 | | 93.1 | 6.85 | |
| 1994 | 770741 | 708005 | 31824 | 30912 | 91.9 | 4.13 | 4.01 |
| 1995 | 966709 | 888130 | 40517 | 38062 | 91.9 | 4.19 | 3.94 |
| 1996 | 1104678 | 1015253 | 49537 | 39888 | 91.9 | 4.48 | 3.61 |
| 1997 | 1218665 | 1129795 | 47545 | 41325 | 92.7 | 3.90 | 3.39 |
| 1998 | 1354030 | 1260477 | 47222 | 46331 | 93.1 | 3.49 | 3.42 |
| 1999 | 1474674 | 1373534 | 48077 | 53063 | 93.1 | 3.26 | 3.60 |
| 2000 | 1600561 | 1509263 | 39784 | 51514 | 94.3 | 2.49 | 3.22 |
| 2001 | 1738827 | 1639730 | 46915 | 52182 | 94.3 | 2.70 | 3.00 |
| 2002 | 1905594 | 1794946 | 57227 | 53421 | 94.2 | 3.00 | 2.80 |
| 2003 | 2065349 | 1926373 | 54154 | 54822 | 93.3 | 2.62 | 2.65 |
| 2004 | 2280165 | 2159442 | 59866 | 60857 | 94.7 | 2.63 | 2.67 |
| 2005 | 2566724 | 2427080 | 67019 | 72625 | 94.6 | 2.61 | 2.83 |
| 2006 | 2897169 | 2745380 | 73430 | 78359 | 94.8 | 2.53 | 2.70 |
| 2007 | 3375659 | 3203985 | 83606 | 88068 | 94.9 | 2.47 | 2.63 |
| 2008 | 3950438 | 3757344 | 94160 | 98934 | 95.1 | 2.38 | 2.50 |
| 2009 | 4697711 | 4476705 | 107783 | 113223 | 95.3 | 2.30 | 2.40 |
| 2010 | 5451055 | 4744277 | 706778 | | 87.0 | 13.0 | |
| 2011 | 6397231 | 5603581 | 793649 | | 87.6 | 12.4 | |
| 2012 | 7491157 | 6560692 | 930465 | | 87.6 | 12.4 | |
| 2013 | 8438727 | 7391130 | 1047597 | | 87.6 | 12.4 | |
| 2014 | 10568321 | 9300122 | 1268198 | | 88.0 | 12.0 | |
| 2015 | 11521498 | 10138918 | 1382580 | | 88 | 12.00 | |
| 2016 | 12633456 | 10653889 | 1979567 | | 84.3 | 15.7 | |
| 2017 | 13587245 | 11558602 | 2028643 | | 85.1 | 14.9 | |
| 2018 | 13520905 | 12632395 | 888510 | | 90.0 | 10.0 | |
| 2019 | 16720018 | 14705755 | 2014263 | | 88.0 | 12.0 | |
| 2020 | 16412397 | 14389435 | 2022962 | | 87.7 | 12.3 | |
| 2021 | 17577416 | 15374556 | 2202860 | | 87.5 | 12.5 | |
| 2022 | 15982127 | 14053161 | 1928966 | | 87.9 | 12.1 | |

# 8-1 社会消费品零售总额（续一）

| 年份 | 分行业社会消费品零售总额（万元） | | | 构成（%）总额=100 | | |
|---|---|---|---|---|---|---|
| | 批零贸易业 | 住宿和餐饮业 | 其他行业 | 批零贸易业 | 住宿和餐饮业 | 其他行业 |
| 1979 | 55977 | 2386 | 3245 | 86.64 | 3.69 | 5.02 |
| 1980 | 67896 | 3290 | 8416 | 85.29 | 4.13 | 10.57 |
| 1981 | 77210 | 4031 | | 83.10 | 4.34 | 12.57 |
| 1982 | 81043 | 3874 | | 82.61 | 3.95 | 13.44 |
| 1983 | 87159 | 4648 | | 79.91 | 4.26 | 15.83 |
| 1984 | 101189 | 5664 | | 60.62 | 3.39 | 35.99 |
| 1985 | 137567 | 17350 | 48264 | 67.71 | 8.54 | 23.75 |
| 1986 | 165123 | 21034 | 52233 | 69.27 | 8.82 | 21.91 |
| 1987 | 192654 | 23405 | 51700 | 71.95 | 8.74 | 19.31 |
| 1988 | 263426 | 32784 | 70148 | 71.90 | 8.95 | 19.15 |
| 1989 | 301917 | 33918 | 72577 | 73.92 | 8.30 | 17.77 |
| 1990 | 251581 | 34456 | 68672 | 70.93 | 9.71 | 19.36 |
| 1991 | 293871 | 33568 | 66575 | 74.58 | 8.52 | 16.90 |
| 1992 | 370852 | 49427 | 73688 | 75.08 | 10.01 | 14.92 |
| 1993 | 461105 | 58999 | 85484 | 76.14 | 9.74 | 14.12 |
| 1994 | 540727 | 111711 | 118303 | 70.16 | 14.49 | 15.35 |
| 1995 | 653752 | 127310 | 185647 | 67.63 | 13.17 | 19.20 |
| 1996 | 754505 | 140560 | 209613 | 68.30 | 12.72 | 18.98 |
| 1997 | 788732 | 186582 | 243351 | 64.72 | 15.31 | 19.97 |
| 1998 | 880561 | 180563 | 292906 | 65.03 | 13.34 | 21.63 |
| 1999 | 914579 | 201725 | 358370 | 62.02 | 13.68 | 24.30 |
| 2000 | 1084917 | 221303 | 294341 | 67.78 | 13.83 | 18.39 |
| 2001 | 1138362 | 232434 | 368031 | 65.47 | 13.37 | 21.17 |
| 2002 | 1244846 | 257582 | 403196 | 65.33 | 13.52 | 21.16 |
| 2003 | 1654686 | 273156 | 107507 | 80.12 | 13.23 | 5.21 |
| 2004 | 1845340 | 334777 | 100048 | 80.93 | 14.68 | 4.39 |
| 2005 | 2057580 | 413882 | 95262 | 80.16 | 16.12 | 3.71 |
| 2006 | 2307010 | 484796 | 105363 | 79.63 | 16.73 | 3.64 |
| 2007 | 2700054 | 555978 | 119627 | 79.99 | 16.47 | 3.54 |
| 2008 | 3208468 | 652704 | 89266 | 81.22 | 16.52 | 2.26 |
| 2009 | 3842104 | 764723 | 90884 | 81.79 | 16.28 | 1.93 |
| 2010 | 4568077 | 882978 | | 83.00 | 17.00 | |
| 2011 | 5288752 | 1108479 | | 83.00 | 17.00 | |
| 2012 | 6195624 | 1295533 | | 83.00 | 17.00 | |
| 2013 | 7033071 | 1405656 | | 83.00 | 17.00 | |
| 2014 | 10568321 | 8877389 | 1690931 | 84.00 | 16.00 | |
| 2015 | 9678058 | 1843440 | | 84.0 | 16.0 | |
| 2016 | 10560442 | 2047318 | | 83.80 | 16.20 | |
| 2017 | 11398918 | 2188327 | | 83.89 | 16.11 | |
| 2018 | 12030848 | 1490057 | | 88.98 | 11.02 | |
| 2019 | 14903676 | 1816342 | | 89.14 | 10.86 | |
| 2020 | 14659484 | 1752913 | | 89.32 | 10.68 | |
| 2021 | 15667445 | 1909971 | | 89.13 | 10.87 | |
| 2022 | 14703831 | 1278296 | | 92.00 | 8.00 | |

# 8-2 各区县社会消费品零售总额

| 地区 | 2022年（万元） | 比2021年增长（%） |
|---|---|---|
| **兰州市** | **15982127.1** | **-9.1** |
| 城关区 | 8361218.4 | -11.2 |
| 七里河区 | 2433386.7 | -9.5 |
| 西固区 | 1372411.0 | -10.6 |
| 安宁区 | 1631243.5 | -10.0 |
| 红古区 | 296508.2 | 4.3 |
| 永登县 | 339449.1 | 2.6 |
| 皋兰县 | 442279.8 | -11.6 |
| 榆中县 | 366036.5 | 6.8 |
| 兰州新区 | 739593.8 | 10.3 |

# 8-3 星级住宿业和限额以上餐饮业经营情况

| 指标 | 法人企业数（个） | 从业人员期末人数（人） | 营业额（万元） | 客房数（间） | 床位数（个） | 餐位数（位） | 年末餐饮营业面积（平方米） |
|---|---|---|---|---|---|---|---|
| **总计** | 317 | 18543 | 321004.0 | 25232 | 39492 | 121893 | 976708 |
| **住宿业** | 142 | 8190 | 125601.8 | 22249 | 34582 | 24716 | 569900 |
| **按住宿业行业小类分** | | | | | | | |
| 旅游饭店 | 73 | 5908 | 88849.9 | 13402 | 21244 | 21209 | 391542 |
| 一般旅馆 | 66 | 2172 | 33965.4 | 8515 | 12810 | 2947 | 160358 |
| 其他住宿业 | 3 | 110 | 2786.5 | 332 | 528 | 560 | 18000 |
| **按登记注册类型分** | | | | | | | |
| 内资企业 | 141 | 7954 | 122657.6 | 21953 | 34079 | 24300 | 567878 |
| 国有企业 | 14 | 1647 | 18542.9 | 2280 | 3854 | 6973 | 67673 |
| 集体企业 | 1 | 88 | 370.3 | 214 | 409 | | |
| 有限责任公司 | 39 | 2671 | 46391.1 | 7293 | 11568 | 7148 | 184835 |
| 国有独资公司 | 10 | 824 | 18302.9 | 2283 | 3551 | 2760 | 60082 |
| 其他有限责任公司 | 29 | 1847 | 28088.2 | 5010 | 8017 | 4388 | 124753 |
| 私营企业 | 86 | 3539 | 57000.1 | 12061 | 18076 | 10179 | 315370 |
| 私营独资企业 | 3 | 47 | 852.3 | 335 | 568 | 180 | 2260 |
| 私营有限责任公司 | 83 | 3492 | 56147.8 | 11726 | 17508 | 9999 | 313110 |
| 私营股份有限公司 | | | | | | | |
| 外商投资企业 | 1 | 236 | 2944.2 | 296 | 503 | 416 | 2022 |
| 中外合资经营企业 | 1 | 236 | 2944.2 | 296 | 503 | 416 | 2022 |
| **按控股情况分** | | | | | | | |
| 国有控股 | 39 | 3716 | 56496.5 | 7544 | 12212 | 12818 | 196513 |
| 集体控股 | 2 | 344 | 2178.5 | 596 | 1009 | 350 | 8640 |
| 私人控股 | 100 | 3894 | 63982.6 | 13813 | 20858 | 11132 | 362725 |
| 外商控股 | 1 | 236 | 2944.2 | 296 | 503 | 416 | 2022 |
| 其他 | | | | | | | |
| **按经营形式分** | | | | | | | |
| 独立门店 | | | | | | | |
| 连锁总店（总部） | | | | | | | |
| 其他 | | | | | | | |
| **按星级分** | | | | | | | |
| 大型 | | | | | | | |
| 中型 | 13 | 2692 | 40989.1 | 4656 | 7524 | 9809 | 101506 |
| 小型 | 115 | 5441 | 76122.1 | 16279 | 25008 | 14126 | 445366 |
| 微型 | 14 | 57 | 8490.6 | 1314 | 2050 | 781 | 23028 |
| 五星 | | | | | | | |
| 四星 | | | | | | | |
| 三星 | | | | | | | |
| 二星 | | | | | | | |
| 其他 | | | | | | | |

# 8-3 星级住宿业和限额以上餐饮业经营情况（续一）

| 指标 | 法人企业数（个） | 从业人员期末人数（人） | 营业额（万元） | 客房数（间） | 床位数（个） | 餐位数（位） | 年末餐饮营业面积（平方米） |
|---|---|---|---|---|---|---|---|
| **餐饮业** | **175** | **10353** | **195402.2** | **2983** | **4910** | **97177** | **406808** |
| **按餐饮业行业小类分** | | | | | | | |
| 正餐服务 | 158 | 7257 | 143557.6 | 2983 | 4910 | 86676 | 365923 |
| 快餐服务 | 12 | 2876 | 45572.2 | | | 10388 | 36565 |
| 饮料及冷饮服务 | 2 | 141 | 4817.9 | | | 85 | 860 |
| 咖啡馆服务 | 1 | 71 | 3452.7 | | | 15 | 260 |
| 其他餐饮业 | 2 | 33 | 398.0 | | | 28 | 960 |
| 其他未列明餐饮业 | 1 | 33 | 398.0 | | | 28 | 960 |
| **按登记注册类型分** | | | | | | | |
| 内资企业 | 173 | 8369 | 159638.9 | 2983 | 4910 | 90162 | 381348 |
| 国有企业 | 1 | 38 | 1006.3 | | | 620 | 1500 |
| 有限责任公司 | 1 | 18 | 199.1 | | | 32 | 79 |
| 国有独资公司 | 30 | 2521 | 60948.4 | 2445 | 4035 | 32918 | 97642 |
| 其他有限责任公司 | 2 | 679 | 22418.5 | 2005 | 3264 | 3567 | 22437 |
| 股份有限公司 | 28 | 1842 | 38529.9 | 440 | 771 | 29351 | 75205 |
| 私营企业 | 3 | 197 | 2372.1 | | | 626 | 2784 |
| 私营独资企业 | 138 | 5595 | 95113.0 | 538 | 875 | 55966 | 279343 |
| 私营有限责任公司 | 16 | 444 | 6059.5 | | | 8844 | 24940 |
| 私营股份有限公司 | 120 | 5108 | 88505.6 | 504 | 814 | 46397 | 251143 |
| 其他企业 | 2 | 43 | 547.9 | 34 | 61 | 725 | 3260 |
| 港、澳、台商投资企业 | | | | | | | |
| 港、澳、台商独资企业 | | | | | | | |
| 外商投资企业 | 2 | 1984 | 35763.3 | | | 7015 | 25460 |
| 外资企业 | 2 | 1984 | 35763.3 | | | 7015 | 25460 |
| **按控股情况分** | | | | | | | |
| 国有控股 | 6 | 905 | 26501.1 | 2109 | 3414 | 5418 | 44493 |
| 集体控股 | 2 | 173 | 1891.3 | | | 532 | 2395 |
| 私人控股 | 165 | 7291 | 131246.5 | 874 | 1496 | 84212 | 334460 |
| 港、澳、台商控股 | | | | | | | |
| 外商控股 | 2 | 1984 | 35763.3 | | | 7015 | 25460 |
| 其他 | | | | | | | |
| **按经营形式分** | | | | | | | |
| 独立门店 | | | | | | | |
| 连锁总店 | | | | | | | |
| 其他 | | | | | | | |

# 8-4 限额以上批发和零售业

| 指标 | 法人企业数（个） | 从业人员期末人数（人） | 商品购进额 | |
|---|---|---|---|---|
| | | | | 进口 |
| **总计** | 728 | 52636 | 78858138.5 | 172202.4 |
| **批发业** | 436 | 21913 | 74357288.2 | 119157.2 |
| **按批发行业小类分** | | | | |
| 农、林、牧产品批发 | 15 | 253 | 602529.6 | 4060.0 |
| 谷物、豆及薯类批发 | 5 | 73 | 155766.5 | |
| 畜牧渔业饲料批发 | 5 | 106 | 169057.7 | 1000.9 |
| 棉、麻批发 | | | | |
| 其他农牧产品批发 | 4 | 50 | 260848.2 | 3056.0 |
| 食品、饮料及烟草制品批发 | 49 | 4957 | 1102321.4 | 12056 |
| 米、面制品及食用油批发 | 12 | 294 | 283726.2 | 5523.8 |
| 糕点、糖果及糖批发 | | | | |
| 果品、蔬菜批发 | 4 | 113 | 15826.2 | |
| 肉、禽、蛋、奶及水产品批发 | 8 | 263 | 72307.3 | 6532.2 |
| 盐及调味品批发 | 1 | 560 | 7819.5 | |
| 营养和保健品批发 | 1 | 33 | 3416.5 | |
| 酒、饮料及茶叶批发 | 14 | 1877 | 268389.3 | |
| 烟草制品批发 | 1 | 685 | 392525.0 | |
| 其他食品批发 | 8 | 1132 | 58311.4 | |
| 纺织、服装及家庭用品批发 | 13 | 745 | 141117.8 | |
| 纺织品、针织品及原料批发 | | | | |
| 服装批发 | 8 | 600 | 87407.6 | |
| 鞋帽批发 | 1 | 68 | 22743.6 | |
| 化妆品及卫生用品批发 | 3 | 71 | 10618.4 | |
| 日用电器批发 | 1 | 6 | 20348.2 | |
| 其他家庭用品批发 | | | | |
| 文化、体育用品及器材批发 | 11 | 1321 | 332686.1 | |
| 文具用品批发 | 1 | 38 | 19012.9 | |
| 图书批发 | 3 | 109 | 34073.2 | |
| 首饰、工艺品及收藏品批发 | 5 | 956 | 250908.9 | |

# 商品购进、销售、库存总额

单位：万元

| 商品销售额 | 批发额 | 出口 | 零售额 | 期末商品库存额 | 年末零售营业面积（平方米） |
|---|---|---|---|---|---|
| 80913871.5 | 76415526.4 | 106357.6 | 4469898.3 | 2290116.9 | 2128904 |
| 75896556.1 | 75559578.3 | 106357.6 | 308531.0 | 1884769.9 | 207611 |
| | | | | | |
| 634172.8 | 633422.0 | 68764.2 | 130.9 | 35607.7 | 7947 |
| 171255.5 | 171255.5 | 53704.8 | | 24958.7 | 2797 |
| 183479.9 | 182860.0 | | | 5541.8 | |
| | | | | | |
| 261763.0 | 261632.1 | 6100.0 | 130.9 | 1915.8 | 5150 |
| 1315083.1 | 1264288.7 | 950.4 | 28391.8 | 145585.4 | 11412 |
| 253983.9 | 253983.9 | 930.8 | | 63966.1 | 2800 |
| | | | | | |
| 18645.6 | 15854.3 | 19.6 | 2791.3 | 240.8 | 986 |
| 76262.9 | 75322.0 | | 940.9 | 4975.0 | 5836 |
| 14720.1 | 14720.1 | | | 1644.7 | |
| 3888.9 | 3888.9 | | | 222.4 | |
| 295632.9 | 260975.9 | | 23990.0 | 45630.1 | 1780 |
| 569884.8 | 569884.8 | | | 22545.3 | |
| 82064.0 | 69658.8 | | 669.6 | 6361.0 | 10 |
| 146651.8 | 133116.5 | | 8111.0 | 34831.2 | 16245 |
| | | | | | |
| 89221.7 | 82195.6 | | 1601.8 | 29650.2 | 3144 |
| 23720.6 | 23720.6 | | | 3218.6 | |
| 12012.0 | 12012.0 | | | 1962.4 | 1 |
| 21697.5 | 15188.3 | | 6509.2 | | 13100 |
| | | | | | |
| 367594.9 | 321703.9 | | 45891.0 | 47666.5 | 6230 |
| 20212.9 | 20212.9 | | | 1626.6 | 4000 |
| 41008.6 | 40748.8 | | 259.8 | 254.8 | 1500 |
| 277586.4 | 231955.2 | | 45631.2 | 34069.1 | 430 |

# 8-4 限额以上批发和零售业

| 指标 | 法人企业数（个） | 从业人员期末人数（人） | 商品购进额 | |
|---|---|---|---|---|
| | | | | 进口 |
| 医药及医疗器材批发 | 84 | 6115 | 2003677.9 | 6396 |
| 西药批发 | 43 | 4315 | 1624071.9 | 1020 |
| 中药批发 | 13 | 996 | 186597.7 | |
| 医疗用品及器材批发 | 28 | 804 | 193008.3 | 5376 |
| 矿产品、建材及化工产品批发 | 185 | 5389 | 67035946.1 | 66054.7 |
| 煤炭及制品批发 | 18 | 821 | 1178780.8 | |
| 石油及制品批发 | 29 | 1745 | 24899228.5 | |
| 非金属矿及制品批发 | 3 | 73 | 26741.5 | |
| 金属及金属矿批发 | 78 | 1456 | 34788838.3 | 66054.7 |
| 建材批发 | 32 | 624 | 3509761.8 | |
| 化肥批发 | 4 | 162 | 157840.0 | |
| 其他化工产品批发 | 20 | 504 | 2458782.6 | |
| 机械设备、五金产品及电子产品批发 | 72 | 2968 | 1133227.8 | 35.3 |
| 农业机械批发 | | | | |
| 汽车及零配件批发 | 21 | 483 | 103922.7 | |
| 摩托车及零配件批发 | 1 | 12 | 3088.2 | |
| 五金产品批发 | 7 | 118 | 114612.8 | |
| 电气设备批发 | 3 | 56 | 18718.1 | |
| 计算机、软件及辅助设备批发 | 9 | 313 | 52440.6 | |
| 通讯设备批发 | 17 | 961 | 492428.0 | |
| 广播影视设备批发 | | | | |
| 其他机械设备及电子产品批发 | 14 | 1025 | 348017.4 | 35.3 |
| 其他批发业 | 6 | 145 | 1965951.1 | |
| 再生物资回收与批发 | 5 | 106 | 1960820.3 | |
| 其他未列明批发业 | 1 | 39 | 5130.8 | |

# 商品购进、销售、库存总额（续一）

单位：万元

| 商品销售额 | 批发额 | | 零售额 | 期末商品库存额 | 年末零售营业面积（平方米） |
|---|---|---|---|---|---|
| | | 出口 | | | |
| 2191362.4 | 2155952.0 | 2724.7 | 35410.4 | 429668.0 | 36215 |
| 1732333.5 | 1696923.1 | | 35410.4 | 389102.6 | 22223 |
| 213219.1 | 213219.1 | 2724.7 | | 28193.5 | 11719 |
| 245809.8 | 245809.8 | | | 12371.9 | 2273 |
| 67910651.5 | 67802351.7 | 31640.3 | 108299.8 | 1098265.1 | 111417 |
| 1216649.5 | 1212692.7 | | 3956.8 | 5940.3 | 9170 |
| 25448110.7 | 25383631.1 | | 64479.6 | 762223.7 | 69366 |
| 33094.4 | 33094.4 | 486.5 | | 776.1 | |
| 34960394.5 | 34946974.9 | 15406.9 | 13419.6 | 186262.1 | 15778 |
| 3548594.3 | 3548594.3 | | | 81726.2 | 9382 |
| 154857.0 | 154857.0 | | | 48577.5 | 7212 |
| 2532824.3 | 2506380.5 | 15746.9 | 26443.8 | 12759.2 | 509 |
| 1226719.1 | 1212102.5 | 2278.0 | 14616.6 | 81925.0 | 18145 |
| | | | | | |
| 123175.1 | 119758.1 | | 3417.0 | 16651.4 | 11726 |
| 3069.3 | 3069.3 | | | 85.7 | |
| 118924.5 | 118574.0 | | 350.5 | 7680.6 | 731 |
| 16700.5 | 16700.5 | | | 3352.5 | |
| 59634.0 | 55606.1 | | 4027.9 | 6378.8 | 1843 |
| 537646.4 | 537520.3 | | 126.1 | 30447.6 | 837 |
| | | | | | |
| 367569.3 | 360874.2 | 2278.0 | 6695.1 | 17328.4 | 3008 |
| 2064702.9 | 1997023.4 | | 67679.5 | 10150.4 | |
| 2058756.5 | 1991077.0 | | 67679.5 | 9957.6 | |
| 5946.4 | 5946.4 | | | 192.8 | |

# 8-4 限额以上批发和零售业

| 指标 | 法人企业数（个） | 从业人员期末人数（人） | 商品购进额 | |
|---|---|---|---|---|
| | | | | 进口 |
| **按登记注册类型分** | | | | |
| 内资企业 | 432 | 20807 | 74108472.5 | 119157.2 |
| 国有企业 | 26 | 2299 | 9886424.2 | |
| 集体企业 | 3 | 40 | 11614.2 | |
| 有限责任公司 | 118 | 7615 | 35925189.1 | 68718.3 |
| 国有独资公司 | 20 | 927 | 19190169.1 | 62670.5 |
| 其他有限责任公司 | 98 | 6688 | 16735020.0 | 6047.8 |
| 股份有限公司 | 5 | 661 | 20935556.3 | |
| 私营企业 | 280 | 10192 | 7349688.7 | 50438.9 |
| 私营独资企业 | 4 | 76 | 49663.1 | |
| 私营合伙企业 | 2 | 22 | 8264.2 | |
| 私营有限责任公司 | 268 | 9960 | 7021529.6 | 50438.9 |
| 私营股份有限公司 | 6 | 134 | 270231.8 | |
| 其他企业 | | | | |
| 港、澳、台商投资企业 | 1 | 151 | 14321.1 | |
| 港、澳、台商独资企业 | 1 | 151 | 14321.1 | |
| 外商投资企业 | 3 | 955 | 234494.6 | |
| 外资企业 | 2 | 809 | 95360.2 | |
| **按控股情况分** | | | | |
| 国有控股 | 102 | 7366 | 65003325.2 | 67094 |
| 集体控股 | 6 | 165 | 529422.5 | |
| 私人控股 | 325 | 13422 | 8714859.2 | 52063.2 |
| 港、澳、台商控股 | 1 | 151 | 14321.1 | |
| 外商控股 | 2 | 809 | 95360.2 | |
| 其他 | | | | |
| **按经营形式分** | | | | |
| 独立门店 | 230 | 11780 | 20059920.3 | 17018.2 |
| 连锁总店 | 1 | 98 | 4137.0 | |
| 其他 | 205 | 10035 | 54293230.9 | 102139 |

# 商品购进、销售、库存总额（续二）

单位：万元

| 商品销售额 | 批发额 | 出口 | 零售额 | 期末商品库存额 | 年末零售营业面积（平方米） |
|---|---|---|---|---|---|
| 75662901.7 | 75325923.9 | 106357.6 | 308531 | 1870881.6 | 207610 |
| 10453671.9 | 10376211.1 | | 77460.8 | 194807.2 | 35039 |
| 14580.7 | 14580.7 | | | 4272.6 | 7212 |
| 36155309.5 | 36026577.9 | 70053.2 | 119081.3 | 632484.9 | 52125 |
| 19241600.4 | 19239018.4 | 2278 | 2582.0 | 47918.6 | 12474 |
| 16913709.1 | 16787559.5 | 67775.2 | 116499.3 | 584566.3 | 39651 |
| 21330399.3 | 21330399.3 | | | 718683.0 | |
| 7708940.3 | 7578154.9 | 36304.4 | 111988.9 | 320633.9 | 113234 |
| 57331.4 | 57331.4 | | | 668.0 | |
| 9258.5 | 8912.5 | | 346.0 | 860.2 | 236 |
| 7350595.7 | 7230823.3 | 27342.1 | 111642.9 | 312835.9 | 112760 |
| 291754.7 | 281087.7 | 8962.3 | | 6269.8 | 238 |
| | | | | | |
| 18028.3 | 18028.3 | | | 42.3 | |
| 18028.3 | 18028.3 | | | 42.3 | |
| 215626.1 | 215626.1 | | | 13846.0 | 1 |
| 115577.6 | 115577.6 | | | 13846.0 | 1 |
| | | | | | |
| 66094808.0 | 65923391.2 | 67506.6 | 171416.8 | 1167287.5 | 64874 |
| 533266.9 | 533266.9 | | | 49707.7 | 7212 |
| 9134875.3 | 8969314.3 | 38851 | 137114.2 | 653886.4 | 135524 |
| 18028.3 | 18028.3 | | | 42.3 | |
| 115577.6 | 115577.6 | | | 13846.0 | 1 |
| | | | | | |
| 20816915.8 | 20678726.7 | 48937.9 | 115786.5 | 494629.4 | 121472 |
| 4523.8 | 2886.3 | | 1637.5 | 432.7 | 4000 |
| 55075116.5 | 54877965.3 | 57419.7 | 191107 | 1389707.8 | 82139 |

# 8-4 限额以上批发和零售业

| 指标 | 法人企业数（个） | 从业人员期末人数（人） | 商品购进额 | |
|---|---|---|---|---|
| | | | | 进口 |
| **零售业** | 292 | 30723 | 4500850.3 | 53045.2 |
| **按零售行业小类分** | | | | |
| 综合零售 | 56 | 7881 | 548980.5 | 1065.3 |
| 百货零售 | 35 | 3166 | 271303.2 | 1065.3 |
| 超级市场零售 | 16 | 4086 | 251944.3 | |
| 其他综合零售 | 1 | 24 | 3325.8 | |
| 食品、饮料及烟草制品专门零售 | 17 | 611 | 103097.9 | |
| 粮油零售 | 3 | 140 | 11477.5 | |
| 糕点、面包零售 | 1 | 52 | 479.0 | |
| 果品、蔬菜零售 | 2 | 78 | 1585.6 | |
| 肉、禽、蛋、奶及水产品零售 | 2 | 52 | 4045.4 | |
| 营养和保健品零售 | 2 | 114 | 2946.1 | |
| 酒、饮料及茶叶零售 | 4 | 38 | 72860.4 | |
| 烟草制品零售 | 2 | 107 | 9204.9 | |
| 其他食品零售 | 1 | 30 | 499.0 | |
| 纺织、服装及日用品专门零售 | 21 | 1852 | 101702.0 | |
| 纺织品及针织品零售 | | | | |
| 服装零售 | 13 | 773 | 36858.0 | |
| 鞋帽零售 | 3 | 116 | 2346.9 | |
| 化妆品及卫生用品零售 | 2 | 304 | 14057.4 | |
| 钟表、眼镜零售 | 2 | 369 | 6962.5 | |
| 文化、体育用品及器材专门零售 | 7 | 2346 | 206557.9 | |
| 文具用品零售 | | | | |

# 商品购进、销售、库存总额（续三）

单位：万元

| 商品销售额 | | | | 期末商品库存额 | 年末零售营业面积（平方米） |
|---|---|---|---|---|---|
| | 批发额 | | 零售额 | | |
| | | 出口 | | | |
| 5017315.4 | 855948.1 | | 4161367.3 | 405347.0 | 1921293 |
| | | | | | |
| 816707.1 | 19646.8 | | 797060.3 | 64314.0 | 908044 |
| 492195.7 | 19597.1 | | 472598.6 | 33535.5 | 647131 |
| 285104.1 | 49.7 | | 285054.4 | 28334.0 | 219298 |
| 3529.5 | | | 3529.5 | 11.3 | 22565 |
| 115835.9 | 57852.4 | | 57983.5 | 10945.4 | 9155 |
| 11900.6 | 1928.6 | | 9972 | 1113.7 | 2771 |
| 993.8 | | | 993.8 | 15.5 | 300 |
| 1853.8 | | | 1853.8 | 17.6 | 1130 |
| 4691.8 | 1523.6 | | 3168.2 | 96.4 | 1410 |
| 2668.2 | | | 2668.2 | 1067.1 | 1802 |
| 81423.6 | 51918.9 | | 29504.7 | 6732.0 | 850 |
| 11510.3 | 2481.3 | | 9029 | 1885.1 | 672 |
| 793.8 | | | 793.8 | 18.0 | 220 |
| 117302.1 | 5841.7 | | 111460.4 | 16368.5 | 125581 |
| | | | | | |
| 52508.9 | | | 52508.9 | 6693.3 | 108822 |
| 3193.0 | 513.1 | | 2679.9 | 1518.0 | 2753 |
| 20776.2 | | | 20776.2 | 2278.4 | 5300 |
| 17019.4 | 5328.6 | | 11690.8 | 1767.4 | 3353 |
| 205429.7 | 596.5 | | 204833.2 | 11933.2 | 64543 |

# 8-4 限额以上批发和零售业

| 指标 | 法人企业数（个） | 从业人员期末人数（人） | 商品购进额 | |
|---|---|---|---|---|
| | | | | 进口 |
| 体育用品及器材零售 | | | | |
| 图书、报刊零售 | 3 | 2273 | 202012.3 | |
| 珠宝首饰零售 | 1 | 26 | 1460.4 | |
| 工艺美术品及收藏品零售 | | | | |
| 医药及医疗器材专门零售 | 18 | 8446 | 286890.9 | |
| 药品零售 | | | | |
| 医疗用品及器材零售 | | | | |
| 汽车、摩托车、燃料及零配件专门零售 | 136 | 8580 | 3004911.0 | 51979.9 |
| 汽车新车零售 | 113 | 6705 | 1772560.1 | 51979.9 |
| 汽车零配件零售 | 5 | 30 | 15901.5 | |
| 机动车燃油零售 | 14 | 1766 | 1208978.9 | |
| 机动车燃气零售 | 2 | 67 | 5486.9 | |
| 家用电器及电子产品专门零售 | 30 | 831 | 177562.9 | |
| 家用视听设备零售 | | | | |
| 日用家电零售 | 6 | 354 | 100220.8 | |
| 计算机、软件及辅助设备零售 | 12 | 226 | 37700.3 | |
| 通信设备零售 | 9 | 205 | 27669.5 | |
| 其他电子产品零售 | 3 | 46 | 11972.3 | |
| 五金、家具及室内装饰材料专门零售 | 2 | 32 | 2688.7 | |
| 五金零售 | | | | |
| 灯具零售 | | | | |
| 家具零售 | 1 | 17 | 1384.6 | |
| 木质装饰材料零售 | | | | |
| 陶瓷、石材装饰材料零售 | | | | |
| 其他室内装饰材料零售 | | | | |
| 货摊、无店铺及其他零售业 | 5 | 144 | 68458.5 | |
| 货摊纺织、服装及鞋零售 | | | | |
| 旧货零售 | | | | |
| 生活用燃料零售 | | | | |

# 商品购进、销售、库存总额（续四）

单位：万元

| 商品销售额 | 批发额 | 出口 | 零售额 | 期末商品库存额 | 年末零售营业面积（平方米） |
|---|---|---|---|---|---|
| 200436.0 | | | 200436.0 | 9625.4 | 63040 |
| 1542.5 | | | 1542.5 | 999.7 | 623 |
| | | | | | |
| 368686.3 | 724.8 | | 367961.5 | 57750.6 | 251785 |
| | | | | | |
| | | | | | |
| 3157171.1 | 742107.0 | | 2415064.1 | 232236.6 | 483790 |
| 1829595.1 | 108665.8 | | 1720929.3 | 208906.9 | 347839 |
| 16704.3 | | | 16704.3 | 2344.6 | 2112 |
| 1298992.5 | 628950.3 | | 670042.2 | 19935.8 | 126699 |
| 7388.3 | | | 7388.3 | 753.4 | 6900 |
| 210726.4 | 28928.7 | | 181797.7 | 9653.4 | 72890 |
| | | | | | |
| 106978.3 | 7105.8 | | 99872.5 | 6116.9 | 63209 |
| 42294.3 | 14927.0 | | 27367.3 | 1236.9 | 1767 |
| 48616.5 | 3736.3 | | 44880.2 | 2246.1 | 6974 |
| 12837.3 | 3159.6 | | 9677.7 | 53.5 | 940 |
| 2925.2 | 250.2 | | 2675.0 | 863.3 | 800 |
| | | | | | |
| | | | | | |
| 1588.1 | | | 1588.1 | | |
| | | | | | |
| | | | | | |
| | | | | | |
| 22531.6 | | | 22531.6 | 1282.0 | 4705 |

# 8-4 限额以上批发和零售业

| 指标 | 法人企业数（个） | 从业人员期末人数（人） | 商品购进额 | |
|---|---|---|---|---|
| | | | | 进口 |
| **按登记注册类型分** | | | | |
| 内资企业 | 285 | 29756 | 4337141.5 | 53045.2 |
| 国有企业 | 12 | 3896 | 379624.1 | |
| 集体企业 | 1 | 24 | 3325.8 | |
| 有限责任公司 | 68 | 11052 | 1445852.9 | 28486.3 |
| 国有独资公司 | 3 | 203 | 73394.5 | |
| 其他有限责任公司 | 65 | 10849 | 1372458.4 | 28486.3 |
| 股份有限公司 | 6 | 1467 | 778509.0 | |
| 私营企业 | 198 | 13317 | 1729829.7 | 24558.9 |
| 私营有限责任公司 | 189 | 13144 | 1687982.8 | 24558.9 |
| 私营股份有限公司 | | | | |
| 其他企业 | | | | |
| 港、澳、台商投资企业 | 5 | 777 | 84877.9 | |
| 港、澳、台商独资企业 | 5 | 777 | 84877.9 | |
| 外商投资企业 | 2 | 190 | 78830.9 | |
| 外资企业 | 1 | 52 | 86.7 | |
| **按控股情况分** | | | | |
| 国有控股 | 36 | 8168 | 1854574.9 | 13471.5 |
| 集体控股 | 9 | 1492 | 152324.7 | |
| 私人控股 | 240 | 20096 | 2330241.9 | 39573.7 |
| 港、澳、台商控股 | 6 | 915 | 163622.1 | |
| 外商控股 | 1 | 52 | 86.7 | |
| 其他 | | | | |
| **按经营形式分** | | | | |
| 独立门店 | 215 | 12073 | 2135438.6 | 53045.2 |
| 连锁总店 | 18 | 11409 | 487622.3 | |
| 连锁直营店 | 6 | 458 | 124789.5 | |
| 其他 | 53 | 6783 | 1752999.9 | |
| **按零售业态分** | | | | |
| 有店铺零售 | 283 | 30569 | 4444938.7 | 53045.2 |
| 食杂店 | | | | |
| 便利店 | 9 | 1058 | 36906.9 | 1065.3 |
| 超市 | 34 | 4981 | 315612.3 | |
| 大型超市 | | | | |
| 百货店 | 18 | 1856 | 166100.4 | |
| 专业店 | 94 | 12221 | 2121340.5 | |
| 专卖店 | 116 | 9776 | 1662837.9 | 39573.7 |
| 家居建材商店 | | | | |
| 购物中心 | | | | |
| 厂家直销中心 | | | | |
| 无店铺零售 | 14 | 1325 | 112983.0 | |
| 网上零售 | | | | |

# 商品购进、销售、库存总额（续五）

单位：万元

| 商品销售额 | 批发额 | 出口 | 零售额 | 期末商品库存额 | 年末零售营业面积（平方米） |
|---|---|---|---|---|---|
| 4832689.0 | 855631.6 | | 3977057.4 | 380075.1 | 1805204.0 |
| 388858.4 | 60293.3 | | 328565.1 | 24167.8 | 132927.0 |
| 3529.5 | | | 3529.5 | 11.3 | 22565.0 |
| 1651001.6 | 288898.7 | | 1362102.9 | 136872.0 | 714756.0 |
| 74852.3 | 35325.1 | | 39527.2 | 2770.7 | 47506.0 |
| 1576149.3 | 253573.6 | | 1322575.7 | 134101.3 | 667250.0 |
| 805908.0 | 378295.8 | | 427612.2 | 11458.9 | 168468.0 |
| 1983391.5 | 128143.8 | | 1855247.7 | 207565.1 | 766488.0 |
| 1943065.5 | 122998.7 | | 1820066.8 | 205473.3 | 753219.0 |
| | | | | | |
| 106594.0 | 316.5 | | 106277.5 | 13836.2 | 82427.0 |
| 106594.0 | 316.5 | | 106277.5 | 13836.2 | 82427.0 |
| 78032.4 | | | 78032.4 | 11435.7 | 33662.0 |
| 1672.3 | | | 1672.3 | 105.6 | 19548.0 |
| 1936920.9 | 686560.4 | | 1250360.5 | 82350.7 | 493056.0 |
| 151335.0 | | | 151335.0 | 13388.6 | 60094.0 |
| 2744433.1 | 169071.2 | | 2575361.9 | 284335.8 | 1252054.0 |
| 182954.1 | 316.5 | | 182637.6 | 25166.3 | 96541.0 |
| 1672.3 | | | 1672.3 | 105.6 | 19548.0 |
| | | | | | |
| 2470137.1 | 162509.9 | | 2307627.2 | 255629.4 | 1116630.0 |
| 582181.0 | 803.6 | | 581377.4 | 68574.8 | 334145.0 |
| 132522.8 | | | 132522.8 | 3901.3 | 112339.0 |
| 1832474.5 | 692634.6 | | 1139839.9 | 77241.5 | 358179.0 |
| 4959712.2 | 849294.3 | | 4110417.9 | 403650.3 | 1916205.0 |
| 55336.6 | 4556.1 | | 50780.5 | 6645.7 | 78903.0 |
| 358804.4 | 18092.5 | | 340711.9 | 34107.4 | 272733.0 |
| 306233.1 | | | 306233.1 | 22917.9 | 478731.0 |
| 2256396.4 | 671521.5 | | 1584874.9 | 108223.3 | 478461.0 |
| 1769782.3 | 152994.8 | | 1616787.5 | 217000.4 | 420429.0 |
| | | | | | |
| 185256.1 | 24097.3 | | 161158.8 | 13579.6 | 71086.0 |

# 8-5 限额以上批发和

| 指标 | 法人企业数（个） | 执行《2006年企业会计准则》企业数（个） | 年初存货 | 流动资产合计 |
|---|---|---|---|---|
| **总计** | 728 | 450 | 2054581.9 | 12590338.5 |
| **批发业** | 436 | 278 | 1577953.2 | 10573770.1 |
| 按批发行业小类分 | | | | |
| 农、林、牧产品批发 | 15 | 7 | 45597.1 | 105402.1 |
| 谷物、豆及薯类批发 | 5 | 2 | 38061.2 | 43312.0 |
| 畜牧渔业饲料批发 | 5 | 2 | 1932.5 | 19436.8 |
| 棉、麻批发 | | | | |
| 其他农牧产品批发 | 4 | 2 | 1360.3 | 14282.1 |
| 食品、饮料及烟草制品批发 | 49 | 29 | 124614.1 | 538180.7 |
| 米、面制品及食用油批发 | 12 | 6 | 37586.9 | 123143.1 |
| 糕点、糖果及糖批发 | | | | |
| 果品、蔬菜批发 | 4 | 3 | 1501.4 | 29025.7 |
| 肉、禽、蛋、奶及水产品批发 | 8 | 3 | 6433.9 | 27061.5 |
| 盐及调味品批发 | 1 | 1 | 2299.0 | 53198.1 |
| 营养和保健品批发 | 1 | 1 | 249.7 | 1399.8 |
| 酒、饮料及茶叶批发 | 14 | 10 | 30317.1 | 135788.8 |
| 烟草制品批发 | 1 | 1 | 28346.9 | 147899.5 |
| 其他食品批发 | 8 | 4 | 17879.2 | 20664.2 |
| 纺织、服装及家庭用品批发 | 13 | 6 | 22553.7 | 52520.4 |
| 纺织品、针织品及原料批发 | | | | |
| 服装批发 | 8 | 2 | 18439.7 | 31233.5 |
| 鞋帽批发 | 1 | | 2182.6 | 3779.6 |
| 化妆品及卫生用品批发 | 3 | 3 | 2066.3 | 8914.0 |
| 厨房、卫生间用具及日用杂货批发 | | | | |
| 日用家电批发 | 1 | 1 | -134.9 | 8593.3 |
| 其他家庭用品批发 | | | | |

# 零售业企业财务状况

单位：万元

| 应收账款 | 存货 | 固定资产原价 | 累计折旧 | 本年折旧 | 在建工程 | 资产总计 |
|---|---|---|---|---|---|---|
| 2729740.7 | 2376377.7 | 2064604.0 | 997843.6 | 108851.6 | 313816.1 | 22361048.8 |
| 2515951.6 | 1857277.6 | 1414968.4 | 677177.6 | 69953.0 | 179574.9 | 19076807.5 |
| | | | | | | |
| 1397.1 | 33333.6 | 1337.6 | 937.9 | 138.6 | | 108107.8 |
| 1304.9 | 25026.5 | 706.2 | 416.1 | 99.9 | | 44071.9 |
| −6010.3 | 3200.2 | 186.5 | 159.6 | 25.6 | | 21127.9 |
| | | | | | | |
| 2329.7 | 1915.5 | 202.3 | 139.9 | 5.5 | | 14511.9 |
| 66521.9 | 134856.2 | 84885.2 | 42790.2 | 4590.7 | 11414.9 | 672325.2 |
| 13464.8 | 65726.6 | 12172.3 | 3943.9 | 650.7 | 2466.1 | 146911.9 |
| | | | | | | |
| 20264.3 | 988.2 | 9158.7 | 1068.5 | 219.6 | 1487.0 | 40344.5 |
| 5355.3 | 6586.7 | 1651.5 | 473.4 | 181.9 | 3081.5 | 31423.8 |
| 433.2 | 1709.2 | 25803.3 | 17278.8 | 718.8 | 4097.6 | 75678.3 |
| 974.9 | 196.8 | 54.5 | 27.7 | 13.8 | | 1426.6 |
| 18440.9 | 33369.2 | 12283.6 | 5956.7 | 1527.2 | | 144492.9 |
| | 19951.6 | 22869.6 | 13497.4 | 1164.8 | 282.7 | 210838.8 |
| 7588.5 | 6327.9 | 891.7 | 543.8 | 113.9 | | 21208.4 |
| 1002.7 | 31526.2 | 4515.1 | 834.3 | 257.9 | | 56855.4 |
| | | | | | | |
| −2855.4 | 26709.2 | 2672.0 | 531.4 | 155.1 | | 33586.2 |
| 167.7 | 2848.4 | 1772.2 | 267.5 | 97.2 | | 5327.0 |
| 3656.8 | 2101.1 | 70.9 | 35.4 | 5.6 | | 9348.9 |
| | | | | | | |
| 33.6 | −132.5 | | | | | 8593.3 |

# 8-5 限额以上批发和

| 指标 | 法人企业数（个） | 执行《2006年企业会计准则》企业数（个） | 年初存货 | 流动资产合计 |
|---|---|---|---|---|
| 文化、体育用品及器材批发 | 11 | 6 | 46554.1 | 148235.0 |
| 文具用品批发 | 1 | 1 | 2911.1 | 2640.2 |
| 图书批发 | 3 | 2 | 690.4 | 46560.3 |
| 首饰、工艺品及收藏品批发 | 5 | 3 | 33961.6 | 81779.1 |
| 医药及医疗器材批发 | 84 | 48 | 192236.9 | 1445161.6 |
| 西药批发 | 43 | 22 | 158316.0 | 1129563.8 |
| 中药批发 | 13 | 8 | 19717.5 | 165231.3 |
| 医疗用品及器材批发 | 28 | 18 | 14203.4 | 150366.5 |
| 矿产品、建材及化工产品批发 | 185 | 133 | 1065269.4 | 7682794.6 |
| 煤炭及制品批发 | 18 | 16 | 21574.7 | 516834.0 |
| 石油及制品批发 | 29 | 19 | 636646.9 | 1418002.9 |
| 非金属矿及制品批发 | 3 | 1 | 835.6 | 22147.2 |
| 金属及金属矿批发 | 78 | 58 | 332142.6 | 4270741.4 |
| 建材批发 | 32 | 22 | 47145.5 | 1114491.9 |
| 化肥批发 | 4 | 2 | 18371.0 | 117120.6 |
| 其他化工产品批发 | 20 | 14 | 8553.1 | 220251.0 |
| 机械设备、五金产品及电子产品批发 | 72 | 45 | 74431.0 | 441886.6 |
| 农业机械批发 | | | | |
| 汽车及零配件批发 | 21 | 8 | 19186.4 | 105156.9 |
| 摩托车及零配件批发 | 1 | | 122.4 | 301.9 |
| 五金产品批发 | 7 | 7 | 6021.8 | 66521.7 |
| 电气设备批发 | 3 | 1 | 1445.9 | 16350.7 |
| 计算机、软件及辅助设备批发 | 9 | 5 | 5215.1 | 34197.3 |
| 通讯设备批发 | 17 | 12 | 25407.9 | 77704.4 |
| 广播影视设备批发 | | | | |
| 其他机械设备及电子产品批发 | 14 | 12 | 17031.5 | 141653.7 |
| 其他批发业 | 6 | 4 | 5638.6 | 154510.9 |
| 再生物资回收与批发 | 5 | 4 | 5480.0 | 149150.5 |
| 其他未列明批发业 | 1 | | 158.6 | 5360.4 |

# 零售业企业财务状况（续一）

单位：万元

| 应收账款 | 存货 | 固定资产原价 | 累计折旧 | 本年折旧 | 在建工程 | 资产总计 |
|---|---|---|---|---|---|---|
| 18378.0 | 49448.9 | 2510.6 | 1598.1 | 306.5 | | 150306.0 |
| 971.7 | 1626.6 | 101.3 | 92.7 | 2.1 | | 2679.8 |
| 10763.2 | 254.8 | 996.9 | 712.3 | 22.2 | | 46824.5 |
| 2508.3 | 35851.5 | 1005.9 | 577.5 | 213.7 | | 83270.2 |
| 850876.8 | 200674.6 | 95823.8 | 34644.1 | 8477.5 | 6671.6 | 1592589.9 |
| 673713.8 | 153557.9 | 76561.9 | 24595.8 | 5605.0 | 535.9 | 1221519.5 |
| 89326.6 | 28922.7 | 8229.6 | 4940.4 | 559.9 | 6073.7 | 183197.2 |
| 87836.4 | 18194.0 | 11032.3 | 5107.9 | 2312.6 | 62 | 187873.2 |
| 1396410.2 | 1304714.4 | 1175258.6 | 579703.7 | 51845.6 | 126351.0 | 15802619.0 |
| 96399.0 | 22694.2 | 36512.3 | 11861.2 | 2190.7 | 455.4 | 1739963.9 |
| 57751.4 | 840559.6 | 1014065.5 | 543434.1 | 43097.0 | 58933.9 | 2203566.7 |
| 4327.1 | 636.6 | 401.3 | 273.0 | 41.4 | | 23658.1 |
| 716667.5 | 343685.8 | 85424.2 | 14021.4 | 3447.0 | 34600.4 | 10231917.6 |
| 477607.7 | 76674.0 | 24924.5 | 4978.2 | 2070.0 | 29507.5 | 1239170.1 |
| 876.1 | 11651.4 | 8124.1 | 2159.5 | 260.9 | 2853.8 | 129370.2 |
| 42719.1 | 8812.8 | 5806.7 | 2976.3 | 738.6 | | 231766.8 |
| 122776.9 | 84028.8 | 41070.6 | 14882.3 | 3559.0 | | 481942.2 |
| | | | | | | |
| 34997.8 | 21592.6 | 17320.9 | 6724.0 | 1455.4 | | 118956.1 |
| 33.9 | 139.2 | 92.3 | 87.1 | | | 307.1 |
| 12304.3 | 7464.5 | 5144.4 | 1281.6 | 385.5 | | 70474.5 |
| 6681.8 | 3174.0 | 91.4 | 76.4 | 13.8 | | 16365.7 |
| 14509.1 | 5602.4 | 1173.9 | 824.9 | 137.5 | | 36864.5 |
| 7253.8 | 29632.8 | 1392.4 | 683.9 | 199.4 | | 80559.2 |
| | | | | | | |
| 46996.2 | 16423.3 | 15855.3 | 5204.4 | 1367.4 | | 158415.1 |
| 58588.0 | 17624.3 | 8956.3 | 1504.6 | 724.7 | 35137.4 | 206655.6 |
| 55190.7 | 17439.7 | 4903.4 | 638.6 | 505.0 | 35102.5 | 198039.6 |
| 3397.3 | 184.6 | 4052.9 | 866.0 | 219.7 | 34.9 | 8616.0 |

# 8-5 限额以上批发和

| 指标 | 法人企业数（个） | 执行《2006年企业会计准则》企业数（个） | 年初存货 | 流动资产合计 |
|---|---|---|---|---|
| **按登记注册类型分** | | | | |
| 内资企业 | 432 | 274 | 1568408.5 | 10508093.9 |
| 国有企业 | 26 | 24 | 318718.4 | 2038883.2 |
| 集体企业 | 3 | 1 | 7985.7 | 25867.9 |
| 有限责任公司 | 118 | 96 | 450810.3 | 5095509.8 |
| 国有独资公司 | 20 | 19 | 139420.2 | 2145686.2 |
| 其他有限责任公司 | 98 | 77 | 311390.1 | 2949823.6 |
| 股份有限公司 | 5 | 5 | 501031.8 | 728026.9 |
| 私营企业 | 280 | 148 | 289862.3 | 2619806.1 |
| 私营独资企业 | 4 | 2 | 1013.7 | 17526.4 |
| 私营合伙企业 | 2 | | 203.7 | 11433.3 |
| 私营有限责任公司 | 268 | 142 | 285506.5 | 2379924.9 |
| 私营股份有限公司 | 6 | 4 | 3138.4 | 210921.5 |
| 其他企业 | | | | |
| 港、澳、台商投资企业 | 1 | 1 | 64.1 | 5727.5 |
| 港、澳、台商独资企业 | 1 | 1 | 64.1 | 5727.5 |
| 外商投资企业 | 3 | 3 | 9480.6 | 59948.7 |
| 外资企业 | 2 | 2 | 10139.8 | 56592.8 |
| **按控股情况分** | | | | |
| 国有控股 | 102 | 93 | 1156773.6 | 7075660.0 |
| 集体控股 | 6 | 4 | 22795.9 | 247669.7 |
| 私人控股 | 325 | 178 | 388179.8 | 3188120.1 |
| 港、澳、台商控股 | 1 | 1 | 64.1 | 5727.5 |
| 外商控股 | 2 | 2 | 10139.8 | 56592.8 |
| 其他 | | | | |
| **按经营形式分** | | | | |
| 独立门店 | 230 | 132 | 559940.2 | 3593845.0 |
| 连锁总店 | 1 | | 480.8 | 2946.5 |
| 其他 | 205 | 146 | 1017532.2 | 6976978.6 |

# 零售业企业财务状况（续二）

单位：万元

| 应收账款 | 存货 | 固定资产原价 | 累计折旧 | 本年折旧 | 在建工程 | 资产总计 |
|---|---|---|---|---|---|---|
| 2512164.2 | 1853239.7 | 1373525.2 | 662927.3 | 66883.2 | 147231.1 | 18939489.0 |
| 598385.6 | 361955.8 | 190428.6 | 120591.8 | 11293.4 | 12615.2 | 2236665.8 |
| 4159.4 | 6405.3 | 831.2 | 286.1 | 16.0 |  | 26984.0 |
| 1180491.0 | 479476.1 | 790267.2 | 316975.5 | 36683.8 | 57032.3 | 12833226.5 |
| 226388.5 | 157373.0 | 646719.9 | 263519.5 | 29386.6 | 49423.0 | 9550891.6 |
| 954102.5 | 322103.1 | 143547.3 | 53456.0 | 7297.2 | 7609.3 | 3282334.9 |
| 11215.3 | 662762.3 | 239971.9 | 169389.6 | 4524.6 | 29224.0 | 900614.6 |
| 717912.9 | 342640.2 | 152026.3 | 55684.3 | 14365.4 | 48359.6 | 2941998.1 |
| 6111.1 | 624.8 | 1721.3 | 841.0 | 136.0 |  | 18406.7 |
| 3594.7 | 761.4 | 268.2 | 150.2 | 51.9 |  | 11562.0 |
| 673802.4 | 335693.0 | 148204.7 | 53318.2 | 14073.1 | 42285.9 | 2617620.3 |
| 34404.7 | 5561.0 | 1832.1 | 1374.9 | 104.4 | 6073.7 | 294409.1 |
|  |  |  |  |  |  |  |
|  | 42.3 | 187.0 | 142.2 | 32.3 |  | 5902.0 |
|  | 42.3 | 187.0 | 142.2 | 32.3 |  | 5902.0 |
| 3787.4 | 3995.6 | 41256.2 | 14108.1 | 3037.5 | 32343.8 | 131416.5 |
| 2691.8 | 12252.4 | 10088.9 | 3563.0 | 1106.5 |  | 63251.0 |
|  |  |  |  |  |  |  |
| 1596718.9 | 1386452.9 | 1199775.6 | 600925.6 | 51923.5 | 128299.5 | 15080117.3 |
| 5014.8 | 14811.0 | 8795.8 | 2825.2 | 209.9 | 2853.8 | 288423.9 |
| 911526.1 | 443719.0 | 196121.1 | 69721.6 | 16680.8 | 48421.6 | 3639113.3 |
|  | 42.3 | 187.0 | 142.2 | 32.3 |  | 5902.0 |
| 2691.8 | 12252.4 | 10088.9 | 3563.0 | 1106.5 |  | 63251.0 |
|  |  |  |  |  |  |  |
| 938507.2 | 565311.1 | 935750.0 | 431879.6 | 52033.9 | 94057.7 | 4640390.5 |
| 721.8 | 670.0 | 47.0 | 39.6 | 7.1 |  | 3585.1 |
| 1576722.6 | 1291296.5 | 479171.4 | 245258.4 | 17912.0 | 85517.2 | 14432831.9 |

# 8-5 限额以上批发和

| 指标 | 法人企业数（个） | 执行《2006年企业会计准则》企业数（个） | 年初存货 | 流动资产合计 |
|---|---|---|---|---|
| **零售业** | 292 | 172 | 476628.7 | 2016568.4 |
| **按零售行业小类分** | | | | |
| 综合零售 | 56 | 34 | 133856.6 | 574552.6 |
| 百货零售 | 35 | 22 | 100390.6 | 409018.9 |
| 超级市场零售 | 16 | 10 | 31233.7 | 156563.0 |
| 其他综合零售 | 1 | | 11.2 | 542.6 |
| 食品、饮料及烟草制品专门零售 | 17 | 9 | 11836.6 | 46177.5 |
| 粮油零售 | 3 | 2 | 2252.7 | 5080.1 |
| 糕点、面包零售 | 1 | | 45.9 | 867.9 |
| 果品、蔬菜零售 | 2 | 1 | 26.9 | 500.5 |
| 肉、禽、蛋、奶及水产品零售 | 2 | | 414.4 | 2320.0 |
| 营养和保健品零售 | 2 | 1 | 1732.7 | 7891.6 |
| 酒、饮料及茶叶零售 | 4 | 3 | 5204.2 | 23778.2 |
| 烟草制品零售 | 2 | 2 | 2130.9 | 5492.9 |
| 其他食品零售 | 1 | | 28.9 | 246.3 |
| 纺织、服装及日用品专门零售 | 21 | 7 | 18470.5 | 99258.1 |
| 纺织品及针织品零售 | | | | |
| 服装零售 | 13 | 5 | 7998.5 | 62633.5 |
| 鞋帽零售 | 3 | | 1221.8 | 2985.2 |
| 化妆品及卫生用品零售 | 2 | 1 | 2214.1 | 3732.7 |
| 钟表、眼镜零售 | 2 | 1 | 3054.2 | 21054.7 |
| 文化、体育用品及器材专门零售 | 7 | 5 | 11919.6 | 277353.2 |
| 文具用品零售 | | | | |

# 零售业企业财务状况（续三）

单位：万元

| 应收账款 | 存货 | 固定资产原价 | 累计折旧 | 本年折旧 | 在建工程 | 资产总计 |
|---|---|---|---|---|---|---|
| 213789.1 | 519100.1 | 649635.6 | 320666.0 | 38898.6 | 134241.2 | 3284241.3 |
| | | | | | | |
| 26388.2 | 137283.0 | 253563.3 | 124073.9 | 12851.1 | 63818.6 | 1087260.4 |
| 19303.4 | 102994.5 | 214429.9 | 100004.5 | 10191.3 | 63594.8 | 795474.5 |
| 4749.4 | 31836.4 | 37128.5 | 23133.4 | 2450.6 | 173.0 | 281231.9 |
| 7.6 | 25.7 | 731.1 | 81.7 | 0.5 | 50.8 | 1242.8 |
| 4416.1 | 13784.7 | 16182.2 | 4921.0 | 576.2 | 3964.3 | 63497.0 |
| 595.9 | 2151.3 | 8011.9 | 1653.3 | 143.6 | | 11586.6 |
| 208.5 | 80.9 | 516.5 | 411.2 | 52.0 | | 1103.6 |
| 46.8 | 17.8 | 580.7 | 15.1 | 3.3 | | 1093.8 |
| 1130.5 | 837.2 | 84.8 | 58.7 | 11.3 | 114 | 2867.9 |
| 1571.6 | 1639.7 | 3804.3 | 1393.0 | 174.1 | 3850.3 | 15103.8 |
| 829.2 | 7051.5 | 2997.9 | 1232.3 | 176.9 | | 25637.9 |
| 32.9 | 1888.6 | 139.6 | 118.6 | 10.3 | | 5849.5 |
| 0.7 | 117.7 | 46.5 | 38.8 | 4.7 | | 253.9 |
| 13110.2 | 21409.4 | 12999.3 | 6399.9 | 922.7 | 659.3 | 110418.4 |
| | | | | | | |
| 6674.5 | 7161.5 | 1934.7 | 994.0 | 103.9 | 27.7 | 65427.4 |
| 1492.6 | 1321.2 | 65.6 | 29.3 | 9.7 | | 3175.3 |
| 154.8 | 2260.6 | 2075.5 | 1313.9 | 204.1 | 631.6 | 5315.9 |
| 1586.5 | 6554.8 | 8463.0 | 3841.6 | 511.1 | | 26900.9 |
| 48771.4 | 43521.5 | 89182.4 | 56721.1 | 2194.1 | 39405.2 | 379605.8 |

# 8-5 限额以上批发和

| 指标 | 法人企业数（个） | 执行《2006年企业会计准则》企业数（个） | 年初存货 | 流动资产合计 |
|---|---|---|---|---|
| 体育用品及器材零售 | | | | |
| 图书、报刊零售 | 3 | 2 | 6587.2 | 270239.1 |
| 珠宝首饰零售 | 1 | | 907.5 | 1413.2 |
| 工艺美术品及收藏品零售 | | | | |
| 医药及医疗器材专门零售 | 18 | 11 | 51208.2 | 167702.0 |
| 西药零售 | 17 | 11 | 51105.8 | 165442.9 |
| 医疗用品及器材零售 | | | | |
| 汽车、摩托车、燃料及零配件专门零售 | 136 | 85 | 231134.3 | 711661.2 |
| 汽车新车零售 | 113 | 71 | 211150.9 | 673653.1 |
| 汽车零配件零售 | 5 | 3 | 2543.9 | 9451.2 |
| 机动车燃油零售 | 14 | 9 | 16306.7 | 22388.1 |
| 机动车燃气零售 | 2 | 1 | 828.6 | 5433.4 |
| 家用电器及电子产品专门零售 | 30 | 17 | 15083.9 | 130890.8 |
| 家用视听设备零售 | | | | |
| 日用家电设备零售 | 6 | 4 | 5300.9 | 76144.9 |
| 计算机、软件及辅助设备零售 | 12 | 7 | 3134.9 | 24905.8 |
| 通信设备零售 | 9 | 5 | 6596.0 | 21128.0 |
| 其他电子产品零售 | 3 | 1 | 52.1 | 8712.1 |
| 五金、家具及室内装饰材料专门零售 | 2 | | 782.5 | 3001.3 |
| 五金零售 | | | | |
| 灯具零售 | | | | |
| 家具零售 | 1 | | | 940.4 |
| 木质装饰材料零售 | | | | |
| 陶瓷、石材装饰材料零售 | | | | |
| 其他室内装饰材料零售 | | | | |
| 货摊、无店铺及其他零售业 | 5 | 4 | 2336.5 | 5971.7 |
| 货摊纺织、服装及鞋零售 | | | | |
| 旧货零售 | | | | |
| 生活用燃料零售 | | | | |

# 零售业企业财务状况（续四）

单位：万元

| 应收账款 | 存货 | 固定资产原价 | 累计折旧 | 本年折旧 | 在建工程 | 资产总计 |
|---|---|---|---|---|---|---|
| 48104.0 | 37926.3 | 82728.3 | 56205.0 | 2139.1 | 35034.8 | 358701.9 |
| 10.0 | 999.7 | 152.7 | 84.8 | 24.0 | | 1481.2 |
| | | | | | | |
| 45518.3 | 57529.5 | 25535.1 | 12915.9 | 1337.3 | 202.6 | 292403.0 |
| 43586.8 | 57424.3 | 25390.5 | 12822.5 | 1313.1 | 202.6 | 289255.7 |
| | | | | | | |
| 50080.3 | 225214.7 | 244950.0 | 110285.3 | 20597.7 | 26191.2 | 1182634.8 |
| 43051.1 | 196840.3 | 147581.4 | 70448.1 | 14845.2 | 10649.3 | 993356.5 |
| 5381.0 | 2466.5 | 403.7 | 320.3 | 25.5 | | 9782.9 |
| 1210.0 | 23749.8 | 91541.5 | 37744.8 | 5453.3 | 14878.7 | 167310.0 |
| 359.9 | 1590.4 | 5423.4 | 1772.1 | 273.7 | 663.2 | 11450.0 |
| 24216.7 | 18204.9 | 3237.9 | 2476.8 | 304.2 | | 147224.3 |
| | | | | | | |
| 2996.6 | 6302.1 | 1107.0 | 898.0 | 75.5 | | 88556.2 |
| 13119.7 | 2770.0 | 1081.2 | 929.9 | 148.6 | | 26047.3 |
| 4504.9 | 9079.4 | 725.5 | 527.3 | 15.2 | | 23701.5 |
| 3595.5 | 53.4 | 324.2 | 121.6 | 64.9 | | 8919.3 |
| 1107.5 | 863.3 | 96.4 | 74.4 | 5.3 | | 3040.1 |
| | | | | | | |
| 406.2 | | 76.5 | 58.6 | 3.3 | | 958.3 |
| | | | | | | |
| 180.4 | 1289.1 | 3889.0 | 2797.7 | 110.0 | | 18157.5 |

# 8-5 限额以上批发和

| 指标 | 法人企业数（个） | 执行《2006年企业会计准则》企业数（个） | 年初存货 | 流动资产合计 |
|---|---|---|---|---|
| **按登记注册类型分** | | | | |
| 内资企业 | 285 | 165 | 461299.6 | 1976489.6 |
| 国有企业 | 12 | 10 | 18430.4 | 335168.8 |
| 集体企业 | 1 | | 11.2 | 542.6 |
| 有限责任公司 | 68 | 47 | 196109.2 | 631566.4 |
| 国有独资公司 | 3 | 3 | 478.1 | 7927.1 |
| 其他有限责任公司 | 65 | 44 | 195631.1 | 623639.3 |
| 股份有限公司 | 6 | 6 | 14833.2 | 108197.5 |
| 私营企业 | 198 | 102 | 231915.6 | 901014.3 |
| 私营独资企业 | 8 | 1 | 2887.5 | 15388.0 |
| 私营有限责任公司 | 189 | 101 | 229028.1 | 884685.9 |
| 私营股份有限公司 | | | | |
| 其他企业 | | | | |
| 港、澳、台商投资企业 | 5 | 5 | 6776.8 | 27878.8 |
| 港、澳、台商独资企业 | 5 | 5 | 6776.8 | 27878.8 |
| 港、澳、台商投资股份有限公司 | | | | |
| 外商投资企业 | 2 | 2 | 8552.3 | 12200.0 |
| 外资企业 | 1 | 1 | 155.1 | 1313.5 |
| **按控股情况分** | | | | |
| 国有控股 | 36 | 31 | 65876.8 | 475340.7 |
| 集体控股 | 9 | 4 | 19370.8 | 123953.6 |
| 私人控股 | 240 | 130 | 376052.0 | 1377195.3 |
| 港、澳、台商控股 | 6 | 6 | 15174.0 | 38765.3 |
| 外商控股 | 1 | 1 | 155.1 | 1313.5 |
| 其他 | | | | |
| **按经营形式分** | | | | |
| 独立门店 | 215 | 129 | 332934.0 | 1103330.8 |
| 连锁总店 | 18 | 12 | 61509.2 | 435752.7 |
| 连锁直营店 | 6 | 5 | 2242.5 | 112550.6 |
| 其他 | 53 | 26 | 79943.0 | 364934.3 |
| 大型 | 12 | 10 | 92826.7 | 629045.0 |
| 中型 | 111 | 81 | 291419.3 | 1037493.4 |
| 小型 | 138 | 64 | 83459.2 | 309207.9 |
| 微型 | 31 | 17 | 8923.5 | 40822.1 |
| **按零售业态分** | | | | |
| 有店铺零售 | 283 | 166 | 475714.4 | 2004062.3 |
| 食杂店 | | | | |
| 便利店 | 9 | 5 | 5890.2 | 16564.3 |
| 超市 | 34 | 16 | 39267.0 | 198224.4 |
| 大型超市 | | | | |
| 百货店 | 18 | 13 | 17801.9 | 261219.9 |
| 专业店 | 94 | 56 | 112235.3 | 685828.5 |
| 专卖店 | 116 | 70 | 221526.0 | 669203.8 |
| 家居建材商店 | | | | |
| 购物中心 | 6 | 6 | 74232.2 | 151777.4 |
| 厂家直销中心 | | | | |
| 无店铺零售 | 9 | 6 | 914.3 | 12506.1 |
| 网上商店 | 1 | 1 | 240.5 | 1223.3 |

# 零售业企业财务状况（续五）

单位：万元

| 应收账款 | 存货 | 固定资产原价 | 累计折旧 | 本年折旧 | 在建工程 | 资产总计 |
|---|---|---|---|---|---|---|
| 212133.2 | 496551.1 | 620805.7 | 304510.4 | 37302.2 | 133353.3 | 3224006.0 |
| 56240.2 | 53395.6 | 110026.9 | 65738.9 | 3617.1 | 35736.2 | 474774.2 |
| 7.6 | 25.7 | 731.1 | 81.7 | 0.5 | 50.8 | 1242.8 |
| 51984.9 | 201797.5 | 232818.1 | 93060.4 | 15178.2 | 2534.7 | 1156346.5 |
| 665.3 | 1997.2 | 8029.2 | 1959.2 | 552.2 | 6.3 | 30720.1 |
| 51319.6 | 199800.3 | 224788.9 | 91101.2 | 14626.0 | 2528.4 | 1125626.4 |
| 1102.7 | 14764.1 | 112959.2 | 65500.3 | 6049.0 | 73972.3 | 324087.2 |
| 102797.8 | 226568.2 | 164270.4 | 80129.1 | 12457.4 | 21059.3 | 1267555.3 |
| 2529.4 | 2235.0 | 1507.0 | 787.4 | 180.9 | 15 | 17132.3 |
| 99862.2 | 224333.2 | 162686.9 | 79283.1 | 12273.2 | 21044.3 | 1249464.7 |
| | | | | | | |
| 831.7 | 12831.7 | 17106.2 | 10313.4 | 1031.8 | 637.9 | 38172.4 |
| 831.7 | 12831.7 | 17106.2 | 10313.4 | 1031.8 | 637.9 | 38172.4 |
| | | | | | | |
| 824.2 | 9717.3 | 11723.7 | 5842.2 | 564.6 | 250 | 22062.9 |
| 497.7 | 105.6 | 766.6 | 648.5 | 29.1 | 250 | 4009.0 |
| | | | | | | |
| 62276.3 | 110105.0 | 270584.8 | 151464.6 | 13031.9 | 48731.0 | 828199.6 |
| 1769.6 | 17970.8 | 16012.7 | 9218.2 | 1852.2 | 50.8 | 194672.5 |
| 148087.3 | 368475.3 | 334208.2 | 143827.6 | 22418.1 | 84571.5 | 2201133.9 |
| 1158.2 | 22443.4 | 28063.3 | 15507.1 | 1567.3 | 637.9 | 56226.3 |
| 497.7 | 105.6 | 766.6 | 648.5 | 29.1 | 250 | 4009.0 |
| | | | | | | |
| 89779.6 | 327464.8 | 356295.0 | 151435.6 | 25083.1 | 23462.3 | 1761126.3 |
| 90948.1 | 97669.4 | 112639.1 | 71582.6 | 3816.1 | 35869.0 | 652399.6 |
| 1012.4 | 4037.1 | 1014.8 | 876.6 | 81.4 | 27.7 | 123914.1 |
| 32049.0 | 89928.8 | 179686.7 | 96771.2 | 9918.0 | 74882.2 | 746801.3 |
| 86572.0 | 133027.4 | 239638.4 | 146932.7 | 10810.7 | 109314.2 | 1154095.4 |
| 68695.8 | 297292.6 | 339212.0 | 146251.1 | 22989.4 | 16080.7 | 1667204.6 |
| 45610.2 | 78783.9 | 66482.2 | 25154.6 | 4816.0 | 8846.3 | 419593.6 |
| 12911.1 | 9996.2 | 4303.0 | 2327.6 | 282.5 | | 43347.7 |
| | | | | | | |
| 208037.3 | 517458.8 | 648546.5 | 319981.8 | 38735.5 | 134261.8 | 3269335.3 |
| | | | | | | |
| 3190.4 | 6500.5 | 4994.8 | 2795.4 | 756.1 | 50.8 | 24381.0 |
| 20294.2 | 40741.5 | 44111.4 | 25558.7 | 2800.1 | 371.0 | 339977.4 |
| | | | | | | |
| 842.4 | 21926.9 | 123059.3 | 87184.2 | 5412.0 | 63212.1 | 470682.7 |
| 120536.8 | 162704.7 | 243518.2 | 125020.9 | 12450.9 | 63083.3 | 1082275.4 |
| 59470.9 | 204312.3 | 137649.3 | 65516.3 | 12419.9 | 7332.2 | 1009075.8 |
| | | | | | | |
| 3074.6 | 71321.6 | 87198.6 | 10340.2 | 4081.4 | 212.4 | 310092.9 |
| | | | | | | |
| 5751.8 | 1641.3 | 1089.1 | 684.2 | 163.1 | –20.6 | 14906.0 |
| 20.1 | 1085.2 | 181.6 | 22.4 | 21.4 | –20.6 | 2484.3 |

# 8-5 限额以上批发和

| 指标 | 流动负债合计 | 应付账款 | 非流动负债合计 |
|---|---|---|---|
| **总计** | 10565203.3 | 1656722.4 | |
| **批发业** | 8556827.6 | 1185852.8 | |
| **按批发行业小类分** | | | |
| 农、林、牧产品批发 | 88147.0 | 952.1 | |
| 谷物、豆及薯类批发 | 37947.7 | -761.2 | |
| 畜牧渔业饲料批发 | 12028.9 | -1534.5 | |
| 棉、麻批发 | | | |
| 其他农牧产品批发 | 8261.6 | 914.1 | |
| 食品、饮料及烟草制品批发 | 338967.3 | 61708.7 | |
| 米、面制品及食用油批发 | 119800.6 | 20201.5 | |
| 糕点、糖果及糖批发 | | | |
| 果品、蔬菜批发 | 45941.4 | 3363.8 | |
| 肉、禽、蛋、奶及水产品批发 | 26157.0 | 6042.1 | |
| 盐及调味品批发 | 8101.8 | 1036.7 | |
| 营养和保健品批发 | 750.4 | -474.5 | |
| 酒、饮料及茶叶批发 | 96398.9 | 28597.1 | |
| 烟草制品批发 | 24970.9 | | |
| 其他食品批发 | 16846.3 | 2942.0 | |
| 纺织、服装及家庭用品批发 | 35885.1 | 9771.6 | |
| 纺织品、针织品及原料批发 | | | |
| 服装批发 | 23141.2 | 6261.3 | |
| 鞋帽批发 | 5172.7 | 831.0 | |
| 化妆品及卫生用品批发 | 2791.6 | 141.2 | |
| 厨房、卫生间用具及日用杂货批发 | | | |
| 日用家电批发 | 4779.6 | 2538.1 | |
| 其他家庭用品批发 | | | |

# 零售业企业财务状况（续六）

单位：万元

| 负债合计 | 所有者权益合计 | 实收资本 | |
|---|---|---|---|
| | | | 个人资本 |
| 13868153.3 | 8411876.5 | 3962075.2 | 254911.2 |
| 11473592.2 | 7594458.6 | 2973858.0 | 198821.4 |
| | | | |
| 87058.7 | 20386.6 | 24826.7 | 1418.0 |
| 37036.2 | 7035.7 | 4958.7 | |
| 11852.1 | 8613.3 | 6400.0 | 1050.0 |
| | | | |
| 8261.6 | 6250.3 | 5468.0 | 368.0 |
| 362965.3 | 306364.9 | 63031.2 | 9349.5 |
| 126244.4 | 20667.5 | 21757.8 | |
| | | | |
| 51463.8 | -11119.3 | 4266.0 | 1250.0 |
| 26157.0 | 5266.8 | 3010.4 | 609.5 |
| 14027.6 | 61650.7 | 8737.4 | |
| 750.4 | 676.2 | 300.0 | |
| 99324.5 | 42584.5 | 15319.6 | 5290.0 |
| 25160 | 185678.8 | 5820.0 | |
| 19837.6 | 959.7 | 3820.0 | 2200.0 |
| 37940.9 | 15917.9 | 18364.2 | 3950.0 |
| | | | |
| 22877.2 | 7712.4 | 6864.2 | 3950.0 |
| 5172.7 | 154.3 | 500.0 | |
| 5111.4 | 4237.5 | 5000.0 | |
| | | | |
| 4779.6 | 3813.7 | 6000.0 | |

# 8-5 限额以上批发和

| 指标 | 流动负债合计 | 应付账款 | 非流动负债合计 |
|---|---|---|---|
| 文化、体育用品及器材批发 | 125534.9 | 65346.5 | |
| 文具用品批发 | -666.4 | -675.0 | |
| 图书批发 | 43390.3 | 32984.0 | |
| 首饰、工艺品及收藏品批发 | 65133.6 | 24081.8 | |
| 医药及医疗器材批发 | 1124759.4 | 383892.2 | |
| 西药批发 | 903460.6 | 297100.9 | |
| 中药批发 | 110744.3 | 42287.2 | |
| 医疗用品及器材批发 | 110554.5 | 44504.1 | |
| 矿产品、建材及化工产品批发 | 6329836.5 | 518092.7 | |
| 煤炭及制品批发 | 551880.1 | 40700.0 | |
| 石油及制品批发 | 789407.3 | -104277.1 | |
| 非金属矿及制品批发 | 20878.4 | 8197.7 | |
| 金属及金属矿批发 | 3833701.1 | 358054.8 | |
| 建材批发 | 843672.4 | 190147.5 | |
| 化肥批发 | 106326.0 | 3981.1 | |
| 其他化工产品批发 | 180806.1 | 18690.5 | |
| 机械设备、五金产品及电子产品批发 | 382011.5 | 121356.5 | |
| 农业机械批发 | | | |
| 汽车及零配件批发 | 86552.8 | 39040.9 | |
| 摩托车及零配件批发 | 118.8 | | |
| 五金产品批发 | 64469.4 | 4270.9 | |
| 电气设备批发 | 17666.4 | 730.5 | |
| 计算机、软件及辅助设备批发 | 17496.6 | 11658.3 | |
| 通讯设备批发 | 58041.3 | 12968.6 | |
| 广播影视设备批发 | | | |
| 其他机械设备及电子产品批发 | 137666.2 | 52687.3 | |
| 其他批发业 | 127842.9 | 24732.5 | |
| 再生物资回收与批发 | 120270.8 | 22058.4 | |
| 其他未列明批发业 | 7572.1 | 2674.1 | |

# 零售业企业财务状况（续七）

单位：万元

| 负债合计 | 所有者权益合计 | 实收资本 | |
|---|---|---|---|
| | | | 个人资本 |
| 130034.9 | 20271.1 | 23422.3 | 18527.6 |
| -666.4 | 3346.2 | 3000.0 | |
| 43390.3 | 3434.2 | 2400.0 | 2400.0 |
| 69633.6 | 13636.6 | 17394.7 | 16000.0 |
| 1177325.8 | 415264.0 | 231705.8 | 32700.0 |
| 930344.2 | 291175.3 | 170531.0 | 24350.0 |
| 129498.6 | 53698.5 | 30155.3 | 1700.0 |
| 117483 | 70390.2 | 31019.5 | 6650.0 |
| 9101422.0 | 6699094.5 | 2520466.4 | 97410.2 |
| 559633.4 | 1180330.5 | 146866.0 | 12150.0 |
| 863248.5 | 1340318.2 | 203437.9 | 15200.0 |
| 22608.4 | 1049.7 | 10000.0 | 10000.0 |
| 6360026.8 | 3871890.8 | 1899450.6 | 28134.5 |
| 1003182.0 | 234998.2 | 191328.3 | 2589.0 |
| 108260.8 | 21109.4 | 16559.1 | |
| 181297.0 | 49357.2 | 52824.5 | 29336.7 |
| 397063.0 | 84879.2 | 77033.4 | 32817.6 |
| | | | |
| 100888.2 | 18067.9 | 20044.8 | 5711.6 |
| 118.8 | 188.3 | 100.0 | 100.0 |
| 64484.4 | 5990.1 | 6108.0 | 6008.0 |
| 15174 | 1191.7 | 300.0 | 300.0 |
| 17499.1 | 19365.4 | 12894.0 | 12894.0 |
| 58041.3 | 22517.9 | 13090.0 | 4403.0 |
| | | | |
| 140857.2 | 17557.9 | 24496.6 | 3401.0 |
| 175938.6 | 30717.0 | 14808.0 | 2648.5 |
| 167238.8 | 30800.8 | 14234.7 | 2648.5 |
| 8699.8 | -83.8 | 573.3 | |

# 8-5 限额以上批发和

| 指标 | 流动负债合计 | 应付账款 | 非流动负债合计 |
| --- | --- | --- | --- |
| **按登记注册类型分** | | | |
| 内资企业 | 8477592.5 | 1346923.8 | |
| 国有企业 | 1222885.7 | 193532.6 | |
| 集体企业 | 26883.8 | 2560.5 | |
| 有限责任公司 | 4982011.1 | 597588.3 | |
| 国有独资公司 | 2628579.3 | 168328.0 | |
| 其他有限责任公司 | 2353431.8 | 429260.3 | |
| 股份有限公司 | 222214.0 | 3101.7 | |
| 私营企业 | 2023597.9 | 550140.7 | |
| 私营独资企业 | 11853.4 | 8442.0 | |
| 私营合伙企业 | 9088.5 | 907.3 | |
| 私营有限责任公司 | 1903296.9 | 526285.8 | |
| 私营股份有限公司 | 99359.1 | 14505.6 | |
| 其他企业 | | | |
| 港、澳、台商投资企业 | 5657.1 | 879.5 | |
| 港、澳、台商独资企业 | 5657.1 | 879.5 | |
| 外商投资企业 | 73578.0 | -161950.5 | |
| 外资企业 | 50487.9 | 18488.1 | |
| **按控股情况分** | | | |
| 国有控股 | 5749675.3 | 432338.7 | |
| 集体控股 | 224546.9 | 8560.4 | |
| 私人控股 | 2526460.4 | 725586.1 | |
| 港、澳、台商控股 | 5657.1 | 879.5 | |
| 外商控股 | 50487.9 | 18488.1 | |
| 其他 | | | |
| **按经营形式分** | | | |
| 独立门店 | 2850379.7 | 511099.7 | |
| 连锁门店 | 2956.4 | 869.3 | |
| 其他 | 5703491.5 | 673883.8 | |
| 大型 | 901782.0 | 216849.4 | |
| 中型 | 5650865.6 | 537292.0 | |
| 小型 | 1583721.1 | 342183.1 | |
| 微型 | 420458.9 | 89528.3 | |

# 零售业企业财务状况（续八）

单位：万元

| 负债合计 | 所有者权益合计 | 实收资本 | |
|---|---|---|---|
| | | | 个人资本 |
| 11391950.7 | 7538781.6 | 2836729.4 | 198821.4 |
| 1432993.2 | 803672.6 | 271601.4 | |
| 27135.6 | -151.6 | 747.6 | |
| 7294470.9 | 5538444.5 | 2052921.3 | 10399.2 |
| 4808748.0 | 4742143.6 | 1472557.4 | |
| 2485722.9 | 796300.9 | 580363.9 | 10399.2 |
| 243103.9 | 657510.7 | 42551.7 | 2910.0 |
| 2394247.1 | 539305.4 | 468907.4 | 185512.2 |
| 16053.4 | 2353.3 | 2100.0 | |
| 9088.5 | 2473.5 | 2000.0 | 590.0 |
| 2107913.0 | 503845.6 | 397319.0 | 169922.2 |
| 261192.2 | 30633.0 | 67488.4 | 15000.0 |
| | | | |
| 5799.7 | 102.3 | 50.0 | |
| 5799.7 | 102.3 | 50.0 | |
| 75841.8 | 55574.7 | 137078.6 | |
| 51095.2 | 12155.8 | 1364.8 | |
| | | | |
| 8281092.2 | 6799025.1 | 2320012.2 | 1162.2 |
| 226698.2 | 61725.7 | 62182.6 | |
| 2908906.9 | 721449.7 | 590248.4 | 197659.2 |
| 5799.7 | 102.3 | 50.0 | |
| 51095.2 | 12155.8 | 1364.8 | |
| | | | |
| 3101884.8 | 1533408.1 | 575843.8 | 111107.8 |
| 2956.4 | 628.7 | 1000.0 | |
| 8368751.0 | 6060421.8 | 2397014.2 | 87713.6 |
| 935135.6 | 980824.0 | 119435.1 | 10000.0 |
| 8244925.9 | 6088840.0 | 2346682.8 | 83970.7 |
| 1706208.4 | 497815.2 | 418172.3 | 89770.7 |
| 587322.3 | 26979.4 | 89567.8 | 15080.0 |

# 8-5 限额以上批发和零售业企业财务状况（续九）

单位：万元

| 指标 | 流动负债合计 | 应付账款 | 负债合计 | 所有者权益合计 | 实收资本 | 个人资本 |
|---|---|---|---|---|---|---|
| **零售业** | 2008375.7 | 470869.6 | 2394561.1 | 817417.9 | 988217.2 | 56089.8 |
| **按零售行业小类分** | | | | | | |
| 综合零售 | 654149.6 | 170731.3 | 866234.3 | 221883.1 | 141858.9 | 7681.0 |
| 百货零售 | 482878.0 | 102216.7 | 637251.9 | 159079.6 | 98908.1 | 6309.4 |
| 超级市场零售 | 157081.7 | 59311.6 | 214772.7 | 66459.2 | 40951.7 | 364.0 |
| 其他综合零售 | 854.1 | | 873.9 | 368.9 | 351.6 | 13.1 |
| 食品、饮料及烟草制品专门零售 | 45909.0 | 9235.1 | 49101.8 | 14395.2 | 7139.5 | 1791.0 |
| 粮油零售 | 6870.6 | 2216.0 | 8364.1 | 3222.5 | 625.0 | |
| 糕点、面包零售 | 1025.1 | 105.6 | 1025.1 | 78.5 | 300.0 | |
| 果品、蔬菜零售 | 496.5 | 45.2 | 496.5 | 597.3 | 569.5 | 99.5 |
| 肉、禽、蛋、奶及水产品零售 | 658.4 | 15.0 | 2049.4 | 818.5 | 800.0 | |
| 营养和保健品零售 | 22306.3 | 5112.4 | 22302.3 | –7198.5 | 2000.0 | 1000.0 |
| 酒、饮料及茶叶零售 | 12802.8 | 1543.1 | 12963.7 | 12674.2 | 1103.5 | 191.5 |
| 烟草制品零售 | 1030.0 | | 1181.4 | 4668.1 | 1700.0 | 500 |
| 其他食品零售 | 719.3 | 197.8 | 719.3 | –465.4 | 41.5 | |
| 纺织、服装及日用品专门零售 | 93495.6 | 16897.7 | 103637.3 | 11734.3 | 20365.1 | 1880.0 |
| 纺织品及针织品零售 | | | | | | |
| 服装零售 | 70926.2 | 10002.7 | 81035.0 | –10654.4 | 4970.0 | 1600.0 |
| 鞋帽零售 | 1264.3 | 32.9 | 1264.3 | 1911.0 | 2769.8 | 280 |
| 化妆用品及卫生用品零售 | 2837.2 | 2250.6 | 2870.1 | 2445.8 | 1500.0 | |
| 钟表、眼镜零售 | 10517.2 | 461.5 | 10517.2 | 16383.7 | 10625.3 | |
| 文化、体育用品及器材专门零售 | 199703.8 | 118255.8 | 222855.0 | 156750.8 | 11100.0 | 7500.0 |
| 文具用品零售 | | | | | | |
| 体育用品及器材零售 | | | | | | |
| 图书、报刊零售 | 197579.3 | 118473.6 | 220730.5 | 137971.4 | 2100.0 | |
| 珠宝首饰零售 | 917.4 | 84.4 | 917.4 | 563.8 | 1000.0 | |
| 工艺美术品及收藏品零售 | | | | | | |

# 8-5 限额以上批发和零售业企业财务状况（续十）

单位：万元

| 指标 | 流动负债合计 | 应付账款 | 负债合计 | 所有者权益合计 | 实收资本 | 个人资本 |
|---|---|---|---|---|---|---|
| 医药及医疗器材专门零售 | 129715.7 | 65768.3 | 222605.9 | 69797.1 | 41118.6 | 925.0 |
| 西药零售 | 128304.9 | 64748.9 | 220649.5 | 68606.2 | 39453.6 | 925.0 |
| 医疗用品及器材零售 | | | | | | |
| 汽车、摩托车、燃料及零配件专门零售 | 781287.6 | 48620.6 | 817287.7 | 283389.8 | 698661.2 | 26777.0 |
| 汽车新车零售 | 698793.7 | 39327.7 | 725038.7 | 268317.8 | 685525.0 | 21497.0 |
| 汽车零配件零售 | 3901.7 | 1090.8 | 4091.0 | 5691.9 | 303.0 | 200 |
| 机动车燃油零售 | 74939.3 | 7595.8 | 78735.1 | 6617.6 | 9033.2 | 3080 |
| 机动车燃气零售 | 3663.3 | 766.7 | 9433.3 | 2016.7 | 3000.0 | 2000 |
| 家用电器及电子产品专门零售 | 90275.4 | 34276.1 | 98999.0 | 48225.3 | 63968.9 | 7630.8 |
| 家用视听设备零售 | | | | | | |
| 日用家电设备零售 | 39667.5 | 24448.0 | 47471.7 | 41084.5 | 48911.8 | 1500.0 |
| 计算机、软件及辅助设备零售 | 12944.9 | 5236.9 | 12944.9 | 13102.4 | 10289.8 | 5245.8 |
| 通信设备零售 | 31588.0 | 2441.2 | 32507.4 | -8805.9 | 3574.7 | 675.0 |
| 其他电子产品零售 | 6075.0 | 2150.0 | 6075.0 | 2844.3 | 1192.6 | 210.0 |
| 五金、家具及室内装饰材料专门零售 | 2680.8 | 975.6 | 2681.1 | 359.0 | 600.0 | 100.0 |
| 五金零售 | | | | | | |
| 灯具零售 | | | | | | |
| 家具零售 | 854.4 | 528.9 | 854.7 | 103.6 | 100.0 | 100.0 |
| 木质装饰材料零售 | | | | | | |
| 陶瓷石材装饰材料零售 | | | | | | |
| 其他室内装饰材料零售 | | | | | | |
| 货摊、无店铺及其他零售业 | 11158.2 | 6109.1 | 11159.0 | 10883.3 | 3405.0 | 1805.0 |
| 货摊纺织、服装及鞋零售 | | | | | | |
| 旧货零售 | | | | | | |
| 生活用燃料零售 | | | | | | |

# 8-5 限额以上批发和零售业企业财务状况（续十一）

单位：万元

| 指标 | 流动负债合计 | 应付账款 | 负债合计 | 所有者权益合计 | 实收资本 | 个人资本 |
|---|---|---|---|---|---|---|
| 按登记注册类型分 | | | | | | |
| 内资企业 | 1968944.1 | 461826.5 | 2350028.1 | 801715.6 | 973996.2 | 56089.8 |
| 国有企业 | 280373.4 | 130266.8 | 322726.4 | 152047.8 | 17080.6 | |
| 集体企业 | 854.1 | | 873.9 | 368.9 | 351.6 | 13.1 |
| 有限责任公司 | 750298.1 | 152505.7 | 872502.9 | 284612.6 | 218796.8 | 3866.9 |
| 国有独资公司 | 7883.6 | 3329.1 | 7883.6 | 22836.5 | 4488.0 | |
| 其他有限责任公司 | 742414.5 | 149176.6 | 864619.3 | 261776.1 | 214308.8 | 3866.9 |
| 股份有限公司 | 126720.4 | 51507.0 | 233088.2 | 12926.5 | 7578.9 | 3178.9 |
| 私营企业 | 810698.1 | 127547.0 | 920836.7 | 351759.8 | 730188.3 | 49030.9 |
| 私营独资企业 | 11853.7 | 385.6 | 12019.7 | 5112.6 | 2480.0 | 80.0 |
| 私营有限责任公司 | 797990.0 | 126632.5 | 907962.3 | 346543.6 | 727608.3 | 48850.9 |
| 私营股份有限公司 | | | | | | |
| 其他企业 | | | | | | |
| 港、澳、台商投资企业 | 22673.7 | 4478.3 | 23632.7 | 14539.7 | 9221.0 | |
| 港、澳、台商独资企业 | 22673.7 | 4478.3 | 23632.7 | 14539.7 | 9221.0 | |
| 港、澳、台商投资股份有限公司 | | | | | | |
| 外商投资企业 | 16757.9 | 4564.8 | 20900.3 | 1162.6 | 5000.0 | |
| 外资企业 | 5063.4 | 104.3 | 9203.3 | –5194.3 | 2000.0 | |
| 按控股情况分 | | | | | | |
| 国有控股 | 424872.1 | 157877.3 | 485617.8 | 264509.3 | 91966.7 | 846.9 |
| 集体控股 | 107106.2 | 33765.0 | 149676.2 | 44996.3 | 24424.6 | 33.1 |
| 私人控股 | 1436965.8 | 270184.2 | 1714734.1 | 492210.0 | 857604.9 | 55209.8 |
| 港、澳、台商控股 | 34368.2 | 8938.8 | 35329.7 | 20896.6 | 12221.0 | |
| 外商控股 | 5063.4 | 104.3 | 9203.3 | –5194.3 | 2000.0 | |
| 其他 | | | | | | |

# 8-5 限额以上批发和零售业企业财务状况（续十二）

单位：万元

| 指标 | 流动负债合计 | 应付账款 | 负债合计 | 所有者权益合计 | 实收资本 | 个人资本 |
|---|---|---|---|---|---|---|
| **按经营形式分** | | | | | | |
| 独立门店 | 1188481.5 | 138207.3 | 1295668.8 | 466314.5 | 815044.4 | 43050.7 |
| 连锁总店 | 323807.9 | 181936.8 | 439076.6 | 213323.0 | 45424.4 | 1144.4 |
| 连锁直营店 | 87733.1 | 27489.9 | 94997.8 | 28916.3 | 47981.0 | |
| 其他 | 408353.2 | 123235.6 | 564817.9 | 108864.1 | 79767.4 | 11894.7 |
| 大型 | 543226.5 | 258888.5 | 806382.3 | 265755.8 | 69424.9 | 3178.9 |
| 中型 | 1161454.7 | 160160.9 | 1235577.0 | 431627.6 | 317825.4 | 14026.9 |
| 小型 | 288870.1 | 48150.2 | 325973.7 | 97504.7 | 593602.6 | 37654.0 |
| 微型 | 14824.4 | 3670.0 | 26628.1 | 22529.8 | 7364.3 | 1230.0 |
| **按零售业态分** | | | | | | |
| 有店铺零售 | 1999254.4 | 467059.3 | 2384458.4 | 812614.6 | 983348.4 | 53001.0 |
| 食杂店 | | | | | | |
| 便利店 | 22949.6 | 12026.8 | 22969.4 | 1411.6 | 9332.0 | 582.6 |
| 超市 | 195395.6 | 84229.0 | 266261.2 | 74573.2 | 51313.1 | 2714.9 |
| 大型超市 | | | | | | |
| 百货店 | 225260.7 | 68262.4 | 366848.2 | 103834.5 | 54420.7 | 6453.0 |
| 专业店 | 632052.9 | 244025.2 | 719987.7 | 289168.4 | 150815.3 | 22348.5 |
| 专卖店 | 635736.8 | 45978.2 | 717149.1 | 291926.7 | 675255.2 | 18672.0 |
| 家居建材商店 | | | | | | |
| 购物中心 | 270838.7 | 11285.2 | 270896.5 | 39196.4 | 32350.0 | 30.0 |
| 厂家直销中心 | | | | | | |
| 无店铺零售 | 9121.3 | 3810.3 | 10102.7 | 4803.3 | 4868.8 | 3088.8 |
| 网上商店 | 927.1 | 582.2 | 1853.2 | 631.1 | | |

# 8-5 限额以上批发和

| 指标 | 营业收入 | 主营业务收入 | 营业成本 |
|---|---|---|---|
| **总计** | 75826868.8 | 75421456.3 | 73800217.7 |
| **批发业** | 71260968.1 | 70988345.2 | 69778078.9 |
| **按批发行业小类分** | | | |
| 农、林、牧产品批发 | 581746.7 | 581077.9 | 572751.3 |
| 谷物、豆及薯类批发 | 158419.3 | 158418.3 | 157035.6 |
| 畜牧渔业饲料批发 | 170815.6 | 170148.6 | 164952.0 |
| 棉、麻批发 | | | |
| 其他农牧产品批发 | 235391.8 | 235391.8 | 234312.3 |
| 食品、饮料及烟草制品批发 | 1200653.0 | 1175119.1 | 953244.5 |
| 米、面制品及食用油批发 | 235846.8 | 235130.0 | 228079.3 |
| 糕点、糖果及糖批发 | | | |
| 果品、蔬菜批发 | 18275.8 | 18075.7 | 17040.8 |
| 肉、禽、蛋、奶及水产品批发 | 72539.7 | 72337.4 | 67091.1 |
| 盐及调味品批发 | 15811.3 | 13504.7 | 8078.7 |
| 营养和保健品批发 | 3492.7 | 3412.5 | 2644.5 |
| 酒、饮料及茶叶批发 | 271964.7 | 262883.1 | 205835.9 |
| 烟草制品批发 | 508160.1 | 506056.9 | 357811.3 |
| 其他食品批发 | 74561.9 | 63718.8 | 66662.9 |
| 纺织、服装及家庭用品批发 | 127941.9 | 125104.3 | 115433.2 |
| 纺织品、针织品及原料批发 | | | |
| 服装批发 | 77054.1 | 74244.4 | 67992.2 |
| 鞋帽批发 | 21019.6 | 20991.7 | 19461.4 |
| 化妆品及卫生用品批发 | 10666.9 | 10666.9 | 9972.3 |
| 厨房、卫生间用具及日用杂货批发 | | | |
| 日用家用批发 | 19201.3 | 19201.3 | 18007.3 |
| 其他家庭用品批发 | | | |

# 零售业企业财务状况（续十三）

单位：万元

| 税金及附加 | 其他业务利润 | 销售费用 | 管理费用 |
|---|---|---|---|
| 160259.6 | 74698.9 | 978179.6 | 340368.4 |
| 142628.3 | 45916.6 | 596178.7 | 231250.1 |
| | | | |
| 266.1 | 143.3 | 6095.5 | 1859.0 |
| 71.5 | 1.9 | 878.0 | 727.7 |
| 98.3 | | 4570.3 | 422.6 |
| | | | |
| 89.0 | 141.4 | 468.6 | 526.0 |
| 71843.8 | 995.0 | 83092.1 | 30228.1 |
| 241.1 | 421.5 | 2383.5 | 3431.9 |
| | | | |
| 8.7 | 10.2 | 509.3 | 1335.3 |
| 72.3 | | 3954.2 | 841.0 |
| 636.7 | | 5390.8 | 2485.6 |
| 4.2 | 80.2 | 421.7 | 285.1 |
| 1026.4 | 112.8 | 51343.8 | 6130.9 |
| 69743.7 | 370.3 | 13706.4 | 13654.6 |
| 110.7 | | 5382.4 | 2063.7 |
| 138.5 | -0.3 | 9435.2 | 3790.8 |
| | | | |
| 101.3 | -0.3 | 6800.4 | 1144.3 |
| 27.1 | | 1496.1 | |
| 10.1 | | 465.3 | 324.4 |
| | | | |
| | | 673.4 | 2322.1 |

# 8-5 限额以上批发和

| 指标 | 营业收入 | 主营业务收入 | 营业成本 |
|---|---|---|---|
| 文化、体育用品及器材批发 | 330377.6 | 329984.2 | 308031.5 |
| 文具用品批发 | 17887.5 | 17887.5 | 16825.6 |
| 图书批发 | 41214.4 | 41006.0 | 39261.9 |
| 首饰、工艺品及收藏品批发 | 245800.5 | 245615.5 | 229466.9 |
| 医药及医疗器材批发 | 1985951.0 | 1962366.5 | 1803406.8 |
| 西药批发 | 1573653.4 | 1563724.7 | 1452957.5 |
| 中药批发 | 192086.3 | 178714.6 | 172402.1 |
| 医疗用品及器材批发 | 220211.3 | 219927.2 | 178047.2 |
| 矿产品、建材及化工产品批发 | 64066390.8 | 63855743.4 | 63175737.7 |
| 煤炭及制品批发 | 1111625.2 | 1105135.1 | 1068521.3 |
| 石油及制品批发 | 26340414.2 | 26159977.8 | 25605367.7 |
| 非金属矿及制品批发 | 29110.0 | 29110.0 | 25768.7 |
| 金属及金属矿批发 | 31070819.1 | 31053806.3 | 31030245.4 |
| 建材批发 | 3109839.9 | 3103135.1 | 3065708.2 |
| 化肥批发 | 146262.1 | 146262.1 | 142852.9 |
| 其他化工产品批发 | 2243767.3 | 2243764.0 | 2222839.6 |
| 机械设备、五金产品及电子产品批发 | 1101343.4 | 1093849.7 | 1014343.0 |
| 农业机械批发 | | | |
| 汽车及零配件批发 | 110057.0 | 109533.0 | 100439.2 |
| 摩托车及零配件批发 | 2716.2 | 2716.2 | 2470.8 |
| 五金产品批发 | 105061.8 | 104927.6 | 99937.7 |
| 电气设备批发 | 14920.6 | 14779.5 | 13505.9 |
| 计算机、软件及辅助设备批发 | 58037.7 | 52923.6 | 51231.0 |
| 通讯设备批发 | 476086.0 | 475316.4 | 433303.8 |
| 广播影视设备批发 | | | |
| 其他机械设备及电子产品批发 | 334464.1 | 333653.4 | 313454.6 |
| 其他批发业 | 1828584.7 | 1827121.1 | 1799942.0 |
| 再生物资回收与批发 | 1823362.4 | 1821933.4 | 1795390.0 |
| 其他未列明批发业 | 5222.3 | 5187.7 | 4552.0 |

# 零售业企业财务状况（续十四）

单位：万元

| 税金及附加 | 其他业务利润 | 销售费用 | 管理费用 |
|---|---|---|---|
| 2440.7 | | 13426.6 | 4780.8 |
| 6.4 | | 781.2 | |
| 0.8 | | 939.3 | 717.9 |
| 2410.9 | | 10244.7 | 2649.3 |
| 3825.2 | 15199.6 | 74486.2 | 53531.1 |
| 2977.6 | 14743.0 | 44527.7 | 37174.3 |
| 289.8 | 413.3 | 9440.9 | 5797.7 |
| 557.8 | 43.3 | 20517.6 | 10559.1 |
| 40804.0 | 28212.7 | 345192.6 | 118724.7 |
| 1612.1 | 178 | 20357.4 | 11980.8 |
| 13718.8 | 22382.1 | 276853.4 | 61633.2 |
| 33.8 | | 2875.1 | 224.5 |
| 21603.6 | 5652.3 | 22617.7 | 29827.1 |
| 2408.5 | 0.3 | 3710.4 | 11712.2 |
| 147.1 | | 2539.9 | 888.4 |
| 1277.6 | | 16211.9 | 2422.8 |
| 1315.1 | 488.1 | 59611.8 | 15491.0 |
| | | | |
| 110.8 | 64.5 | 4484.1 | 3430.0 |
| 2.1 | | 9.3 | 211.4 |
| 141.7 | | 1175.7 | 1492.4 |
| 8.4 | 30.6 | 1291.5 | 147.7 |
| 87.5 | | 2214.0 | 1446.6 |
| 464.5 | 243.4 | 30744.9 | 4267.7 |
| | | | |
| 500.1 | 149.6 | 19692.3 | 4495.2 |
| 21973.8 | 878.2 | 2720.4 | 2370.4 |
| 21967.9 | 875.2 | 2420.4 | 1919.1 |
| 5.9 | 3 | 300.0 | 451.3 |

# 8-5 限额以上批发和

| 指标 | 营业收入 | 主营业务收入 | 营业成本 |
|---|---|---|---|
| **按登记注册类型分** | | | |
| 内资企业 | 71040609.9 | 70768151.6 | 69595765.8 |
| 国有企业 | 9299669.2 | 9279064.3 | 8897116.5 |
| 集体企业 | 13279.9 | 13279.9 | 11928.4 |
| 有限责任公司 | 35945155.5 | 35753723.8 | 35505611.3 |
| 国有独资公司 | 20919808.3 | 20754310.4 | 20676867.0 |
| 其他有限责任公司 | 15025347.2 | 14999413.4 | 14828744.3 |
| 股份有限公司 | 18899039.3 | 18881123.2 | 18591564.5 |
| 私营企业 | 6883466.0 | 6840960.4 | 6589545.1 |
| 私营独资企业 | 50469.2 | 50456.7 | 44711.8 |
| 私营合伙企业 | 8193.6 | 8177.6 | 6941.9 |
| 私营有限责任公司 | 6566934.1 | 6533303.5 | 6288350.9 |
| 私营股份有限公司 | 257869.1 | 249022.6 | 249540.5 |
| 其他企业 | | | |
| 港、澳、台商投资企业 | 15954.3 | 15954.3 | 12673.5 |
| 港、澳、台商独资企业 | 15954.3 | 15954.3 | 12673.5 |
| 外商投资企业 | 204403.9 | 204239.3 | 169639.6 |
| 外资企业 | 114113.4 | 113948.8 | 76098.9 |
| **按控股情况分** | | | |
| 国有控股 | 62484173.6 | 62267741.7 | 61418394.0 |
| 集体控股 | 475677.5 | 475677.5 | 471526.6 |
| 私人控股 | 8171049.3 | 8115022.9 | 7799385.9 |
| 港、澳、台商控股 | 15954.3 | 15954.3 | 12673.5 |
| 外商控股 | 114113.4 | 113948.8 | 76098.9 |
| 其他 | | | |
| **按经营形式分** | | | |
| 独立门店 | 22365351.2 | 22178804.6 | 21448900.6 |
| 连锁总店 | 4017.0 | 4017.0 | 3533.3 |
| 其他 | 48891599.9 | 48805523.6 | 48325645.0 |
| 大型 | 20020426.8 | 19995350.5 | 19431376.1 |
| 中型 | 35091357.4 | 34869563.2 | 34325937.3 |
| 小型 | 14358693.3 | 14355519.4 | 14236098.5 |
| 微型 | 1790490.6 | 1767912.1 | 1784667.0 |

# 零售业企业财务状况（续十五）

单位：万元

| 税金及附加 | 其他业务利润 | 销售费用 | 管理费用 |
|---|---|---|---|
| | | | |
| 142026.4 | 45531.2 | 557577.3 | 222537.1 |
| 94104.1 | 4198.0 | 116433.3 | 40525.1 |
| 14.0 | | 614.4 | 117.9 |
| 34818.2 | 5333.0 | 239328.8 | 77162.6 |
| 18462.9 | 2201.9 | 155217.7 | 22975.2 |
| 16355.3 | 3131.1 | 84111.1 | 54187.4 |
| 3828.4 | 17607.8 | 21871.7 | 35775.1 |
| 9261.7 | 18392.4 | 179329.1 | 68956.4 |
| 68.9 | | 2702.3 | 1529.4 |
| 11.8 | | 1112.9 | 81.9 |
| 8882.4 | 16456.9 | 171025.1 | 65734.9 |
| 298.6 | 1935.5 | 4488.8 | 1610.2 |
| | | | |
| 68.9 | | 3234.0 | |
| 68.9 | | 3234.0 | |
| 533.0 | 385.4 | 35367.4 | 8713.0 |
| 420.2 | 17.5 | 32308.4 | 2995.7 |
| | | | |
| 130551.1 | 24549.6 | 329635.6 | 133819.7 |
| 320.8 | | 3515.3 | 684.6 |
| 11267.3 | 21349.5 | 227485.4 | 93750.1 |
| 68.9 | | 3234.0 | |
| 420.2 | 17.5 | 32308.4 | 2995.7 |
| | | | |
| | | | |
| 94105.3 | 22516.3 | 453111.7 | 105978.6 |
| 36.2 | | | 371.3 |
| 48486.8 | 23400.3 | 143067.0 | 124900.2 |
| 77467.4 | 32082.5 | 103645.5 | 70952.6 |
| 50323.0 | 10313.4 | 418993.7 | 118121.1 |
| 13066.8 | 3454.4 | 68183.3 | 40310.7 |
| 1771.1 | 66.3 | 5356.2 | 1865.7 |

# 8-5 限额以上批发和

| 指标 | 营业收入 | 主营业务收入 | 营业成本 |
|---|---|---|---|
| **零售业** | 4565900.7 | 4433111.1 | 4022138.8 |
| **按零售行业小类分** | | | |
| 综合零售 | 678268.0 | 622810.6 | 507703.1 |
| 百货零售 | 359804.9 | 329678.2 | 261848.9 |
| 超级市场零售 | 278698.7 | 255857.6 | 212578.5 |
| 其他综合零售 | 3398.6 | 3398.6 | 3335.7 |
| 食品、饮料及烟草制品专门零售 | 105158.1 | 104401.9 | 93026.7 |
| 粮油零售 | 12061.0 | 11813.5 | 10989.6 |
| 糕点、面包零售 | 879.5 | 879.5 | 724.9 |
| 果品、蔬菜零售 | 1823.8 | 1823.8 | 1623.1 |
| 肉、禽、蛋、奶及水产品零售 | 4277.9 | 4277.9 | 3720.1 |
| 营养和保健品零售 | 2443.4 | 2443.1 | 1846.5 |
| 酒、饮料及茶叶零售 | 72624.6 | 72116.2 | 63167.1 |
| 烟草制品零售 | 10269.9 | 10269.9 | 10528.2 |
| 其他食品零售 | 778.0 | 778.0 | 427.2 |
| 纺织、服装及日用品专门零售 | 108868.4 | 104125.4 | 81141.5 |
| 纺织品及针织品零售 | | | |
| 服装零售 | 50351.0 | 45722.0 | 37095.2 |
| 鞋帽零售 | 2825.6 | 2825.6 | 2000.8 |
| 化妆品及卫生用品零售 | 18582.9 | 18528.3 | 13585.9 |
| 钟表、眼镜零售 | 16020.7 | 15961.3 | 11173.4 |
| 文化、体育用品及器材专门零售 | 205135.5 | 203802.7 | 197703.0 |
| 文具用品零售 | | | |
| 体育用品及器材零售 | | | |
| 图书、报刊零售 | 200418.4 | 199085.6 | 193915.8 |
| 珠宝首饰零售 | 1507.1 | 1507.1 | 1279.6 |
| 工艺美术品及收藏品零售 | | | |

# 零售业企业财务状况（续十六）

单位：万元

| 税金及附加 | 其他业务利润 | 销售费用 | 管理费用 |
|---|---|---|---|
| 17631.3 | 28782.3 | 382000.9 | 109118.3 |
| | | | |
| 8023.9 | 15645.9 | 106063.5 | 27272.7 |
| 7447.5 | 5840.5 | 56518.4 | 17316.5 |
| 537.5 | 9805.4 | 44421.2 | 6586.8 |
| 0.1 | | 3.5 | 47.8 |
| 334.0 | 287.6 | 3660.3 | 3198.3 |
| 29.1 | 287.6 | 683.7 | 856.0 |
| 6.1 | | 68.3 | 194.7 |
| 0.1 | | 70.0 | 99.6 |
| 32.2 | | 220.6 | 122.1 |
| 98.6 | | 730.8 | 768.1 |
| 134.0 | | 302.4 | 356.0 |
| 33.3 | | 1272.8 | 732.1 |
| 0.6 | | 311.7 | 69.7 |
| 445.9 | 1136.1 | 18236.5 | 13134.1 |
| | | | |
| 163.0 | 1038.8 | 7607.4 | 9346.2 |
| 13.8 | | 681.4 | 262.0 |
| 50.5 | 54.6 | 4689.2 | 597.1 |
| 138.5 | 42.7 | 2978.2 | 1961.6 |
| 1054.2 | 4.5 | 36234.7 | 8911.4 |
| | | | |
| | | | |
| 1013.5 | | 35934.2 | 8543.8 |
| 36.5 | 4.5 | 155.2 | 123.7 |

# 8-5 限额以上批发和

| 指标 | 营业收入 | 主营业务收入 | 营业成本 |
|---|---|---|---|
| 医药及医疗器材专门零售 | 356657.1 | 339823.3 | 233776.2 |
| 西药零售 | 353683.8 | 336850.0 | 232487.4 |
| 医疗用品及器材零售 | | | |
| 汽车、摩托车、燃料及零配件专门零售 | 2889861.2 | 2836872.3 | 2706662.3 |
| 汽车新车零售 | 1696383.7 | 1676654.4 | 1581376.0 |
| 汽车零配件零售 | 17777.9 | 14822.7 | 16013.6 |
| 机动车燃油零售 | 1165063.1 | 1135566.1 | 1100796.5 |
| 机动车燃气零售 | 6662.3 | 5854.9 | 4774.6 |
| 家用电器及电子产品专门零售 | 198909.6 | 198232.1 | 182879.2 |
| 家用视听设备零售 | | | |
| 日用家电设备零售 | 95793.3 | 95343.6 | 88509.9 |
| 计算机、软件及辅助设备零售 | 38950.6 | 38950.6 | 34413.8 |
| 通信设备零售 | 50402.9 | 50402.9 | 47939.9 |
| 其他电子产品零售 | 13762.8 | 13535.0 | 12015.6 |
| 五金、家具及室内装饰材料专门零售 | 2586.4 | 2586.4 | 2262.4 |
| 五金零售 | | | |
| 灯具零售 | | | |
| 家具零售 | 1402.2 | 1402.2 | 1264.7 |
| 木质装饰材料零售 | | | |
| 陶瓷、石材装饰材料零售 | | | |
| 其他室内装饰材料零售 | | | |
| 货摊、无店铺及其他零售业 | 20456.4 | 20456.4 | 16984.4 |
| 货摊纺织、服装及鞋零售 | | | |
| 旧货零售 | | | |
| 生活用燃料零售 | | | |

# 零售业企业财务状况（续十七）

单位：万元

| 税金及附加 | 其他业务利润 | 销售费用 | 管理费用 |
|---|---|---|---|
| 1004.3 | 72.5 | 92202.7 | 17504.4 |
| 996.2 | 72.5 | 91986.5 | 16669.2 |
| | | | |
| 6527.3 | 6726.8 | 108507.3 | 29970.3 |
| 4732.9 | 6632.2 | 64778.7 | 34396.6 |
| 12.5 | | 872.4 | 119.1 |
| 1771.4 | 94.6 | 42213.2 | –5888.9 |
| 10.5 | | 414.6 | 1289.4 |
| 111.2 | 2390.8 | 15261.5 | 7776.1 |
| | | | |
| 42.7 | 26.4 | 9693.3 | 3478.9 |
| 30.1 | | 1321.0 | 2523.5 |
| 26.4 | 2364.4 | 3962.2 | 1274.5 |
| 12.0 | | 285.0 | 499.2 |
| 3.3 | | 157.1 | 291.6 |
| | | | |
| | | | |
| 2.4 | | 101.5 | 151.1 |
| | | | |
| | | | |
| | | | |
| 127.2 | 2518.1 | 1677.3 | 1059.4 |

# 8-5 限额以上批发和

| 指标 | 营业收入 | 主营业务收入 | 营业成本 |
|---|---|---|---|
| **按登记注册类型分** | | | |
| 内资企业 | 4393811.7 | 4267227.1 | 3871752.1 |
| 国有企业 | 381767.5 | 377744.6 | 352758.9 |
| 集体企业 | 3398.6 | 3398.6 | 3335.7 |
| 有限责任公司 | 1516840.7 | 1457923.3 | 1303488.3 |
| 国有独资公司 | 66656.9 | 64871.8 | 60008.3 |
| 其他有限责任公司 | 1450183.8 | 1393051.5 | 1243480.0 |
| 股份有限公司 | 717912.3 | 693902.1 | 665568.0 |
| 私营企业 | 1773892.6 | 1734258.5 | 1546601.2 |
| 私营独资企业 | 35225.1 | 35225.1 | 32821.3 |
| 私营有限责任公司 | 1737265.3 | 1697631.2 | 1512515.2 |
| 私营股份有限公司 | | | |
| 其他企业 | | | |
| 港、澳、台商投资企业 | 99262.3 | 97377.3 | 85395.5 |
| 港、澳、台商独资企业 | 99262.3 | 97377.3 | 85395.5 |
| 港、澳、台商投资股份有限公司 | | | |
| 外商投资企业 | 72826.7 | 68506.7 | 64991.2 |
| 外资企业 | 2219.8 | 1480.0 | 1368.4 |
| **按控股情况分** | | | |
| 国有控股 | 1768833.3 | 1723952.6 | 1629972.6 |
| 集体控股 | 151019.1 | 137488.4 | 122425.5 |
| 私人控股 | 2473959.3 | 2405786.1 | 2119354.0 |
| 港、澳、台商控股 | 169869.2 | 164404.0 | 149018.3 |
| 外商控股 | 2219.8 | 1480.0 | 1368.4 |
| 其他 | | | |
| **按经营形式分** | | | |
| 独立门店 | 2201385.6 | 2144943.5 | 1955903.8 |
| 连锁总店 | 567989.6 | 550894.7 | 434286.6 |
| 连锁直营店 | 122275.7 | 118749.2 | 111757.6 |
| 其他 | 1674249.8 | 1618523.7 | 1520190.8 |
| 大型 | 1795287.8 | 1725689.0 | 1563770.1 |
| 中型 | 1997598.1 | 1948693.7 | 1756724.1 |
| 小型 | 658219.4 | 649830.2 | 600579.7 |
| 微型 | 114795.4 | 108898.2 | 101064.9 |
| **按零售业态分** | | | |
| 有店铺零售 | 4513960.6 | 4381171.0 | 3972062.5 |
| 食杂店 | | | |
| 便利店 | 54024.4 | 51415.0 | 45402.4 |
| 超市 | 349536.0 | 320514.7 | 272893.7 |
| 大型超市 | | | |
| 百货店 | 213710.4 | 193317.7 | 154077.0 |
| 专业店 | 2075530.2 | 2034616.6 | 1889624.2 |
| 专卖店 | 1650536.7 | 1618343.2 | 1479742.5 |
| 家居建材商店 | | | |
| 购物中心 | 102469.4 | 94922.0 | 68685.9 |
| 厂家直销中心 | | | |
| 无店铺零售 | 51940.1 | 51940.1 | 50076.3 |
| 网上商店 | 26550.3 | 26550.3 | 25287.0 |

# 零售业企业财务状况（续十八）

单位：万元

| 税金及附加 | 其他业务利润 | 销售费用 | 管理费用 |
|---|---|---|---|
| 16192.6 | 27266.8 | 364369.3 | 106023.3 |
| 1323.4 | 954.3 | 49999.6 | 12853.1 |
| 0.1 | | 3.5 | 47.8 |
| 7887.0 | 13834.0 | 146535.0 | 39678.9 |
| 207.0 | 2612.7 | 3497.8 | 665.4 |
| 7680.0 | 11221.3 | 143037.2 | 39013.5 |
| 2008.5 | 175.7 | 30411.5 | -6298.2 |
| 4973.6 | 12302.8 | 137419.7 | 59741.7 |
| 55.0 | | 1803.9 | 326.7 |
| 4916.2 | 12302.8 | 135514.3 | 59263.9 |
| | | | |
| | | | |
| 407.4 | 1481.8 | 13783.4 | 1903.1 |
| 407.4 | 1481.8 | 13783.4 | 1903.1 |
| | | | |
| 1031.3 | 33.7 | 3848.2 | 1191.9 |
| 20.6 | | 833.6 | 397.2 |
| | | | |
| 4613.1 | 11802.4 | 123845.3 | 18822.8 |
| 349.4 | 13.6 | 18313.8 | 3572.8 |
| 11230.1 | 15450.8 | 222210.2 | 83627.7 |
| 1418.1 | 1515.5 | 16798.0 | 2697.8 |
| 20.6 | | 833.6 | 397.2 |
| | | | |
| | | | |
| 11912.8 | 17884.5 | 132285.9 | 60256.6 |
| 2013.5 | 323.2 | 136602.2 | 26560.3 |
| 101.3 | 26.2 | 10351.1 | 11256.5 |
| 3603.7 | 10548.4 | 102761.7 | 11044.9 |
| 4506.5 | 8602.4 | 197723.6 | 20822.2 |
| 11955.4 | 16715.5 | 147211.3 | 64811.6 |
| 977.0 | 3453.7 | 33213.2 | 22037.9 |
| 192.4 | 10.7 | 3852.8 | 1446.6 |
| | | | |
| 17592.1 | 28782.3 | 380115.4 | 107760.8 |
| | | | |
| 58.5 | 82.8 | 8494.3 | 5156.7 |
| 602.6 | 9849.6 | 51386.8 | 8834.7 |
| | | | |
| 3327.0 | 5757.5 | 37513.8 | 12552.0 |
| 4544.0 | 5645.8 | 169523.7 | 29648.8 |
| 4705.2 | 6250.2 | 99313.5 | 40233.0 |
| | | | |
| 4113.3 | 1038.8 | 10533.6 | 9779.7 |
| | | | |
| 39.2 | | 1885.5 | 1357.5 |
| 21.5 | | 494.1 | 209.9 |

# 8-5 限额以上批发和零售业企业财务状况（续十九）

单位：万元

| 指标 | 财务费用 | 利息收入 | 利息费用 | 投资收益 | 营业利润 | 营业外收入 |
|---|---|---|---|---|---|---|
| 总计 | 140173.6 | 74759.6 | 151810.5 | 117665.3 | 571646.0 | 36071.4 |
| 批发业 | 109292.9 | 72392.1 | 131440.6 | 105812.4 | 515257.0 | 28289.4 |
| 按批发行业小类分 | | | | | | |
| 农、林、牧产品批发 | 415.0 | 411.4 | 234.2 | | 531.1 | 514.4 |
| 谷物、豆及薯类批发 | 412.0 | 45.2 | 4.6 | | -677.9 | 237.2 |
| 畜牧渔业饲料批发 | 81.5 | -12.1 | 12.5 | | 682.8 | 47.7 |
| 棉、麻批发 | | | | | | |
| 其他农牧产品批发 | -64.5 | 378.3 | 217.1 | | 78.4 | 217.8 |
| 食品、饮料及烟草制品批发 | -2678.1 | 5181.4 | 2009.1 | 2783.6 | 63435.7 | 2571.4 |
| 米、面制品及食用油批发 | 1712.6 | 22.3 | 1411.3 | -161.1 | -1727.3 | 939.2 |
| 糕点、糖果及糖批发 | | | | | | |
| 果品、蔬菜批发 | 128.0 | 0.4 | 78.8 | | -3610.6 | 191.8 |
| 肉、禽、蛋、奶及水产品批发 | 206.2 | 7.4 | 207.4 | | 423.0 | 205.2 |
| 盐及调味品批发 | -773.1 | 789.1 | | | -153.6 | 1119.3 |
| 营养和保健品批发 | -0.4 | 0.9 | | | 137.5 | 0.1 |
| 酒、饮料及茶叶批发 | 199.4 | 284.8 | 298.0 | 494.7 | 8084.2 | 80.3 |
| 烟草制品批发 | -4152.9 | 4156.1 | 9.8 | 2450.0 | 59943.0 | 3.0 |
| 其他食品批发 | 2.1 | -79.6 | 3.8 | | 339.5 | 32.5 |
| 纺织、服装及家庭用品批发 | 247.5 | 8.6 | 207.6 | | -1261.4 | 50.1 |
| 纺织品、针织品及原料批发 | | | | | | |
| 服装批发 | 97.7 | 0.5 | 93.5 | | 760.4 | 37.3 |
| 鞋帽批发 | -0.8 | 4.1 | 3.3 | | 35.8 | 8.0 |
| 化妆品及卫生用品批发 | 34.2 | 4 | 14.3 | | -139.7 | 3.5 |
| 厨房、卫生间用具及日用杂货批发 | | | | | | |
| 日用家电批发 | 116.4 | | 96.5 | | -1917.9 | 1.3 |
| 其他家庭用品批发 | | | | | | |
| 文化、体育用品及器材批发 | 2346.5 | 63.9 | 1863.1 | -1.2 | -650.4 | 113.6 |
| 文具用品批发 | 0.3 | 0.2 | 0.5 | -1.2 | 272.8 | 34.5 |
| 图书批发 | 76.9 | 14.8 | 90.2 | | 217.6 | 3.3 |
| 首饰、工艺品及收藏品批发 | 2118.3 | 6.9 | 1756.3 | | -1090.2 | 67.2 |

# 8-5 限额以上批发和零售业企业财务状况（续二十）

单位：万元

| 指标 | 财务费用 | 利息收入 | 利息费用 | 投资收益 | 营业利润 | 营业外收入 |
|---|---|---|---|---|---|---|
| 医药及医疗器材批发 | 17694.9 | 929.3 | 12852.2 | -47.1 | 29128.4 | 899.4 |
| 西药批发 | 15294.8 | 667.4 | 11096.6 | 55.2 | 18134.2 | 753.8 |
| 中药批发 | 1674.8 | 217.8 | 1147.0 | 1.3 | 1968.6 | 88.8 |
| 医疗用品及器材批发 | 725.3 | 44.1 | 608.6 | -103.6 | 9025.6 | 56.8 |
| 矿产品、建材及化工产品批发 | 82503.0 | 65581.4 | 106535.3 | 102699.5 | 420792.1 | 6295.8 |
| 煤炭及制品批发 | 5107.7 | 10543.9 | 15717.2 | 29837.3 | 35137.9 | 218.2 |
| 石油及制品批发 | 17144.3 | 8604.9 | 24474.0 | 886.0 | 367651.4 | 2622.1 |
| 非金属矿及制品批发 | -10.5 | 0.1 |  |  | 218.6 | 1.5 |
| 金属及金属矿批发 | 42023.8 | 42920.5 | 48747.5 | 66339.9 | 6628.8 | 1479.9 |
| 建材批发 | 14747.6 | 3018.6 | 15677.0 | 2876.4 | 11151.9 | 233.4 |
| 化肥批发 | 829.6 | 473.7 | 1167.0 |  | -1013.2 | 1543.2 |
| 其他化工产品批发 | 2660.3 | 19.7 | 752.6 | 2759.9 | 962.8 | 197.5 |
| 机械设备、五金产品及电子产品批发 | 6039.8 | -55.6 | 4949.3 | 377.6 | 1444.5 | 745.2 |
| 农业机械批发 |  |  |  |  |  |  |
| 汽车及零配件批发 | 2513.2 | 69.0 | 1602.5 | 16 | -1246.9 | 52.8 |
| 摩托车及零配件批发 | 0.4 | 0.5 |  |  | 68.7 |  |
| 五金产品批发 | 2828.1 | -157.9 | 2848.9 |  | -514.2 | 116.9 |
| 电气设备批发 | 92.8 | -1.8 | 5.3 |  | -125.0 | 0.6 |
| 计算机、软件及辅助设备批发 | 197.9 | 3.6 | 166.7 | 113.7 | 1577.1 | 128.5 |
| 通讯设备批发 | 236.5 | 2.3 | 177.4 | 188.5 | 7282.1 | 58.7 |
| 广播影视设备批发 |  |  |  |  |  |  |
| 其他机械设备及电子产品批发 | 170.9 | 28.7 | 148.5 | 59.4 | -5597.3 | 387.7 |
| 其他批发业 | 2688.8 | 274.2 | 2787.2 |  | 1696.0 | 16971.2 |
| 再生物资回收与批发 | 2652.1 | 275.7 | 2825.4 |  | 2032.4 | 16970.4 |
| 其他未列明批发业 | 36.7 | -1.5 | -38.2 |  | -336.4 | 0.8 |

# 8-5 限额以上批发和零售业企业财务状况（续二十一）

单位：万元

| 指标 | 财务费用 | 利息收入 | 利息费用 | 投资收益 | 营业利润 | 营业外收入 |
|---|---|---|---|---|---|---|
| **按登记注册类型分** | | | | | | |
| 内资企业 | 108691.2 | 72338.3 | 131421.3 | 105250.5 | 524818.8 | 27727.4 |
| 国有企业 | 11698.7 | 12207.4 | 22091.4 | 1834.4 | 146488.5 | 1362.8 |
| 集体企业 | 137.6 | 0.3 | 137.5 | | 486.0 | 4.5 |
| 有限责任公司 | 40727.9 | 44190.0 | 69325.7 | 94737.9 | 145653.8 | 23064.3 |
| 国有独资公司 | 7061.7 | 34131.1 | 33427.1 | 93244.2 | 140727.2 | 2822.2 |
| 其他有限责任公司 | 33666.2 | 10058.9 | 35898.6 | 1493.7 | 4926.6 | 20242.1 |
| 股份有限公司 | 15997.0 | 236.8 | 16213.6 | 297.1 | 230959.7 | 233.7 |
| 私营企业 | 40130.0 | 15703.8 | 23653.1 | 8381.1 | 1230.8 | 3062.1 |
| 私营独资企业 | 428.1 | 1.0 | 3.1 | | 1028.5 | 13.1 |
| 私营合伙企业 | -41.3 | 59.3 | 18.0 | | 86.4 | 4.2 |
| 私营有限责任公司 | 28808.6 | 5453.3 | 22918.2 | 6181.0 | 6784.3 | 2938.8 |
| 私营股份有限公司 | 10934.6 | 10190.2 | 713.8 | 2200.1 | -6668.4 | 106.0 |
| 其他企业 | | | | | | |
| 港、澳、台商投资企业 | -43.8 | 52.0 | 8.2 | 15.8 | 37.5 | 0.1 |
| 港、澳、台商独资企业 | -43.8 | 52.0 | 8.2 | 15.8 | 37.5 | 0.1 |
| 外商投资企业 | 645.5 | 1.8 | 11.1 | 546.1 | -9599.3 | 561.9 |
| 外资企业 | 99.4 | 1.8 | 11.1 | 495.3 | 2672.4 | 55.0 |
| **按控股情况分** | | | | | | |
| 国有控股 | 62403.4 | 54312.4 | 101601.4 | 95405.6 | 515766.7 | 22989.6 |
| 集体控股 | 2859.3 | 441.2 | 1217.4 | | -3210.8 | 1535.8 |
| 私人控股 | 43974.6 | 17584.7 | 28602.5 | 9895.7 | -8.8 | 3708.9 |
| 港、澳、台商控股 | -43.8 | 52.0 | 8.2 | 15.8 | 37.5 | 0.1 |
| 外商控股 | 99.4 | 1.8 | 11.1 | 495.3 | 2672.4 | 55.0 |
| 其他 | | | | | | |
| **按经营形式分** | | | | | | |
| 独立门店 | 30979.2 | 21999.3 | 37285.8 | 10194.6 | 242004.6 | 6331.4 |
| 连锁总店 | 9.4 | | | | 99.2 | 2.5 |
| 其他 | 78304.3 | 50392.8 | 94154.8 | 95617.8 | 273153.2 | 21955.5 |
| 大型 | 24369.8 | 4741.9 | 25736.1 | 3009.7 | 312685.3 | 591.8 |
| 中型 | 53910.4 | 50316.2 | 82984.6 | 97497.1 | 234220.3 | 8983.4 |
| 小型 | 15291.4 | 7290.8 | 17117.8 | 3035.3 | -17423.3 | 18607.1 |
| 微型 | 15721.3 | 10043.2 | 5602.1 | 2270.3 | -14225.3 | 107.1 |

# 8-5 限额以上批发和零售业企业财务状况（续二十二）

单位：万元

| 指标 | 财务费用 | 利息收入 | 利息费用 | 投资收益 | 营业利润 | 营业外收入 |
|---|---|---|---|---|---|---|
| **零售业** | **30880.7** | **2367.5** | **20369.9** | **11852.9** | **56389.0** | **7782.0** |
| **按零售行业小类分** | | | | | | |
| 综合零售 | 13729.9 | –355.1 | 6960.9 | –538.6 | 5923.8 | 2090.1 |
| 百货零售 | 7055.3 | –184.9 | 2879.0 | –538.6 | 9196.4 | 1018.9 |
| 超级市场零售 | 6607.0 | –174.1 | 4074.0 | | –1243.0 | 864.5 |
| 其他综合零售 | 7.9 | | 7.9 | | 3.5 | |
| 食品、饮料及烟草制品专门零售 | 156.5 | 84.0 | 213.9 | | 6734.4 | 388.1 |
| 粮油零售 | –0.5 | 1.8 | 0.2 | | –445.4 | 354.1 |
| 糕点、面包零售 | 2.9 | | 2.9 | | –117.3 | |
| 果品、蔬菜零售 | 27.3 | | 16.8 | | 3.7 | |
| 肉、禽、蛋、奶及水产品零售 | 0.3 | | | | 184.5 | 1.1 |
| 营养和保健品零售 | 149.4 | 1.4 | 149.6 | | –1150.4 | 11.8 |
| 酒、饮料及茶叶零售 | –20.2 | 28.0 | 0.6 | | 8685.0 | 3.4 |
| 烟草制品零售 | –28.3 | 52.8 | 19.9 | | –368.9 | 0.2 |
| 其他食品零售 | 25.6 | | 23.9 | | –56.8 | 17.5 |
| 纺织、服装及日用品专门零售 | –775.0 | –1196.3 | 160.1 | | –3425.1 | 285.8 |
| 纺织品及针织品零售 | | | | | | |
| 服装零售 | –968.4 | –1199.2 | 92.7 | | –2799.7 | 124.1 |
| 鞋帽零售 | 15.5 | | | | –350.3 | |
| 化妆品及卫生用品零售 | 27.7 | –1.4 | 29.0 | | –367.4 | 60.9 |
| 钟表、眼镜零售 | 34.3 | 4.3 | 38.4 | | –266.3 | 61.4 |
| 文化、体育用品及器材专门零售 | –2768.7 | 2706.5 | –130.0 | –63.4 | 6365.0 | 92.8 |
| 文具用品零售 | | | | | | |
| 体育用品及器材零售 | | | | | | |
| 图书、报刊零售 | –2813.0 | 2706.3 | –163.6 | 4.7 | 6197.8 | 90.3 |
| 珠宝首饰零售 | 10.1 | | | | –98.2 | 2.2 |
| 工艺美术品及收藏品零售 | | | | | | |

# 8-5 限额以上批发和零售业企业财务状况（续二十三）

单位：万元

| 指标 | 财务费用 | 利息收入 | 利息费用 | 投资收益 | 营业利润 | 营业外收入 |
|---|---|---|---|---|---|---|
| 医药及医疗器材专门零售 | 3420.5 | 319.0 | 2004.3 | 292.8 | 8937.7 | 517.5 |
| 西药零售 | 3386.5 | 319.0 | 2004.3 | 292.8 | 8343.2 | 517.3 |
| 医疗用品及器材零售 | | | | | | |
| 汽车、摩托车、燃料及零配件专门零售 | 15225.2 | 793.7 | 10895.0 | 12088.1 | 38366.2 | 4269.2 |
| 汽车零售 | 13565.3 | 783.4 | 10122.3 | 12087.9 | 13195.1 | 3895.6 |
| 汽车零配件零售 | 173.1 | 0.1 | 5.6 | 0.2 | 18.6 | 0.1 |
| 机动车燃油零售 | 1382.2 | 8.1 | 667.1 | | 24912.0 | 360.5 |
| 机动车燃气零售 | 97.9 | 2.1 | 100.0 | | 257.2 | 13.0 |
| 家用电器及电子产品专门零售 | 1784.0 | 15.2 | 205.4 | 74.0 | –6883.1 | 78.5 |
| 家用视听设备零售 | | | | | | |
| 日用家电设备零售 | 620.1 | –7.2 | 24.4 | 62.7 | –6368.6 | 10.0 |
| 计算机、软件及辅助设备零售 | 119.8 | –4.0 | 59.2 | 11.3 | 354.5 | 42.6 |
| 通信设备零售 | 1010.5 | 25 | 88.4 | | –1382.2 | 9.4 |
| 其他电子产品零售 | 33.6 | 1.4 | 33.4 | | 513.2 | 16.5 |
| 五金、家具及室内装饰材料专门零售 | 59.7 | –0.5 | 54.1 | | –187.5 | 1.5 |
| 五金零售 | | | | | | |
| 灯具零售 | | | | | | |
| 家具零售 | 4.4 | –0.5 | | | –121.9 | |
| 木质装饰材料零售 | | | | | | |
| 陶瓷、石材装饰材料零售 | | | | | | |
| 其他室内装饰材料零售 | | | | | | |
| 货摊、无店铺及其他零售业 | 48.6 | 1 | 6.2 | | 557.6 | 58.5 |
| 货摊纺织、服装及鞋零售 | | | | | | |
| 旧货零售 | | | | | | |
| 生活用燃料零售 | | | | | | |

# 8-5 限额以上批发和零售业企业财务状况（续二十四）

单位：万元

| 指标 | 财务费用 | 利息收入 | 利息费用 | 投资收益 | 营业利润 | 营业外收入 |
|---|---|---|---|---|---|---|
| **按登记注册类型分** | | | | | | |
| 内资企业 | 29941.5 | 2297.4 | 19933.7 | 12782.9 | 59014.7 | 7685.6 |
| 国有企业 | -2131.6 | 3121.6 | 741.8 | | 9149.5 | 529.4 |
| 集体企业 | 7.9 | | 7.9 | | 3.5 | |
| 有限责任公司 | 15059.9 | -1377.6 | 10406.1 | 9491.9 | 21606.5 | 1628.5 |
| 国有独资公司 | 107.8 | -14.9 | 19.0 | 4.7 | 2175.0 | 1.1 |
| 其他有限责任公司 | 14952.1 | -1362.7 | 10387.1 | 9487.2 | 19431.5 | 1627.4 |
| 股份有限公司 | 3040.2 | 10.3 | 879.7 | 12.0 | 23316.3 | 747.9 |
| 私营企业 | 13965.1 | 543.1 | 7898.2 | 3279.0 | 4938.9 | 4779.8 |
| 私营独资企业 | 440.5 | 67.2 | 460.5 | | -257.6 | 7.6 |
| 私营有限责任公司 | 13520.2 | 476.4 | 7437.7 | 3279.0 | 5318.4 | 4772.2 |
| 私营股份有限公司 | | | | | | |
| 其他企业 | | | | | | |
| 港、澳、台商投资企业 | 388.3 | 30.4 | 342.8 | -930 | -3653.9 | 85.6 |
| 港、澳、台商独资企业 | 388.3 | 30.4 | 342.8 | -930 | -3653.9 | 85.6 |
| 港、澳、台商投资股份有限公司 | | | | | | |
| 外商投资企业 | 550.9 | 39.7 | 93.4 | | 1028.2 | 10.8 |
| 外资企业 | 485.3 | 3.4 | 8.8 | | -885.3 | 3.1 |
| **按控股情况分** | | | | | | |
| 国有控股 | 2091.1 | 3426.6 | 2913.4 | 7.5 | 35263.2 | 1829.5 |
| 集体控股 | 4400.3 | -170.7 | 3903.3 | 1500 | 3802.4 | 51.8 |
| 私人控股 | 23450.1 | -958.5 | 13117.0 | 11275.4 | 19949.1 | 5804.3 |
| 港、澳、台商控股 | 453.9 | 66.7 | 427.4 | -930 | -1740.4 | 93.3 |
| 外商控股 | 485.3 | 3.4 | 8.8 | | -885.3 | 3.1 |
| 其他 | | | | | | |

# 8-5 限额以上批发和零售业企业财务状况（续二十五）

单位：万元

| 指标 | 财务费用 | 利息收入 | 利息费用 | 投资收益 | 营业利润 | 营业外收入 |
|---|---|---|---|---|---|---|
| **按经营形式分** | | | | | | |
| 独立门店 | 20335.5 | 616.2 | 13056.5 | 11474.1 | 26747.6 | 4896.7 |
| 连锁总店 | 879.2 | 3014.3 | 2102.7 | 292.8 | 10291.8 | 940.9 |
| 连锁直营店 | -573.9 | -1226.6 | 28.1 | | -9306.4 | 57.4 |
| 其他 | 10239.9 | -36.4 | 5182.6 | 86.0 | 28656.0 | 1887.0 |
| 大型 | 9151.5 | 2833.3 | 5695.0 | 304.8 | 42794.6 | 2017.9 |
| 中型 | 15740.5 | -847.3 | 11729.3 | 10408.5 | 7106.6 | 2893.2 |
| 小型 | 5724.7 | 350.6 | 2858.6 | 1207.5 | -892.0 | 2817.5 |
| 微型 | 264.0 | 30.9 | 87.0 | -67.9 | 7379.8 | 53.4 |
| **按零售业态分** | | | | | | |
| 有店铺零售 | 30867.7 | 2373.0 | 20399.4 | 11841.6 | 56825.4 | 7776.6 |
| 食杂店 | | | | | | |
| 便利店 | 111.5 | 3.9 | 26.8 | | -5090.4 | 279.9 |
| 超市 | 7066.9 | -169.9 | 4198.8 | | -420.4 | 1250.3 |
| 大型超市 | | | | | | |
| 百货店 | 5847.6 | 203.1 | 1825.2 | -538.6 | -28.3 | 699.4 |
| 专业店 | 4419.3 | 2876.5 | 3009.6 | 295.8 | 24817.5 | 1593.1 |
| 专卖店 | 13473.7 | 943.4 | 10194.5 | 12084.4 | 26599.4 | 3736.8 |
| 家居建材商店 | | | | | | |
| 购物中心 | -387.2 | -1592.8 | 971.6 | | 9724.9 | 163.9 |
| 厂家直销中心 | | | | | | |
| 无店铺零售 | 13.0 | -5.5 | -29.5 | 11.3 | -436.4 | 5.4 |
| 网上商店 | 12.3 | | | | 525.6 | 0.7 |

# 8-5 限额以上批发和零售业企业财务状况（续二十六）

单位：万元

| 指标 | 利润总额 | 所得税费用 | 应付职工薪酬（本年贷方累计发生额） | 应交增值税 |
|---|---|---|---|---|
| **总计** | **587585.1** | **61617.0** | **533114.7** | **465196.0** |
| **批发业** | **528492.3** | **45609.6** | **325309.5** | **417714.5** |
| **按批发行业小类分** | | | | |
| 农、林、牧产品批发 | 777.2 | 232.5 | 2208.8 | 695.5 |
| 谷物、豆及薯类批发 | -443.8 | 75.9 | 391.8 | 24.7 |
| 畜牧渔业饲料批发 | 495.2 | 143.8 | 769.8 | 62.8 |
| 棉、麻批发 | | | | |
| 其他农牧产品批发 | 266.3 | 12.8 | 779.3 | 24.3 |
| 食品、饮料及烟草制品批发 | 65097.7 | 17370.4 | 54090.0 | 8880.2 |
| 米、面制品及食用油批发 | -880.9 | 56.7 | 2156.4 | -1969.9 |
| 糕点、糖果及糖批发 | | | | |
| 果品、蔬菜批发 | -3689.1 | 1.6 | 654.5 | 102.2 |
| 肉、禽、蛋、奶及水产品批发 | 624.4 | 64.7 | 1535.6 | 692.1 |
| 盐及调味品批发 | 951.6 | 135.0 | 5315.2 | 395.7 |
| 营养和保健品批发 | 137.3 | 4.3 | 300.1 | 69.6 |
| 酒、饮料及茶叶批发 | 7738.1 | 2018.5 | 18487.4 | 6605.3 |
| 烟草制品批发 | 59927.0 | 14962.5 | 22029.1 | 2037.7 |
| 其他食品批发 | 289.3 | 127.1 | 3611.7 | 947.5 |
| 纺织、服装及家庭用品批发 | -1218.2 | 84.6 | 3499.7 | 1055.3 |
| 纺织品、针织品及原料批发 | | | | |
| 服装批发 | 790.8 | 84.6 | 2399.9 | 827.6 |
| 鞋帽批发 | 43.8 | | 618.1 | 156.7 |
| 化妆品及卫生用品批发 | -136.2 | | 395.5 | 56.3 |
| 厨房、卫生间用具及日用杂货批发 | | | | |
| 家用电器批发 | -1916.6 | | 86.2 | 14.7 |
| 其他家庭用品批发 | | | | |

# 8-5 限额以上批发和零售业企业财务状况（续二十七）

单位：万元

| 指标 | 利润总额 | 所得税费用 | 应付职工薪酬（本年贷方累计发生额） | 应交增值税 |
|---|---|---|---|---|
| 文化、体育用品及器材批发 | –565.9 | 93.9 | 9691.3 | 1664.8 |
| 文具用品批发 | 306.2 | 76.5 | 517.9 | –4.3 |
| 图书批发 | 215.0 | 13.2 | 515.5 | 3.2 |
| 首饰、工艺品及收藏品批发 | –1044.6 | 1.9 | 7253.2 | 1455.8 |
| 医药及医疗器材批发 | 29360.9 | 6263.7 | 43446.1 | 22708.2 |
| 西药批发 | 18361.3 | 4785.9 | 30169.5 | 14883.7 |
| 中药批发 | 1980.2 | 306.3 | 5171.9 | 1929.3 |
| 医疗用品及器材批发 | 9019.4 | 1171.5 | 8104.7 | 5895.2 |
| 矿产品、建材及化工产品批发 | 415383.4 | 12505.5 | 184640.8 | 137441.6 |
| 煤炭及制品批发 | 34765.0 | 1366.3 | 8318.8 | 5278.6 |
| 石油及制品批发 | 360491.7 | 863.0 | 143406.8 | 96371.8 |
| 非金属矿及制品批发 | 214.1 | 17.3 | 416.6 | 468.8 |
| 金属及金属矿批发 | 7263.1 | 7179.5 | 22253.8 | 24787.5 |
| 建材批发 | 11089.6 | 2733.9 | 4512.8 | 8305.1 |
| 化肥批发 | 526.8 | 91.1 | 1137.0 | 47.2 |
| 其他化工产品批发 | 979.2 | 240.9 | 4548.6 | 2170.2 |
| 机械设备、五金产品及电子产品批发 | 1840.7 | 1033.0 | 26225.4 | 9077.9 |
| 农业机械批发 | | | | |
| 汽车及零配件批发 | –1260.4 | 52.0 | 3141.6 | 544.1 |
| 摩托车及零配件批发 | 68.7 | 1.7 | 126.5 | 29.4 |
| 五金产品批发 | –426.9 | 561.2 | 827.6 | 567.2 |
| 电气设备批发 | –125.9 | 1.5 | 672.9 | 74.7 |
| 计算机、软件及辅助设备批发 | 1704.6 | 117.0 | 2397.5 | 783.7 |
| 通讯设备批发 | 7179.7 | 221.1 | 6164.7 | 4103.3 |
| 广播影视设备批发 | | | | |
| 其他机械设备及电子产品批发 | –5299.1 | 78.5 | 12894.6 | 2975.5 |
| 其他批发业 | 17571.5 | 8014.8 | 1211.8 | 236027.5 |
| 再生物资回收与批发 | 17926.0 | 8208.7 | 649.5 | 235981.5 |
| 其他未列明批发业 | –354.5 | –193.9 | 562.3 | 46.0 |

# 8-5 限额以上批发和零售业企业财务状况（续二十八）

单位：万元

| 指标 | 利润总额 | 所得税费用 | 应付职工薪酬（本年贷方累计发生额） | 应交增值税 |
|---|---|---|---|---|
| **按登记注册类型分** | | | | |
| 内资企业 | 537916.4 | 44705.8 | 310992.2 | 413748.6 |
| 国有企业 | 147568.2 | 26468.6 | 42332.2 | 206744.1 |
| 集体企业 | 373.5 | 11.7 | 96.6 | 66.5 |
| 有限责任公司 | 155880.9 | 12898.5 | 185330.9 | 127993.5 |
| 国有独资公司 | 132857.6 | 2480.8 | 128004.7 | 37769.7 |
| 其他有限责任公司 | 23023.3 | 10417.7 | 57326.2 | 90223.8 |
| 股份有限公司 | 231713.1 | 26.7 | 14688.6 | 44328.9 |
| 私营企业 | 2380.7 | 5300.3 | 68543.9 | 34615.6 |
| 私营独资企业 | 1036.6 | 107.9 | 832.4 | 653.6 |
| 私营合伙企业 | 80.4 | 1 | 99.9 | 110.6 |
| 私营有限责任公司 | 7943.0 | 4977.4 | 66793.7 | 32483.4 |
| 私营股份有限公司 | -6679.3 | 214.0 | 817.9 | 1368.0 |
| 其他企业 | | | | |
| 港、澳、台商投资企业 | 37.6 | 10.3 | 1801.3 | 446.3 |
| 港、澳、台商独资企业 | 37.6 | 10.3 | 1801.3 | 446.3 |
| 外商投资企业 | -9461.7 | 893.5 | 12516.0 | 3519.6 |
| 外资企业 | 2413.5 | 503.9 | 8940.9 | 3104.1 |
| **按控股情况分** | | | | |
| 国有控股 | 526170.0 | 39005.8 | 221190.8 | 368991.8 |
| 集体控股 | -1792.0 | 89.7 | 1006.0 | 148.7 |
| 私人控股 | 1663.2 | 5999.9 | 92370.5 | 45023.6 |
| 港、澳、台商控股 | 37.6 | 10.3 | 1801.3 | 446.3 |
| 外商控股 | 2413.5 | 503.9 | 8940.9 | 3104.1 |
| 其他 | | | | |
| **按经营形式分** | | | | |
| 独立门店 | 235927.4 | 23857.3 | 223475.8 | 88013.8 |
| 连锁总店 | 74.2 | | 245.6 | 40.0 |
| 其他 | 292490.7 | 21752.3 | 101588.1 | 329660.7 |
| 大型 | 313241.1 | 19735.7 | 72648.5 | 60505.5 |
| 中型 | 229946.4 | 21364.7 | 224152.9 | 273924.3 |
| 小型 | -577.0 | 4064.6 | 27883.3 | 77528.5 |
| 微型 | -14118.2 | 444.6 | 624.8 | 5756.2 |

# 8–5 限额以上批发和零售业企业财务状况（续二十九）

单位：万元

| 指标 | 利润总额 | 所得税费用 | 应付职工薪酬（本年贷方累计发生额） | 应交增值税 |
|---|---|---|---|---|
| **零售业** | **59092.8** | **16007.4** | **207805.2** | **47481.5** |
| **按零售行业小类分** | | | | |
| 综合零售 | 7227.9 | 6005.2 | 41733.6 | 7508.9 |
| 百货零售 | 9732.1 | 5272.6 | 18600.2 | 4501.1 |
| 超级市场零售 | –661.9 | 716.1 | 19924.8 | 2158.0 |
| 其他综合零售 | 3.5 | 0.9 | 1.8 | 0.1 |
| 食品、饮料及烟草制品专门零售 | 7057.6 | 2132.6 | 3231.1 | 988.1 |
| 粮油零售 | –99.0 | | 471.8 | 43.8 |
| 糕点、面包零售 | –117.3 | | 221.1 | 90.0 |
| 果品、蔬菜零售 | 3.7 | 0.2 | 261.3 | 0.1 |
| 肉、禽、蛋、奶及水产品零售 | 185.6 | 0.1 | 209.8 | 17.2 |
| 营养和保健品零售 | –1192.0 | | 636.4 | 30.7 |
| 酒、饮料及茶叶零售 | 8684.6 | 2135.3 | 196.4 | 560.6 |
| 烟草制品零售 | –368.7 | –3.0 | 1129.9 | 245.7 |
| 其他食品零售 | –39.3 | | 104.4 | |
| 纺织、服装及日用品专门零售 | –3246.0 | 125.9 | 6109.8 | 3371.8 |
| 纺织品及针织品零售 | | | | |
| 服装零售 | –2709.8 | 27.1 | 2466.3 | 1429.5 |
| 鞋帽零售 | –350.4 | –48.2 | 159.2 | 36.5 |
| 化妆品及卫生用品零售 | –361.9 | 10.8 | 337.7 | 390.4 |
| 钟表、眼镜零售 | –218.0 | 29.1 | 1938.9 | 857.8 |
| 文化、体育用品及器材专门零售 | 6307.2 | 9.9 | 26432.6 | 393.0 |
| 文具用品零售 | | | | |

# 8-5 限额以上批发和零售业企业财务状况（续三十）

单位：万元

| 指标 | 利润总额 | 所得税费用 | 应付职工薪酬（本年贷方累计发生额） | 应交增值税 |
|---|---|---|---|---|
| 体育用品及器材零售 | | | | |
| 图书、报刊零售 | 6137.5 | -3.3 | 26281.3 | 352.2 |
| 珠宝首饰零售 | -96.0 | | 12.7 | 11.2 |
| 工艺美术品及收藏品零售 | | | | |
| 医药及医疗器材专门零售 | 8410.6 | 3099.7 | 48484.3 | 9357.3 |
| 西药零售 | 7816.1 | 3099.7 | 47997.7 | 9218.7 |
| 医疗用品及器材零售 | | | | |
| 汽车、摩托车、燃料及零配件专门零售 | 39731.9 | 4183.8 | 72917.2 | 24367.9 |
| 汽车零售 | 15946.1 | 3761.0 | 49075.9 | 16889.0 |
| 汽车零配件零售 | 18.6 | 2.2 | 223.0 | 77.0 |
| 机动车燃油零售 | 23514.2 | 420.1 | 23235.4 | 7292.6 |
| 机动车燃气零售 | 269.7 | 0.5 | 339.6 | 99.8 |
| 家用电器及电子产品专门零售 | -6824.3 | 27.3 | 7034.6 | 1148.0 |
| 家用视听设备零售 | | | | |
| 日用家电设备零售 | -6374.7 | 4.3 | 4418.3 | 285.1 |
| 计算机、软件及辅助设备零售 | 391.7 | 7.8 | 1821.1 | 485.8 |
| 通信设备零售 | -1370.5 | 3.2 | 395.9 | 241.9 |
| 其他电子产品零售 | 529.2 | 12.0 | 399.3 | 135.2 |
| 五金、家具及室内装饰材料专门零售 | -186.0 | 0.1 | 162.6 | 25.0 |
| 五金零售 | | | | |
| 灯具零售 | | | | |
| 家具零售 | -121.9 | 0.1 | 147.5 | 16.7 |
| 木质装饰材料零售 | | | | |
| 陶瓷、石材装饰材料零售 | | | | |
| 其他室内装饰材料零售 | | | | |
| 货摊、无店铺及其他零售业 | 613.9 | 422.9 | 1699.4 | 321.5 |
| 货摊纺织、服装及鞋零售 | | | | |
| 旧货零售 | | | | |
| 生活用燃料零售 | | | | |

# 8-5 限额以上批发和零售业企业财务状况（续三十一）

单位：万元

| 指标 | 利润总额 | 所得税费用 | 应付职工薪酬（本年贷方累计发生额） | 应交增值税 |
| --- | --- | --- | --- | --- |
| **按登记注册类型分** | | | | |
| 内资企业 | 61749.7 | 15279.2 | 202303.0 | 45867.6 |
| 国有企业 | 9533.6 | 2107.4 | 32025.1 | 1615.1 |
| 集体企业 | 3.5 | 0.9 | 1.8 | 0.1 |
| 有限责任公司 | 21602.4 | 6776.1 | 78935.9 | 20560.8 |
| 国有独资公司 | 2174.8 | 605.3 | 2519.0 | 367.4 |
| 其他有限责任公司 | 19427.6 | 6170.8 | 76416.9 | 20193.4 |
| 股份有限公司 | 22381.3 | 292.0 | 16716.2 | 5134.7 |
| 私营企业 | 8228.9 | 6102.8 | 74624.0 | 18556.9 |
| 私营独资企业 | -250.2 | 14.1 | 1012.7 | 253.9 |
| 私营有限责任公司 | 8601.0 | 6088.6 | 73463.8 | 18286.3 |
| 私营股份有限公司 | | | | |
| 其他企业 | | | | |
| 港、澳、台商投资企业 | -3684.1 | 225.7 | 3556.6 | 794.5 |
| 港、澳、台商独资企业 | -3684.1 | 225.7 | 3556.6 | 794.5 |
| 港、澳、台商投资股份有限公司 | | | | |
| 外商投资企业 | 1027.2 | 502.5 | 1945.6 | 819.4 |
| 外资企业 | -883.5 | 17.2 | 285.4 | 32.1 |
| **按控股情况分** | | | | |
| 国有控股 | 35132.2 | 3817.1 | 73660.3 | 13738.2 |
| 集体控股 | 3627.0 | 476.3 | 7686.9 | 1572.6 |
| 私人控股 | 22990.5 | 10985.8 | 120955.8 | 30556.8 |
| 港、澳、台商控股 | -1773.4 | 711.0 | 5216.8 | 1581.8 |
| 外商控股 | -883.5 | 17.2 | 285.4 | 32.1 |
| 其他 | | | | |

# 8-5 限额以上批发和零售业企业财务状况（续三十二）

单位：万元

| 指标 | 利润总额 | 所得税费用 | 应付职工薪酬（本年贷方累计发生额） | 应交增值税 |
|---|---|---|---|---|
| **按经营形式分** | | | | |
| 独立门店 | 30014.8 | 9399.5 | 75797.6 | 22646.7 |
| 连锁总店 | 10022.1 | 3116.2 | 75865.9 | 10458.4 |
| 连锁直营店 | -9268.1 | | 5499.8 | 744.9 |
| 其他 | 28324.0 | 3491.7 | 50641.9 | 13631.5 |
| 大型 | 41663.2 | 3736.8 | 105739.7 | 17551.0 |
| 中型 | 8782.1 | 9005.7 | 79342.2 | 23221.8 |
| 小型 | 1235.3 | 1172.0 | 21835.3 | 5575.0 |
| 微型 | 7412.2 | 2092.9 | 888.0 | 1133.7 |
| **按零售业态分** | | | | |
| 有店铺零售 | 59527.9 | 15860.3 | 206265.6 | 47165.5 |
| 食杂店 | | | | |
| 便利店 | -4834.8 | 16.7 | 5594.3 | 997.0 |
| 超市 | 239.1 | 720.7 | 23633.8 | 2485.1 |
| 大型超市 | | | | |
| 百货店 | 553.7 | 2518.3 | 11148.6 | 1704.3 |
| 专业店 | 23307.2 | 2724.3 | 101086.4 | 18243.6 |
| 专卖店 | 29167.3 | 6748.3 | 58996.0 | 19078.1 |
| 家居建材商店 | | | | |
| 购物中心 | 9831.8 | 2750.8 | 3860.3 | 3115.0 |
| 厂家直销中心 | | | | |
| 无店铺零售 | -435.1 | 147.1 | 1539.6 | 316.0 |
| 网上商店 | 526.3 | 142.1 | 442.7 | 66.1 |

# 8-6 星级住宿业和限额以上

| 指标 | 法人企业数（个） | 执行《2006企业会计准则》企业数（个） | 年初存货 | 流动资产合计 |
|---|---|---|---|---|
| **总计** | 317 | 148 | 16499.4 | 339470.0 |
| **住宿业** | 142 | 80 | 7035.8 | 229609.7 |
| **按住宿业行业小类分** | | | | |
| 旅游饭店 | 73 | 51 | 5415.7 | 162349.4 |
| 一般旅馆 | 66 | 27 | 1479.2 | 65299.8 |
| 其他住宿业 | 3 | 2 | 140.9 | 1960.5 |
| **按登记注册类型分** | | | | |
| 内资企业 | 141 | 79 | 6969.3 | 227705.0 |
| 国有企业 | 14 | 12 | 1013.1 | 29736.3 |
| 集体企业 | 1 | 1 | 3.0 | 2013.9 |
| 有限责任公司 | 39 | 32 | 3017.8 | 89847.6 |
| 国有独资公司 | 10 | 10 | 1252.7 | 25494.6 |
| 其他有限责任公司 | 29 | 22 | 1765.1 | 64353.0 |
| 私营企业 | 86 | 34 | 2895.9 | 104112.7 |
| 私营独资企业 | 3 | 2 | 54.3 | 424.2 |
| 私营有限责任公司 | 83 | 32 | 2841.6 | 103688.5 |
| 私营股份有限公司 | | | | |
| 外商投资企业 | 1 | 1 | 66.5 | 1904.7 |
| 中外合资经营企业 | 1 | 1 | 66.5 | 1904.7 |
| **按控股情况分** | | | | |
| 国有控股 | 39 | 36 | 3302.1 | 81683.3 |
| 集体控股 | 2 | 2 | 92.0 | 5825.6 |
| 私人控股 | 100 | 41 | 3575.2 | 140196.1 |
| 外商控股 | 1 | 1 | 66.5 | 1904.7 |
| 其他 | | | | |
| **按经营形式分** | | | | |
| 独立门店 | | | | |
| 连锁直营店 | | | | |
| 连锁加盟店 | | | | |
| 其他 | | | | |
| **按星级分** | | | | |
| 五星 | | | | |
| 四星 | | | | |
| 三星 | | | | |
| 二星 | | | | |
| 其他 | | | | |

# 餐饮业企业财务状况

单位：万元

| 应收账款 | 存货 | 固定资产原价 | 累计折旧 | 本年折旧 | 在建工程 | 资产总计 |
|---|---|---|---|---|---|---|
| 77249.0 | 15278.2 | 442427.6 | 226729.7 | 19532.6 | 11301.5 | 815978.4 |
| 41131.5 | 6353.6 | 390182.7 | 204205.3 | 15885.0 | 1977.4 | 620367.0 |
| | | | | | | |
| 32748.8 | 4694.2 | 333954.6 | 180616.8 | 11731.8 | 1256.1 | 454546.5 |
| 7129.5 | 1534.4 | 53826.6 | 23429.1 | 4008.9 | 721.3 | 161420.5 |
| 1253.2 | 125.0 | 2401.5 | 159.4 | 144.3 | | 4400.0 |
| | | | | | | |
| 40310.7 | 6290.5 | 358812.7 | 182010.1 | 15282.2 | 1977.4 | 609165.2 |
| 4930.0 | 1012.8 | 70910.9 | 50352.3 | 5161.5 | 1213.7 | 77194.3 |
| | 3.0 | 7058.2 | 5575.2 | 112.9 | | 3496.9 |
| 11562.9 | 2470.0 | 249190.0 | 107143.9 | 6228.6 | 137.0 | 386551.1 |
| 3808.3 | 882.1 | 174420.2 | 69625.8 | 3085.4 | 78.7 | 168056.0 |
| 7754.6 | 1587.9 | 74769.8 | 37518.1 | 3143.2 | 58.3 | 218495.1 |
| 23807.8 | 2765.2 | 31653.6 | 18938.7 | 3779.2 | 626.7 | 139721.5 |
| 79.9 | 13.4 | 702.0 | 426.7 | 134.5 | 266.1 | 994.3 |
| 23727.9 | 2751.8 | 30951.6 | 18512.0 | 3644.7 | 360.6 | 138727.2 |
| | | | | | | |
| 820.8 | 63.1 | 31370.0 | 22195.2 | 602.8 | | 11201.8 |
| 820.8 | 63.1 | 31370.0 | 22195.2 | 602.8 | | 11201.8 |
| | | | | | | |
| 14962.4 | 2967.0 | 305418.6 | 149238.1 | 10530.6 | 1319.2 | 388850.2 |
| 183.6 | 92.5 | 9245.0 | 7115.0 | 226.6 | | 7975.6 |
| 25164.7 | 3231.0 | 44149.1 | 25657.0 | 4525.0 | 658.2 | 212339.4 |
| 820.8 | 63.1 | 31370.0 | 22195.2 | 602.8 | | 11201.8 |

# 8-6 星级住宿业和限额以上

| 指标 | 法人企业数（个） | 执行《2006企业会计准则》企业数（个） | 年初存货 | 流动资产合计 |
|---|---|---|---|---|
| **餐饮业** | **175** | **68** | **9463.6** | **109860.3** |
| **按餐饮业行业小类分** | | | | |
| 正餐服务 | 158 | 60 | 8696.5 | 102790.9 |
| 快餐服务 | 12 | 5 | 664.5 | 4298.5 |
| 饮料及冷饮服务 | 2 | 2 | 22.5 | 755.8 |
| 咖啡馆服务 | 1 | 1 | | 357.6 |
| 其他餐饮业 | 2 | | | 59.6 |
| 其他未列明餐饮业 | 1 | | | 59.6 |
| **按登记注册类型分** | | | | |
| 内资企业 | 173 | 66 | 9105.1 | 107984.7 |
| 国有企业 | 1 | 1 | 18.1 | 246.3 |
| 有限责任公司 | 30 | 15 | 3444.3 | 44842.1 |
| 国有独资公司 | 2 | 2 | 2284.9 | 29319.7 |
| 其他有限责任公司 | 28 | 13 | 1159.4 | 15522.4 |
| 股份有限公司 | 3 | 2 | 838.4 | 790.5 |
| 私营企业 | 138 | 48 | 4802.2 | 62099.9 |
| 私营独资企业 | 16 | 7 | 625.6 | 5139.7 |
| 私营有限责任公司 | 120 | 40 | 4153.9 | 56184.4 |
| 私营股份有限公司 | 2 | 1 | 22.7 | 775.8 |
| 其他企业 | | | | |
| 港、澳、台商投资企业 | | | | |
| 港、澳、台商独资企业 | | | | |
| 外商投资企业 | 2 | 2 | 358.5 | 1875.6 |
| 外资企业 | 2 | 2 | 358.5 | 1875.6 |
| **按控股情况分** | | | | |
| 国有控股 | 6 | 5 | 2522.9 | 33054.1 |
| 集体控股 | 2 | 1 | 837.0 | 733.6 |
| 私人控股 | 165 | 60 | 5745.2 | 74197.0 |
| 港、澳、台商控股 | | | | |
| 外商控股 | 2 | 2 | 358.5 | 1875.6 |
| 其他 | | | | |
| **按经营形式分** | | | | |
| 独立门店 | | | | |
| 连锁总店（总部） | | | | |
| 其他 | | | | |
| 大型 | 2 | 2 | 2643.4 | 30487.3 |
| 中型 | 7 | 5 | 937.5 | 3641.3 |
| 小型 | 136 | 56 | 5509.0 | 66837.8 |
| 微型 | 30 | 5 | 373.7 | 8893.9 |

# 餐饮业企业财务状况（续一）

单位：万元

| 应收账款 | 存货 | 固定资产原价 | 累计折旧 | 本年折旧 | 在建工程 | 资产总计 |
|---|---|---|---|---|---|---|
| 36117.5 | 8924.6 | 52244.9 | 22524.4 | 3647.6 | 9324.1 | 195611.4 |
| | | | | | | |
| 35658.6 | 8229.8 | 39109.7 | 16294.4 | 2768.4 | 8294.3 | 158536.5 |
| 362.6 | 617.2 | 11678.7 | 5209.2 | 792.7 | 437.1 | 32322.2 |
| 0.9 | 15.3 | 189.7 | 91.7 | 22.0 | 2.8 | 1798.3 |
| | | 1.5 | 0.9 | 0.3 | | 1227.2 |
| | | 26.0 | 9.9 | 5.2 | | 80.2 |
| | | 26.0 | 9.9 | 5.2 | | 80.2 |
| | | | | | | |
| 36112.9 | 8537.5 | 45477.2 | 19255.3 | 3308.8 | 8887.0 | 172230.1 |
| 119.4 | 8.9 | 7.2 | 2.2 | 1.3 | | 251.3 |
| 19407.6 | 3735.9 | 13806.4 | 5378.4 | 1067.5 | 4022.2 | 62662.6 |
| 15635.8 | 2852.2 | 942.9 | 481.5 | 119.1 | 3426.8 | 36485.3 |
| 3771.8 | 883.7 | 12863.5 | 4896.9 | 948.4 | 595.4 | 26177.3 |
| 1.8 | 111.9 | 1177.9 | 888.9 | | | 2659.1 |
| 16584.1 | 4677.5 | 30438.0 | 12962.4 | 2239.8 | 4864.8 | 106626.9 |
| 219.5 | 688.9 | 740.4 | 138.3 | 91.4 | 1985.4 | 8707.9 |
| 16192.5 | 3966.8 | 29424.6 | 12679.1 | 2121.1 | 2879.4 | 96071.4 |
| 172.1 | 21.8 | 273.0 | 145.0 | 27.3 | | 1847.6 |
| | | | | | | |
| | | | | | | |
| | | | | | | |
| 4.6 | 387.1 | 6767.7 | 3269.1 | 338.8 | 437.1 | 23381.3 |
| 4.6 | 387.1 | 6767.7 | 3269.1 | 338.8 | 437.1 | 23381.3 |
| | | | | | | |
| 17268.5 | 3106.5 | 3057.3 | 989.3 | 219.8 | 3432.3 | 42165.8 |
| | 112.6 | 1152.3 | 839.0 | 0.2 | | 1067.1 |
| 18844.4 | 5318.4 | 41267.6 | 17427.0 | 3088.8 | 5454.7 | 128997.2 |
| | | | | | | |
| 4.6 | 387.1 | 6767.7 | 3269.1 | 338.8 | 437.1 | 23381.3 |
| | | | | | | |
| | | | | | | |
| | | | | | | |
| | | | | | | |
| | | | | | | |
| 15323.6 | 3226.8 | 7701.0 | 3749.3 | 457.2 | 3863.9 | 58281.3 |
| 699.9 | 369.3 | 9985.3 | 3608.8 | 808.3 | 26.1 | 13564.6 |
| 15844.5 | 4936.0 | 32889.0 | 14122.4 | 2261.8 | 5434.1 | 111261.8 |
| 4249.5 | 392.5 | 1669.6 | 1043.9 | 120.3 | | 12503.7 |

# 8-6 星级住宿业和限额以上

| 指标 | 流动负债合计 | 应付账款 |
|---|---|---|
| **总计** | 433786.8 | 88228.4 |
| **住宿业** | 277745.6 | 40891.8 |
| **按住宿业行业小类分** | | |
| 旅游饭店 | 192095.4 | 32789.0 |
| 一般旅馆 | 81931.7 | 7275.6 |
| 其他住宿业 | 3718.5 | 827.2 |
| **按登记注册类型分** | | |
| 内资企业 | 270284.9 | 40399.5 |
| 国有企业 | 31183.5 | 5534.5 |
| 集体企业 | 5195.8 | 93.5 |
| 有限责任公司 | 117929.0 | 10400.8 |
| 国有独资公司 | 29107.8 | 4275.4 |
| 其他有限责任公司 | 88821.2 | 6125.4 |
| 私营企业 | 115976.6 | 24370.7 |
| 私营独资企业 | 896.4 | 122.0 |
| 私营有限责任公司 | 115080.2 | 24248.7 |
| 私营股份有限公司 | | |
| 外商投资企业 | 7460.7 | 492.3 |
| 中外合资经营企业 | 7460.7 | 492.3 |
| **按控股情况分** | | |
| 国有控股 | 110686.0 | 13873.2 |
| 集体控股 | 8984.7 | 187.6 |
| 私人控股 | 150614.2 | 26338.7 |
| 外商控股 | 7460.7 | 492.3 |
| 其他 | | |
| **按经营形式分** | | |
| 独立门店 | | |
| 连锁直营店 | | |
| 连锁加盟店 | | |
| 其他 | | |
| **按星级分** | | |
| 五星 | | |
| 四星 | | |
| 三星 | | |
| 二星 | | |
| 其他 | | |

# 餐饮业企业财务状况（续二）

单位：万元

| 负债合计 | 所有者权益合计 | 实收资本 | |
|---|---|---|---|
| | | | 个人资本 |
| 666684.1 | 146836.0 | 262012.5 | 20785.8 |
| 484265.8 | 132415.1 | 169630.6 | 8881.5 |
| | | | |
| 340858.3 | 110002.1 | 152439.5 | 5819.9 |
| 139689.0 | 21731.5 | 16141.1 | 3011.6 |
| 3718.5 | 681.5 | 1050.0 | 50.0 |
| | | | |
| 471067.5 | 134411.6 | 157100.9 | 8881.5 |
| 35754.0 | 41440.3 | 15786.5 | |
| 5195.8 | -1698.9 | 4000.0 | |
| 291958.9 | 91742.5 | 106620.7 | 2749.8 |
| 159064.4 | 5803.2 | 44709.6 | 247 |
| 132894.5 | 85939.3 | 61911.1 | 2502.8 |
| 136793.8 | 2927.7 | 30693.7 | 6131.7 |
| 896.4 | 97.9 | 567.4 | 567.4 |
| 135897.4 | 2829.8 | 30126.3 | 5564.3 |
| | | | |
| 13198.3 | -1996.5 | 12529.7 | |
| 13198.3 | -1996.5 | 12529.7 | |
| | | | |
| 270022.0 | 115639.8 | 99945.1 | 911.5 |
| 8984.7 | -1009.1 | 5023.1 | 1023.1 |
| 192060.8 | 19780.9 | 52132.7 | 6946.9 |
| 13198.3 | -1996.5 | 12529.7 | |

# 8-6 星级住宿业和限额以上

| 指标 | 流动负债合计 | 应付账款 |
| --- | --- | --- |
| **餐饮业** | **156041.2** | **47336.6** |
| **按餐饮业行业小类分** | | |
| 正餐服务 | 139915.3 | 44774.5 |
| 快餐服务 | 12730.3 | 2125.7 |
| 饮料及冷饮服务 | 956.9 | 42.1 |
| 咖啡馆服务 | 882.3 | 5.6 |
| 其他餐饮业 | 138.6 | 54.9 |
| 其他未列明餐饮业 | 138.6 | 54.9 |
| **按登记注册类型分** | | |
| 内资企业 | 148877.9 | 46599.3 |
| 国有企业 | 210.3 | 165.4 |
| 有限责任公司 | 68179.4 | 25579.3 |
| 国有独资公司 | 41155.4 | 19224.3 |
| 其他有限责任公司 | 27024.0 | 6355.0 |
| 股份有限公司 | 364.1 | 311.7 |
| 私营企业 | 80124.1 | 20542.9 |
| 私营独资企业 | 5806.8 | 851.0 |
| 私营有限责任公司 | 73698.3 | 19622.3 |
| 私营股份有限公司 | 619.0 | 69.6 |
| 其他企业 | | |
| 港、澳、台商投资企业 | | |
| 港、澳、台商独资企业 | | |
| 外商投资企业 | 7163.3 | 737.3 |
| 外资企业 | 7163.3 | 737.3 |
| **按控股情况分** | | |
| 国有控股 | 50831.3 | 21476.7 |
| 集体控股 | 152.8 | 106.5 |
| 私人控股 | 97893.8 | 25016.1 |
| 港、澳、台商控股 | | |
| 外商控股 | 7163.3 | 737.3 |
| 其他 | | |
| **按经营形式分** | | |
| 独立门店 | | |
| 连锁总店（总部） | | |
| 其他 | | |
| 大型 | 47099.7 | 19737.9 |
| 中型 | 13518.9 | 3599.4 |
| 小型 | 89591.0 | 19917.6 |
| 微型 | 5831.6 | 4081.7 |

# 餐饮业企业财务状况（续三）

单位：万元

| 负债合计 | 所有者权益合计 | 实收资本 | |
|---|---|---|---|
| | | | 个人资本 |
| **182418.3** | **14420.9** | **92381.9** | **11904.3** |
| | | | |
| 153284.5 | 6479.8 | 87578.5 | 11904.3 |
| 25007.0 | 7315.2 | 4603.4 | |
| 1688.1 | 110.2 | 100.0 | |
| 1578.3 | −351.1 | | |
| 138.6 | −58.4 | 100.0 | |
| 138.6 | −58.4 | 100.0 | |
| | | | |
| 164073.3 | 9384.6 | 90972.3 | 11904.3 |
| 210.3 | 41.0 | | |
| 69779.6 | −7101.4 | 57742.6 | 1430.0 |
| 41155.4 | −4670.1 | 2600.0 | |
| 28624.2 | −2431.3 | 55142.6 | 1430.0 |
| 658.8 | 2000.3 | 1799.0 | 249.0 |
| 93414.8 | 14424.3 | 31410.3 | 10225.3 |
| 6044.1 | 773.9 | 1223.9 | 935.0 |
| 86686.7 | 12486.8 | 28951.4 | 9290.3 |
| 684.0 | 1163.6 | 1235.0 | |
| | | | |
| | | | |
| | | | |
| 18345.0 | 5036.3 | 1409.6 | |
| 18345.0 | 5036.3 | 1409.6 | |
| | | | |
| 51831.3 | −9665.5 | 3800.0 | |
| 447.6 | 619.5 | 269.4 | 249 |
| 111794.4 | 18430.6 | 86902.9 | 11655.3 |
| | | | |
| 18345.0 | 5036.3 | 1409.6 | |
| | | | |
| | | | |
| | | | |
| | | | |
| | | | |
| 57585.4 | 695.9 | 4009.6 | |
| 15290.4 | −1725.8 | 52150.0 | |
| 97101.2 | 12270.6 | 34579.5 | 11869.3 |
| 12441.3 | 3180.2 | 1642.8 | 35 |

# 8-6 星级住宿业和限额以上

| 指标 | 营业收入 | 主营业务收入 | 营业成本 |
|---|---|---|---|
| **总计** | 313150.0 | 299969.3 | 199092.6 |
| **住宿业** | 126417.3 | 119217.7 | 77830.9 |
| **按住宿业行业小类分** | | | |
| 旅游饭店 | 90121.2 | 83911.5 | 57129.7 |
| 一般旅馆 | 33623.2 | 32633.3 | 18767.9 |
| 其他住宿业 | 2672.9 | 2672.9 | 1933.3 |
| **按登记注册类型分** | | | |
| 内资企业 | 123636.8 | 116437.2 | 77122.3 |
| 国有企业 | 17725.0 | 14118.6 | 7208.3 |
| 集体企业 | 351.8 | 351.8 | |
| 有限责任公司 | 49041.8 | 46685.7 | 40375.9 |
| 国有独资公司 | 19984.3 | 18656.5 | 19744.9 |
| 其他有限责任公司 | 29057.5 | 28029.2 | 20631.0 |
| 私营企业 | 56333.2 | 55281.1 | 29500.1 |
| 私营独资企业 | 800.2 | 788.2 | 494.3 |
| 私营有限责任公司 | 55533.0 | 54492.9 | 29005.8 |
| 私营股份有限公司 | | | |
| 外商投资企业 | 2780.5 | 2780.5 | 708.6 |
| 中外合资经营企业 | 2780.5 | 2780.5 | 708.6 |
| **按控股情况分** | | | |
| 国有控股 | 57270.5 | 51403.1 | 42654.0 |
| 集体控股 | 2160.0 | 2160.0 | 1659.0 |
| 私人控股 | 64206.3 | 62874.1 | 32809.3 |
| 外商控股 | 2780.5 | 2780.5 | 708.6 |
| 其他 | | | |
| **按经营形式分** | | | |
| 独立门店 | | | |
| 连锁直营店 | | | |
| 连锁加盟店 | | | |
| 其他 | | | |
| **按星级分** | | | |
| 五星 | | | |
| 四星 | | | |
| 三星 | | | |
| 二星 | | | |
| 其他 | | | |

# 餐饮业企业财务状况（续四）

单位：万元

| 税金及附加 | 其他业务利润 | 销售费用 | 管理费用 |
|---|---|---|---|
| 3313.8 | 826.6 | 97474.4 | 70615.7 |
| 2897.9 | 459.4 | 36637.2 | 43002.9 |
| | | | |
| 2622.1 | 259.6 | 24549.4 | 32117.4 |
| 253.2 | 199.8 | 11529.4 | 10617.7 |
| 22.6 | | 558.4 | 267.8 |
| | | | |
| 2655.2 | 459.4 | 35408.3 | 41486.7 |
| 531.9 | 121.1 | 6164.5 | 13224.8 |
| 35.1 | | 148.0 | 386.7 |
| 1900.5 | 211.8 | 9671.6 | 11577.1 |
| 1280.3 | | 1524.7 | 3102.9 |
| 620.2 | 211.8 | 8146.9 | 8474.2 |
| 184.1 | 126.5 | 19270.2 | 16271.9 |
| 0.4 | | 225.3 | 232.4 |
| 183.7 | 126.5 | 19044.9 | 16039.5 |
| | | | |
| 242.7 | | 1228.9 | 1516.2 |
| 242.7 | | 1228.9 | 1516.2 |
| | | | |
| 2289.7 | 391.5 | 12612.5 | 21280.5 |
| 40.9 | –58.6 | 148.0 | 567.5 |
| 324.6 | 126.5 | 22647.8 | 19638.7 |
| 242.7 | | 1228.9 | 1516.2 |

# 8-6 星级住宿业和限额以上

| 指标 | 营业收入 | 主营业务收入 | 营业成本 |
|---|---|---|---|
| **餐饮业** | **186732.7** | **180751.6** | **121261.7** |
| **按餐饮业行业小类分** | | | |
| 正餐服务 | 137926.1 | 133582.4 | 83583.5 |
| 快餐服务 | 43009.2 | 41371.8 | 33568.0 |
| 饮料及冷饮服务 | 4376.8 | 4376.8 | 3185.4 |
| 咖啡馆服务 | 3093.3 | 3093.3 | 2702.4 |
| 其他餐饮业 | 394.4 | 394.4 | 141.8 |
| 其他未列明餐饮业 | 394.4 | 394.4 | 141.8 |
| **按登记注册类型分** | | | |
| 内资企业 | 153254.8 | 148911.1 | 89860.2 |
| 国有企业 | 950.9 | 950.9 | 917.7 |
| 有限责任公司 | 57580.5 | 57065.7 | 32817.6 |
| 国有独资公司 | 21035.9 | 21043.1 | 13019.5 |
| 其他有限责任公司 | 36544.6 | 36022.6 | 19798.1 |
| 股份有限公司 | 2339.6 | 2339.6 | 1304.9 |
| 私营企业 | 92184.7 | 88355.8 | 54726.1 |
| 私营独资企业 | 6076.8 | 6071.8 | 3969.3 |
| 私营有限责任公司 | 85561.6 | 81760.1 | 50554.6 |
| 私营股份有限公司 | 546.3 | 523.9 | 202.2 |
| 其他企业 | | | |
| 港、澳、台商投资企业 | | | |
| 港、澳、台商独资企业 | | | |
| 外商投资企业 | 33477.9 | 31840.5 | 31401.5 |
| 外资企业 | 33477.9 | 31840.5 | 31401.5 |
| **按控股情况分** | | | |
| 国有控股 | 24972.9 | 24980.1 | 16519.5 |
| 集体控股 | 1891.3 | 1891.3 | 1070.9 |
| 私人控股 | 126390.6 | 122039.7 | 72269.8 |
| 港、澳、台商控股 | | | |
| 外商控股 | 33477.9 | 31840.5 | 31401.5 |
| 其他 | | | |
| **按经营形式分** | | | |
| 独立门店 | | | |
| 连锁总店（总部） | | | |
| 其他 | | | |
| 大型 | 50850.6 | 49220.4 | 41238.9 |
| 中型 | 29863.0 | 29863.0 | 16407.9 |
| 小型 | 95931.3 | 94349.9 | 55613.7 |
| 微型 | 10087.8 | 7318.3 | 8001.2 |

# 餐饮业企业财务状况（续五）

单位：万元

| 税金及附加 | 其他业务利润 | 销售费用 | 管理费用 |
|---|---|---|---|
| **415.9** | **367.2** | **60837.2** | **27612.8** |
| | | | |
| 396.9 | 451.9 | 44705.6 | 23134.4 |
| 17.6 | -84.8 | 14944.4 | 3916.0 |
| 1.1 | 0.1 | 862.8 | 288.9 |
| 0.9 | | 10.0 | 182.7 |
| 0.1 | | 283.9 | 23.3 |
| 0.1 | | 283.9 | 23.3 |
| | | | |
| 406.1 | 452.0 | 53108.5 | 24922.7 |
| 0.7 | | 0.8 | 32.1 |
| 149.7 | 93.5 | 18564.9 | 9581.7 |
| 5.7 | -11.3 | 5388.5 | 1556.4 |
| 144.0 | 104.8 | 13176.4 | 8025.3 |
| 8.0 | | 1075.7 | 247.7 |
| 247.6 | 358.5 | 33369.1 | 15053.5 |
| 24.5 | | 2044.4 | 868.3 |
| 222.2 | 358.5 | 30983.9 | 13983.1 |
| 0.9 | | 340.8 | 202.1 |
| | | | |
| | | | |
| | | | |
| 9.8 | -84.8 | 7728.7 | 2690.1 |
| 9.8 | -84.8 | 7728.7 | 2690.1 |
| | | | |
| 75.9 | -5 | 6984.9 | 1973.9 |
| 2.4 | | 870.0 | 75.4 |
| 327.8 | 457.0 | 45253.6 | 22873.4 |
| | | | |
| 9.8 | -84.8 | 7728.7 | 2690.1 |
| | | | |
| | | | |
| | | | |
| | | | |
| | | | |
| 14.5 | -96.1 | 13107.2 | 4058.2 |
| 53.8 | | 15210.5 | 1102.0 |
| 334.2 | 463.3 | 30984.5 | 19963.5 |
| 13.4 | | 1535.0 | 2489.1 |

# 8-6 星级住宿业和限额以上

| 指标 | 财务费用 | 利息收入 |
| --- | --- | --- |
| **总计** | 10636.2 | 374.0 |
| **住宿业** | 8252.6 | 398.3 |
| **按住宿业行业小类分** | | |
| 旅游饭店 | 7255.7 | 355.5 |
| 一般旅馆 | 996.9 | 41.6 |
| 其他住宿业 | | 1.2 |
| **按登记注册类型分** | | |
| 内资企业 | 8256.6 | 398.3 |
| 国有企业 | -118.3 | 148.7 |
| 集体企业 | | -0.3 |
| 有限责任公司 | 6993.2 | 248.4 |
| 国有独资公司 | 4605.5 | 103.6 |
| 其他有限责任公司 | 2387.7 | 144.8 |
| 私营企业 | 1373.2 | 1.5 |
| 私营独资企业 | 8.4 | |
| 私营有限责任公司 | 1364.8 | 1.5 |
| 私营股份有限公司 | | |
| 外商投资企业 | -4.0 | |
| 中外合资经营企业 | -4.0 | |
| **按控股情况分** | | |
| 国有控股 | 6092.9 | 387.5 |
| 集体控股 | 21.3 | 10.0 |
| 私人控股 | 2142.4 | 0.8 |
| 外商控股 | -4.0 | |
| 其他 | | |
| **按经营形式分** | | |
| 独立门店 | | |
| 连锁直营店 | | |
| 连锁加盟店 | | |
| 其他 | | |
| 大型 | | |
| 中型 | 1029.5 | 287.1 |
| 小型 | 2638.8 | 96.2 |
| 微型 | 4584.3 | 15.0 |
| **按星级分** | | |
| 五星 | | |
| 四星 | | |
| 三星 | | |
| 二星 | | |
| 其他 | | |

# 餐饮业企业财务状况（续六）

单位：万元

| 利息费用 | 投资收益 | 营业利润 | 营业外收入 |
|---|---|---|---|
| 9269.4 | -315.6 | -50572.2 | 6308.5 |
| 7796.3 | -24.1 | -36988.7 | 4620.1 |
| | | | |
| 7171.6 | 69.0 | -28917.3 | 4367.1 |
| 624.0 | -93.1 | -7960.3 | 248.2 |
| 0.7 | | -111.1 | 4.8 |
| | | | |
| 7796.3 | -24.1 | -36076.8 | 4594.3 |
| 20.0 | 4.0 | -8376.4 | 3641.9 |
| | | -218.0 | 2.7 |
| 6865.7 | -93.1 | -18009.4 | 513.2 |
| 4849.0 | -93.1 | -10145.9 | 55.5 |
| 2016.7 | | -7863.5 | 457.7 |
| 910.6 | 65.0 | -9427.7 | 436.5 |
| 8.4 | | -160.8 | 3.4 |
| 902.2 | 65.0 | -9266.9 | 433.1 |
| | | | |
| | | -911.9 | 25.8 |
| | | -911.9 | 25.8 |
| | | | |
| 6324.9 | -89.1 | -23656.8 | 4121.1 |
| 11.0 | | -276.6 | 2.8 |
| 1460.4 | 65.0 | -12143.4 | 470.4 |
| | | -911.9 | 25.8 |
| | | | |
| | | | |
| | | | |
| | | | |
| | | | |
| | | | |
| | | | |
| 834.2 | 39.0 | -8190.2 | 3023.0 |
| 2392.6 | -63.1 | -20650.5 | 1547.2 |
| 4569.5 | | -8148.0 | 49.9 |

# 8-6 星级住宿业和限额以上

| 指标 | 财务费用 | 利息收入 |
|---|---|---|
| **餐饮业** | **2383.6** | **-24.3** |
| **按餐饮业行业小类分** | | |
| 正餐服务 | 1304.9 | -32.1 |
| 快餐服务 | 951.4 | 7.8 |
| 饮料及冷饮服务 | 22.5 | 0.2 |
| 咖啡馆服务 | 20.7 | 0.2 |
| 其他餐饮业 | -0.1 | -0.2 |
| 其他未列明餐饮业 | -0.1 | -0.2 |
| **按登记注册类型分** | | |
| 内资企业 | 1775.1 | -29.5 |
| 国有企业 | | 0.2 |
| 有限责任公司 | 723.0 | -36.5 |
| 国有独资公司 | 27.1 | -39.1 |
| 其他有限责任公司 | 695.9 | 2.6 |
| 股份有限公司 | -1.6 | 2.1 |
| 私营企业 | 1054.1 | 4.3 |
| 私营独资企业 | 27.8 | |
| 私营有限责任公司 | 1026.1 | 4.3 |
| 私营股份有限公司 | 0.2 | |
| 其他企业 | | |
| 港、澳、台商投资企业 | | |
| 港、澳、台商独资企业 | | |
| 外商投资企业 | 608.5 | 5.2 |
| 外资企业 | 608.5 | 5.2 |
| **按控股情况分** | | |
| 国有控股 | 31.2 | -38.9 |
| 集体控股 | -2.5 | 2.5 |
| 私人控股 | 1746.4 | 6.9 |
| 港澳台商控股 | | |
| 外商控股 | 608.5 | 5.2 |
| 其他 | | |
| **按经营形式分** | | |
| 独立门店 | | |
| 连锁总店（总部） | | |
| 其他 | | |
| 大型 | 614.9 | -34.1 |
| 中型 | 813.8 | 1.8 |
| 小型 | 925.6 | 7.7 |
| 微型 | 29.3 | 0.3 |

# 餐饮业企业财务状况（续七）

单位：万元

| 利息费用 | 投资收益 | 营业利润 | 营业外收入 |
|---|---|---|---|
| 1473.1 | −291.5 | −13583.5 | 1688.4 |
| | | | |
| 541.8 | −291.5 | −13944.5 | 1591.9 |
| 931.2 | | 527.7 | 66.8 |
| | | 40.5 | 10.5 |
| | | 196.1 | 10.5 |
| 0.1 | | −54.6 | 1.3 |
| 0.1 | | −54.6 | 1.3 |
| | | | |
| 882.3 | −291.5 | −15465.1 | 1649.0 |
| 0.2 | 5.6 | 5.0 | 0.1 |
| 77.4 | | −3325.4 | 827.5 |
| 45.7 | | 1192.5 | 11.7 |
| 31.7 | | −4517.9 | 815.8 |
| | | −295.3 | 26.5 |
| 804.7 | −297.1 | −11849.2 | 794.9 |
| 19.8 | | −863.3 | 18.5 |
| 784.9 | −297.1 | −10786.0 | 772.7 |
| | | −199.9 | 3.7 |
| | | | |
| | | | |
| | | | |
| 590.8 | | 1881.6 | 39.4 |
| 590.8 | | 1881.6 | 39.4 |
| | | | |
| 45.9 | 5.6 | −447.2 | 11.8 |
| | | −124.9 | 26.5 |
| 836.4 | −297.1 | −14893.0 | 1610.7 |
| | | | |
| 590.8 | | 1881.6 | 39.4 |
| | | | |
| | | | |
| | | | |
| | | | |
| | | | |
| 636.5 | | 2798.6 | 40.6 |
| 344.3 | −297.1 | −4022.1 | 139.3 |
| 470.1 | 5.6 | −10715.8 | 965.6 |
| 22.2 | | −1644.2 | 542.9 |

# 8-6 星级住宿业和限额以上餐饮业企业财务状况（续八）

单位：万元

| 指标 | 利润总额 | 所得税费用 | 应付职工薪酬（本年贷方累计发生额） |
|---|---|---|---|
| **总计** | **-43904.3** | **1290.2** | **81643.0** |
| **住宿业** | **-31122.5** | **865.0** | **44089.6** |
| **按住宿业行业小类分** | | | |
| 旅游饭店 | -23221.0 | 616.6 | 34046.1 |
| 一般旅馆 | -7795.2 | 182.9 | 9120.1 |
| 其他住宿业 | -106.3 | 65.5 | 923.4 |
| **按登记注册类型分** | | | |
| 内资企业 | -30236.3 | 865.0 | 42728.9 |
| 国有企业 | -3266.1 | 214.8 | 10836.6 |
| 集体企业 | -216.9 | | 305.6 |
| 有限责任公司 | -17633.2 | 625.3 | 18478.3 |
| 国有独资公司 | -10195.7 | 344.1 | 7955.9 |
| 其他有限责任公司 | -7437.5 | 281.2 | 10522.4 |
| 私营企业 | -9074.8 | 24.9 | 13108.4 |
| 私营独资企业 | -157.4 | 0.1 | 85.2 |
| 私营有限责任公司 | -8917.4 | 24.8 | 13023.2 |
| 私营股份有限公司 | | | |
| 外商投资企业 | -886.2 | | 1360.7 |
| 中外合资经营企业 | -886.2 | | 1360.7 |
| **按控股情况分** | | | |
| 国有控股 | -18197.4 | 839.0 | 26440.0 |
| 集体控股 | -275.4 | | 1337.0 |
| 私人控股 | -11763.5 | 26.0 | 14951.9 |
| 外商控股 | -886.2 | | 1360.7 |
| 其他 | | | |
| **按经营形式分** | | | |
| 独立门店 | | | |
| 连锁直营店 | | | |
| 连锁加盟店 | | | |
| 其他 | | | |
| 大型 | | | |
| 中型 | -3777.2 | 597.4 | 16321.6 |
| 小型 | -19247.2 | 267.5 | 25739.3 |
| 微型 | -8098.1 | 0.1 | 2028.7 |
| **按星级分** | | | |
| 五星 | | | |
| 四星 | | | |
| 三星 | | | |
| 二星 | | | |
| 其他 | | | |

# 8-6 星级住宿业和限额以上餐饮业企业财务状况（续九）

单位：万元

| 指标 | 利润总额 | 所得税费用 | 应付职工薪酬（本年贷方累计发生额） |
|---|---|---|---|
| **餐饮业** | **-12781.8** | **425.2** | **37553.4** |
| **按餐饮业行业小类分** | | | |
| 正餐服务 | -12892.8 | 75.5 | 28577.1 |
| 快餐服务 | 343.3 | 411.3 | 7864.1 |
| 饮料及冷饮服务 | -44.2 | -61.6 | 815.0 |
| 咖啡馆服务 | 206.0 | | 526.1 |
| 其他餐饮业 | -53.3 | | 104.9 |
| 其他未列明餐饮业 | -53.3 | | 104.9 |
| **按登记注册类型分** | | | |
| 内资企业 | -14623.0 | 14.6 | 32358.9 |
| 国有企业 | 5.1 | 0.1 | 26.7 |
| 有限责任公司 | -2535.6 | 20.9 | 12080.1 |
| 国有独资公司 | 1204.2 | 0.6 | 4197.2 |
| 其他有限责任公司 | -3739.8 | 20.3 | 7882.9 |
| 股份有限公司 | -279.0 | 0.1 | 728.5 |
| 私营企业 | -11813.3 | -6.5 | 19452.5 |
| 私营独资企业 | -846.4 | 3.2 | 1341.0 |
| 私营有限责任公司 | -10770.7 | -9.7 | 18001.4 |
| 私营股份有限公司 | -196.2 | | 110.1 |
| 其他企业 | | | |
| 港、澳、台商投资企业 | | | |
| 港、澳、台商独资企业 | | | |
| 外商投资企业 | 1841.2 | 410.6 | 5194.5 |
| 外资企业 | 1841.2 | 410.6 | 5194.5 |
| **按控股情况分** | | | |
| 国有控股 | -435.4 | 0.7 | 5092.8 |
| 集体控股 | -108.6 | | 509.6 |
| 私人控股 | -14079.0 | 13.9 | 26756.5 |
| 港、澳、台商控股 | | | |
| 外商控股 | 1841.2 | 410.6 | 5194.5 |
| 其他 | | | |
| **按经营形式分** | | | |
| 独立门店 | | | |
| 连锁总店（总部） | | | |
| 其他 | | | |
| 大型 | 2760.0 | 410.6 | 8854.4 |
| 中型 | -4088.6 | | 4811.2 |
| 小型 | -10323.8 | 10.9 | 22973.9 |
| 微型 | -1129.4 | 3.7 | 913.9 |

# 8-7 各种物价总指数

（上年=100）

| 年份 | 居民消费价格总指数 | 商品零售价格指数 | 农产品收购价格指数 |
|---|---|---|---|
| 1979 | 100.8 | 100.9 | |
| 1980 | 105.1 | 105.3 | |
| 1981 | 101.8 | 101.7 | |
| 1982 | 101.0 | 101.1 | |
| 1983 | 100.4 | 100.0 | |
| 1984 | 102.7 | 101.5 | |
| 1985 | 112.7 | 113.0 | |
| 1986 | 105.7 | 106.0 | |
| 1987 | 109.8 | 109.8 | |
| 1988 | 124.5 | 125.1 | |
| 1989 | 116.1 | 116.3 | |
| 1990 | 101.3 | 99.5 | |
| 1991 | 106.3 | 105.6 | |
| 1992 | 107.2 | 106.0 | |
| 1993 | 115.7 | 113.2 | 112.0 |
| 1994 | 123.1 | 121.9 | 124.0 |
| 1995 | 119.0 | 115.5 | 124.1 |
| 1996 | 110.2 | 105.7 | 95.4 |
| 1997 | 103.5 | 101.5 | 104.4 |
| 1998 | 99.6 | 98.5 | 87.8 |
| 1999 | 96.9 | 97.5 | 97.3 |
| 2000 | 99.3 | 99.0 | 108.5 |
| 2001 | 102.1 | 99.1 | 102.4 |
| 2002 | 99.3 | 98.8 | 89.9 |
| 2003 | 100.9 | 99.2 | 107.5 |
| 2004 | 101.1 | 101.0 | |
| 2005 | 100.6 | 98.8 | |
| 2006 | 101.7 | 100.3 | |
| 2007 | 105.3 | 103.1 | |
| 2008 | 107.2 | 107.2 | |
| 2009 | 99.6 | 100.5 | |
| 2010 | 103.8 | 103.9 | |
| 2011 | 105.4 | 105.4 | |
| 2012 | 102.4 | 102.4 | |
| 2013 | 103.5 | 102.7 | |
| 2014 | 102.2 | 101.8 | |
| 2015 | 101.3 | 100.6 | |
| 2016 | 100.8 | 100.7 | |
| 2017 | 101.5 | 101.8 | |
| 2018 | 101.7 | 101.7 | |
| 2019 | 102.2 | 102.0 | |
| 2020 | 102.0 | 101.4 | |
| 2021 | 101.3 | 102.0 | |
| 2022 | 102.3 | 103.8 | |

# 8-8 居民消费价格分类指数

（上年=100）

| 指标 | 2016年 | 2017年 | 2018年 | 2019年 | 2020年 | 2021年 | 2022年 |
|---|---|---|---|---|---|---|---|
| 居民消费价格总指数 | 100.8 | 101.5 | 101.7 | 102.2 | 102.0 | 101.3 | 102.3 |
| 一、食品烟酒 | 101.8 | 100.1 | 101.3 | 105.6 | 105.8 | 100.9 | 103.6 |
| 食品 | 102.4 | 99.7 | 101.2 | 108.0 | 107.6 | 99.6 | 103.1 |
| 粮食 | 100.6 | 100.7 | 100.0 | 100.8 | 102.8 | 101.5 | 105.3 |
| 鲜菜 | 106.5 | 95.7 | 102.0 | 105.8 | 113.3 | 102.8 | 99.5 |
| 畜肉类 | 104.5 | 96.7 | 98.5 | 120.3 | 125.2 | 86.3 | 93.5 |
| 其中：猪肉 | 109.2 | 92.7 | 93.6 | 130.6 | 135.2 | 72.6 | 87.5 |
| 牛肉 | 100.7 | 101.5 | 101.1 | 110.2 | 112.1 | 102.7 | 101.3 |
| 羊肉 | 93.2 | 95.8 | 111.5 | 114.5 | 110.8 | 107.6 | 99.8 |
| 水产品 | 101.6 | 102.0 | 103.1 | 100.8 | 101.3 | 107.7 | 99.0 |
| 蛋类 | 97.3 | 95.7 | 112.9 | 106.3 | 91.4 | 114.1 | 111.1 |
| 奶类 | 100.3 | 101.1 | 102.2 | 101.6 | 99.8 | 101.0 | 100.7 |
| 鲜果 | 95.2 | 107.0 | 103.4 | 118.1 | 83.0 | 109.2 | 114.6 |
| 卷烟 | 100.5 | 100.0 | 100.0 | 100.0 | 100.0 | 95.6 | 99.7 |
| 酒类 | 99.9 | 101.9 | 104.6 | 102.1 | 101.0 | 106.8 | 108.5 |
| 二、衣着 | 101.6 | 101.2 | 101.2 | 101.3 | 99.7 | 101.4 | 100.3 |
| 三、居住 | 100.5 | 102.2 | 102.8 | 99.9 | 99.9 | 101.4 | 101.6 |
| 四、生活用品及服务 | 100.2 | 100.9 | 100.7 | 101.2 | 100.8 | 100.5 | 100.7 |
| 五、交通和通信 | 99.2 | 100.9 | 100.5 | 99.6 | 97.7 | 103.6 | 105.3 |
| 1.交通 | 98.8 | 101.6 | 101.2 | 100.4 | 96.7 | 104.9 | 107.2 |
| 2.通信 | 99.7 | 99.6 | 99.3 | 98.4 | 99.6 | 100.4 | 100.3 |
| 六、教育文化和娱乐 | 99.9 | 102.2 | 100.0 | 100.8 | 102.2 | 100.3 | 100.7 |
| 1.教育 | 100.0 | 102.1 | 100.0 | 101.4 | 103.6 | 100.8 | 100.6 |
| 2.文化娱乐 | 99.7 | 102.3 | 100.0 | 99.9 | 99.9 | 99.3 | 100.9 |
| 七、医疗保健 | 101.2 | 107.2 | 108.0 | 102.5 | 100.3 | 100.2 | 100.5 |
| 八、其他用品和服务 | 101.1 | 99.8 | 100.0 | 102.5 | 104.6 | 101.3 | 100.8 |

注：自2016年起，居民消费价格指标体系发生变化。

# 8-9 居民消费价格指数

（上年=100）

| 指标 | 2016年 | 2017年 | 2018年 | 2019年 | 2020年 | 2021年 | 2022年 |
|---|---|---|---|---|---|---|---|
| 居民消费价格总指数 | 100.8 | 101.5 | 101.7 | 102.2 | 102.0 | 101.3 | 102.3 |
| 一、食品烟酒 | 101.8 | 100.1 | 101.3 | 105.6 | 105.8 | 100.9 | 103.6 |
| 1.食品 | 102.4 | 99.7 | 101.2 | 108.0 | 107.6 | 99.6 | 103.1 |
| 粮食 | 100.6 | 100.7 | 100.0 | 100.8 | 102.8 | 101.5 | 105.3 |
| 薯类 | 117.6 | 107.6 | 99.9 | 100.6 | 107.0 | 90.9 | 111.8 |
| 豆类 | 102.9 | 99.9 | 99.6 | 101.1 | 103.5 | 104.0 | 101.5 |
| 食用油 | 101.2 | 103.4 | 101.7 | 102.5 | 105.4 | 102.3 | 107.0 |
| 菜及食用菌 | 106.2 | 96.5 | 102.0 | 105.3 | 112.2 | 102.4 | 100.1 |
| 鲜菜 | 106.5 | 95.7 | 102.0 | 105.8 | 113.3 | 102.8 | 99.5 |
| 畜肉类 | 104.5 | 96.7 | 98.5 | 120.3 | 125.2 | 86.3 | 93.5 |
| 猪肉 | 109.2 | 92.7 | 93.6 | 130.6 | 135.2 | 72.6 | 87.5 |
| 牛肉 | 100.7 | 101.5 | 101.0 | 110.2 | 112.1 | 102.7 | 101.3 |
| 禽肉类 | 102.9 | 97.6 | 105.0 | 115.9 | 111.8 | 92.8 | 104.3 |
| 水产品 | 101.6 | 102.0 | 103.1 | 100.8 | 101.3 | 107.7 | 99.0 |
| 蛋类 | 97.3 | 95.7 | 112.9 | 106.3 | 91.4 | 114.1 | 111.1 |
| 鸡蛋 | 96.9 | 95.2 | 113.3 | 105.9 | 90.0 | 114.6 | 111.4 |
| 奶类 | 100.3 | 101.1 | 102.2 | 101.6 | 99.8 | 101.0 | 100.7 |
| 干鲜瓜果类 | 97.7 | 105.2 | 102.0 | 113.4 | 90.9 | 107.1 | 111.5 |
| 糖果糕点类 | 100.6 | 100.5 | 101.4 | 100.7 | 101.9 | 101.9 | 104.4 |
| 调味品 | 100.9 | 104.1 | 101.0 | 99.4 | 101.5 | 100.5 | 103.9 |
| 其他食品类 | 104.5 | 98.8 | 100.2 | 102.8 | 103.1 | 101.1 | 105.0 |
| 2.茶及饮料 | 99.7 | 102.0 | 103.4 | 101.0 | 100.7 | 102.6 | 100.4 |
| 茶叶 | 100.0 | 100.0 | 100.0 | 100.0 | 101.5 | 107.5 | 100.4 |
| 3.烟酒 | 100.2 | 100.8 | 101.9 | 100.9 | 100.4 | 99.9 | 103.3 |
| 卷烟 | 100.5 | 100.0 | 100.0 | 100.0 | 100.0 | 95.6 | 99.7 |
| 酒类 | 99.9 | 101.9 | 104.6 | 102.1 | 101.0 | 106.8 | 108.5 |
| 4.在外餐饮 | 101.1 | 100.8 | 100.9 | 101.4 | 103.1 | 103.7 | 104.9 |
| 二、衣着 | 101.6 | 101.2 | 101.2 | 101.3 | 99.7 | 101.4 | 100.3 |
| 1.服装 | 103.0 | 100.5 | 100.6 | 101.5 | 99.4 | 101.9 | 101.1 |
| 2.衣着材料及配件 | 100.2 | 97.4 | 97.9 | 102.7 | 96.4 | 98.0 | 100.2 |
| 3.其他衣着材料及配件 | 101.8 | 105.4 | 98.8 | 99.5 | 100.4 | 100.6 | 102.4 |
| 4.衣着服务费 | 102.1 | 108.8 | 108.6 | 107.2 | 102.5 | 101.5 | 104.5 |
| 5.鞋类 | 97.2 | 102.3 | 103.0 | 100.1 | 100.4 | 98.6 | 96.4 |
| 三、居住 | 100.5 | 102.2 | 102.8 | 99.9 | 99.9 | 101.4 | 101.6 |
| 1.租赁房房租 | 100.7 | 103.0 | 102.2 | 98.3 | 99.3 | 100.1 | 98.8 |
| 2.住房保养维修及管理 | 100.0 | 102.8 | 103.2 | 100.5 | 98.7 | 102.8 | 102.1 |
| 3.水电燃料 | 100.0 | 101.4 | 103.8 | 100.3 | 100.0 | 105.2 | 107.5 |
| 4.自有住房 | 100.9 | 102.3 | 102.1 | 100.0 | 100.5 | 100.5 | 100.6 |

# 8-9　居民消费价格指数（续一）

（上年=100）

| 指标 | 2016年 | 2017年 | 2018年 | 2019年 | 2020年 | 2021年 | 2022年 |
|---|---|---|---|---|---|---|---|
| 四、生活用品及服务 | 100.2 | 100.9 | 100.7 | 101.2 | 100.8 | 100.5 | 100.7 |
| 1.家具及室内装饰品 | 100.8 | 100.9 | 101.1 | 100.6 | 100.2 | 100.1 | 97.1 |
| 家具 | 100.7 | 101.0 | 101.1 | 100.4 | 100.3 | 100.0 | 96.9 |
| 室内装饰品 | 101.4 | 99.4 | 101.0 | 102.8 | 99.8 | 100.6 | 98.2 |
| 2.家用器具 | 99.7 | 100.8 | 100.6 | 99.5 | 99.9 | 101.8 | 102.0 |
| 3.家用纺织品 | 100.2 | 98.1 | 99.6 | 102.2 | 99.9 | 100.0 | 100.0 |
| 床上用品 | 100.0 | 97.3 | 98.9 | 102.3 | 99.7 | 99.9 | 100.0 |
| 4.家庭日用杂品 | 100.1 | 101.4 | 101.0 | 102.3 | 101.1 | 100.0 | 100.9 |
| 5.个人护理用品 | 100.6 | 100.9 | 100.3 | 100.9 | 101.2 | 99.2 | 103.0 |
| 6.家庭服务 | 100.0 | 102.6 | 101.4 | 101.9 | 102.3 | 101.0 | 101.0 |
| 五、交通和通信 | 99.2 | 100.9 | 100.5 | 99.6 | 97.7 | 103.6 | 105.3 |
| 1.交通 | 98.8 | 101.6 | 101.2 | 100.4 | 96.7 | 104.9 | 107.2 |
| 交通工具 | 100.0 | 100.4 | 100.8 | 99.6 | 99.1 | 99.7 | 102.1 |
| 2.通信 | 99.7 | 99.6 | 99.3 | 98.4 | 99.6 | 100.4 | 100.3 |
| 通信工具 | 99.0 | 98.5 | 97.3 | 94.0 | 98.3 | 102.0 | 101.4 |
| 通信服务 | 100.0 | 100.0 | 100.0 | 100.0 | 100.0 | 100.0 | 100.0 |
| 六、教育文化和娱乐 | 99.9 | 102.2 | 100.0 | 100.8 | 102.2 | 100.3 | 100.7 |
| 1.教育 | 100.0 | 102.1 | 100.0 | 101.4 | 103.6 | 100.8 | 100.6 |
| 教育用品 | 100.1 | 100.5 | 99.7 | 99.6 | 99.6 | 101.8 | 103.6 |
| 教育服务 | 100.0 | 102.3 | 100.0 | 101.7 | 104.1 | 100.8 | 100.4 |
| 2.文化娱乐 | 99.7 | 102.3 | 100.0 | 99.9 | 99.9 | 99.3 | 100.9 |
| 文娱耐用消费品 | 97.9 | 101.2 | 99.7 | 99.7 | 99.3 | 100.3 | 102.5 |
| 其他文娱用品 | 102.2 | 102.1 | 100.4 | 100.2 | 100.8 | 100.4 | 100.4 |
| 书报杂志及音像制品 | 101.5 | 100.1 | 100.0 | 100.0 | 100.0 | 100.0 | 100.0 |
| 文化娱乐服务 | 100.1 | 103.0 | 100.4 | 100.0 | 97.5 | 99.9 | 100.6 |
| 旅游 | 99.1 | 102.8 | 99.7 | 99.7 | 101.7 | 97.5 | 100.9 |
| 七、医疗保健 | 101.2 | 107.2 | 108.0 | 102.5 | 100.3 | 100.2 | 100.5 |
| 1.药品及医疗器具 | 102.8 | 110.0 | 107.1 | 105.5 | 100.7 | 100.5 | 101.4 |
| 中药 | 102.4 | 119.5 | 111.9 | 103.3 | 100.7 | 101.2 | 105.5 |
| 西药 | 102.2 | 104.0 | 103.7 | 107.2 | 101.2 | 100.5 | 100.4 |
| 滋补保健品 | 108.3 | 117.6 | 108.9 | 104.7 | 98.9 | 100.0 | 100.0 |
| 医疗卫生器具 | 102.6 | 106.5 | 105.1 | 102.0 | 99.4 | 100.0 | 98.7 |
| 保健器具 | 101.0 | 99.4 | 104.3 | 107.2 | 100.7 | 99.9 | 99.4 |
| 2.医疗服务 | 100.0 | 104.9 | 108.8 | 100.0 | 100.0 | 100.0 | 100.0 |
| 八、其他用品和服务 | 101.1 | 99.8 | 100.0 | 102.5 | 104.6 | 101.3 | 100.8 |

# 8-10 商品零售价格指数

（上年=100）

| 指标 | 2016年 | 2017年 | 2018年 | 2019年 | 2020年 | 2021年 | 2022年 |
| --- | --- | --- | --- | --- | --- | --- | --- |
| 商品零售价格指数 | 100.7 | 101.8 | 101.7 | 102.0 | 101.4 | 102.0 | 103.8 |
| 一、食品 | 102.1 | 100.0 | 101.3 | 106.6 | 106.6 | 100.9 | 103.6 |
| 1.粮食 | 100.5 | 100.7 | 99.9 | 100.8 | 102.9 | 101.7 | 105.4 |
| 2.薯类 | 117.6 | 107.6 | 99.9 | 100.6 | 107.0 | 90.9 | 111.8 |
| 3.豆类 | 102.9 | 99.9 | 99.6 | 101.1 | 103.5 | 103.9 | 101.4 |
| 4.食用油 | 101.2 | 103.4 | 101.7 | 102.5 | 105.4 | 102.2 | 106.9 |
| 5.菜及食用菌 | 106.2 | 96.5 | 102.0 | 105.3 | 112.2 | 102.4 | 100.1 |
| 6.畜肉类 | 104.5 | 96.7 | 98.6 | 120.3 | 125.1 | 86.5 | 92.8 |
| 7.禽肉类 | 102.9 | 97.6 | 105.0 | 115.9 | 111.8 | 93.3 | 104.4 |
| 8.水产品 | 101.8 | 101.9 | 103.2 | 100.8 | 101.5 | 105.6 | 99.4 |
| 9.蛋类 | 97.3 | 95.7 | 112.9 | 106.3 | 91.4 | 112.2 | 109.9 |
| 10.奶类 | 100.3 | 101.3 | 102.2 | 101.8 | 99.8 | 101.3 | 100.8 |
| 11.干鲜瓜果类 | 97.7 | 105.2 | 102.0 | 113.4 | 90.9 | 107.0 | 111.4 |
| 12.糖果糕点类 | 100.6 | 100.5 | 101.5 | 100.7 | 101.8 | 101.6 | 103.6 |
| 13.调味品 | 100.7 | 104.5 | 101.2 | 99.4 | 101.5 | 99.8 | 103.3 |
| 14.其他食品类 | 103.6 | 98.6 | 100.4 | 103.4 | 103.4 | 100.6 | 104.8 |
| 15.餐饮业零售 | 101.1 | 100.8 | 100.9 | 101.4 | 103.1 | 103.7 | 105.4 |
| 二、饮料、烟酒 | 100.1 | 100.9 | 102.0 | 101.0 | 100.5 | 100.8 | 102.7 |
| 1.茶及饮料 | 99.7 | 101.3 | 102.4 | 101.3 | 100.7 | 102.5 | 100.4 |
| 2.卷烟 | 100.5 | 100.0 | 100.0 | 100.0 | 100.0 | 95.6 | 99.7 |
| 3.酒类 | 99.9 | 101.9 | 104.6 | 102.1 | 101.0 | 107.1 | 107.9 |
| 三、服装、鞋帽 | 101.4 | 101.2 | 100.8 | 101.1 | 99.8 | 101.3 | 100.3 |
| 1.服装 | 103.1 | 100.6 | 100.6 | 101.6 | 99.4 | 102.1 | 101.1 |
| 2.鞋帽袜 | 97.9 | 102.5 | 101.5 | 100.0 | 100.5 | 98.5 | 97.0 |
| 3.其他衣着配件 | 100.3 | 101.5 | 100.2 | 100.0 | 100.0 | 100.6 | 102.4 |
| 四、纺织品 | 100.1 | 97.3 | 98.5 | 102.3 | 99.0 | 100.1 | 100.6 |
| 1.服装材料 | 100.2 | 97.4 | 97.9 | 102.7 | 96.4 | 101.8 | 107.3 |
| 2.床上用品 | 100.0 | 97.3 | 98.7 | 102.2 | 99.7 | 99.9 | 100.0 |

# 8-10 商品零售价格指数（续一）

（上年=100）

| 指标 | 2016年 | 2017年 | 2018年 | 2019年 | 2020年 | 2021年 | 2022年 |
|---|---|---|---|---|---|---|---|
| 五、家用电器及音像器材 | 98.6 | 101.1 | 100.2 | 99.4 | 99.5 | 101.1 | 102.2 |
| 1.家庭设备 | 99.6 | 100.8 | 100.6 | 99.5 | 99.9 | 101.5 | 101.6 |
| 2.文娱用耐用消费品 | 96.2 | 102.0 | 99.5 | 98.8 | 98.5 | 100.1 | 104.0 |
| 3.专业音像器材 | 99.5 | 100.0 | 100.0 | 100.0 | 100.0 | 100.0 | 100.5 |
| 六、文化办公用品 | 100.4 | 102.7 | 101.1 | 99.8 | 100.3 | 101.3 | 101.1 |
| 七、日用品 | 100.1 | 101.5 | 100.8 | 101.5 | 100.5 | 100.2 | 101.1 |
| 1.日用百货 | 100.3 | 102.4 | 101.5 | 99.7 | 98.8 | 101.1 | 101.2 |
| 2.厨具餐具茶具 | 100.4 | 100.9 | 99.8 | 99.8 | 100.0 | 97.1 | 102.1 |
| 3.清洗用品 | 100.0 | 105.0 | 99.3 | 107.3 | 104.3 | 101.9 | 100.3 |
| 4.其他日用品 | 99.8 | 99.2 | 101.5 | 101.8 | 100.8 | 100.1 | 101.0 |
| 八、体育娱乐用品 | 103.4 | 101.0 | 99.5 | 101.2 | 101.1 | 100.4 | 101.0 |
| 九、交通、通信用品 | 99.7 | 99.3 | 99.6 | 98.1 | 99.3 | 100.2 | 100.3 |
| 1.交通运输机械 | 100.0 | 99.8 | 100.9 | 99.8 | 99.8 | 99.9 | 100.1 |
| 2.通信器材 | 99.4 | 98.7 | 97.6 | 95.2 | 98.5 | 102.0 | 101.8 |
| 十、家具 | 100.7 | 101.0 | 101.1 | 100.4 | 100.3 | 100.0 | 96.4 |
| 十一、化妆品 | 100.6 | 101.0 | 100.4 | 101.1 | 101.4 | 98.8 | 102.7 |
| 十二、金银饰品 | 103.3 | 99.2 | 95.2 | 108.6 | 117.5 | 100.4 | 100.4 |
| 十三、中西药品及医疗保健用品 | 102.6 | 109.6 | 106.8 | 105.2 | 100.6 | 100.7 | 101.8 |
| 1.医疗卫生器具 | 102.6 | 106.5 | 105.1 | 102.0 | 99.4 | 100.0 | 98.7 |
| 2.中药 | 102.4 | 119.5 | 111.9 | 103.3 | 100.7 | 101.7 | 105.9 |
| 3.西药 | 102.2 | 104.0 | 103.6 | 107.0 | 101.1 | 100.4 | 100.4 |
| 4.保健器具及用品 | 106.3 | 113.0 | 107.9 | 105.3 | 99.3 | 100.0 | 99.9 |
| 十四、书报杂志及电子出版物 | 100.7 | 100.2 | 99.9 | 99.9 | 99.8 | 100.9 | 101.6 |
| 1.教材及参考书 | 100.1 | 100.4 | 99.7 | 99.7 | 99.6 | 101.6 | 103.1 |
| 2.书报杂志及音像制品 | 101.5 | 100.1 | 100.0 | 100.0 | 100.0 | 100.0 | 100.0 |
| 十五、燃料 | 97.3 | 106.3 | 106.5 | 98.8 | 92.9 | 113.6 | 119.2 |
| 十六、建筑材料及五金电料 | 100.1 | 105.8 | 104.9 | 100.6 | 99.5 | 100.9 | 100.5 |

# 主要统计指标解释

**社会消费品零售总额** 指企业（单位、个体户）通过交易直接售给个人、社会集团非生产、非经营用的实物商品金额，以及提供餐饮服务所取得的收入金额。个人包括城乡居民和入境人员，社会集团包括机关、社会团体、部队、学校、企事业单位、居委会或村委会等。

**批发业** 指向其他批发或零售单位（含个体经营者）及其他企事业单位、机关团体等批量销售生活用品、生产资料的活动，以及从事进出口贸易和贸易经纪与代理的活动，包括拥有货物所有权，并以本单位（公司）的名义进行交易活动，也包括不拥有货物的所有权，收取佣金的商品代理、商品代售活动；本类还包括各类商品批发市场中固定摊位的批发活动，以及以销售为目的的收购活动。

**零售业** 指百货商店、超级市场、专门零售商店、品牌专卖店、售货摊等主要面向最终消费者（如居民等）的销售活动，以互联网、邮政、电话、售货机等方式的销售活动，还包括在同一地点，后面加工生产，前面销售的店铺（如面包房）；谷物、种子、饲料、牲畜、矿产品、生产用原料、化工原料、农用化工产品、机械设备（乘用车、计算机及通信设备除外）等生产资料的销售不作为零售活动；多数零售商对其销售的货物拥有所有权，但有些则是充当委托人的代理人，进行委托销售或以收取佣金的方式进行销售；零售业按销售渠道分为有店铺零售和无店铺零售，其中有店铺零售分为综合零售和专门零售。

**住宿业** 指为旅行者提供短期留宿场所的活动，有些单位只提供住宿，也有些单位提供住宿、饮食、商务、娱乐一体的服务，不包括主要按月或按年长期出租房屋住所的活动。

**餐饮业** 指通过即时制作加工、商业销售和服务性劳动等，向消费者提供食品和消费场所及设施的服务。

**批发和零售业商品购进、销售、库存额** 指各种登记注册类型的批发和零售业企业（单位）以本企业（单位）为总体的，从国内、国外市场购进的商品总量，销售和出口的商品总量，库存的商品总量等情况。该指标可以反映商品流转过程中商品的购进、销售、库存之间的比例关系和存在的问题。

**商品购进额** 指从本企业以外的单位和个人购进（包括从国外直接进口）作为转卖或加工后转卖的商品金额（含增值税），本指标反映批发和零售业从国内外市场上购进商品的总价。商品购进包括：（1）从工农业生产者、批发和零售业、住宿和餐饮业、出版社或报社的出版发行部门和其他服务业等企事业单位和个体经营户购进的商品；（2）从机关、社会团体购进的商品；（3）从海关、市场管理部门购进的缉私和没收的商品；（4）从居民收购的废旧商品等。不包括：（1）企业为本单位自身经营用，不是作为转卖而购进的商品，如材料物资、包装物、低值易耗品、办公用品等；（2）未通过买卖行为而收入的商品，如接受其他部门移交的商品、借入的商品、收入代其他单位保管的商品、其他单位赠送的样品、加工回收的成品等；（3）经本单位介绍，由买卖双方直接结算，本单位只收取手续费的业务；（4）销售退回和买方拒付货款的商品；（5）商品溢余；（6）期货交易商品。

**商品销售额** 指对本单位以外的单位和个人出售的商品金额（包括售给本单位消费用的商品，含增值税），在批发和零售业中，本指标反映在国内市场上销售商品以及出口商品的总价。商品销售包括：（1）售给个人和社会集团消费用的商品；（2）售给农业、工业、建筑业、服务业等国民经济各行业用于生产、经营用的商品，包括售予批发和零售业作为转卖或加工后转卖的商品；（3）对国（境）外直接出口的商品。商品销售不包括：（1）未通过买卖行为付出的商品，如因机构变动移交给其他企业单位的商品、借出的商品、归还受其他单位委托代保管的商品、付出的加工原料和赠送给其他单位的样品等；（2）促销返券所销售的，不计入营业收入的商品；（3）经本单位介绍，由买卖双方直接结算，本单位只收取手续费的业务；（4）未发生所有权转移的商品预付卡销售，如加油卡；（5）汽车维修、电话卡销售等服务性经济活动；（6）购货退回的商品；（7）商品损耗和损失；（8）出售本单位自用的废旧物资；（9）期货交易商品；（10）自来水供应企业、电力企业、天然气供应企业提供的水、电、气。

**商品库存额** 对于批发和零售业法人单位和个体经营户，是指报告期末取得所有权的全部商品金额（含增值税）；对于批发和零售业产业活动单位，是指报告期末实际在库且归属法人具有所有权的全部商品金额（含增值税）。这个指标反映批发和零售业的商品库存情况，以及对市场商品供应的保证程度。库存商品包括：（1）存放在本单位（如门市部、批发站、采购站、经营处）的仓库、货场、货柜和货架中的商品；（2）挑选、整理、包装中的商品；（3）已记入购进而尚未运到本单位的商品，即发货单或银行承兑凭证已到而货未到的商品；（4）寄放他处的商品，如因购货方拒绝付款而暂时存在购货方的商品；（5）委托其他单位代销（未作销售或调出）尚未售出的商品；（6）代其他单位购进尚未交付的商品。库存商品不包括：（1）所有权不属于本单位的商品，如商品已作销售但买方尚未取走的商品，代替他人保管、运输、加工的商品，代其他单位销售（未做购进或调入）而未售出的商品；（2）委托外单位加工的商品，包括本单位所属加工厂和其他生产单位加工生产尚未收回成品的商品；（3）外贸企业代理其他单位从国外进口，尚未付给订货单位的商品；（4）代国家储备部门保管的商品。

**营业额** 指住宿和餐饮业单位在经营活动中，因提供服务或销售商品等取得的全部收入（含增值税），收入主要来源于提供客房、餐费服务、商品销售和其他服务，如商务服务。不包括多产业法人企业附营的其他行业产业活动单位的餐费收入、商品销售收入等各项收入。

**客房收入** 指住宿和餐饮业单位在经营活动中因提供住宿服务取得的收入（含增值税）。不包括多产业法人企业附营的其他行业产业活动单位的客房收入。

**餐费收入** 指本单位为顾客提供就餐服务取得的收入（含增值税）。包括：经烹饪、调制加工后出售的各种食品，如主食、炒菜、凉拌菜等的收入。不包括多产业法人企业附营的其他行业产业活动单位的餐费收入。

**住宿和餐饮业年末餐饮营业面积** 指住宿和餐饮业企业对外提供餐饮服务的就餐面积和从事食品加工、烹饪、调制的厨房面积，不包括办公用房和仓库等面积。按年末实有建筑面积统计。

**客房数** 指本单位提供住宿服务的房间数，该指标按报告期内正常情况下的实有数统计。

**床位数** 指本单位供应旅客使用的床位数，不包括临时加床和门店内部工作人员使用的床位。该指标按报告期内正常情况下的实有数统计。

**餐位数** 指本单位为顾客提供就餐服务时，正常可同时容纳就餐人员的餐位数量，不包括临时加的餐位。该指标按报告期内正常情况下的实有数统计。

统计资料

# 九、财政、金融

# 9-1 财政收入

单位：万元

| 年份 | 财政收入 | 公共财政预算收入 | 增值税 | 营业税 | 企业所得税 | 上划中央增值税、消费税收入 |
|---|---|---|---|---|---|---|
| 1994 | 158204 | 88841 | | 29482 | 6132 | 69363 |
| 1995 | 186819 | 100866 | | 36131 | 7963 | 85953 |
| 1996 | 208080 | 119915 | | 45585 | 7081 | 88165 |
| 1997 | 231957 | 134178 | 26525 | 52192 | 8389 | 97779 |
| 1998 | 254583 | 150415 | 28794 | 56681 | 9406 | 104168 |
| 1999 | 267742 | 169540 | 27113 | 60673 | 16055 | 98202 |
| 2000 | 273425 | 166061 | 28781 | 66193 | 14353 | 107364 |
| 2001 | 347000 | 196111 | 33546 | 71218 | 18566 | 150889 |
| 2002 | 388905 | 210615 | 37123 | 90082 | 7358 | 178290 |
| 2003 | 729368 | 205660 | 21219 | 75850 | 7971 | 349323 |
| 2004 | 845186 | 249521 | 24031 | 84757 | 10948 | 421051 |
| 2005 | 961312 | 289256 | 23790 | 103951 | 14596 | 416381 |
| 2006 | 1061856 | 331417 | 25586 | 123385 | 18088 | 534057 |
| 2007 | 1340643 | 466256 | 33588 | 139944 | 23123 | 531790 |
| 2008 | 1524443 | 508618 | 35550 | 173450 | 33069 | 599240 |
| 2009 | 2548033 | 570385 | 87798 | 153147 | 36392 | |
| 2010 | 3041332 | 727579 | 101434 | 192306 | 43517 | |
| 2011 | 3506307 | 864897 | 96466 | 225601 | 63866 | |
| 2012 | 4060754 | 1037303 | 103850 | 272035 | 77186 | |
| 2013 | 3948217 | 1244956 | 125849 | 342964 | 79587 | |
| 2014 | 4674809 | 1523299 | 200393 | 381938 | 99058 | |
| 2015 | 5938067 | 1851917 | 239829 | 431860 | 140048 | 2504777 |
| 2016 | 6067450 | 2154794 | 452089 | 239810 | 138455 | 1434457 |
| 2017 | 6716478 | 2342001 | 703505 | 4162 | 197526 | 1679349 |
| 2018 | 7215296 | 2533169 | 764199 | 2362 | 212223 | 1790347 |
| 2019 | 6795136 | 2332261 | 649765 | | 177667 | 2689425 |
| 2020 | 7041458 | 2471310 | 606191 | | 168209 | 2821580 |
| 2021 | 8032719 | 2767279 | 752186 | | 212706 | 3151353 |
| 2022 | 6610649 | 2209765 | 383916 | | 181985 | 2777799 |

注：自2003年后财政体制调整，收入范围重新划分，与往年不可比；财政收入为地区财政收入。

# 9-2 一般公共

| 指标 | 2007年 | 2008年 | 2009年 | 2010年 | 2011年 |
|---|---|---|---|---|---|
| **收入总计** | **466256** | **508618** | **570385** | **727579** | **864897** |
| 税收收入 | 344345 | 431291 | | 581002 | 699729 |
| 增值税 | 33588 | 35550 | | 101434 | 96466 |
| 营业税 | 139944 | 173450 | | 192306 | 225601 |
| 企业所得税 | 23123 | 33069 | | 43517 | 63866 |
| 个人所得税 | 9917 | 13817 | 16422 | 21579 | 25422 |
| 资源税 | 1806 | 2364 | 1053 | 1533 | 1427 |
| 城市维护建设税 | 56368 | 65902 | 80260 | 94490 | 100901 |
| 房产税 | 29883 | 36997 | 37709 | 38995 | 43107 |
| 印花税 | 11408 | 15852 | 21364 | 24716 | 22570 |
| 城镇土地使用税 | 12566 | 13039 | 14126 | 12521 | 43680 |
| 土地增值税 | 3401 | 19508 | 248 | 10357 | 20962 |
| 车船使用税 | 1101 | 2633 | 5464 | 7339 | 8958 |
| 耕地占用税 | 2041 | 1338 | 7070 | 3148 | 4775 |
| 契税 | 19297 | 17874 | 22781 | 29084 | 42034 |
| 烟叶税 | | | | 3 | 2 |
| 环境保护税 | | | | | |
| 非税收入 | 121911 | 77327 | 86558 | 146577 | 165168 |
| 专项收入 | 30380 | 33658 | 37283 | 46780 | 50081 |
| 行政性收费收入 | 17012 | 17638 | 19585 | 29053 | 44300 |
| 罚没收入 | 10821 | 9580 | 11121 | 11779 | 15872 |
| 国有资本经营收入 | | | 3765 | 50905 | 19055 |

# 预算收入

单位：万元

| 2012年 | 2013年 | 2014年 | 2015年 | 2016年 | 2017年 | 2018年 | 2019年 |
|---|---|---|---|---|---|---|---|
| 1037303 | 1244956 | 1523299 | 1851917 | 2154794 | 2342001 | 2533169 | 2332261 |
| 846790 | 983678 | 1210190 | 1446701 | 1584154 | 1746866 | 1926234 | 1773252 |
| 103850 | 125849 | 200393 | 239829 | 452089 | 703505 | 764199 | 649765 |
| 272035 | 342964 | 381938 | 431860 | 239810 | 4162 | 2362 | |
| 77186 | 79587 | 99058 | 140048 | 138455 | 197526 | 212223 | 177667 |
| 27876 | 30181 | 38340 | 50858 | 56634 | 71168 | 84864 | 61328 |
| 1364 | 1659 | 1817 | 2796 | 1617 | 3590 | 4444 | 5730 |
| 119971 | 134495 | 159318 | 222497 | 201214 | 215927 | 236273 | 229773 |
| 53326 | 56210 | 64241 | 83397 | 97333 | 105818 | 124139 | 122251 |
| 29060 | 39021 | 35137 | 39151 | 46717 | 47221 | 60610 | 57928 |
| 49831 | 49563 | 53680 | 61279 | 63187 | 62414 | 75156 | 72308 |
| 22447 | 35180 | 54162 | 68733 | 120055 | 162681 | 174620 | 150517 |
| 13249 | 18603 | 24295 | 29010 | 32198 | 34935 | 38287 | 39800 |
| 4432 | 12069 | 18452 | 10477 | 14300 | 27424 | 22895 | 18915 |
| 42163 | 58294 | 79356 | 66766 | 120540 | 110488 | 124079 | 182964 |
| | 3 | 3 | | 5 | 7 | 4 | 7 |
| | | | | | | 2079 | 2638 |
| 220513 | 261278 | 313109 | 405216 | 570640 | 595135 | 606935 | 559009 |
| 56129 | 68089 | 74015 | 162745 | 202464 | 254401 | 271622 | 255930 |
| 51418 | 53114 | 61366 | 58165 | 73141 | 75514 | 44583 | 46108 |
| 22063 | 27556 | 36493 | 43549 | 62575 | 75284 | 67267 | 57923 |
| 37074 | 31157 | 11911 | 832 | 20 | | | 18875 |

# 9-2 一般公共预算收入（续一）

单位：万元

| 指标 | 2020年 | 2021年 | 2022年 |
|---|---|---|---|
| **收入总计** | **2471310** | **2767279** | **2209765** |
| 税收收入 | 1761515 | 2028335 | 1575198 |
| 增值税 | 606191 | 752186 | 383916 |
| 企业所得税 | 168209 | 212706 | 181985 |
| 个人所得税 | 56208 | 68000 | 61246 |
| 资源税 | 4952 | 6241 | 6940 |
| 城市维护建设税 | 217847 | 264085 | 231831 |
| 房产税 | 135504 | 150390 | 146023 |
| 印花税 | 72354 | 80674 | 67889 |
| 城镇土地使用税 | 72773 | 66119 | 77739 |
| 土地增值税 | 183656 | 153269 | 123008 |
| 车船税 | 41569 | 43293 | 45930 |
| 耕地占用税 | 15992 | 17571 | 19878 |
| 契税 | 183456 | 210305 | 223869 |
| 烟叶税 | 3 | 18 | |
| 环境保护税 | 2782 | 3127 | 2884 |
| 非税收入 | 709795 | 738944 | 634567 |
| 专项收入 | 296487 | 315717 | 245801 |
| 行政性收费收入 | 64784 | 64853 | 46430 |
| 罚没收入 | 79963 | 76671 | 87941 |
| 国有资本经营收入 | 7374 | 2988 | 60361 |
| 国有资源（资产）有偿使用收入 | 172811 | 182302 | 143467 |

# 9-3 一般公共预算支出

单位：万元

| 指标 | 2003年 | 2004年 | 2005年 | 2006年 |
|---|---|---|---|---|
| **支出总计** | **365731** | **409025** | **502206** | **631321** |
| 基本建设支出 | 28185 | 35602 | | 54676 |
| 企业挖潜改造资金 | 22076 | 5095 | | 9867 |
| 地质勘探费 | | | | |
| 科技三项费用 | 2345 | 3569 | | 7009 |
| 流动资金 | | | | |
| 农业支出 | 6827 | 8593 | 10004 | 19276 |
| 林业支出 | 7223 | 7868 | 9047 | 11776 |
| 水利气象支出 | 7635 | 6599 | 10661 | 14447 |
| 工业交通等部门事业费 | 1059 | 1576 | 1645 | 1747 |
| 流通部门事业费 | 254 | 292 | 430 | 536 |
| 文体、广播事业费 | 10139 | 10624 | 13419 | 16962 |
| 教育支出 | 61438 | 71816 | 91528 | 111219 |
| 科学支出 | 1571 | 1762 | 2161 | 2543 |
| 医疗卫生支出 | 20613 | 22426 | 26373 | 35598 |
| 其他部门的事业费 | 12769 | 18702 | 17016 | 20766 |
| 抚恤和社会福利救济费 | 19023 | 19815 | 24735 | 30485 |
| 行政事业单位离退休支出 | 549 | 481 | 542 | 570 |
| 社会保障补助支出 | 28630 | 27884 | 47617 | 49560 |
| 国防支出 | 18 | 38 | 17 | 57 |
| 行政管理费 | 38870 | 45737 | 52876 | 67078 |
| 外交外事支出 | 78 | 113 | 110 | 192 |
| 公检法司支出 | 25536 | 29579 | 36585 | 46360 |
| 城市维护费 | 30541 | 45287 | 50979 | 65896 |
| 政策性补贴支出 | 4562 | 805 | 834 | 3156 |
| 支援不发达地区支出 | 4790 | 4997 | 4132 | 4184 |
| 海域开发建设和场地使用费支出 | | 60 | 15 | 10 |
| 车辆税费支出 | | 6 | | 147 |
| 债务利息支出 | | 15 | 84 | 36 |
| 专项支出 | 11121 | 14339 | 18112 | 23498 |
| 其他支出 | 19879 | 25345 | 28897 | 33657 |

# 9-3 一般公共预算支出（续一）

单位：万元

| 指标 | 2007年 |
| --- | --- |
| **支出总计** | **832982** |
| 一般公共服务 | 144351 |
| 教育 | 181881 |
| 普通教育 | 138147 |
| 职业教育 | 14482 |
| 教育费附加及基金支出 | 21397 |
| 文化体育与传媒 | 17512 |
| 文化 | 7271 |
| 体育 | 4900 |
| 广播影视 | 3808 |
| 社会保障和就业 | 90416 |
| 财政对社会保险基金的补助 | 22275 |
| 就业补助 | 15879 |
| 城市居民最低生活保障 | 15392 |
| 农村最低生活保障 | 659 |
| 医疗卫生 | 60501 |
| 医疗保障 | 26362 |
| 疾病预防控制 | 3212 |
| 环境保护 | 16457 |
| 污染防治 | 12762 |
| 城乡社区事务 | 76188 |
| 城乡社区公共设施 | 26034 |
| 城乡社区环境卫生 | 21733 |
| 农林水事务 | 58211 |
| 交通运输 | 13790 |
| 工业商业金融等事务 | 55395 |
| 金融业 | 30005 |
| 其他支出 | 36549 |

# 9-3 一般公共预算支出（续二）

单位：万元

| 指标 | 2008年 | 2009年 | 2010年 | 2011年 | 2012年 | 2013年 | 2014年 | 2015年 |
|---|---|---|---|---|---|---|---|---|
| **支出总计** | 995551 | 1198342 | 1469264 | 1751935 | 2025976 | 2423426 | 2801041 | 3440019 |
| 一般公共服务 | 147991 | 150832 | 164577 | 191937 | 270651 | 391780 | 542923 | 470881 |
| 国防 | | | | | 224 | 1467 | 389 | 124 |
| 公共安全 | | | | | 163637 | 172709 | 184720 | 223819 |
| 教育 | 230436 | 269714 | | 339636 | 403815 | 429490 | 514802 | 671067 |
| 普通教育 | 179405 | 209232 | | 259615 | 309585 | 237675 | 388165 | 483052 |
| 职业教育 | 19529 | 21123 | 21652 | 29066 | 30761 | 3792 | 40803 | 47911 |
| 教育费附加安排的支出 | 22239 | 29024 | 37458 | 38875 | 50002 | 34784 | 67352 | 86367 |
| 科学技术 | | | | | 27991 | 30475 | 31618 | 41362 |
| 文化体育与传媒 | 21662 | 24567 | 31667 | 40698 | 43910 | 51481 | 56385 | 59315 |
| 文化 | 9282 | 12155 | 17073 | 14860 | 18695 | 6194 | 22234 | 26399 |
| 体育 | 3832 | 4108 | 3608 | 7510 | 9947 | 1581 | 8801 | 7741 |
| 广播影视 | 4086 | 4276 | 4268 | 4366 | 6623 | 1568 | 10123 | 12015 |
| 社会保障和就业 | 123990 | 202626 | 148461 | 221973 | 205137 | 276882 | 274106 | 326832 |
| 财政对社会保险基金的补助 | 38549 | 26446 | 31650 | 77279 | 52607 | 25956 | 82083 | 104935 |
| 就业补助 | 15210 | 18755 | 22705 | 22837 | 25873 | 26146 | 44653 | 47637 |
| 城市居民最低生活保障 | 26272 | 29981 | 33206 | 42639 | 36952 | 44006 | 37615 | 30488 |
| 农村最低生活保障 | 3595 | 6171 | 7488 | 13329 | 11647 | 16088 | 15361 | 16740 |
| 医疗卫生 | 76675 | 108026 | 125120 | 172782 | 171908 | 211656 | 257520 | 317352 |
| 医疗保障 | 38726 | 54377 | 63315 | 84615 | 85246 | 47678 | 130094 | 148846 |
| 疾病预防控制 | 4477 | 4762 | 3792 | 5971 | | | | 42343 |
| 节能环保 | 17834 | 32468 | 75531 | 63347 | 78637 | 82492 | 96708 | 173156 |
| 污染防治 | 8997 | 13461 | 46206 | 35749 | 33777 | 25512 | 48082 | 39360 |
| 城乡社区事务 | 112333 | 101510 | 149730 | 179934 | 220596 | 202564 | 228069 | 380286 |
| 城乡社区公共设施 | 36637 | 21125 | 47479 | 34864 | 65622 | 19546 | 30080 | 92414 |
| 城乡社区环境卫生 | 30141 | 33108 | 37404 | 45381 | 54246 | 43273 | 70685 | 96757 |
| 农林水事务 | 65634 | 93703 | 139150 | 135491 | 166182 | 171220 | 175391 | 279445 |
| 交通运输 | 15788 | 20897 | 24051 | 46537 | 54236 | 61352 | 66171 | 79279 |
| 资源勘探电力信息等事务 | | | | | 59422 | 96197 | 78248 | 54318 |
| 商业服务业等事务 | | | | | 21766 | 13914 | 24638 | 20933 |
| 金融监管等事务支出 | | | | | 1106 | 245 | 11666 | 30 |
| 国土资源气象等事务 | | | | | 25248 | 33488 | 39417 | 31028 |
| 住房保障支出 | | | | | 48690 | 56855 | 65684 | 100205 |
| 粮油物资储备事务 | | | | | 3111 | 2382 | 1888 | 3281 |
| 国债还本付息支出 | | | | | 4942 | 1712 | 2569 | 1609 |
| 其他支出 | 55562 | 32662 | 32912 | 46350 | 54767 | 135065 | 148129 | 205697 |

# 9-3 一般公共预算支出（续三）

单位：万元

| 指标 | 2016年 | 2017年 | 2018年 | 2019年 |
|---|---|---|---|---|
| **支出总计** | **4241597** | **4293614** | **4656417** | **4566617** |
| 一般公共服务 | 501813 | 571899 | 631158 | 714154 |
| 国防 | 1024 | 252 | 4110 | 310 |
| 公共安全 | 308008 | 358153 | 322399 | 312430 |
| 教育 | 740910 | 803250 | 799798 | 882874 |
| 普通教育 | 538385 | 593941 | 562557 | 598262 |
| 职业教育 | 51238 | 89540 | 74861 | 122229 |
| 教育费附加安排的支出 | 86033 | 94517 | 90116 | 82962 |
| 科学技术 | 45156 | 67851 | 60572 | 78947 |
| 文化体育与传媒 | 69795 | 74210 | 69148 | 71996 |
| 文化和旅游 | 36286 | 35788 | 28266 | 35354 |
| 体育 | 7781 | 7532 | 9231 | 7235 |
| 广播影视 | 10288 | 13563 | 13770 | 9459 |
| 社会保障和就业 | 390553 | 382079 | 457801 | 499315 |
| 财政对社会保险基金的补助 | 165891 | 10929 | 19248 | 12909 |
| 就业补助 | 39336 | 30442 | 31734 | 31009 |
| 城市居民最低生活保障 | 31194 | 15083 | 19087 | 16787 |
| 农村最低生活保障 | 19351 | 17359 | 22283 | 20981 |
| 卫生健康支出 | 371618 | 396693 | 400375 | 381588 |
| 医疗保障 | 158627 | 116538 | 111005 | 110122 |
| 疾病预防控制 | 12122 | 15138 | 15260 | 18085 |
| 节能环保 | 104739 | 83264 | 134739 | 62390 |
| 污染防治 | 32179 | 27981 | 30839 | 21907 |
| 城乡社区事务 | 675652 | 588078 | 657737 | 710404 |
| 城乡社区公共设施 | 136535 | 212605 | 152996 | 224230 |
| 城乡社区环境卫生 | 108568 | 118927 | 133551 | 111334 |
| 农林水事务 | 347807 | 367586 | 478290 | 405006 |
| 交通运输 | 151360 | 131061 | 135357 | 142323 |
| 资源勘探电力信息等事务 | 76718 | 34554 | 70963 | 43643 |
| 商业服务业等事务 | 50652 | 30903 | 30912 | 21679 |
| 金融监管等事务支出 | | | 0 | 551 |
| 国土资源气象等事务 | 49135 | 60004 | 71463 | 31470 |
| 住房保障支出 | 134776 | 160328 | 140441 | 93423 |
| 粮油物资储备事务 | 7782 | 6589 | 22471 | 9074 |
| 债务付息支出 | 15793 | 20196 | 31054 | 35963 |
| 其他支出 | 198060 | 156580 | 137514 | 44585 |

注：2018年部分指标名称及范围有调整。

# 9-3 一般公共预算支出（续四）

单位：万元

| 指标 | 2020年 | 2021年 |
|---|---|---|
| **支出总计** | **4862409** | **4845890** |
| 一般公共服务 | 614002 | 593646 |
| 国防 | 2745 | 2248 |
| 公共安全 | 323907 | 327225 |
| 教育 | 824400 | 812928 |
| 普通教育 | 650569 | 599625 |
| 职业教育 | 63125 | 63885 |
| 教育费附加安排的支出 | 61496 | 116485 |
| 科学技术 | 76095 | 64665 |
| 文化体育与传媒 | 60974 | 56066 |
| 文化和旅游 | 32058 | 30260 |
| 体育 | 7494 | 8917 |
| 广播电视 | 8774 | 8894 |
| 社会保障和就业 | 598499 | 566697 |
| 财政对基本养老保险基金的补助 | 42153 | 47269 |
| 就业补助 | 37252 | 35072 |
| 城市最低生活保障 | 22271 | 20155 |
| 农村最低生活保障 | 17188 | 17731 |
| 卫生健康 | 417778 | 431851 |
| 财政对基本医疗保险基金的补助 | 115340 | 126207 |
| 疾病预防控制 | 20346 | 16477 |
| 节能环保 | 65168 | 96676 |
| 污染防治 | 25119 | 52028 |
| 城乡社区事务 | 616927 | 666655 |
| 城乡社区公共设施 | 255553 | 234414 |
| 城乡社区环境卫生 | 102663 | 99887 |
| 农林水事务 | 367807 | 350361 |
| 交通运输 | 257090 | 223214 |
| 资源勘探工业信息等事务 | 45149 | 127195 |
| 商业服务业等事务 | 32510 | 14767 |
| 金融支出 | 3241 | 61360 |
| 自然资源气象等事务 | 40540 | 42709 |
| 住房保障支出 | 149251 | 199254 |
| 粮油物资储备事务 | 25681 | 10663 |
| 灾害防治及应急管理 | 33672 | 38328 |
| 债务还本付息支出 | 41277 | 42495 |
| 债务发行费用支出 | 356 | 94 |
| 其他支出 | 265340 | 116793 |

注：2020年部分指标名称及范围有调整。

# 9-3 一般公共预算支出（续五）

单位：万元

| 指标 | 2022年 |
| --- | --- |
| **支出总计** | **4987969** |
| 一般公共服务 | 517691 |
| 国防 | 1946 |
| 公共安全 | 327121 |
| 教育 | 802339 |
| 普通教育 | 599834 |
| 职业教育 | 63199 |
| 教育费附加安排的支出 | 106704 |
| 科学技术 | 72630 |
| 文化旅游体育与传媒支出 | 54713 |
| 文化和旅游 | 25517 |
| 体育 | 10112 |
| 广播影视 | 11292 |
| 社会保障和就业 | 619300 |
| 财政对社会保险基金的补助 | 49152 |
| 就业补助 | 38266 |
| 城市居民最低生活保障 | 21767 |
| 农村生活保障 | 18175 |
| 卫生健康 | 498950 |
| 财政对基本医疗保险基金的补助 | 126599 |
| 疾病预防控制机构 | 32216 |
| 节能环保 | 122144 |
| 污染防治 | 83412 |
| 城乡社区事务 | 472256 |
| 城乡社区公共设施 | 206524 |
| 城乡社区环境卫生 | 97226 |
| 农林水事务 | 354197 |
| 交通运输 | 487588 |
| 资源勘探电力信息等事务 | 146056 |
| 商业服务业等事务 | 15548 |
| 金融监管等事务支出 | 52068 |
| 国土资源气象等事务 | 31100 |
| 住房保障支出 | 205613 |
| 粮油物资储备事务 | 10378 |
| 灾害防治及应急管理 | 52280 |
| 债务付息支出 | 48579 |
| 债务发行费用支出 | 358 |
| 其他支出 | 95114 |

注：表中部分指标名称根据2022年政府收支分类科目进行调整。

# 9-4 财政收入占地区生产总值比重

| 年份 | 财政收入（万元） | 一般公共预算收入（万元） | 地区生产总值（万元） | 财政收入占地区生产总值比重（%） | 一般公共预算收入占地区生产总值比重（%） |
|---|---|---|---|---|---|
| 1999 | 267742 | 169540 | 2674592 | 10.01 | 6.34 |
| 2000 | 273425 | 166061 | 3003209 | 9.1 | 5.53 |
| 2001 | 347000 | 196111 | 3416836 | 10.16 | 5.74 |
| 2002 | 388905 | 210615 | 3864069 | 10.06 | 5.45 |
| 2003 | 729368 | 205660 | 4408531 | 16.54 | 4.67 |
| 2004 | 845186 | 249521 | 5081461 | 16.63 | 4.91 |
| 2005 | 961312 | 289256 | 5766454 | 16.67 | 5.02 |
| 2006 | 1061856 | 331417 | 6494190 | 16.35 | 5.10 |
| 2007 | 1340643 | 466256 | 7463258 | 17.96 | 6.25 |
| 2008 | 1524443 | 508618 | 8681365 | 17.56 | 5.86 |
| 2009 | 2548033 | 570385 | 9388509 | 27.14 | 6.08 |
| 2010 | 3041332 | 727579 | 11295852 | 26.92 | 6.44 |
| 2011 | 3506307 | 864352 | 13916631 | 25.20 | 6.21 |
| 2012 | 4060754 | 1037303 | 16131559 | 25.17 | 6.43 |
| 2013 | 3948217 | 1244956 | 18102413 | 21.81 | 6.88 |
| 2014 | 4674809 | 1523299 | 19777719 | 23.64 | 7.70 |
| 2015 | 5938067 | 1851917 | 21022500 | 28.25 | 8.81 |
| 2016 | 6067450 | 2154794 | 22074224 | 27.49 | 9.76 |
| 2017 | 6716478 | 2342001 | 24450830 | 27.47 | 9.58 |
| 2018 | 7215296 | 2533169 | 26601946 | 27.12 | 9.52 |
| 2019 | 6795136 | 2332261 | 28525100 | 23.82 | 8.18 |
| 2020 | 7041458 | 2471310 | 28775300 | 24.47 | 8.59 |
| 2021 | 8032719 | 2767279 | 32772761 | 24.86 | 8.44 |
| 2022 | 6610649 | 2209765 | 33434962 | 19.77 | 6.61 |

# 9-5 区县级财政收支

单位：万元

| 地区 | 财政收入 | 财政支出 |
| --- | --- | --- |
| 城关区 | 250901 | 512589 |
| 七里河区 | 98616 | 239655 |
| 西固区 | 90026 | 193850 |
| 安宁区 | 81784 | 162505 |
| 红古区 | 54996 | 183635 |
| 永登县 | 57129 | 331105 |
| 皋兰县 | 57147 | 190477 |
| 榆中县 | 37596 | 389464 |
| 兰州新区 | 351735 | 728828 |

# 9-6 金融机构人民币信贷收支表

单位：万元

| 指标 | 2020年 | 2021年 | 2022年 |
|---|---|---|---|
| 一、各项存款 | 90447697 | 95254036 | 100716053 |
| （一）境内存款 | 90318475 | 95162658 | 100621971 |
| 1.住户存款 | 38596270 | 40829699 | 45692581 |
| （1）活期存款 | 11752452 | 11795814 | 13937718 |
| （2）定期及其他存款 | 26843818 | 29033884 | 31754863 |
| 2.非金融企业存款 | 31259847 | 29706461 | 28178185 |
| （1）活期存款 | 19493992 | 16865862 | 16378409 |
| （2）定期及其他存款 | 11765855 | 12840599 | 11799775 |
| 3.机关团体存款 | 15327496 | 15331740 | 17976265 |
| 4.财政性存款 | 2279619 | 3138219 | 3523648 |
| 5.非银行业金融机构存款 | 2855244 | 6156539 | 5251292 |
| （二）境外存款 | 129222 | 91377 | 94082 |
| 二、金融债券 | 998927 | 759446 | 259457 |
| 其中：境外发行 | | | |
| 三、卖出回购资产 | 103224 | 110700 | 230000 |
| 四、借款及非银行业金融机构拆入 | 176058 | 9047 | 9047 |
| 五、联行往来（净） | 50259926 | 54901923 | 60347010 |
| 六、应付及暂收款 | 3037792 | 3410175 | 3980194 |
| 七、各项准备 | 3769297 | 4473610 | 4745039 |
| 八、所有者权益 | 10197310 | 10617828 | 11094850 |
| 其中：实收资本 | 4927526 | 4927526 | 4984608 |
| 九、其他 | 3982632 | 5284500 | 5666733 |

# 9-6 金融机构人民币信贷收支表（续一）

单位：万元

| 指标 | 2020年 | 2021年 | 2022年 |
|---|---|---|---|
| 一、各项贷款 | 129549786 | 140602631 | 149117070 |
| （一）境内贷款 | 129417975 | 140476532 | 149041938 |
| 1.住户贷款 | 20972134 | 24499221 | 24610812 |
| （1）短期贷款 | 4548650 | 5630541 | 5071181 |
| 消费贷款 | 2923108 | 4024048 | 3445144 |
| 经营贷款 | 1625541 | 1606493 | 1626037 |
| （2）中长期贷款 | 16423484 | 18868680 | 19539631 |
| 消费贷款 | 14566989 | 16961863 | 17625657 |
| 经营贷款 | 1856495 | 1906817 | 1913975 |
| 2.企（事）业单位贷款 | 108335841 | 115578311 | 124281126 |
| （1）短期贷款 | 19289648 | 18488783 | 17201252 |
| （2）中长期贷款 | 74697493 | 81776991 | 89353358 |
| （3）票据融资 | 8456875 | 8068495 | 9549846 |
| （4）融资租赁 | 5551026 | 6853572 | 7967811 |
| （5）各项垫款 | 340799 | 390470 | 208858 |
| 3.非银行业金融机构贷款 | 110000 | 399000 | 150000 |
| （二）境外贷款 | 131811 | 126098 | 75132 |
| 二、债券投资 | 17999174 | 18682494 | 23202408 |
| 其中：境外债券 | | | |
| 三、股权及其他投资 | 10605158 | 10483217 | 10471506 |
| 四、买入返售资产 | 1936969 | 1923455 | 900633 |
| 五、存放非银行业金融机构款项 | 10 | 156236 | 171898 |
| 六、联行往来（净） | | | |
| 其中：境内存放二级准备金 | 245099 | 251386 | 252416 |
| 七、金银占款 | | | |
| 八、中央银行外汇占款 | | | |
| 九、应收及预付款 | 1775792 | 1902421 | 2147879 |
| 十、投资性房地产 | 572 | 3831 | 3661 |
| 十一、固定资产 | 1105404 | 1066979 | 1033329 |

# 9-7 金融机构本外币信贷收支表

单位：万元

| 指标 | 2020年 | 2021年 | 2022年 |
|---|---|---|---|
| 一、各项存款 | 90838825 | 95776482 | 101091218 |
| （一）境内存款 | 90697774 | 95557479 | 100972064 |
| 1.住户存款 | 38847072 | 41075627 | 45947922 |
| （1）活期存款 | 11895245 | 11935902 | 14076913 |
| （2）定期及其他存款 | 26951826 | 29139725 | 31871010 |
| 2.非金融企业存款 | 31339231 | 29830349 | 28259818 |
| （1）活期存款 | 19566902 | 16982505 | 16446131 |
| （2）定期及其他存款 | 11772329 | 12847844 | 11813686 |
| 3.机关团体存款 | 15374927 | 15354591 | 17986576 |
| 4.财政性存款 | 2279619 | 3138219 | 3523648 |
| 5.非银行业金融机构存款 | 2856926 | 6158693 | 5254100 |
| （二）境外存款 | 141050 | 219003 | 119153 |
| 二、金融债券 | 998927 | 759446 | 259457 |
| 其中：境外发行 | | | |
| 三、卖出回购资产 | 103224 | 110700 | 230000 |
| 四、借款及非银行业金融机构拆入 | 257380 | 76959 | 73000 |
| 五、联行往来（净） | 51750032 | 55461500 | 60732333 |
| 六、应付及暂收款 | 3052097 | 3435439 | 4035072 |
| 七、各项准备 | 3933833 | 4612361 | 4876504 |
| 八、所有者权益 | 10258956 | 10781629 | 11249937 |
| 其中：实收资本 | 4927526 | 4927526 | 4984608 |
| 九、其他 | 4485434 | 5749226 | 5803736 |

注：1.本表统计机构包括人民银行、国家开发银行、进出口银行、农业发展银行、工商银行、农业银行、中国银行、建设银行、交通银行、中信银行、光大银行、华夏银行、平安银行、招商银行、浦发银行、兴业银行、民生银行、浙商银行、邮储银行、甘肃银行、兰州银行、农村商业银行、农村合作银行、农村信用社、村镇银行、财务公司、信托投资公司、金融租赁公司等。

2.本表并表统计汇率采用即期期末汇率。

# 9-7 金融机构本外币信贷收支表（续一）

单位：万元

| 指标 | 2020年 | 2021年 | 2022年 |
|---|---|---|---|
| 一、各项贷款 | 131675974 | 142318278 | 150161899 |
| （一）境内贷款 | 130523717 | 141229635 | 149395599 |
| 1.住户贷款 | 20973228 | 24499920 | 24611759 |
| （1）短期贷款 | 4549271 | 5631153 | 5072076 |
| 消费贷款 | 2923729 | 4024660 | 3446039 |
| 经营贷款 | 1625541 | 1606493 | 1626037 |
| （2）中长期贷款 | 16423957 | 18868767 | 19539683 |
| 消费贷款 | 14567196 | 16961950 | 17625708 |
| 经营贷款 | 1856761 | 1906817 | 1913975 |
| 2.企（事）业单位贷款 | 109440489 | 116330715 | 124633840 |
| （1）短期贷款 | 19890897 | 18816221 | 17336443 |
| （2）中长期贷款 | 75200892 | 82201824 | 89570756 |
| （3）票据融资 | 8456875 | 8068495 | 9549846 |
| （4）融资租赁 | 5551026 | 6853572 | 7967811 |
| （5）各项垫款 | 340799 | 390603 | 208983 |
| 3.非银行业金融机构贷款 | 110000 | 399000 | 150000 |
| （二）境外贷款 | 1152257 | 1088643 | 766300 |
| 二、债券投资 | 18377624 | 18892832 | 23432177 |
| 其中：境外债券 |  | 44630 | 48752 |
| 三、股权及其他投资 | 10605158 | 10483217 | 10471506 |
| 四、买入返售资产 | 1936969 | 1923455 | 900633 |
| 五、存放非银行业金融机构款项 | 191229 | 159461 | 177266 |
| 六、联行往来（净） |  |  |  |
| 其中：境内存放二级准备金 | 245099 | 251386 | 252416 |
| 七、金银占款 |  |  |  |
| 八、中央银行外汇占款 |  |  |  |
| 九、应收及预付款 | 1785776 | 1915688 | 2170786 |
| 十、投资性房地产 | 572 | 3831 | 3661 |
| 十一、固定资产 | 1105404 | 1066979 | 1033329 |

注：1.本表统计机构包括人民银行、国家开发银行、进出口银行、农业发展银行、工商银行、农业银行、中国银行、建设银行、交通银行、中信银行、光大银行、华夏银行、平安银行、招商银行、浦发银行、兴业银行、民生银行、浙商银行、邮储银行、甘肃银行、兰州银行、农村商业银行、农村合作银行、农村信用社、村镇银行、财务公司、信托投资公司、金融租赁公司等。

2.本表并表统计汇率采用即期期末汇率。

# 9-8 分区县金融机构人民币信贷统计表

单位：万元

| 地区 | 各项存款余额 | 各项贷款余额 |
|---|---|---|
| **全市合计** | 100716053 | 149117070 |
| 城关区 | 60533805 | 75997641 |
| 七里河区 | 9940572 | 8979138 |
| 西固区 | 5786440 | 3625557 |
| 安宁区 | 5767998 | 4635701 |
| 红古区 | 1501370 | 1028301 |
| 永登县 | 2202569 | 2031496 |
| 皋兰县 | 1792931 | 3007513 |
| 榆中县 | 3438184 | 3932807 |
| 兰州新区 | 2571099 | 6589557 |
| 省本部 | 7181085 | 39289358 |

# 9-9 分区县金融机构本外币信贷统计表

单位：万元

| 地区 | 各项存款余额 | 各项贷款余额 |
|---|---|---|
| **全市合计** | 101091218 | 150161899 |
| 城关区 | 60748332 | 76173387 |
| 七里河区 | 9977290 | 9000096 |
| 西固区 | 5821664 | 3625589 |
| 安宁区 | 5788683 | 4635787 |
| 红古区 | 1502585 | 1028303 |
| 永登县 | 2202587 | 2031497 |
| 皋兰县 | 1792962 | 3007513 |
| 榆中县 | 3438467 | 3932809 |
| 兰州新区 | 2579130 | 6589558 |
| 省本部 | 7239518 | 40137359 |

# 主要统计指标解释

**一般公共预算收入** 是通过一定的形式和程序，由各级财政部门组织并纳入预算管理的各项收入。

**税收收入** 包括增值税、消费税、土地增值税、城市维护建设税、资源税、城市土地使用税、房产税、印花税、个人所得税、企业所得税、关税、契税和耕地占用税等。

**非税收入** 反映各级政府及其所属部门和单位依法利用行政权力、政府信誉、国家资源、国有资产或提供特定公共服务征收、收取、提取、募集的除税收和政府债务收入以外的财政收入。主要包括：专项收入、行政事业性收费收入、罚没收入、国有资本经营收入、国有资源（资产)有偿使用收入、捐赠收入、政府住房基金收入、其他收入等。

**一般公共预算支出** 是各级财政部门对集中的一般预算收入有计划地分配和使用而安排的支出。主要包括：

（1）一般公共服务支出：反映政府提供一般公共服务的支出。

（2）外交支出：反映政府外交事务支出。包括外交行政管理，驻外机构、对外援助、国际组织、对外合作与交流、边界勘界联检等方面的支出。人大、政协、政府及所属各总部门（除国家领导人、外交部门）的出国费、招待费列相关功能科目，不在本科目反映。

（3）国防支出：反映政府用于国防方面的支出。

（4）公共安全支出：反映政府维护社会公共安全方面的支出。有关事务包括武装警察、公安、国家安全、检察、法院、司法行政、监狱、劳教、国家保密等。

（5）教育支出：反映政府教育事务支出。有关具体事务包括教育行政管理、普通教育、职业教育、成人教育、留学教育、特殊教育、干部继续教育等。

（6）科学技术支出：反映科学技术方面的支出。

（7）文化旅游体育与传媒支出：反映政府在文化、旅游、文物、体育、广播电视、电影、新闻出版等方面的支出。

（8）社会保障和就业支出：反映政府在社会保障与就业方面的支出。有关事项包括人力资源和社会保障管理事务、民政管理事务、财政对社会保险基金的补助、补充全国社会保障基金、行政事业单位养老支出、企业改革补助、就业补助、抚恤、最低生活保障、临时救助、红十字事业等。

（9）卫生健康支出：反映政府卫生健康方面的支出。有关事项包括卫生健康行政管理事务、公立医院、公共卫生、中医药、医疗救助等。

（10）节能环保支出：反映政府节能环保支出。具体事项包括环境保护管理事务、环境监测与监察、污染防治、自然生态保护、天然林保护、退耕还林还草、风沙荒漠治理、退牧还草、能源节约利用、污染减排、可再生能源、循环经济等。

（11）城乡社区支出：反映政府城乡社区事务支出。具体事项包括城乡社区管理事务、城乡社区规划与管理、城乡社区公共设施、城乡社区环境卫生、建设市场管理与监督等。

（12）农林水支出：反映政府农林水事务支出。具体事项包括农业农村行政管理、对外交流与合作、林业和草原、技术推广与转化、水利、国际河流治理与管理、巩固脱贫衔接乡村振兴、农村综合改革、普惠金融发展支出等。

（13）交通运输支出：反映交通运输和邮政业方面的支出。有关事务包括公路水路运输、交通运输信息化建设、铁路运输、民用航空运输、机场建设、邮政业支出、车辆购置税支出等。

（14）资源勘探工业信息等支出：反映用于资源勘探、制造业、建筑业、工业信息等方面的支出。

（15）商业服务业等支出：反映商业服务业等方面的支出。

（16）金融支出：反映金融方面的支出。

（17）援助其他地区支出：反映援助方政府安排并管理的对其他地区各类援助、捐赠等资金支出。

（18）自然资源海洋气象等支出：反映政府用于自然资源、海洋、测绘、气象等公益服务事业方面的支出。

（19）住房保障支出：集中反映政府用于住房方面的支出。有关事务包括保障性安居工程支出、沉陷区治理、住房改革支出、城乡社区住宅等。

（20）粮油物资储备支出：反映政府用于粮油物资储备方面的支出。

（21）灾害防治及应急管理支出：反映政府用于自然灾害防治、安全生产监管及应急管理等方面的支出。具体包括应急管理事务、消防救援事务、矿山安全、地震事务、防震减灾基础管理等。

（22）其他支出：反映不能划分到上述功能科目的其他政府支出。

（23）转移性支出：反映政府间的转移支付以及不同性质资金之间的调拨支出。

（24）债务还本支出：反映归还债务本金所发性的支出。

（25）债务付息支出：反映用于归还债务利息所发性的支出。

**信贷资金**　指金融机构以信用方式积聚和分配的货币资金。金融机构信贷资金的来源有各项存款、金融债券、对国际金融机构负债、流通中现金、其他项目等；信贷资金的运用有各项贷款、有价证券及投资、金银占款、外汇占款、财政借款及在国际金融机构中的资产等。

**存款**　指企业、机关、团体或居民根据资金必须收回的原则，把货币资金存入银行或其他信贷机构保管并取得一定利息的一种信用活动形式。根据存款对象或性质的不同可划分为企业存款、财政存款、机关团体存款、城乡储蓄存款、农业存款、信托及委托类存款、其他存款等科目。它是银行信贷资金的主要来源。

**贷款**　指银行或其他信贷机构根据资金必须归还的原则，按一定利率，为企业、个人等提供资金的一种信用活动形式。我国银行贷款分为短期贷款、委托及信托类贷款、其他贷款等。

# 十、劳动、工资

# 10-1 就业基本情况

单位：万人

| 指标 | 2000年 | 2010年 | 2011年 | 2012年 | 2013年 |
|---|---|---|---|---|---|
| **从业人员合计** | 145.67 | 176.48 | 179.72 | 181.95 | 196.26 |
| 第一产业 | 45.43 | 40.78 | 41.19 | 40.75 | 39.64 |
| 第二产业 | 43.88 | 47.16 | 47.25 | 47.16 | 52.50 |
| 第三产业 | 56.36 | 88.54 | 91.28 | 94.04 | 104.12 |
| **从业人员构成** | 100.00 | 100.00 | 100.00 | 100.00 | 100.00 |
| 第一产业 | 31.39 | 23.11 | 22.92 | 22.40 | 20.20 |
| 第二产业 | 30.12 | 26.72 | 26.29 | 25.92 | 26.75 |
| 第三产业 | 38.69 | 50.17 | 50.79 | 51.68 | 53.05 |
| **按城乡分从业人员** | 145.67 | 176.48 | 179.72 | 181.95 | 196.26 |
| 城镇从业人员 | 64.06 | 105.33 | 108.99 | 110.93 | 127.01 |
| 国有单位 | 51.78 | 40.43 | 38.80 | 39.13 | 36.46 |
| 城镇集体单位 | 9.06 | 1.91 | 1.92 | 2.02 | 2.55 |
| 股份合作单位 | 3.22 | 0.23 | 0.19 | 0.19 | 0.13 |
| 联营单位 | | 0.25 | 0.04 | 0.03 | 0.20 |
| 有限责任公司 | | 8.19 | 11.00 | 11.63 | 20.06 |
| 股份有限公司 | | 3.83 | 4.09 | 4.48 | 8.10 |
| 私营企业 | 6.38 | 30.67 | 31.48 | 29.07 | 31.66 |
| 港澳台商投资单位 | | 0.27 | 0.05 | 0.13 | 0.66 |
| 外商投资单位 | | 0.36 | 0.40 | 0.50 | 1.04 |
| 其他 | | 0.27 | 0.27 | 0.21 | 0.40 |
| 个体 | 6.44 | 18.92 | 20.75 | 23.54 | 25.75 |
| 乡村从业人员 | 68.79 | 71.15 | 70.73 | 71.02 | 69.25 |
| **城镇单位从业人数** | 64.06 | 55.74 | 56.76 | 58.32 | 69.60 |
| 国有单位 | 51.78 | 37.63 | 38.80 | 39.13 | 36.46 |
| 城镇集体单位 | 9.06 | 1.91 | 1.92 | 2.02 | 2.55 |
| 其他单位 | 3.22 | 16.20 | 16.04 | 17.17 | 30.59 |
| **城镇单位女性从业人员** | | 18.28 | 18.17 | 19.96 | 23.14 |
| **城镇登记失业人数** | 2.96 | 2.37 | 2.15 | 1.44 | 1.44 |
| **城镇登记失业率（%）** | 2.60 | 3.12 | 2.94 | 1.63 | 1.71 |
| **下岗失业人员再就业人数** | 0.96 | 1.00 | 2.72 | 3.17 | 1.41 |

# 10-1 就业基本情况（续一）

单位：万人

| 指标 | 2014年 | 2015年 | 2016年 | 2017年 | 2018年 | 2019年 |
|---|---|---|---|---|---|---|
| **从业人员合计** | 205.05 | 208.09 | 215.6 | 224.14 | 225.25 | 228.26 |
| 第一产业 | 39.51 | 38.73 | 39.04 | 40.56 | 39.39 | 36.96 |
| 第二产业 | 53.73 | 55.25 | 59.50 | 61.18 | 56.32 | 57.49 |
| 第三产业 | 111.81 | 114.11 | 117.06 | 122.4 | 129.54 | 133.81 |
| **从业人员构成** | 100.00 | 100.00 | 100.00 | 100.00 | 100.00 | 100.00 |
| 第一产业 | 19.27 | 18.61 | 18.11 | 18.1 | 17.49 | 16.19 |
| 第二产业 | 26.20 | 26.55 | 27.60 | 27.3 | 25 | 25.19 |
| 第三产业 | 54.53 | 54.84 | 54.29 | 54.6 | 57.51 | 58.62 |
| **按城乡分从业人员** | 205.05 | 208.09 | 215.6 | 224.14 | 225.25 | 228.26 |
| 城镇从业人员 | 136.03 | 137.19 | 144.62 | 153.74 | 154.61 | 162.86 |
| 国有单位 | 36.26 | 36.61 | 42.59 | 40.75 | 35.06 | 32.61 |
| 城镇集体单位 | 2.08 | 1.89 | 1.74 | 1.53 | 1.02 | 1.06 |
| 股份合作单位 | 0.08 | 0.09 | 0.08 | 0.07 | 0.15 | 0.17 |
| 联营单位 | 0.19 | 0.05 | 0.03 | 0.03 | 0.03 | 0.06 |
| 有限责任公司 | 22.72 | 23.16 | 23.00 | 26.2 | 32.19 | 28.2 |
| 股份有限公司 | 8.13 | 8.02 | 8.14 | 10.43 | 8.31 | 8.75 |
| 私营企业 | 35.89 | 35.28 | 36.29 | 37.56 | 42.01 | 52.35 |
| 港澳台商投资单位 | 0.61 | 0.57 | 0.61 | 0.55 | 0.45 | 0.43 |
| 外商投资单位 | 1.08 | 0.88 | 0.86 | 1.04 | 1.02 | 1.04 |
| 其他 | 0.23 | 0.21 | 0.18 | 0.21 | 0.29 | 1.34 |
| 个体 | 28.76 | 30.44 | 31.08 | 35.37 | 34.08 | 36.85 |
| 乡村从业人员 | 69.02 | 70.89 | 70.98 | 70.4 | 70.64 | 65.4 |
| **城镇单位从业人数** | 71.37 | 71.47 | 77.25 | 80.81 | 78.52 | 73.66 |
| 国有单位 | 36.26 | 36.61 | 42.59 | 40.75 | 35.06 | 32.61 |
| 城镇集体单位 | 2.08 | 1.89 | 1.74 | 1.53 | 1.02 | 1.06 |
| 其他单位 | 33.03 | 32.97 | 32.91 | 38.53 | 42.44 | 39.99 |
| **城镇单位女性从业人员** | 24.19 | 24.08 | 25.96 | 27.91 | 26.79 | 26.36 |
| **城镇登记失业人数** | 1.52 | 1.46 | 1.73 | 1.55 | 1.79 | 3.09 |
| **城镇登记失业率（%）** | 1.77 | 1.77 | 2.17 | 2.04 | 2.09 | 3.38 |
| **下岗失业人员再就业人数** | 2.19 | 2.5 | 2.46 | 1.9 | 4.81 | 3.75 |

# 10-1 就业基本情况（续二）

单位：万人

| 指标 | 2020年 | 2021年 | 2022年 |
|---|---|---|---|
| **从业人员合计** | 227.00 | | |
| 第一产业 | 36.44 | | |
| 第二产业 | 56.84 | | |
| 第三产业 | 133.72 | | |
| **从业人员构成** | 100.00 | | |
| 第一产业 | 16.05 | | |
| 第二产业 | 25.04 | | |
| 第三产业 | 58.91 | | |
| **城镇单位从业人数** | 78.5 | 79.04 | 76.61 |
| **城镇单位女性从业人员** | 29.79 | 29.88 | 29.21 |
| **城镇登记失业人数** | 2.87 | 3.13 | 3.51 |
| **城镇登记失业率（%）** | 3.06 | 3.26 | – |
| **下岗失业人员再就业人数** | 2.96 | 3.16 | 3.16 |

# 10-2 从业人员

单位：万人

| 年份 | 从业人员合计 | | |
| --- | --- | --- | --- |
| | | 单位从业人员 | 农村劳动者 |
| 1979 | 103.23 | 61.66 | 41.52 |
| 1980 | 106.56 | 59.93 | 44.43 |
| 1981 | 108.90 | 63.00 | 45.18 |
| 1982 | 115.51 | 64.20 | 50.78 |
| 1983 | 118.74 | 66.22 | 51.65 |
| 1984 | 123.35 | 67.01 | 54.36 |
| 1985 | 127.98 | 71.05 | 54.36 |
| 1986 | 132.58 | 73.38 | 56.68 |
| 1987 | 135.35 | 75.47 | 57.55 |
| 1988 | 138.54 | 76.36 | 58.68 |
| 1989 | 140.17 | 76.37 | 60.40 |
| 1990 | 143.97 | 79.34 | 61.77 |
| 1991 | 151.47 | 84.86 | 62.78 |
| 1992 | 157.36 | 87.58 | 63.86 |
| 1993 | 160.12 | 87.30 | 64.89 |
| 1994 | 160.89 | 88.14 | 65.46 |
| 1995 | 161.22 | 87.40 | 65.99 |
| 1996 | 162.27 | 86.26 | 66.57 |
| 1997 | 160.26 | 82.64 | 67.23 |
| 1998 | 160.37 | 82.53 | 67.48 |
| 1999 | 152.32 | 65.17 | 67.61 |
| 2000 | 145.70 | 64.06 | 68.79 |
| 2001 | 141.40 | 59.04 | 69.17 |
| 2002 | 153.36 | 59.42 | 80.07 |
| 2003 | 154.23 | 60.01 | 78.25 |
| 2004 | 150.04 | 59.34 | 66.90 |
| 2005 | 150.75 | 57.06 | 70.36 |
| 2006 | 150.63 | 56.71 | 70.83 |
| 2007 | 153.98 | 56.46 | 70.54 |
| 2008 | 157.15 | 53.15 | 70.56 |
| 2009 | 162.72 | 54.68 | 70.69 |
| 2010 | 176.48 | 55.74 | 71.15 |
| 2011 | 179.72 | 56.76 | 70.73 |
| 2012 | 181.95 | 58.32 | 71.02 |
| 2013 | 196.26 | 69.60 | 69.25 |
| 2014 | 205.05 | 71.37 | 69.02 |
| 2015 | 208.09 | 71.47 | 70.89 |
| 2016 | 215.60 | 77.25 | 70.98 |
| 2017 | 224.14 | 80.81 | 70.4 |
| 2018 | 225.24 | 78.52 | 70.64 |
| 2019 | 228.26 | 73.66 | 65.4 |
| 2020 | 227.00 | 78.5 | 65.42 |
| 2021 | | 79.04 | 65.2 |
| 2022 | | 76.61 | 65.67 |

# 10-2 从业人员（续一）

单位：万人

| 年份 | 从业人员 | | | | 构成（%） | | |
|---|---|---|---|---|---|---|---|
| | | 第一产业 | 第二产业 | 第三产业 | 第一产业 | 第二产业 | 第三产业 |
| 1979 | 103.23 | | | | | | |
| 1980 | 106.56 | | | | | | |
| 1981 | 108.90 | | | | | | |
| 1982 | 115.51 | | | | | | |
| 1983 | 118.74 | | | | | | |
| 1984 | 123.35 | | | | | | |
| 1985 | 127.98 | | | | | | |
| 1986 | 132.58 | 38.80 | 56.39 | 37.79 | 29.27 | 42.53 | 28.50 |
| 1987 | 135.35 | 41.60 | 56.40 | 37.35 | 30.74 | 41.67 | 27.60 |
| 1988 | 138.54 | 43.76 | 58.13 | 37.64 | 31.59 | 41.96 | 27.17 |
| 1989 | 140.17 | 43.56 | 57.86 | 38.76 | 31.08 | 41.28 | 27.65 |
| 1990 | 143.97 | 44.99 | 58.54 | 40.44 | 31.25 | 40.66 | 28.09 |
| 1991 | 151.47 | 45.80 | 61.31 | 44.36 | 30.24 | 40.48 | 29.29 |
| 1992 | 157.36 | 46.46 | 63.86 | 47.03 | 29.52 | 40.58 | 29.89 |
| 1993 | 160.12 | 43.43 | 64.83 | 51.86 | 27.12 | 40.49 | 32.39 |
| 1994 | 160.89 | 43.53 | 61.48 | 55.88 | 27.06 | 38.21 | 34.73 |
| 1995 | 161.22 | 43.61 | 61.96 | 55.64 | 27.05 | 38.43 | 34.51 |
| 1996 | 162.27 | 43.57 | 60.48 | 58.23 | 26.85 | 37.27 | 35.88 |
| 1997 | 160.26 | 44.44 | 58.16 | 57.66 | 27.73 | 36.29 | 35.98 |
| 1998 | 160.37 | 44.80 | 55.49 | 60.08 | 27.94 | 34.40 | 37.46 |
| 1999 | 152.32 | 44.60 | 45.91 | 61.80 | 29.28 | 30.14 | 40.57 |
| 2000 | 145.70 | 45.43 | 43.88 | 56.36 | 31.18 | 30.12 | 38.70 |
| 2001 | 141.40 | 45.56 | 39.88 | 55.91 | 32.22 | 28.20 | 39.58 |
| 2002 | 142.96 | 45.04 | 40.09 | 57.83 | 31.51 | 28.04 | 45.45 |
| 2003 | 145.63 | 44.72 | 42.78 | 58.13 | 30.71 | 29.73 | 39.92 |
| 2004 | 150.04 | 41.65 | 48.09 | 59.00 | 27.75 | 32.93 | 39.32 |
| 2005 | 150.75 | 44.68 | 43.18 | 62.89 | 29.64 | 28.64 | 41.72 |
| 2006 | 150.63 | 42.81 | 44.92 | 62.90 | 28.42 | 29.82 | 41.76 |
| 2007 | 153.98 | 42.04 | 45.86 | 66.08 | 27.26 | 29.73 | 43.01 |
| 2008 | 157.15 | 41.75 | 42.37 | 73.03 | 26.57 | 26.96 | 46.47 |
| 2009 | 162.72 | 41.08 | 44.72 | 76.92 | 25.25 | 27.48 | 47.27 |
| 2010 | 176.48 | 40.78 | 47.16 | 88.54 | 23.11 | 26.72 | 50.17 |
| 2011 | 179.72 | 41.19 | 47.25 | 91.28 | 22.92 | 26.29 | 50.79 |
| 2012 | 181.95 | 40.75 | 47.16 | 94.04 | 22.40 | 25.92 | 51.68 |
| 2013 | 196.26 | 39.64 | 52.50 | 104.12 | 20.20 | 26.75 | 53.05 |
| 2014 | 205.05 | 39.51 | 53.73 | 111.81 | 19.27 | 26.20 | 54.53 |
| 2015 | 208.09 | 38.73 | 55.25 | 114.11 | 18.61 | 26.55 | 54.84 |
| 2016 | 215.60 | 39.04 | 59.50 | 117.06 | 18.11 | 27.60 | 54.29 |
| 2017 | 224.14 | 40.56 | 61.18 | 122.4 | 18.1 | 27.3 | 54.6 |
| 2018 | 225.25 | 39.39 | 56.32 | 129.54 | 17.49 | 25.00 | 57.51 |
| 2019 | 228.26 | 36.96 | 57.49 | 133.81 | 16.19 | 25.19 | 58.62 |
| 2020 | 227.00 | 36.44 | 56.84 | 133.72 | 16.05 | 25.04 | 58.91 |
| 2021 | | | | | | | |
| 2022 | | | | | | | |

# 10-3 全市城镇非私营单位从业人员

单位：万人

| 指标 | 从业人员 | 在岗职工 |
|---|---|---|
| 合计 | 76.61 | 61.59 |
| 农、林、牧、渔业 | 0.35 | 0.33 |
| 采矿业 | 0.96 | 0.88 |
| 制造业 | 8.43 | 7.79 |
| 电力、煤气和水生产和供应业 | 5.31 | 4.68 |
| 建筑业 | 11.95 | 8.23 |
| 批发和零售业 | 4.31 | 3.81 |
| 交通、仓储和邮政业 | 3.55 | 2.49 |
| 住宿和餐饮业 | 1.13 | 0.88 |
| 信息传输、计算机服务和软件 | 1.82 | 1.75 |
| 金融业 | 4.48 | 3.44 |
| 房地产业 | 3.78 | 2.30 |
| 租赁和商务服务业 | 2.10 | 1.57 |
| 科学研究技术服务和地质勘探业 | 4.65 | 3.65 |
| 水利、环境和公共设施管理 | 1.39 | 0.67 |
| 居民服务和其他服务业 | 0.35 | 0.33 |
| 教育 | 8.00 | 7.05 |
| 卫生、社会保障和社会福利业 | 4.67 | 4.16 |
| 文化、体育和娱乐业 | 0.98 | 0.80 |
| 公共管理和社会组织 | 8.42 | 6.78 |
| 按三次产业分 | | |
| 第一产业 | 0.35 | 0.33 |
| 第二产业 | 26.65 | 21.58 |
| 第三产业 | 49.62 | 39.68 |

# 10–4 城镇非私营单位从业人员劳动报酬和在岗职工工资

单位：万元

| 指标 | 单位从业人员工资总额 | 在岗职工工资总额 |
|---|---|---|
| **工资总额** | **7493285** | **6678724** |
| **按国民经济行业分** | | |
| 农、林、牧、渔业 | 28446 | 26700 |
| 采矿业 | 94007 | 91380 |
| 制造业 | 865706 | 826742 |
| 电力、热力、燃气及水生产和供应业 | 562793 | 530633 |
| 建筑业 | 941275 | 661068 |
| 批发和零售业 | 325926 | 301695 |
| 交通运输、仓储和邮政业 | 266615 | 212276 |
| 住宿和餐饮业 | 51755 | 45452 |
| 信息传输、软件和信息技术服务业 | 166156 | 161394 |
| 金融业 | 526640 | 465246 |
| 房地产业 | 216524 | 165521 |
| 租赁和商务服务业 | 148359 | 124434 |
| 科学研究、技术服务业 | 618306 | 555002 |
| 水利、环境和公共设施管理业 | 101080 | 76977 |
| 居民服务、修理和其他服务业 | 18076 | 16976 |
| 教育 | 1004695 | 966128 |
| 卫生和社会工作 | 527217 | 494403 |
| 文化、体育和娱乐业 | 96822 | 86075 |
| 公共管理、社会保障和社会组织 | 932884 | 870619 |

注：自2019年起，本表不包含铁路民航数据（按照国家统一方案执行，铁路局数据国家不返到市州一级）。

# 10-5 城镇非私营单位从业人员平均劳动报酬和在岗职工平均工资

| 指标 | 单位从业人员平均劳动报酬（元） | 在岗职工平均工资 |
|---|---|---|
| **职工平均工资** | 97647 | 100596 |
| **按国民经济行业分组** | | |
| 农、林、牧、渔业 | 79580 | 81080 |
| 采矿业 | 95649 | 103041 |
| 制造业 | 103812 | 105278 |
| 电力、热力、燃气及水生产和供应业 | 106442 | 106494 |
| 建筑业 | 77238 | 74115 |
| 批发和零售业 | 73622 | 76554 |
| 交通运输、仓储和邮政业 | 78797 | 80453 |
| 住宿和餐饮业 | 44489 | 50045 |
| 信息传输、软件和信息技术服务业 | 91323 | 91409 |
| 金融业 | 116671 | 134466 |
| 房地产业 | 56885 | 58131 |
| 租赁和商务服务业 | 69468 | 70077 |
| 科学研究、技术服务业 | 133651 | 137327 |
| 水利、环境和公共设施管理业 | 72636 | 74819 |
| 居民服务、修理和其他服务业 | 51009 | 51239 |
| 教育 | 126170 | 132358 |
| 卫生和社会工作 | 114387 | 116987 |
| 文化、体育和娱乐业 | 97085 | 99016 |
| 公共管理、社会保障和社会组织 | 111132 | 117868 |

# 10-6 城镇非私营在岗职工平均工资及指数

| 年份 | 平均货币工资（元） | | | | 指数（上年=100） | | | |
|---|---|---|---|---|---|---|---|---|
| | 合计 | 国有单位 | 城镇集体单位 | 其他单位 | 合计 | 国有单位 | 城镇集体单位 | 其他单位 |
| 1979 | 834 | 839 | 632 | | 110.32 | 107.56 | 109.34 | |
| 1980 | 872 | 912 | 674 | | 104.56 | 108.7 | 106.65 | |
| 1981 | 908 | 935 | | | 104.13 | 102.52 | 99.7 | |
| 1982 | 939 | 972 | | | 103.41 | 103.96 | 101.64 | |
| 1983 | 987 | 1025 | | 562 | 105.11 | 105.45 | 103.51 | |
| 1984 | 1226 | 1256 | | 665 | 124.21 | 122.54 | 140.59 | 118.33 |
| 1985 | 1388 | 1433 | 1088 | 829 | 113.21 | 114.09 | 109.46 | 124.66 |
| 1986 | 1562 | 1634 | 1105 | 1827 | 112.54 | 114.03 | 101.56 | 220.39 |
| 1987 | 1700 | 1773 | 1222 | 1831 | 108.83 | 108.51 | 110.59 | 100.22 |
| 1988 | 2010 | 2081 | 1531 | 2331 | 118.24 | 117.31 | 125.29 | 127.31 |
| 1989 | 2248 | 2332 | 1706 | 2472 | 111.84 | 112.06 | 111.43 | 106.05 |
| 1990 | 2507 | 2618 | 1866 | 2928 | 111.52 | 112.26 | 109.38 | 118.45 |
| 1991 | 2664 | 2799 | 2058 | 2746 | 106.26 | 106.91 | 110.29 | 93.78 |
| 1992 | 3031 | 3216 | 2289 | 3078 | 113.78 | 114.9 | 111.22 | 112.09 |
| 1993 | 3241 | 3434 | 2462 | 3109 | 106.93 | 106.78 | 107.56 | 101.01 |
| 1994 | 4618 | 4849 | 3588 | 5039 | 142.49 | 141.21 | 145.74 | 162.08 |
| 1995 | 5564 | 5776 | 4336 | 7785 | 120.49 | 119.12 | 120.85 | 154.49 |
| 1996 | 6188 | 6402 | 4981 | 8176 | 111.21 | 110.84 | 114.88 | 105.02 |
| 1997 | 6578 | 6820 | 5085 | 8712 | 106.3 | 106.53 | 102.09 | 106.56 |
| 1998 | 6828 | 6971 | 5785 | 7454 | 103.8 | 102.21 | 113.77 | 85.56 |
| 1999 | 7836 | 8071 | 6466 | 8031 | 114.76 | 115.78 | 111.77 | 107.74 |
| 2000 | 9147 | 9239 | 8622 | 9257 | 116.73 | 114.47 | 133.34 | 115.27 |
| 2001 | 10452 | 10608 | 8124 | 11266 | 114.27 | 114.82 | 94.22 | 121.7 |
| 2002 | 11861 | 12412 | 7558 | 11610 | 113.48 | 117.01 | 93.03 | 103.05 |
| 2003 | 13489 | 13860 | 9056 | 13664 | 113.73 | 111.67 | 119.82 | 117.69 |
| 2004 | 14854 | 15363 | 9289 | 13713 | 110.12 | 110.84 | 102.57 | 100.36 |
| 2005 | 16960 | 17839 | 11386 | 15209 | 114.18 | 116.12 | 122.58 | 110.91 |
| 2006 | 19090 | 21276 | 13598 | 16244 | 112.56 | 119.27 | 119.43 | 106.81 |
| 2007 | 22569 | 25081 | 13570 | 19666 | 118.22 | 117.88 | 99.79 | 121.07 |
| 2008 | 26118 | 28506 | 17547 | 22914 | 115.73 | 113.66 | 129.31 | 116.52 |
| 2009 | 28995 | 32260 | 20504 | 23393 | 111.02 | 113.17 | 116.85 | 102.09 |
| 2010 | 33966 | 36978 | 25891 | 28947 | 117.14 | 114.62 | 126.27 | 123.74 |
| 2011 | 38965 | 41816 | 31636 | 33858 | 114.72 | 113.08 | 122.19 | 116.97 |
| 2012 | 44492 | 48081 | 33889 | 38538 | 114.18 | 114.98 | 107.12 | 113.82 |
| 2013 | 48017 | 52375 | 34370 | 44514 | 107.92 | 108.93 | 101.42 | 115.51 |
| 2014 | 54005 | 60571 | 37996 | 48810 | 112.47 | 115.65 | 110.55 | 109.65 |
| 2015 | 60330 | 70847 | 42259 | 53178 | 111.71 | 116.97 | 111.22 | 108.95 |
| 2016 | 67011 | 77889 | 42327 | 56189 | 111.07 | 109.94 | 100.16 | 105.66 |
| 2017 | 72286 | 85128 | 52332 | 60394 | 107.87 | 109.29 | 123.64 | 107.48 |
| 2018 | 85575 | 95484 | 62247 | 75527 | 118.38 | 112.17 | 118.95 | 125.06 |
| 2019 | 88393 | 101541 | 64758 | 77677 | 103.29 | 106.34 | 104.03 | 102.85 |
| 2020 | 93847 | | | | 106.17 | | | |
| 2021 | 96793 | | | | 103.14 | | | |
| 2022 | 100596 | | | | 103.93 | | | |

# 主要统计指标解释

**职工工资总额** 指各单位在一定时期内直接支付给本单位全部职工的劳动报酬总额。工资总额的计算原则应以直接支付给职工的全部劳动报酬为根据。各单位支付给职工的劳动报酬以及其他根据有关规定支付的工资，不论是计入成本的还是不计入成本的，不论是按国家规定列入计征奖金税项目的，还是未列入计征奖金税项目的，不论是以货币形式支付的还是以实物形式支付的，均包括在工资总额内。

**职工平均工资** 指企业、事业、机关单位的职工在一定时期内平均每人所得的货币工资额。它表明一定时期职工工资收入的高低程度，是反映职工工资水平的主要指标。计算公式为：

职工平均工资=报告期实际支付的全部职工工资总额/报告期全部职工平均人数

**城镇单位从业人员劳动报酬** 指各单位在一定时期内直接支付给本单位全部从业人员的劳动报酬总额。包括在岗职工工资总额和其他从业人员的劳动报酬总额。

**单位从业人员** 指报告期末最后一日在本单位工作，并取得工资或其他形式劳动报酬的人员数。该指标为时点指标，不包括最后一日当天及以前已经与单位解除劳动合同关系的人员，是在岗职工、劳务派遣人员及其他就业人员之和。就业人员不包括：（1）离开本单位仍保留劳动关系，并定期领取生活费的人员；（2)在本单位实习的各类在校学生；（3）本单位以劳务外包形式使用的人员，如：建筑业整建制使用的人员。

**城镇登记失业人员** 指有非农业户口，在一定的劳动年龄内，有劳动能力，无业而要求就业，并在当地就业服务机构进行求职登记的人员。

**城镇登记失业率** 指城镇登记失业人数与城镇单位就业人员（扣除使用的农村劳动力、聘用的离退休人员、港澳台及外方人员)、城镇单位中的不在岗职工、城镇私营业主、个体户主、城镇私营企业和个体就业人员、城镇登记失业人员之和的比。计算公式为：

城镇登记失业率=城镇登记失业人数/（城镇单位就业人数+城镇私营企业及个体就业人数+城镇登记失业人数）*100%

**职工** 指在国有经济、城镇集体经济、联营经济、股份制经济、外商和港、澳、台投资经济、其他经济单位及其附属机构工作，并由其支付工资的各类人员，不包括返聘的离休人员、民办教师、在国有经济单位工作的外方人员和港、澳、台人员（1998年以后的数据无均为在岗职工数据，其他相关指标如职工工资总额，职工平均工资等指标也从1998年按此口径进行了相应调整）。

**国有单位职工** 指在国有经济单位及其附属机构工作，并由其支付工资的各类人员。

**城镇集体单位职工** 指在城镇集体经济单位及其管理部门工作，并由其支付工资的各类人员。

**其他单位职工** 指在联营经济、股份制经济、外商投资经济、港、澳、台投资经济单位工作，并由其支付工资的各类人员。

**在岗职工** 指在本单位工作并由单位支付工资的人员，以及有工作岗位，但由于学习、病伤产假等原因暂未工作，仍由单位支付工资的人员。

统计资料

兰州统计年鉴 LANZHOU STATISTICAL YEARBOOK 2023

# 十一、教育、科技文化

# 11-1 平均每万人在校学生数

单位：人

| 年份 | 大学生 | 中学生 | 小学生 |
|---|---|---|---|
| 1957 | 63 | 196 | 1184 |
| 1962 | 82 | 189 | |
| 1965 | 63 | 258 | |
| 1970 | 65 | 617 | |
| 1975 | 40 | 747 | |
| 1978 | 53 | 853 | 1819 |
| 1979 | 58 | 790 | 1778 |
| 1980 | 71 | 749 | 1724 |
| 1981 | 82 | 643 | 1577 |
| 1982 | 67 | 662 | 1458 |
| 1983 | 70 | 699 | 1297 |
| 1984 | 83 | 705 | 1252 |
| 1985 | 100 | 720 | 1197 |
| 1986 | 117 | 728 | 1123 |
| 1987 | 117 | 692 | 1057 |
| 1988 | 121 | 636 | 1002 |
| 1989 | 118 | 560 | 981 |
| 1990 | 112 | 533 | 952 |
| 1991 | 108 | 525 | 925 |
| 1992 | 113 | 518 | 933 |
| 1993 | 132 | 484 | 900 |
| 1994 | 130 | 472 | 1004 |
| 1995 | 144 | 484 | 1029 |
| 1996 | 148 | 500 | 1058 |
| 1997 | 153 | 507 | 1083 |
| 1998 | 160 | 519 | 1078 |
| 1999 | 186 | 544 | 1042 |
| 2000 | 249 | 586 | 1002 |
| 2001 | 308 | 634 | 961 |
| 2002 | 688 | 655 | 917 |
| 2003 | 660 | 682 | 877 |
| 2004 | 526 | 726 | 842 |
| 2005 | 580 | 688 | 810 |
| 2006 | 537 | 709 | 803 |
| 2007 | 546 | 687 | 794 |
| 2008 | 622 | 645 | 728 |
| 2009 | 1049 | 628 | 684 |
| 2010 | 1103 | 615 | 673 |
| 2011 | 1158 | 580 | 646 |
| 2012 | 1210 | 573 | 633 |
| 2013 | 1468 | 562 | 631 |
| 2014 | 1497 | 554 | 633 |
| 2015 | 1494 | 528 | 646 |
| 2016 | 1501 | 516 | 656 |
| 2017 | 1558 | 509 | 670 |
| 2018 | 1627 | 503 | 688 |
| 2019 | 1644 | 497 | 705 |
| 2020 | 1301 | 381 | 562 |
| 2021 | 1353 | 390 | 582 |
| 2022 | 1469 | 524 | 782 |

# 11-2 各类学校基本情况

单位：人

| 指标 | 学校（所） | 毕业生数 | 招生数 | 在校学生数 | 教职工数 | |
|---|---|---|---|---|---|---|
| | | | | | | 专任教师数 |
| 普通高等学校 | 28 | 121108 | 148835 | 495145 | 31679 | 23806 |
| 普通中等专业学校 | 26 | 5289 | 7141 | 19121 | 1667 | 1242 |
| 中等技术学校 | 25 | 5289 | 7141 | 19121 | 1615 | 1203 |
| 中等师范学校 | 1 | | | | 52 | 39 |
| 普通中学 | 215 | 55675 | 62673 | 176627 | 20503 | 18729 |
| 高中 | 66 | 20541 | 24748 | 67038 | 9544 | 8452 |
| 初中 | 149 | 35134 | 37925 | 109589 | 10959 | 10277 |
| 中等职业学校 | 11 | 1255 | 2140 | 5462 | 657 | 573 |
| 技工学校 | | | | | | |
| 小学 | 421 | 38014 | 46882 | 263511 | 15589 | 15233 |
| 特殊教育学校 | 6 | 82 | 64 | 492 | 273 | 190 |
| 幼儿园 | 841 | 45716 | 40150 | 134221 | 17421 | 9382 |
| 成人中等专业学校 | 5 | 872 | 978 | 2425 | 86 | 59 |
| 成人高等学院 | 3 | | | | 321 | 229 |
| 民办高等院校 | | | | | | |

注：1.高等院校数及在校学生数变动原因：按照教育部门办学层次划分，2021年在兰高等院校31所，其中28所普通高等学校、3所成人高等学校；2021年及以后年度统计年鉴统计口径普通高等学校数，未含3所成人高等学校。

2.中等职业学校变动原因：根据教育部相关统计制度规定，2021年及以后年度此项指标包含职业高中、普通中等专业学校及成人中等专业院校；2020年年鉴中此项指标的统计口径为普通中等专业学校。

# 11-3 各类学校女生和女教师数

单位：人

| 指标 | 2010年 | 2015年 | 2016年 | 2017年 | 2018年 | 2019年 | 2020年 | 2021年 | 2022年 |
|---|---|---|---|---|---|---|---|---|---|
| **女生数** | | | | | | | | | |
| 普通中学 | 96392 | 82547 | 81601 | 80808 | 80546 | 80230 | 80215 | 81539 | 84427 |
| 职业中学 | 7530 | 1364 | 1432 | 1701 | 2033 | 2164 | 2271 | 2333 | 13991 |
| 小学 | 101854 | 97198 | 98990 | 101703 | 105868 | 109517 | 115463 | 119836 | 124876 |
| **女学生占学生总数（%）** | | | | | | | | | |
| 普通中学 | 48.46 | 48.53 | 48.88 | 48.89 | 48.8 | 48.61 | 48.24 | 48.02 | 47.8 |
| 职业中学 | 56.43 | 47.63 | 46.74 | 51 | 46.44 | 45.37 | 45.06 | 1.13 | 42.63 |
| 小学 | 46.8 | 46.73 | 46.69 | 46.7 | 46.84 | 46.83 | 47.11 | 47.22 | 47.39 |
| **女教师** | | | | | | | | | |
| 普通中学 | 6990 | 7566 | 7722 | 7761 | 9727 | 10289 | 10471 | 9452 | 9713 |
| 职业中学 | 528 | 211 | 194 | 198 | 317 | 283 | 205 | 227 | 1069 |
| 小学 | 8812 | 9134 | 9569 | 10036 | 9468 | 10396 | 10709 | 12762 | 13106 |
| **女教师占教师数（%）** | | | | | | | | | |
| 普通中学 | 50.61 | 54.18 | 55.18 | 55.89 | 56.67 | 57.70 | 60.25 | 51.41 | 59.71 |
| 职业中学 | 58.8 | 54.81 | 55.91 | 55.62 | 49.07 | 47.25 | 48.12 | 1.11 | 51.64 |
| 小学 | 61.41 | 64.85 | 66.61 | 68.4 | 69.01 | 70.80 | 72.74 | 85.56 | 74.33 |

# 11-4 分县区学校基本情况

| 指标 | 兰州市 | 城关区 | 七里河区 | 西固区 | 安宁区 | 红古区 | 永登县 | 皋兰县 | 榆中县 | 兰州新区 |
|---|---|---|---|---|---|---|---|---|---|---|
| **小学** | | | | | | | | | | |
| 学校个数（个） | 421 | 74 | 54 | 28 | 26 | 24 | 91 | 16 | 82 | 26 |
| 在校学生数（个） | 263511 | 87305 | 40085 | 24478 | 26786 | 9844 | 16956 | 5798 | 30382 | 21877 |
| 招生数（人） | 46882 | 16262 | 6870 | 4372 | 5184 | 1549 | 2150 | 886 | 5289 | 4320 |
| 毕业生数（人） | 38256 | 12351 | 6043 | 3551 | 3510 | 1605 | 3344 | 1054 | 4369 | 2459 |
| 专任教师数（人） | 15233 | 4140 | 2338 | 1342 | 1177 | 561 | 2027 | 533 | 1975 | 1140 |
| 小学学龄人口入学率（%） | 100 | 100 | 100 | 100 | 100 | 100 | 100 | 100 | 100 | 100 |
| **普通中学** | | | | | | | | | | |
| 学校个数（个） | 215 | 49 | 24 | 25 | 18 | 9 | 32 | 9 | 31 | 18 |
| 初中在校学生数（人） | 109589 | 34588 | 14633 | 10125 | 10922 | 4433 | 9110 | 2649 | 14969 | 8160 |
| 招生数（人） | 37925 | 11804 | 5237 | 3497 | 3749 | 1524 | 3145 | 877 | 4966 | 3126 |
| 毕业生数（人） | 36828 | 11399 | 4655 | 3470 | 3366 | 1413 | 3141 | 3251 | 4224 | 1909 |
| 初中学龄人口入学率（%） | 100 | 100 | 100 | 100 | 100 | 100 | 100 | 100 | 100 | 100 |
| 高中在校学生数（人） | 67038 | 18439 | 6586 | 9871 | 5302 | 2632 | 5805 | 2148 | 9749 | 6506 |
| 招生数（人） | 24748 | 6289 | 2816 | 3697 | 1796 | 960 | 2150 | 780 | 3610 | 2650 |
| 毕业生数（人） | 20593 | 5978 | 1872 | 2960 | 1771 | 846 | 1890 | 702 | 2838 | 1736 |
| 普通中学专任教师数（人） | 16267 | 4660 | 1925 | 1926 | 1384 | 684 | 1548 | 607 | 2372 | 1161 |
| **特殊教育学校** | | | | | | | | | | |
| 学校个数（个） | 6 | 2 | 1 | 0 | 0 | 0 | 1 | 0 | 1 | 1 |
| 在校学生数（人） | 1075 | 265 | 326 | 15 | | | 53 | | 272 | 144 |
| 毕业生数（人） | 155 | 52 | 68 | 2 | | | 15 | | 0 | 18 |
| **幼儿园** | | | | | | | | | | |
| 园数（所） | 841 | 264 | 160 | 76 | 67 | 20 | 64 | 26 | 101 | 63 |
| 班数（个） | 5216 | 1616 | 880 | 461 | 483 | 138 | 369 | 149 | 614 | 506 |
| 幼儿数（人） | 134221 | 43429 | 22145 | 11883 | 13532 | 4761 | 7215 | 3129 | 15727 | 12400 |
| 教职员工数（人） | 17421 | 6353 | 2956 | 1796 | 1840 | 455 | 674 | 326 | 1640 | 1381 |

# 11-5 科技成果情况

| 指标 | 2000年 | 2010年 | 2015年 | 2016年 | 2017年 | 2018年 | 2019年 | 2020年 | 2021年 | 2022年 |
|---|---|---|---|---|---|---|---|---|---|---|
| 基本情况（项） | 106 | 714 | 538 | 864 | 782 | 781 | 1026 | 1555 | 1114 | 1229 |
| 鉴定项目数 | 41 | 704 | 78 | 81 | 24 | 26 | 15 | 18 | 18 | 19 |
| 登记项目数 | 41 | 714 | 538 | 864 | 782 | 781 | 1026 | 1555 | 1114 | 1229 |
| 奖励项目数 | 24 | | | 198 | | | | | | |
| 成果水平（项） | 41 | 714 | 379 | 495 | 380 | 467 | 521 | 932 | 668 | |
| 国际领先 | 2 | 9 | 5 | 2 | 1 | 11 | 9 | 5 | 3 | |
| 国际先进 | 3 | 111 | 18 | 2 | 1 | 28 | 15 | 18 | 11 | |
| 国内领先 | 11 | 501 | 48 | 10 | 26 | 39 | 14 | 68 | 55 | |
| 国内先进 | 16 | 91 | 7 | 5 | 10 | 32 | 28 | 40 | 13 | |
| 其他 | 9 | 7 | 301 | 476 | 342 | 357 | 415 | 801 | 586 | 621 |
| 应用领域（项） | 21 | 273 | 194 | 240 | 157 | 215 | 220 | 932 | | 273 |
| 工业(交通、邮电、建筑、地质) | 15 | 74 | 56 | 54 | 35 | 37 | 59 | 92 | 134 | 59 |
| 农业（林、牧、渔） | 6 | 199 | 138 | 186 | 122 | 178 | 161 | 222 | 181 | 214 |

注：表中“应用领域（项）”2020年数据为全行业科技成果应用数，以前年度为工业和农业的合计数。

# 11-6 专利申请情况

单位：项

| 指标 | 申请量 | | | | | | | | |
|---|---|---|---|---|---|---|---|---|---|
| | 2014年 | 2015年 | 2016年 | 2017年 | 2018年 | 2019年 | 2020年 | 2021年 | 2022年 |
| **总计** | 4288 | 5703 | 7488 | 7793 | 10708 | 13728 | 14050 | | 10120 |
| **按种类分** | | | | | | | | | |
| 发明专利 | 2071 | 2416 | 3083 | 2560 | 3242 | 4287 | 3843 | | 1904 |
| 实用新型 | 2059 | 3019 | 4002 | 4783 | 7034 | 8844 | 9459 | | 7503 |
| 外观设计 | 158 | 268 | 403 | 450 | 432 | 597 | 748 | | 713 |
| **按对象分** | | | | | | | | | |
| 大专院校 | 1045 | 1314 | 2559 | 2886 | 3533 | 4162 | 4445 | | 3069 |
| 科研单位 | 766 | 1180 | 1281 | 1202 | 1280 | 1317 | 1324 | | 1185 |
| 工矿企业 | 870 | 1156 | 1498 | 1797 | 2472 | 4547 | 3983 | | 3801 |
| 机关团体 | 85 | 106 | 160 | 236 | 555 | 5750 | 473 | | 442 |
| 个人 | 1522 | 1947 | 1982 | 1672 | 2868 | 2952 | 3825 | | 1623 |

注：国家知识产权局未反馈2021年数据。

# 11-7 专利授权情况

单位：项

| 指标 | 授权量 | | | | | | | | |
|---|---|---|---|---|---|---|---|---|---|
| | 2014年 | 2015年 | 2016年 | 2017年 | 2018年 | 2019年 | 2020年 | 2021年 | 2022年 |
| **总计** | **2139** | **2914** | **3505** | **4244** | **5206** | **6358** | **9289** | **11426** | |
| **按种类分** | | | | | | | | | |
| 发明专利 | 589 | 848 | 867 | 907 | 893 | 840 | 1165 | 1756 | |
| 实用新型 | 1392 | 1930 | 2334 | 2988 | 4001 | 5099 | 7538 | 8960 | |
| 外观设计 | 158 | 136 | 304 | 349 | 312 | 419 | 586 | 710 | |
| **按对象分** | | | | | | | | | |
| 大专院校 | 554 | 814 | 1153 | 1550 | 1938 | 2119 | 3008 | 4002 | |
| 科研单位 | 354 | 653 | 679 | 658 | 592 | 672 | 744 | 1143 | |
| 工矿企业 | 679 | 764 | 826 | 1065 | 1481 | 1992 | 3125 | 3525 | |
| 机关团体 | 78 | 77 | 94 | 123 | 208 | 437 | 434 | 442 | |
| 个人 | 474 | 606 | 753 | 848 | 987 | 1138 | 1978 | 2314 | |

注：国家知识产权局未反馈2022年数据。

# 11-8 文化事业基本情况

| 指标 | 2000年 | 2010年 | 2015年 | 2016年 | 2017年 | 2018年 | 2019年 | 2020年 | 2021年 | 2022年 |
|---|---|---|---|---|---|---|---|---|---|---|
| **文化事业机构数（个）** | **28** | **16** | **32** | **32** | **55** | **48** | **47** | **50** | **48** | **38** |
| 文化部门 | 28 | 16 | 32 | 32 | 55 | 48 | 47 | 50 | 48 | 38 |
| **文化事业人员数（人）** | **1159** | **1187** | **1167** | **1277** | **1340** | **1167** | **1218** | **1179** | **1096** | **960** |
| 文化部门 | 1159 | 1187 | 1167 | 1277 | 1340 | 1167 | 1218 | 1179 | 1096 | 960 |
| **各类文化艺术事业单位数（个）** | **28** | **16** | **32** | **32** | **43** | **32** | **32** | **41** | **43** | **33** |
| 文化馆、艺术馆 | 1 | 9 | 9 | 9 | 9 | 9 | 9 | 9 | 9 | 9 |
| 公共图书馆 | 1 | 8 | 8 | 8 | 8 | 8 | 8 | 8 | 8 | 8 |
| 博物馆 | 2 | 4 | 11 | 11 | 11 | 12 | 12 | 29 | 29 | 29 |
| 电影院 | 20 | 7 | 0 | 31 | 34 | 36 | 43 | 45 | | 53 |
| 艺术表演场所 | 2 | 2 | 1 | 2 | 2 | 2 | 2 | 2 | 4 | 2 |
| 艺术表演团体 | 4 | 4 | 4 | 1 | 1 | 1 | 1 | 2 | 4 | 2 |

# 11-9 广播电视

| 指标 | 2010年 | 2015年 | 2016年 |
| --- | --- | --- | --- |
| 广播电台（座） | 1 | 1 | 1 |
| 中短波广播发射和转播台（座） | 1 | 1 | 1 |
| 中短波广播发射功率（千瓦） | 10 | 10 | 10 |
| 发射台及转播台（座） | 15 | 9 | 9 |
| 发射机功率（千瓦） | 26.31 | 28 | 28 |
| 节目（套） | 6 | 3 | 3 |
| 广播电台平均每日播出时间（时、分） |  | 19:10:00 | 19:10:00 |
| 制作广播节目（小时） |  |  |  |
| 新闻节目 | 2:00 | 2:40:00 | 2:40:00 |
| 专题节目 | 3:00:00 | 3:50:00 | 3:50:00 |
| 教育节目 | 5:00:00 | 1:00:00 | 1:00:00 |
| 文艺节目 | 4:00:00 | 8:00:00 | 8:00:00 |
| 服务节目 | 11:00:00 | 11:00:00 | 11:00:00 |
| 县广播电视台（座） | 3 |  |  |
| 广播人口覆盖率（%） | 98.27 | 98.6 | 99.64 |
| 电视台（座） |  | 1 | 1 |
| 发射台及转播台（座） | 8 | 9 | 9 |
| 发射机功率（千瓦） | 26.5 | 20 | 20 |
| 节目（套） | 8 | 4 | 4 |
| 电视台平均每日播出时间（时、分） | 11:00 | 19:00:00 | 19:00:00 |
| 制作电视节目（小时） |  |  |  |
| 新闻节目 | 2:00:00 | 3:10:00 | 3:10:00 |
| 专题节目 | 3:00:00 | 1:00:00 | 1:00:00 |
| 文艺节目 | 4:00:00 | 0:30:00 | 0:30:00 |
| 服务节目 | 11:00:00 | 2:50:00 | 2:50:00 |
| 电视人口覆盖率（%） | 98.55 | 98.55 | 99.7 |

# 事业基本情况

| 2017年 | 2018年 | 2019年 | 2020年 | 2021年 | 2022年 |
|---|---|---|---|---|---|
| 1 | 1 | 1 | 1 | 1 | 1 |
| 1 | 1 | 1 | 1 | 1 | 1 |
| 10 | 10 | 10 | 10 | 10 | 10 |
| 9 | 9 | 9 | 9 | 9 | 9 |
| 28 | 28 | 33 | 33 | 33 | 33 |
| 3 | 3 | 3 | 3 | 3 | 3 |
| 19:10:00 | 19:10:00 | 19:10:00 | 19:10:00 | 19:00:00 | 18:00:00 |
| | | | | | |
| 2:40:00 | 2:20:00 | 5:30:00 | 7:10:00 | 5:24:00 | 5:20:00 |
| 3:50:00 | 3:20:00 | 4:50:00 | 10:10:00 | 14:15:00 | 14:15:00 |
| 1:00:00 | 0:50:00 | 0:20:00 | 2:40:00 | 4:40:00 | 4:40:00 |
| 8:00:00 | 8:50:00 | 23:50:00 | 23:50:00 | 13:00:00 | 13:00:00 |
| 11:00:00 | 11:00:00 | 13:30:00 | 6:30:00 | 16:50:00 | 16:50:00 |
| | | | | | |
| 99.64 | 99.64 | 90 | 90 | 90 | 90 |
| 1 | 1 | 1 | 1 | 1 | 1 |
| 9 | 9 | 9 | 9 | 1 | 1 |
| 20 | 20 | 20 | 20 | 33 | 20 |
| 4 | 4 | 4 | 4 | 3 | 3 |
| 19:00:00 | 19:00:00 | 19:00:00 | 19:00:00 | 19:00:00 | 19:00:00 |
| | | | | | |
| 3:10:00 | 3:00:00 | 3:20:00 | 2:10:00 | 11:30:00 | 11:30:00 |
| 1:00:00 | 1:00:00 | 2:40:00 | 1:10:00 | 13:30:00 | 13:30:00 |
| 0:30:00 | 0:28:00 | 0:20:00 | 1:30:00 | 11:30:00 | 11:30:00 |
| 2:50:00 | 2:20:00 | 0:30:00 | 0:30:00 | 5:30:00 | 5:30:00 |
| 99.7 | 99.7 | 99.75 | 99.7 | 99.7 | 99.7 |

# 11-10 文化产业基本情况

| 指标 | 2010年 | 2015年 | 2016年 | 2017年 | 2018年 | 2019年 | 2020年 | 2021年 |
|---|---|---|---|---|---|---|---|---|
| 文化产业增加值（亿元） | 19.70 | 48.17 | 56.71 | 63.76 | 70.76 | 75.36 | 77.51 | 95.46 |
| 文化产业增加值占GDP比重（%） | 1.79 | 2.30 | 2.50 | 2.53 | 2.59 | 2.66 | 2.68 | 2.95 |
| 文化产业法人单位机构数（个） | 871 | 3171 | 3194 | | 5014 | 5585 | 5886 | 6113 |
| 从业人员（人） | | 48513 | 54301 | | 42010 | | | |
| 资产总计（亿元） | 152.98 | 213.53 | 236.48 | | 546.07 | | | |

# 主要统计指标解释

**普通高等学校** 指按照国家规定的设置标准和审批程序批准举办，通过国家统一招生考试，招收高中毕业生为主要培养对象，实施高等教育的全日制大学、独立设置的学院和高等专科学校、短期职业大学。

**成人高等学校** 指按照国家有关规定审批，招收通过全国成人高教统一招生考试的具有高中毕业或同等学历的在职从业人员，利用脱产、半脱产、业余或函授等多种形式对其实施高等学历教育，培养高等教育专科或本科毕业水平的专门人才，修业年限、课程设置和总学时数均按高等学历教育要求付诸实施的学校。包括广播电视大学、职工高等学校、农民高等学校、管理干部学院、教育学院、独立设置的函授学院等。

**小学学龄儿童入学率** 指调查范围内已入学学习的学龄儿童占校内外学龄儿童总数（包括智力障碍儿童，不包括盲聋哑儿童）的比重。计算公式为：

小学学龄儿童入学率=已入学的小学学龄儿童数／校内外小学学龄儿童总数×100%

**科技活动** 指在自然科学、农业科学、医药科学、工程与技术科学、人文与社会科学领域（简称科学技术领域）中，与科技知识的产生、发展、传播和应用密切相关的有组织的活动。可分为研究与试验发展（R&D）、研究与试验发展成果应用及相关的科技服务三类活动。

**科技活动人员** 指直接从事科技活动以及专门从事科技活动管理和为科技活动提供直接服务的人员。累计从事科技活动的实际工作时间占全年制度工作时间10%及以上的人员。（1）直接从事科技活动的人员包括：在独立核算的科学研究与技术开发机构、高等学校、各类企业及其他事业单位内设的研究室、实验室、技术开发中心及中试车间（基地）等机构中从事科技活动的研究人员、工程技术人员、技术工人及其他人员；虽不在上述机构工作，但编入科技活动项目（课题）组的人员；科技信息与文献机构中的专业技术人员；从事论文设计的研究生等。（2）专门从事科技活动管理和为科技活动提供直接服务的人员包括：独立核算的科学研究与技术开发机构、科技信息与文献机构、高等学校、各类企业及其他事业单位主管科技工作的负责人，专门从事科技活动的计划、行政、人事、财务、物资供应、设备维护、图书资料管理等工作的各类人员，但不包括保卫、医疗保健人员、司机、食堂人员、茶炉工、水暖工、清洁工等为科技活动提供间接服务的人员。

**科学家与工程师** 指科技活动人员中具有高、中级技术职称（职务）的人员和不具有高、中级的技术职称（职务）的大学本科及以上学历人员。

**专业技术人员** 指从事专业技术工作和专业技术管理工作的人员，即企事业单位中已经聘任专业技术职务从事专业技术工作和专业技术管理工作的人员，以及未聘任专业技术职务，现在专业技术岗位上工作的人员。包括工程技术人员，农业技术人员，科学研究人员，卫生技术人员，教学人员，经济人员，会计人员，统计人员，翻译人员，图书资料、档案、文博人员，新闻出版人员，律师、公证人员，广播电视播音人员，工艺美术人员，体育人员，艺术人员及企业政治思想工作人员，共十七个专业技术职务类别。

**科技活动经费筹集** 指从各种渠道筹集到的计划用于科技活动的经费，包括政府资金、企业资金、事业单位资金、金融机构贷款、国外资金和其他资金等。

**政府资金** 指从各级政府部门获得的计划用于科技活动的经费，包括科学事业费、科技三项费、科研基建费、科学基金、教育等部门事业费中计划用于科技活动的经费以及政府部门预算外资金中计划用于科技活动的经费等。

**企业资金** 指从自有资金中提取或接受其他企业委托的，科研院所和高校等事业单位接受企业委托获得的，计划用于科研和技术开发的经费。不包括来自政府、金融机构及国外的计划用于科技活动的资金。

**金融机构贷款** 指从各类金融机构获得的用于科技活动的贷款。

**科技活动经费内部支出** 指报告年内用于科技活动的实际支出包括劳务费、科研业务费、科研管理费，非基建投资购建的固定资产、科研基建支出以及其他用于科技活动的支出。不包括生产性活动支出、归还贷款支出及转拨外单位支出。

**劳务费** 指以货币或实物形式直接或间接支付给从事科技活动人员的劳动报酬及各种费用。包括各种形式的工资、津贴、奖金、福利、离退休人员费用、人民助学金等。

**固定资产购建费** 指报告年内使用非基建投资购建的固定资产和用于科研基建投资的实际支出额，即固定资产实际支出和科研基建投资实际完成额之和。固定资产是指长期使用而不改变原有实物形态的主要物资设备、图书资料、实验材料和标本以及其他设备和家具、房屋、建筑物。

**新产品** 指采用新技术原理、新设计构思研制、生产的全新产品，或在结构、材质、工艺等某一方面比原有产品有明显改进，从而显著提高了产品性能或扩大了使用功能的产品。既包括政府有关部门认定并在有效期内的新产品，也包括企业自行研制开发，未经政府有关部门认定，从投产之日起一年之内的新产品。

**文化事业机构** 指从事专业文化工作和为专业文化工作服务的独立建制的单位。不包括这些单位另外举办独立核算的其他机构和各部门的业余文化组织。

**艺术表演团体** 指从事戏曲、音乐、舞蹈、杂技等专业艺术表演，有独立账户的单位，不包括半工半艺、半农半艺和民间职业剧团。

**电影放映单位** 指具有放映机器设备、固定或不固定的放映场所与专职或兼职的放映技术人员，经有关部门登记批准，经常为一定的观众对象放映电影的机构。包括经批准对外开放进行营业、并与电影发行放映管理机构分账的专用放映单位和军委系统租片单位。

**艺术表演观众人数（人次）** 指售票、包场演出或民族地区免费演出的艺术表演观众人次数，不包括彩排审查和内部观摩演出的观看人次数。

统计资料

兰州统计年鉴 2023

LANZHOU STATISTICAL YEARBOOK

# 十二、卫生、司法

# 12-1 卫生机构数

单位：个

| 年份 | 总计 | 医院 | 卫生院 | 门诊部、所 | 专科防治所、站 | 卫生防疫机构 | 妇幼保健所、站 | 医学科学研究机构 |
|---|---|---|---|---|---|---|---|---|
| 1979 | 758 | 141 | 85 | 590 | 3 | 11 | 9 | 1 |
| 1980 | 787 | 141 |  | 620 | 2 | 11 | 9 | 1 |
| 1981 | 827 | 145 |  | 653 | 4 | 11 | 9 | 1 |
| 1982 | 842 | 145 |  | 666 | 4 | 11 | 9 | 1 |
| 1983 | 870 | 145 |  | 696 | 4 | 11 | 9 | 1 |
| 1984 | 881 | 146 |  | 705 | 5 | 12 | 9 | 1 |
| 1985 | 839 | 116 |  | 685 | 5 | 9 | 7 | 1 |
| 1986 | 874 | 119 | 86 | 713 | 7 | 10 | 7 | 1 |
| 1987 | 903 | 128 | 87 | 731 | 8 | 10 | 7 | 1 |
| 1988 | 848 | 121 | 86 | 682 | 8 | 10 | 7 | 1 |
| 1989 | 895 | 125 | 87 | 723 | 8 | 10 | 7 | 1 |
| 1990 | 874 | 130 | 86 | 697 | 8 | 11 | 8 | 1 |
| 1991 | 882 | 129 | 86 | 706 | 7 | 11 | 8 | 1 |
| 1992 | 875 | 133 | 70 | 695 | 7 | 11 | 8 | 1 |
| 1993 | 956 | 151 | 70 | 755 | 8 | 13 | 8 | 2 |
| 1994 | 955 | 164 | 86 | 741 | 8 | 14 | 8 | 2 |
| 1995 | 957 | 165 | 85 | 740 | 8 | 14 | 8 | 2 |
| 1996 | 233 | 177 |  | 6 | 7 | 13 | 8 | 2 |
| 1997 | 243 | 179 |  | 153 | 7 | 13 | 8 | 2 |
| 1998 | 242 | 174 |  | 107 | 7 | 13 | 8 | 2 |
| 1999 | 241 | 170 |  | 201 | 7 | 13 | 8 | 2 |
| 2000 | 241 | 170 |  | 231 | 7 | 13 | 8 | 2 |
| 2001 | 238 | 171 |  | 194 | 7 | 13 | 8 | 2 |
| 2002 | 286 | 94 | 84 | 57 | 4 | 11 | 10 | 2 |
| 2003 | 295 | 101 | 84 | 59 | 3 | 11 | 10 | 2 |
| 2004 | 295 | 100 | 80 | 62 | 3 | 11 | 10 | 2 |
| 2005 | 285 | 99 | 71 | 86 | 2 | 11 | 10 | 2 |
| 2006 | 290 | 97 | 71 | 58 | 2 | 12 | 10 | 2 |
| 2007 | 1646 | 91 | 69 | 51 | 2 | 12 | 10 | 2 |
| 2008 | 1456 | 91 | 69 | 46 | 2 | 11 | 10 | 2 |
| 2009 | 1534 | 90 | 69 | 39 | 2 | 11 | 10 | 2 |
| 2010 | 2257 | 94 | 69 | 34 | 2 | 11 | 10 | 2 |
| 2011 | 2362 | 96 | 71 | 30 | 2 | 11 | 10 | 2 |
| 2012 | 2359 | 98 | 68 | 31 | 2 | 11 | 10 | 2 |
| 2013 | 2288 | 98 | 67 | 30 | 2 | 11 | 10 | 2 |
| 2014 | 2393 | 98 | 69 | 899 | 2 | 11 | 10 | 2 |
| 2015 | 2385 | 95 | 69 | 898 | 2 | 11 | 10 | 2 |
| 2016 | 2408 | 105 | 67 | 890 | 2 | 11 | 10 |  |
| 2017 | 2464 | 127 | 67 | 945 | 2 | 10 | 10 | 1 |
| 2018 | 2211 | 125 | 67 | 808 | 2 | 10 | 10 | 0 |
| 2019 | 2277 | 129 | 67 | 850 | 2 | 10 | 10 | 0 |
| 2020 | 2245 | 116 | 67 | 849 | 2 | 10 | 10 | 0 |
| 2021 | 2305 | 126 | 66 | 905 | 2 | 10 | 10 | 0 |
| 2022 | 2059 | 118 | 62 | 779 | 2 | 10 | 10 | 0 |

注：卫生机构包括村卫生室。

# 12-2 卫生机构人数

单位：人

| 年份 | 总计 | 卫生技术人员 | 医生 | 中医师 | 西医师 | 中、西医师 | 护师、护士 | 每千人口医生数 |
|---|---|---|---|---|---|---|---|---|
| 1979 | 18993 | 13754 | | 759 | 2448 | 2214 | 2657 | 2.58 |
| 1980 | 19769 | 14438 | | 820 | 3559 | 1704 | 2930 | 2.84 |
| 1981 | 20898 | 15727 | | 435 | 3887 | 2132 | 2696 | 2.99 |
| 1982 | 21657 | 16195 | | 437 | 3807 | 2337 | 2829 | 2.97 |
| 1983 | 22582 | 16810 | 6994 | 500 | 4108 | 2386 | 2924 | 3.14 |
| 1984 | 23170 | 17329 | 7106 | 480 | 4000 | 2493 | 3584 | 3.15 |
| 1985 | 21468 | 16009 | 6784 | 522 | 4005 | 2182 | 3398 | 2.97 |
| 1986 | 22244 | 16594 | 6916 | 486 | 4071 | 2261 | 3519 | 2.96 |
| 1987 | 23090 | 17547 | 7403 | 691 | 4361 | 2255 | 3745 | 3.12 |
| 1988 | 23448 | 17949 | 7405 | 850 | 5444 | 1111 | 4624 | 3.06 |
| 1989 | 23680 | 17832 | 7699 | 988 | 5646 | 941 | 4942 | 3.12 |
| 1990 | 24295 | 18655 | 8326 | 1240 | 5978 | 969 | 5162 | 3.31 |
| 1991 | 24911 | 18964 | 8403 | 1196 | 5980 | 1080 | 5214 | 3.3 |
| 1992 | 25476 | 19467 | 8790 | 1239 | 6257 | 1151 | 5586 | 3.4 |
| 1993 | 27343 | 20906 | 9432 | 1299 | 6731 | 1105 | 5995 | 3.61 |
| 1994 | 27615 | 20923 | 9351 | 1416 | 6635 | 1137 | 6123 | 3.52 |
| 1995 | 28085 | 21344 | 9585 | 1410 | 6753 | 1240 | 6321 | 3.54 |
| 1996 | 24102 | 17581 | 7197 | 1029 | 5304 | 755 | 5627 | 2.61 |
| 1997 | 24378 | 17622 | 7195 | 1002 | 5288 | 776 | 5510 | 2.57 |
| 1998 | 24145 | 17527 | 7143 | 968 | 5210 | 857 | 5563 | 2.16 |
| 1999 | 23699 | 17125 | 6926 | 964 | 5124 | 728 | 5572 | 3.23 |
| 2000 | 21958 | 16650 | 6860 | 960 | 5092 | 705 | 5579 | 2.96 |
| 2001 | 21849 | 16778 | 6903 | 916 | 5203 | 661 | 5809 | 1.93 |
| 2002 | 20600 | 16319 | 6604 | | | | 5996 | 2.19 |
| 2003 | 21138 | 16746 | 6818 | | | | 5980 | 2.24 |
| 2004 | 20989 | 16485 | 6703 | | | | 5876 | 2.75 |
| 2005 | 22387 | 18738 | 7951 | | | | 6922 | 2.58 |
| 2006 | 25353 | 20651 | 8801 | | | | 7310 | 2.82 |
| 2007 | 25778 | 20573 | 8890 | | | | 7361 | 2.78 |
| 2008 | 25419 | 20721 | 8971 | | | | 7427 | 2.79 |
| 2009 | 27312 | 22372 | 9440 | | | | 8269 | 2.92 |
| 2010 | 29769 | 24388 | 10060 | | | | 9195 | 3.11 |
| 2011 | 33448 | 26363 | 10745 | | | | 10230 | 2.97 |
| 2012 | 34558 | 27914 | 11308 | | | | 10943 | 3.07 |
| 2013 | 35326 | 28489 | 11349 | | | | 11595 | 3.12 |
| 2014 | 39063 | 30859 | 12252 | | | | 12967 | 3.34 |
| 2015 | 39758 | 30967 | 12354 | | | | 13107 | 3.35 |
| 2016 | 40835 | 32153 | 13123 | | | | 13917 | 3.54 |
| 2017 | 44089 | 35251 | 13692 | | | | 16054 | 3.67 |
| 2018 | 45229 | 36775 | 13954 | | | | 17112 | 3.72 |
| 2019 | 48752 | 39723 | 14337 | | | | 19308 | 3.78 |
| 2020 | 49890 | 41516 | 14883 | | | | 20492 | 3.4 |
| 2021 | 53429 | 44867 | 16036 | | | | 22437 | 3.66 |
| 2022 | 53494 | 45040 | 15752 | | | | 22319 | 3.57 |

# 12-3 卫生机构床位数

单位：张

| 年份 | 总计 | 医院 | 卫生院 | 疗养院、所 | 其他卫生事业机构 | 每千人口医院床位数 |
|---|---|---|---|---|---|---|
| 1979 | 9442 | 8975 | 697 | 100 | | 3.79 |
| 1980 | 9678 | 9117 | | 100 | 100 | 3.75 |
| 1981 | 9895 | 9197 | | 100 | 100 | 3.76 |
| 1982 | 10291 | 9678 | | 100 | 100 | 3.81 |
| 1983 | 10567 | 9780 | | 100 | 100 | 3.88 |
| 1984 | 10840 | 10056 | | 100 | 113 | 3.89 |
| 1985 | 9711 | 9199 | 648 | | 160 | 4.02 |
| 1986 | 10033 | 9395 | 621 | | 159 | 4 |
| 1987 | 10508 | 9874 | 627 | 113 | 162 | 4.16 |
| 1988 | 10921 | 10329 | 616 | | 150 | 1.27 |
| 1989 | 11303 | 10869 | 625 | 20 | 150 | 4.6 |
| 1990 | 11772 | 11181 | 645 | 30 | 150 | 4.5 |
| 1991 | 12450 | 11711 | 643 | 30 | 150 | 4.6 |
| 1992 | 12650 | 11990 | 693 | 30 | 150 | 4.9 |
| 1993 | 13552 | 12974 | | | | 5.2 |
| 1994 | 13743 | 13219 | 720 | | | 5.2 |
| 1995 | 14098 | 13467 | 855 | | 181 | 5.3 |
| 1996 | 13786 | 13589 | | | 170 | 4.9 |
| 1997 | 13857 | 13628 | | | 205 | 4.9 |
| 1998 | 14263 | 14113 | | | 150 | 5.9 |
| 1999 | 14192 | 13947 | | | 201 | 4.88 |
| 2000 | 14164 | 13862 | | | 195 | 4.8 |
| 2001 | 14373 | 14032 | | | 203 | 4.78 |
| 2002 | 14921 | 13720 | 1043 | | 52 | 4.56 |
| 2003 | 15366 | 14484 | 1060 | | 58 | 5.05 |
| 2004 | 16260 | 14484 | 1016 | | 58 | 4.32 |
| 2005 | 14825 | 13303 | 917 | | 871 | 4.79 |
| 2006 | 15658 | 13877 | 977 | | 965 | 5 |
| 2007 | 17045 | 13624 | 2260 | | | 4.27 |
| 2008 | 24207 | 13071 | 8149 | | | 4.06 |
| 2009 | 21873 | 13728 | 1113 | | | 4.24 |
| 2010 | 25498 | 15788 | 1128 | | | 4.35 |
| 2011 | 25411 | 17292 | 1152 | | | 4.76 |
| 2012 | 27545 | 18734 | 1202 | | | 5.16 |
| 2013 | 23614 | 20281 | 1160 | | | 5.57 |
| 2014 | 24873 | 21577 | 1176 | | | 5.89 |
| 2015 | 22774 | 21230 | 1179 | | | 5.75 |
| 2016 | 26538 | 22822 | 1209 | | | 6.16 |
| 2017 | 29164 | 25382 | 1207 | | | 7.82 |
| 2018 | 30655 | 26886 | 1123 | | | 7.16 |
| 2019 | 31409 | 27532 | 1084 | | | 8.29 |
| 2020 | 32160 | 28452 | 1078 | | | 6.51 |
| 2021 | 33428 | 29638 | 1081 | | | 6.76 |
| 2022 | 34920 | 29765 | 971 | | | 6.74 |

# 12-4 医院、卫生院诊疗人次及入院人数

| 指标 | 诊疗人次（万人次） | 门、急诊 | 入院人数（万人） | 每百诊次的入院人数（人） | 每百门、急诊次的入院人数（人） |
|---|---|---|---|---|---|
| **医院、卫生院合计** | 1043.21 | 1003.08 | 60.21 | 5.77 | 6.00 |
| 县及县以上医院合计 | 988.94 | 949.80 | 59.61 | 6.03 | 6.28 |
| 卫生部门 | 836.79 | 801.04 | 52.10 | 6.23 | 6.50 |
| 集体所有制 | 5.19 | 5.19 | 0.50 | 9.65 | 9.65 |
| 其他医院 | 22.39 | 22.30 | 1.19 | 5.31 | 5.33 |
| 卫生院 | 54.27 | 53.29 | 0.60 | 1.11 | 1.13 |

# 12-5 各区县医院、卫生院基本情况

| 地区 | 医院、卫生院（个） | 医院、卫生院床位数（张） | 医院、卫生院技术人员数（人） |
|---|---|---|---|
| **兰州市** | 180 | 30736 | 33359 |
| 城关区 | 47 | 14570 | 18307 |
| 七里河区 | 28 | 7086 | 6597 |
| 西固区 | 14 | 1998 | 2408 |
| 安宁区 | 10 | 528 | 688 |
| 红古区 | 14 | 1172 | 777 |
| 永登县 | 26 | 2213 | 1555 |
| 皋兰县 | 8 | 732 | 630 |
| 榆中县 | 33 | 2437 | 2397 |

# 12-6 各区县卫生机构基本情况

| 地区 | 卫生机构数（个） | 医院（个） | 卫生机构床位数（张） | 每千人口床位数（张） | 卫生机构技术人员（人） |
|---|---|---|---|---|---|
| **兰州市** | **2059** | **118** | **34920** | **7.91** | **45040** |
| 城关区 | 528 | 47 | 15212 | 10.13 | 22646 |
| 七里河区 | 327 | 22 | 9667 | 13.40 | 10483 |
| 西固区 | 201 | 6 | 2060 | 5.00 | 3390 |
| 安宁区 | 106 | 10 | 795 | 1.68 | 1551 |
| 红古区 | 94 | 10 | 1376 | 9.55 | 1146 |
| 永登县 | 293 | 11 | 2452 | 9.10 | 1967 |
| 皋兰县 | 110 | 2 | 853 | 9.14 | 918 |
| 榆中县 | 400 | 10 | 2505 | 5.30 | 2939 |

# 12-7 社会福利事业单位基本情况

| 指标 | 院数（个） | 工作人员（人） | 床位（张） | 收养人员（人） |
|---|---|---|---|---|
| **社会福利事业单位** | **17** | **929** | **2381** | **1335** |
| 社会福利院 | 6 | 270 | 1048 | 559 |
| 儿童福利院 | 1 | 185 | 360 | 206 |
| 社会福利精神病院 | 1 | 198 | 299 | 290 |
| **城镇、乡村集体办养老院** | **0** | | | |

# 12-8 工会组织情况

| 年份 | 工会基层组织数（个） | 已建立工会组织的基层单位的职工与会员人数（万人） | | | | 工会专职干部人员数（人） |
|---|---|---|---|---|---|---|
| | | 职工人数 | 女职工 | 会员人数 | 女会员 | |
| 2001 | 1077 | 36.04 | | 34 | 14.81 | 848 |
| 2002 | 997 | 45.14 | | 35 | 15.25 | 839 |
| 2003 | 2456 | 30.36 | | 35 | 10.88 | 894 |
| 2004 | 648 | 24.08 | | 34 | 10.20 | 864 |
| 2005 | 3850 | 37.90 | | 36.21 | 13.89 | 1316 |
| 2006 | 2261 | 42.73 | 18.75 | 39.03 | 17.79 | 978 |
| 2007 | 2790 | 51.28 | 19.85 | 39.15 | 19.03 | 299 |
| 2008 | 3189 | 60.32 | 23.45 | 48.5 | 22.46 | 850 |
| 2009 | 2490 | 64.74 | 23.61 | 62.93 | 23.09 | 1020 |
| 2010 | 2949 | 69.09 | 26.73 | 68 | 26.44 | 696 |
| 2011 | 3819 | 69.99 | 27.98 | 69.06 | 27.68 | 1045 |
| 2012 | 4602 | 71.05 | 29.35 | 70.01 | 29.08 | 1153 |
| 2013 | 5022 | 75.35 | 29.94 | 73.78 | 29.80 | 1167 |
| 2014 | 5387 | 71.67 | 28.36 | 70.01 | 27.97 | 1277 |
| 2015 | 5670 | 66.54 | 27.14 | 64.88 | 26.78 | 1123 |
| 2016 | 5857 | 68.82 | 28 | 66.53 | 27.19 | 1072 |
| 2017 | 5982 | 71.05 | 28.77 | 68.84 | 27.95 | 1115 |
| 2018 | 6184 | 73.59 | 29.88 | 71.44 | 28.99 | 1095 |
| 2019 | 6089 | 74.03 | 29.32 | 72.3 | 28.45 | 906 |
| 2020 | 6043 | 74.15 | 29.88 | 72.57 | 28.90 | 922 |
| 2021 | 6043 | 72.76 | 29.37 | 70.98 | 28.39 | 970 |
| 2022 | 5548 | 64.18 | 25.81 | 62.57 | 24.89 | 886 |

# 12-9 优抚救济对象得到国家抚恤、补助、救助人员情况

| 指标 | 2010年 | 2015年 | 2016年 | 2017年 | 2018年 | 2019年 | 2020年 | 2021年 | 2022年 |
|---|---|---|---|---|---|---|---|---|---|
| 抚恤人数（人） | 6244 | 11228 | 11812 | 12438 | 12170 | 12585 | – | – | – |
| 烈属定期抚恤人数 | 121 | 101 | 89 | 81 | 73 | 70 | – | – | – |
| 牺牲病故定期抚恤人数 | 144 | 77 | 147 | 148 | 139 | 132 | – | – | – |
| 革命伤残人员抚恤人数 | 2167 | 2340 | 2373 | 2399 | 2405 | 2495 | – | – | – |
| 优抚对象定补人数（人） | | 8644 | 9203 | 9100 | 8839 | 9888 | – | – | – |
| 在乡复员军人 | 1302 | 463 | 395 | 338 | 261 | 232 | – | – | – |
| 在乡退伍军人 | 593 | 278 | 284 | 311 | 344 | 369 | – | – | – |
| 其他人员 | 1912 | 25 | 40 | 61 | 109 | 67 | – | – | – |
| 社会救助对象（万人） | 20.84 | 41.66 | 27.96 | 37.84 | 20.22 | 8.10 | 7.31 | 6.94 | 6.74 |
| 临时救助对象（万人次） | 1.6 | 0.81 | 2.46 | 1.94 | 6.24 | 14.03 | 3.67 | 2.09 | 5.02 |
| 农村对象（人） | 3997 | 94300 | 91770 | 80029 | 63853 | 47100 | 38244 | 36900 | 40051 |
| 集中供养五保户（人） | 265 | 263 | 276 | | | 280 | 296 | 301 | 850 |
| 救济灾民人数（万人） | 18 | 10.57 | 8.38 | 6.2 | 6.1 | 10.25 | 1.76 | 1.34 | 2.6 |
| 灾民生活救济费支出（万元） | 1115 | 2139 | 1396.9 | 1191.97 | 1620.4 | 1435.35 | 291 | 103 | 453 |

# 12-10 各区县城乡居民最低生活保障情况

| 地区 | 城镇低保人数（人） | 城镇保障资金（万元） | 农村低保人数（人） | 农村保障资金（万元） |
|---|---|---|---|---|
| **兰州市** | **25884** | **21748** | **36380** | **14919** |
| 城关区 | 5624 | 5371 | 228 | 169 |
| 七里河区 | 4252 | 3400 | 2386 | 985 |
| 西固区 | 2490 | 2295 | 1448 | 620 |
| 安宁区 | 1602 | 1356 | 0 | 0 |
| 红古区 | 7861 | 64004 | 1619 | 629 |
| 永登县 | 1078 | 747 | 14693 | 6079 |
| 皋兰县 | 2083 | 1489 | 5300 | 2147 |
| 榆中县 | 894 | 687 | 10706 | 4289 |

# 12-11 律师、公证及调解基本情况

| 指标 | 2010年 | 2015年 | 2016年 | 2017年 | 2018年 | 2019年 | 2020年 | 2021年 | 2022年 |
|---|---|---|---|---|---|---|---|---|---|
| **公证情况** | | | | | | | | | |
| 公证处（个） | 9 | 9 | 9 | 9 | 10 | 10 | 9 | 9 | 9 |
| 公证员（人） | 72 | 99 | 104 | 96 | 92 | 43 | 41 | 56 | 175 |
| 取得公证员资格 | 34 | 39 | 36 | 34 | 38 | 97 | 47 | 56 | 59 |
| 办理国内公证（件） | 19277 | 22708 | 22858 | 24341 | 29183 | 36062 | 47577 | 52435 | 41864 |
| 民事 | 10916 | 19338 | 19415 | 20598 | 22170 | 27202 | 44146 | 49714 | 36632 |
| 经济合同 | 8361 | 3370 | 3443 | 3743 | 7013 | 8860 | 3431 | 1314 | 5232 |
| 办理涉外公证（件） | 5823 | 5520 | 5570 | 6087 | 7220 | 11086 | 6152 | 6579 | 4842 |
| **人民调解工作** | | | | | | | | | |
| 司法助理员（人） | 170 | 217 | 251 | 259 | 279 | 192 | 267 | 262 | 104 |
| 调解委员会（个） | 1923 | 1947 | 1646 | 1643 | 1569 | 1475 | 1492 | 1279 | 1308 |
| 调解人员（人） | 9536 | 10901 | 8459 | 7369 | 7892 | 7396 | 6743 | 5791 | 6131 |
| 调解纠纷（件） | 9236 | 33079 | 35089 | 25164 | 21063 | 16712 | 11464 | 9466 | 11702 |
| **律师工作** | | | | | | | | | |
| 律师事务所（个） | 74 | 102 | 106 | 112 | 119 | 141 | 151 | 164 | 169 |
| 律师人员（人） | 630 | 884 | 1036 | 1109 | 1341 | 1632 | 1845 | 2068 | 2398 |
| 专职 | 595 | 840 | 986 | 1060 | 1229 | 1563 | 1754 | 1961 | 2292 |
| 兼职 | 35 | 44 | 50 | 49 | 50 | 69 | 91 | 107 | 106 |

# 主要统计指标解释

**医院** 指设有固定床位，能收容病人住院并能为病人提供医疗、护理服务的医疗机构，包括县及县以上医院、农村乡卫生院和其他医院三部分。医院按所属性质不同分为卫生部门、工业及其他部门和集体经济单位三类。县及县以上医院按业务性质不同分为综合医院和专科医院。

**卫生技术人员** 指卫生事业机构支付工资的全部职工中现任职务为卫生技术工作的专业人员，包括中医师、西医师、中西医结合高级医师、护师、中药师、西药师、检验师、其他技师、中医士、西医生、护士、助产士、中药剂士、西药剂士、检验士、其他技士、其他中医、护理员、中药剂员、西药剂员、检验员和其他初级卫生技术人员。

**医生** 指经卫生部门审查合格，从事医疗工作的专业人员。分为中医医生和西医医生。包括卫生技术人员中的中医师、西医师、中西医结合高级医师、中医士、西医士和其他中医。

**社会福利事业单位** 指集中收养社会孤老、残、幼的机构，包括由民政部门管理的社会福利院、儿童福利院、精神病人福利院和城镇集体举办的福利院及农村集体举办的敬老院。

**社会福利事业单位收养人数** 包括民政部门管理和城镇、农村集体举办的社会福利事业单位中收养的老人、少年儿童、缺乏生活自理能力的残疾人员和精神病人。

**社会福利企业单位** 指以安置城镇有一定劳动能力的盲、聋、哑和肢体残疾人员就业为目的，享受国家减免税待遇的国有或集体企业。包括福利工厂、福利商业和服务业、假肢厂和安置农场等单位。

**律师** 指受聘参加法律顾问处工作，担任法律顾问、刑（民）事代理人、刑事辩护人，办理非诉讼事件、解答法律询问，代写法律事务文书等主要从事律师业务的专职法律工作者和兼职律师。

**公证人员** 指在国家公证机关依法办理公证事务的司法人员，包括公证员、助理公证员和在公证处工作的其他人员。

**办理公证文书** 指公证处在一定时期内办结的公证文书件数。公证文书按司法部规定或批准的格式制作，包括国内公证和涉外公证两部分。国内公证分为经济合同公证和民事法律关系公证两大类。

**调解人员** 指在人民调解委员会担负调解民间一般民事纠纷和轻微违法行为引起纠纷的工作人员，包括调解委员会的委员和调解小组的调解员。

**调解民间纠纷** 指调解委员会依照法律规定，根据自愿原则，用说服教育的方法调解民间发生的有关民事权利和义务的争执，促成当事双方达到协议和谅解，解决纠纷。包括婚姻家庭纠纷，财产权益纠纷等，不包括法院受理调解的民事案件数。

**离休、退休、退职人员** 指正式办理了离休、退休、退职手续，并享受相应的离休、退休、退职待遇的人员。

**保险福利费用** 指企业、事业、机关单位在工资以外实际支付给职工和离休、退休、退职人员个人以及用于集体的劳动保险和福利费用。

统计资料

# 十三、人民生活

# 13-1 人民物质文化生活情况

| 指标 | 2000年 | 2010年 | 2011年 | 2012年 | 2013年 | 2014年 | 2015年 | 2016年 | 2017年 | 2018年 | 2019年 |
|---|---|---|---|---|---|---|---|---|---|---|---|
| **就业** | | | | | | | | | | | |
| 每一农村劳动力负担人数（人） | 2.00 | 2.0 | 2.0 | 2.15 | 1.5 | 1.6 | 1.5 | 1.44 | 1.43 | 1.5 | 1.5 |
| 每一城镇就业者负担人数（人） | 1.81 | 2.05 | 2.22 | 2.13 | 2.14 | 1.9 | 1.84 | 1.95 | 1.39 | 1.37 | 1.4 |
| 城镇登记失业率（%） | 1.50 | 3.12 | 2.72 | 1.63 | 1.71 | 1.77 | 1.77 | 2.17 | 2.04 | 2.09 | 3.38 |
| **收入** | | | | | | | | | | | |
| 农村居民人均可支配收入（元） | 2005 | 4587 | 5252 | 6224 | 7114 | 8067 | 9621 | 10391 | 11305 | 12368 | 13605 |
| 城镇居民人均可支配收入（元） | 5850 | 14062 | 15953 | 18443 | 20767 | 23030 | 27088 | 29661 | 32331 | 35014 | 38095 |
| 从业人员人均劳动报酬（元） | 9147 | 33340 | 37754 | 43658 | 46621 | 51928 | 58967 | 64551 | 69555 | 82480 | 83542 |
| **人均消费水平（元）** | | | | | | | | | | | |
| 农村居民 | 2198 | 5136 | 5922 | 6063 | | 7279 | 7940 | 8717 | 9442 | 9697 | 11245 |
| 城镇居民 | 5667 | 13321 | 14794 | 14168 | 15749 | 17236 | 20156 | 22893 | 24071 | 26130 | 27035 |
| **储蓄** | | | | | | | | | | | |
| 城乡居民年底储蓄存款余额（亿元） | 297.99 | 1295.95 | 1480.16 | 1743.18 | 2021.56 | 2262.94 | 2477.26 | 2647.58 | 2726.97 | 2916.94 | 3594.48 |
| 平均每人储蓄存款余额（元） | 10306 | 40052 | 45781 | 54067 | 62875 | 70356 | 76957 | 81657 | 83765 | 88804 | 108293.56 |
| **住房面积（平方米）** | | | | | | | | | | | |
| 农村平均每人居住面积 | 17.29 | 24.00 | 24.00 | 31.00 | 33.99 | 31.00 | 32.42 | 32.86 | 33 | 34.2 | 32.2 |
| 城市平均每人使用面积 | 12.10 | 18.46 | 18.42 | 19.08 | 22.45 | 33.50 | 34.67 | 36.18 | 36.42 | 41.24 | 40.2 |
| **交通** | | | | | | | | | | | |
| 城市每万人拥有出租车（辆） | 55.00 | 20.38 | 20.84 | 20.95 | | 20.71 | 22.26 | 29.56 | 29.64 | 31.38 | 31.83 |
| 城市每万人拥有公共车辆（辆） | 5.00 | 10.21 | 10.31 | 11.95 | | 7.56 | 7.42 | 8.64 | 8.6 | 10.1 | 9.37 |
| **城市公用事业** | | | | | | | | | | | |
| 自来水普及率（%） | 94.68 | 94.96 | 94.61 | | | | | 82.0 | 85.0 | 90.2 | 90.48 |
| 用气普及率（%） | 66.18 | 89.37 | 88.98 | 88.71 | 90.1 | 86.93 | 87.3 | 87.64 | 87.65 | 92.93 | 91.3 |
| 人均公共绿地面积（平方米） | 2.56 | 8.63 | 8.7 | 8.88 | 10.46 | 10.9 | 9.41 | 9.52 | 12.53 | 13.54 | 13.06 |
| **文化** | | | | | | | | | | | |
| 城镇每百户有彩色电视机（台） | 110.00 | 108.33 | 104.65 | 105.33 | 99.73 | 105.03 | 107 | 109.61 | 110.09 | 105 | 104.7 |
| 农村每百户有彩色电视机（台） | 85.00 | 112.16 | 111.81 | 105.12 | 111.14 | 116.33 | 110.8 | 113.80 | 115.63 | 120 | 122.6 |
| 广播综合人口覆盖率（%） | 97.00 | 98.27 | 98.56 | 98.58 | 98.60 | 98.60 | 99.00 | 99.64 | 99.64 | 87 | 99.74 |
| 电视综合人口覆盖率（%） | 98.00 | 98.55 | 98.55 | 98.55 | 98.55 | 98.55 | 99.00 | 99.70 | 99.7 | 99.7 | 99.75 |
| **教育** | | | | | | | | | | | |
| 学龄儿童入学率（%） | 99.30 | 99.99 | 99.99 | 99.99 | 99.99 | 100.0 | 100.0 | 100.0 | 96.5 | 100.0 | 100.0 |
| 每万人口中在校大学生数（人） | 249 | 704 | 808 | 1210 | 1468 | 1497 | 1494 | 1501 | 1558 | 1627 | 1644 |
| **卫生** | | | | | | | | | | | |
| 每千人有医院病床数（张） | 4.80 | 7.05 | 7.02 | 5.49 | 5.57 | 5.89 | 5.75 | 6.16 | 7.82 | 7.16 | 8.29 |
| 每千人有医生数（人） | 2.96 | 3.11 | 2.97 | 3.11 | 3.12 | 3.34 | 3.35 | 3.54 | 3.67 | 3.72 | 3.78 |

# 13-1 人民物质文化生活情况（续一）

| 指标 | 2020年 | 2021年 | 2022年 |
|---|---|---|---|
| **就业** | | | |
| 城镇登记失业率（%） | 3.06 | 3.26 | — |
| **收入** | | | |
| 农村居民人均可支配收入（元） | 14652 | 16191 | 17178 |
| 城镇居民人均可支配收入（元） | 40152 | 43244 | 45277 |
| 从业人员人均劳动报酬（元） | 89294 | 92050 | 97647 |
| **人均消费支出（元）** | | | |
| 农村居民 | 11551 | 12600 | 13239 |
| 城镇居民 | 25892 | 28376 | 29465 |
| **储蓄** | | | |
| 金融机构人民币住户存款余额（亿元） | 3859.63 | 4082.97 | 4569.26 |
| **现住房建筑面积（平方米）** | | | |
| 农村人均现住房建筑面积 | 34.5 | 37.5 | 40.0 |
| 城镇人均现住房建筑面积 | 45.2 | 39.5 | 33.3 |
| **交通** | | | |
| 城市每万人拥有出租车（辆） | 32.23 | 31.64 | 30.91 |
| 城市每万人拥有公共车辆（辆） | 9.55 | 9.48 | 9.13 |
| **城市公用事业** | | | |
| 供水普及率（%） | 95.65 | 98.90 | 99.79 |
| 燃气普及率（%） | 96.29 | 98.01 | 97.8 |
| 人均公共绿地面积（平方米） | 13.19 | 11.47 | 13.94 |
| **文化** | | | |
| 城镇每百户有彩色电视机（台） | 103.8 | 100.3 | 101.2 |
| 农村每百户有彩色电视机（台） | 119.1 | 114.8 | 120.7 |
| 广播综合人口覆盖率（%） | 90 | 90.0 | 90.0 |
| 电视综合人口覆盖率（%） | 99.7 | 99.7 | 99.7 |
| **教育** | | | |
| 学龄儿童入学率（%） | 100.0 | 100.0 | 100.0 |
| 每万人口中在校大学生数（人） | 1301 | 1353 | 1469 |
| **卫生** | | | |
| 每千人有医院病床数（张） | 6.51 | 6.76 | 6.74 |
| 每千人有医生数（人） | 3.40 | 3.66 | 3.57 |

# 13-2 城镇居民家庭生活基本情况

| 年份 | 每一城市就业者负担人数（人） | 城镇居民人均生活费收入（元） | 城镇居民人均可支配收入（元） | 城镇居民人均消费性支出（元） | | 人均居住面积（平方米） |
|---|---|---|---|---|---|---|
| | | | | | 食品 | |
| 1979 | | 378 | 378 | 356 | | |
| 1980 | 1.94 | 488 | 448 | 414 | 237 | |
| 1981 | 1.74 | 488 | 488 | 464 | 254 | |
| 1982 | 1.71 | 514 | 514 | 476 | 274 | |
| 1983 | 1.70 | 530 | 530 | 513 | 302 | |
| 1984 | 1.69 | 637 | 637 | 595 | 346 | |
| 1985 | 1.75 | 731 | 731 | 705 | 369 | |
| 1986 | 1.76 | 863 | 863 | 821 | 428 | |
| 1987 | 1.78 | 943 | 943 | 915 | 474 | |
| 1988 | 1.76 | 1143 | 1142 | 1241 | 593 | |
| 1989 | 1.79 | 1322 | 1322 | 1250 | 694 | |
| 1990 | 1.79 | 1432 | 1432 | 1238 | 704 | |
| 1991 | 1.84 | 1660 | 1660 | 1479 | 819 | 8.07 |
| 1992 | 1.80 | 1883 | 2028 | 1607 | 884 | 8.26 |
| 1993 | 1.74 | 2280 | 2463 | 2029 | 1032 | 8.18 |
| 1994 | 1.87 | 2873 | 3085 | 2626 | 1397 | 8.68 |
| 1995 | 1.87 | 3278 | 3540 | 3118 | 1677 | 8.81 |
| 1996 | 1.98 | 3565 | 3804 | 3307 | 1752 | 8.90 |
| 1997 | 2.17 | | 3906 | 3197 | 1694 | 10.33 |
| 1998 | 2.22 | | 4554 | 3567 | 1776 | 10.77 |
| 1999 | 2.04 | | 5128 | 4506 | 1914 | 13.60 |
| 2000 | 1.72 | | 5850 | 5048 | 1927 | 12.10 |
| 2001 | 1.56 | | 6325 | 5238 | 2004 | 12.19 |
| 2002 | 2.05 | | 6555 | 5688 | 2098 | 14.51 |
| 2003 | 2.04 | | 7094 | 5679 | 2176 | 15.04 |
| 2004 | 1.81 | | 7683 | 6483 | 2450 | 15.67 |
| 2005 | 2.02 | | 8529 | 7181 | 2570 | 16.69 |
| 2006 | 2.14 | | 9418 | 7469 | 2662 | 17.98 |
| 2007 | 1.97 | | 10271 | 8050 | 3014 | 17.00 |
| 2008 | 2.02 | | 11677 | 9034 | 3430 | 17.63 |
| 2009 | 1.99 | | 12761 | 9653 | 3696 | 17.80 |
| 2010 | 2.05 | | 14062 | 10930 | 4244 | 18.46 |
| 2011 | 2.22 | | 15953 | 12352 | 4714 | 18.42 |
| 2012 | 2.13 | | 18443 | 14168 | 5281 | 19.08 |
| 2013 | 2.14 | | 20767 | 15749 | 5692 | 22.45 |
| 2014 | | | 23030 | 18853 | 6070 | 33.5 |
| 2015 | | | 27088 | 20156 | 6278 | 34.67 |

注：2002年以后人均居住面积口径为使用面积,1997年后取消城市居民人均生活费收入指标。

# 13-2 城镇居民家庭生活基本情况（续一）

| 年份 | 城镇居民人均可支配收入（元） | 城镇居民人均消费支出（元） | | 人均现住房建筑面积（平方米） |
|---|---|---|---|---|
| | | | 食品 | |
| 2016 | 29661 | 22893 | 4570 | 36.2 |
| 2017 | 32331 | 24071 | 4758 | 36.4 |
| 2018 | 35014 | 26130 | 4442 | 41.2 |
| 2019 | 38095 | 27035 | 4688 | 40.2 |
| 2020 | 40152 | 25892 | 4953 | 45.2 |
| 2021 | 43244 | 28376 | 5148 | 39.5 |
| 2022 | 45277 | 29465 | 5463 | 33.3 |

# 13-3 城镇居民人均可支配收入和消费支出情况

单位：元

| 指标 | 2016年 | 2017年 | 2018年 | 2019年 | 2020年 | 2021年 | 2022年 |
|---|---|---|---|---|---|---|---|
| **可支配收入** | **29661** | **32331** | **35014** | **38095** | **40152** | **43244** | **45277** |
| 工资性收入 | 16577 | 18099 | 19850 | 21383 | 23101 | 24956 | 25996 |
| 经营净收入 | 768 | 897 | 1069 | 1232 | 1427 | 1513 | 1605 |
| 财产净收入 | 3851 | 4139 | 4225 | 4468 | 4611 | 4986 | 5291 |
| 转移净收入 | 8465 | 9196 | 9870 | 11012 | 11013 | 11789 | 12384 |
| **消费支出** | **22893** | **24071** | **26130** | **27035** | **25892** | **28376** | **29465** |
| 食品烟酒 | 7018 | 7355 | 7414 | 8104 | 7819 | 8773 | 9186 |
| 衣着 | 1841 | 1931 | 1899 | 2081 | 1772 | 1878 | 1880 |
| 居住 | 4647 | 4682 | 6376 | 6681 | 7086 | 7593 | 7780 |
| 生活用品及服务 | 1584 | 1450 | 1629 | 1528 | 1690 | 1863 | 1911 |
| 交通通信 | 2471 | 2985 | 2700 | 2905 | 2652 | 2900 | 3053 |
| 教育文化娱乐 | 2841 | 2953 | 2575 | 2584 | 2639 | 2959 | 3118 |
| 医疗保健 | 1857 | 2189 | 2461 | 2312 | 1673 | 1830 | 1915 |
| 其他用品及服务 | 635 | 526 | 1076 | 839 | 560 | 580 | 622 |

# 13-4　城镇居民人均总支出

单位：元

| 指标 | 2016年 | 2017年 | 2018年 | 2019年 | 2020年 | 2021年 | 2022年 |
|---|---|---|---|---|---|---|---|
| **总支出** | 28232 | 30042 | 33860 | 33920 | 31161 | 38696 | 38972 |
| 消费支出 | 22893 | 24071 | 26130 | 27035 | 25892 | 28376 | 29465 |
| 生产经营费用支出 | 642 | 703 | 350 | 355 | 488 | 2907 | 1438 |
| 第一产业经营费用支出 | 68 | 84 | 205 | 90 | 75 | 86 | 70 |
| 第二产业经营费用支出 | 14 | 7 | 0 | 0 | 4 | 0 | 25 |
| 第三产业经营费用支出 | 561 | 613 | 145 | 264 | 409 | 2821 | 1343 |
| 财产性支出 | 5 | 13 | 158 | 251 | 211 | 215 | 198 |
| 转移性支出 | 1130 | 1445 | 2046 | 1675 | 1978 | 2174 | 2777 |
| 部分商业保险支出 | 105 | 77 | 137 | 188 | 88 | 165 | 213 |
| 购置资产及非经常转移性支出 | 2466 | 2328 | 3578 | 3259 | 1770 | 3478 | 2357 |
| 借贷性支出 | 991 | 1404 | 1461 | 1157 | 735 | 1380 | 2523 |

# 13-5　城镇居民按收入五等份分组的人均可支配收入及构成

| 指标 | 20%低收入组家庭人均可支配收入 | 20%中间偏下收入组家庭人均可支配收入 | 20%中间收入组家庭人均可支配收入 | 20%中间偏上收入组家庭人均可支配收入 | 20%高收入组家庭人均可支配收入 |
|---|---|---|---|---|---|
| **人均可支配收入（元）** | 17321 | 32690 | 45986 | 58882 | 90931 |
| 工资性收入 | 11110 | 22181 | 21994 | 26424 | 57393 |
| 经营净收入 | 3260 | 1078 | 1261 | 733 | 946 |
| 财产净收入 | 1569 | 2890 | 6897 | 6743 | 11007 |
| 转移净收入 | 1382 | 6541 | 15834 | 24982 | 21585 |
| **构成（%）** | 100.0 | 100.0 | 100.0 | 100.0 | 100.0 |
| 工资性收入 | 64.1 | 67.9 | 47.8 | 44.9 | 63.1 |
| 经营净收入 | 18.8 | 3.3 | 2.7 | 1.2 | 1.0 |
| 财产净收入 | 9.1 | 8.8 | 15.0 | 11.5 | 12.1 |
| 转移净收入 | 8.0 | 20.0 | 34.4 | 42.4 | 23.7 |

# 13-6 城镇居民人均购买的主要商品数量

| 指标 | 计量单位 | 2016年 | 2017年 | 2018年 | 2019年 | 2020年 | 2021年 | 2022年 |
|---|---|---|---|---|---|---|---|---|
| 面粉 | 千克 | 34.3 | 29.0 | 22.8 | 20.6 | 23.5 | 30.0 | 27.5 |
| 大米 | 千克 | 22.6 | 19.9 | 15.8 | 13.6 | 15.8 | 21.0 | 18.4 |
| 食用植物油 | 千克 | 12.1 | 11.9 | 9.3 | 8.9 | 8.6 | 10.6 | 9.7 |
| 鲜菜 | 千克 | 130.1 | 121.9 | 118.2 | 123.6 | 124.3 | 144.6 | 134.4 |
| 猪肉 | 千克 | 12.6 | 12.8 | 16.1 | 14.2 | 13.2 | 19.0 | 19.9 |
| 牛肉 | 千克 | 3.3 | 2.8 | 2.4 | 2.9 | 3.2 | 3.0 | 3.5 |
| 羊肉 | 千克 | 3.3 | 2.2 | 2.3 | 2.4 | 1.8 | 2.1 | 3.1 |
| 禽类 | 千克 | 5.7 | 6.1 | 5.7 | 6.7 | 7.0 | 6.9 | 6.5 |
| 水产品 | 千克 | 5.6 | 6.0 | 6.0 | 8.2 | 6.5 | 6.5 | 6.5 |
| 鲜蛋 | 千克 | 10.9 | 11.0 | 11.4 | 13.2 | 14.9 | 15.6 | 17.3 |
| 啤酒 | 千克 | 3.1 | 3.1 | 3.5 | 3.6 | 3.9 | 4.0 | 0.3 |
| 水 | 吨 | 38.2 | 35.8 | 36.7 | 32.8 | 36.0 | 33.0 | 37.4 |
| 电 | 千瓦小时 | 628.9 | 643.7 | 572.6 | 559.5 | 526.6 | 582.6 | 611.4 |
| 管道天然气 | 立方米 | 100.8 | 84.8 | 128.0 | 135.6 | 136.9 | 161.5 | 150.3 |

# 13-7 城镇居民平均每百户年末主要耐用消费品拥有量

| 指标 | 计量单位 | 2017年 | 2018年 | 2019年 | 2020年 | 2021年 | 2022年 |
|---|---|---|---|---|---|---|---|
| 家用汽车 | 辆 | 24.4 | 37.5 | 34.8 | 34.8 | 35.9 | 40.6 |
| 摩托车 | 辆 |  | 10.0 | 6.7 | 7.5 | 2.0 | 2.1 |
| 电冰箱（柜） | 台 | 99.2 | 99.2 | 99.5 | 99.5 | 100.4 | 101.5 |
| 洗衣机 | 台 | 101.7 | 101.3 | 101.2 | 101.7 | 100.3 | 101.0 |
| 热水器 | 台 |  | 79.7 | 81.5 | 78.5 | 80.4 | 84.7 |
| 空调 | 台 | 11.8 | 13.8 | 13.8 | 18.5 | 17.2 | 22.0 |
| 彩色电视机 | 台 | 110.1 | 105.2 | 104.7 | 103.8 | 100.3 | 101.2 |
| 照相机 | 台 | 27.9 | 16.3 | 17.0 | 20.3 | 15.6 | 16.2 |
| 计算机 | 台 | 68.5 | 60.8 | 62.2 | 81.0 | 54.1 | 70.9 |
| 固定电话 | 部 |  | 30.2 | 20.8 | 24.8 | 10.3 | 10.2 |
| 移动电话 | 部 | 239.0 | 252.7 | 252.3 | 254.7 | 233.5 | 234.2 |

# 13-8 历年各县区城镇居民人均可支配收入

单位：元

| 地区 | 2015年 | 2016年 | 2017年 | 2018年 | 2019年 | 2020年 | 2021年 | 2022年 |
|---|---|---|---|---|---|---|---|---|
| **兰州市** | **27088** | **29661** | **32331** | **35014** | **38095** | **40152** | **43244** | **45277** |
| 城关区 | 30535 | 33399 | 36449 | 39401 | 42908 | 45233 | 48716 | 51055 |
| 七里河区 | 25737 | 28260 | 30814 | 33456 | 36468 | 38550 | 41557 | 43635 |
| 西固区 | 29677 | 32586 | 35530 | 38536 | 42043 | 44360 | 47865 | 50210 |
| 安宁区 | 27232 | 29846 | 32574 | 35369 | 38552 | 40669 | 43841 | 45989 |
| 红古区 | 23559 | 25716 | 28005 | 30346 | 32956 | 34611 | 37137 | 38808 |
| 永登县 | 15246 | 16618 | 17998 | 23489 | 25462 | 26763 | 28798 | 30122 |
| 皋兰县 | 14099 | 15375 | 16716 | 22385 | 24355 | 25651 | 27575 | 28788 |
| 榆中县 | 14025 | 15322 | 16671 | 23769 | 25789 | 27138 | 29146 | 30516 |

# 13-9 各县区城镇居民人均可支配收入

单位：元

| 地区 | 可支配收入 | | | | |
|---|---|---|---|---|---|
| | | 工资性收入 | 经营净收入 | 财产净收入 | 转移净收入 |
| 城关区 | 51055 | 25737 | 609 | 8961 | 15748 |
| 七里河区 | 43635 | 29111 | 1482 | 2655 | 10388 |
| 西固区 | 50210 | 24292 | 151 | 4327 | 21441 |
| 安宁区 | 45989 | 31052 | 275 | 3704 | 10959 |
| 红古区 | 38808 | 28278 | 3132 | 737 | 6662 |
| 永登县 | 30122 | 15144 | 6816 | 1023 | 7140 |
| 皋兰县 | 28788 | 20387 | 3735 | 684 | 3982 |
| 榆中县 | 30516 | 19383 | 6082 | 1792 | 3259 |

# 13-10 农村居民家庭生活基本情况

| 年份 | 人均可支配收入（元） | 人均生活费支出（元） | 人均居住面积（平方米） |
|---|---|---|---|
| 1979 | 92.17 | 79.17 | |
| 1980 | 96.03 | 82.17 | |
| 1981 | 99.38 | 91.1 | |
| 1982 | 107.55 | 88.31 | |
| 1983 | 181.6 | 142.75 | |
| 1984 | 261.27 | 201.45 | |
| 1985 | 352.77 | 269.54 | |
| 1986 | 385.85 | 333.1 | 11.97 |
| 1987 | 411.65 | 356.64 | 13.29 |
| 1988 | 461 | 412.41 | 14 |
| 1989 | 490 | 452.46 | 14.1 |
| 1990 | 563 | 460.39 | 17.2 |
| 1991 | 603 | 521.48 | 15.7 |
| 1992 | 650 | 531.16 | 17.4 |
| 1993 | 723 | 575.83 | 16.27 |
| 1994 | 882 | 748.2 | 16.52 |
| 1995 | 1142 | 1121.29 | 17.21 |
| 1996 | 1366 | 1219 | 17.4 |
| 1997 | 1563 | 1190 | 18.12 |
| 1998 | 1738 | 1168.87 | 19.59 |
| 1999 | 1923.66 | 1137.29 | 16.91 |
| 2000 | 2005 | 1409.97 | 17.21 |
| 2001 | 2134 | 1444.24 | 16.59 |
| 2002 | 2268 | 1494.02 | 16.69 |
| 2003 | 2397.63 | 1540.08 | 24.74 |
| 2004 | 2550 | 1872 | 20.34 |
| 2005 | 2712.69 | 1693.49 | 22.32 |
| 2006 | 2898.31 | 2136.65 | 21.94 |
| 2007 | 3102.64 | 2420.03 | 22.37 |
| 2008 | 3502.73 | 2842.78 | 22.9 |
| 2009 | 4001.04 | 3317.33 | 24.26 |
| 2010 | 4587 | 3686 | 25 |
| 2011 | 5252 | 4331 | 24 |
| 2012 | 6224 | 5019 | 31 |
| 2013 | 7114.08 | 6186.26 | 33.99 |
| 2014 | 8067.3 | 7130.27 | 31 |
| 2015 | 9621 | 7939.80 | 32 |

注：自2015年起，“农民人均纯收入”变更为“农村居民人均可支配收入”。

# 13-10　农村居民家庭生活基本情况（续一）

| 年份 | 人均可支配收入（元） | 人均消费支出（元） | 人均现住房建筑面积（平方米） |
|---|---|---|---|
| 2016 | 10391 | 8717 | 32.9 |
| 2017 | 11305 | 9442 | 33.3 |
| 2018 | 12368 | 9697 | 34.2 |
| 2019 | 13605 | 11245 | 32.2 |
| 2020 | 14652 | 11551 | 34.5 |
| 2021 | 16191 | 12600 | 37.5 |
| 2022 | 17178 | 13239 | 40.0 |

注：因2020年样本轮换，2021年人均现住房建筑面积与往年不可比。

# 13-11　农村居民人均可支配收入和消费支出情况

单位：元

| 指标 | 2016年 | 2017年 | 2018年 | 2019年 | 2020年 | 2021年 | 2022年 |
|---|---|---|---|---|---|---|---|
| **可支配收入** | **10391** | **11305** | **12368** | **13605** | **14652** | **16191** | **17178** |
| 工资性收入 | 5053 | 5475 | 6163 | 6874 | 7378 | 8531 | 9015 |
| 经营净收入 | 3662 | 4006 | 4155 | 4436 | 4714 | 4954 | 5291 |
| 财产净收入 | 157 | 174 | 226 | 256 | 309 | 348 | 370 |
| 转移净收入 | 1518 | 1650 | 1824 | 2038 | 2251 | 2356 | 2501 |
| **消费支出** | **8717** | **9442** | **9697** | **11245** | **11551** | **12600** | **13239** |
| 食品烟酒 | 2868 | 2980 | 3130 | 3565 | 3560 | 4138 | 4350 |
| 衣着 | 662 | 669 | 672 | 725 | 701 | 753 | 804 |
| 居住 | 1665 | 2043 | 2102 | 2265 | 2501 | 2550 | 2637 |
| 生活用品及服务 | 478 | 489 | 500 | 578 | 546 | 581 | 616 |
| 交通通信 | 1031 | 944 | 1046 | 1467 | 1605 | 1627 | 1735 |
| 教育文化娱乐 | 1154 | 1242 | 1102 | 1252 | 1409 | 1563 | 1599 |
| 医疗保健 | 712 | 923 | 961 | 1162 | 986 | 1127 | 1216 |
| 其他用品及服务 | 147 | 153 | 183 | 232 | 243 | 261 | 284 |

# 13–12　农村居民人均总支出

单位：元

| 指标 | 2016年 | 2017年 | 2018年 | 2019年 | 2020年 | 2021年 | 2022年 |
|---|---|---|---|---|---|---|---|
| **总支出** | 13250 | 15297 | 13972 | 21134 | 16713 | 17493 | 17047 |
| 消费支出 | 8717 | 9442 | 9697 | 11245 | 11551 | 12600 | 13239 |
| 生产经营费用支出 | 2473 | 3923 | 1719 | 7070 | 1753 | 1907 | 1862 |
| 第一产业经营费用支出 | 1021 | 1212 | 1116 | 3063 | 1078 | 1390 | 1401 |
| 第二产业经营费用支出 | 6 | 0 | 2 | 12 | 0 | 17 | 0 |
| 第三产业经营费用支出 | 1446 | 2711 | 601 | 3995 | 675 | 500 | 461 |
| 财产性支出 | 11 | 9 | 20 | 5 | 7 | 28 | 16 |
| 转移性支出 | 223 | 227 | 392 | 369 | 406 | 499 | 458 |
| 部分商业保险支出 | 47 | 99 | 78 | 47 | 94 | 116 | 28 |
| 购置资产及非经常性转移支出 | 1622 | 1514 | 1659 | 1528 | 2416 | 1309 | 1155 |
| 借贷性支出 | 157 | 83 | 407 | 871 | 484 | 1034 | 291 |

# 13–13　农村居民按收入五等份分组的人均可支配收入及构成

| 指标 | 20%低收入组家庭人均可支配收入 | 20%中间偏下收入组家庭人均可支配收入 | 20%中间收入组家庭人均可支配收入 | 20%中间偏上收入组家庭人均可支配收入 | 20%高收入组家庭人均可支配收入 |
|---|---|---|---|---|---|
| **人均可支配收入（元）** | 6189 | 11123 | 13972 | 19345 | 38803 |
| 工资性收入 | 4488 | 6035 | 9691 | 10415 | 15328 |
| 经营净收入 | 537 | 2148 | 3195 | 4992 | 17370 |
| 财产净收入 | 142 | 43 | 85 | 119 | 1617 |
| 转移净收入 | 1021 | 2898 | 1001 | 3820 | 4487 |
| **构成（%）** | 100.0 | 100.0 | 100.0 | 100.0 | 100.0 |
| 工资性收入 | 72.5 | 54.3 | 69.4 | 53.8 | 39.5 |
| 经营净收入 | 8.7 | 19.3 | 22.9 | 25.8 | 44.8 |
| 财产净收入 | 2.3 | 0.4 | 0.6 | 0.6 | 4.2 |
| 转移净收入 | 16.5 | 26.1 | 7.2 | 19.7 | 11.6 |

# 13-14 农村居民平均每百户年末主要耐用消费品拥有量

| 指标 | 计量单位 | 2017年 | 2018年 | 2019年 | 2020年 | 2021年 | 2022年 |
|---|---|---|---|---|---|---|---|
| 家用汽车 | 辆 | 20.7 | 33.8 | 30.1 | 36.6 | 41.3 | 41.2 |
| 摩托车 | 辆 | 60.2 | 45.1 | 43.6 | 39.8 | 34.2 | 26.2 |
| 电冰箱（柜） | 台 | 77.6 | 99.6 | 101.8 | 101.1 | 99.1 | 99.3 |
| 洗衣机 | 台 | 98.2 | 101.3 | 102.3 | 100.0 | 100.5 | 101.2 |
| 热水器 | 台 | 28.6 | 36.8 | 33.3 | 42.6 | 41.0 | 46.5 |
| 空调 | 台 | 3.2 | 5.1 | 2.2 | 4.5 | 2.3 | 2.4 |
| 彩色电视机 | 台 | 115.6 | 120.0 | 122.6 | 119.1 | 114.8 | 120.7 |
| 照相机 | 台 | 4.4 | 3.2 | 0.9 | 1.5 | 0.4 | 0.7 |
| 计算机 | 台 | 24.2 | 21.7 | 27.5 | 26.0 | 20.8 | 28.5 |
| 固定电话 | 部 | 30.7 | 13.0 | 9.1 | 6.2 | 15.5 | 12.9 |
| 移动电话 | 部 | 268.1 | 303.2 | 306.8 | 295.1 | 296.6 | 306.6 |

# 13-15 农村居民人均主要消费品消费量

单位：千克

| 指标 | 2016年 | 2017年 | 2018年 | 2019年 | 2020年 | 2021年 | 2022年 |
|---|---|---|---|---|---|---|---|
| 粮食 | 143 | 143.9 | 144.6 | 156.9 | 151.5 | 162.3 | 130.5 |
| 油脂类 | 9.7 | 10.6 | 10.7 | 12.1 | 9.7 | 11.5 | 10.0 |
| 蔬菜及菜制品 | 72.7 | 62.9 | 72.9 | 106.9 | 78.9 | 89.4 | 83.2 |
| 肉类 | 18.4 | 18 | 20.2 | 20.5 | 15.3 | 22.1 | 22.8 |
| 禽类 | 2.7 | 2.5 | 2.5 | 3.1 | 4.5 | 3.8 | 3.2 |
| 水产品 | 1.1 | 1.1 | 1.4 | 1.5 | 1.5 | 1.4 | 1.3 |
| 蛋类及蛋制品 | 6.9 | 6.7 | 7.7 | 9.4 | 9.5 | 8.7 | 8.4 |
| 奶和奶制品 | 11 | 10.5 | 10.5 | 14.3 | 11.3 | 12.7 | 10.3 |
| 干鲜瓜果类 | 38.3 | 38.4 | 38.4 | 46.9 | 45.1 | 46.8 | 38.1 |
| 糖果糕点类 | 5 | 5 | 5.9 | 6.4 | 6.7 | 6.6 | 3.2 |
| 酒 | 9.8 | 10.4 | 7.7 | 10.3 | 7.7 | 8.3 | 0.4 |

# 13–16 历年各区县农村居民人均可支配收入

单位：元

| 地区 | 2015年 | 2016年 | 2017年 | 2018年 | 2019年 | 2020年 | 2021年 | 2022年 |
|---|---|---|---|---|---|---|---|---|
| **兰州市** | **9621** | **10391** | **11305** | **12368** | **13605** | **14652** | **16191** | **17178** |
| 城关区 | 19252 | 20780 | 22442 | 2484 | 26981 | 28948 | 31930 | 33782 |
| 七里河区 | 14365 | 15506 | 16904 | 18527 | 20435 | 21941 | 24267 | 25771 |
| 西固区 | 14290 | 15448 | 16823 | 18387 | 20263 | 21816 | 24084 | 25553 |
| 安宁区 | | | | | | | | |
| 红古区 | 15023 | 16180 | 17540 | 19207 | 21108 | 22689 | 25071 | 26551 |
| 永登县 | 8287 | 8974 | 9716 | 10649 | 11692 | 12602 | 13950 | 14829 |
| 皋兰县 | 8375 | 9076 | 9843 | 10769 | 11813 | 12730 | 14092 | 14952 |
| 榆中县 | 8100 | 8763 | 9534 | 10459 | 11505 | 12423 | 13764 | 14617 |

# 13–17 各县区农村居民人均可支配收入

单位：元

| 地区 | 可支配收入 | | | | |
|---|---|---|---|---|---|
| | | 工资性收入 | 经营净收入 | 财产净收入 | 转移净收入 |
| 城关区 | 33782 | 16746 | 508 | 9926 | 6601 |
| 七里河区 | 25771 | 12313 | 10668 | 202 | 2587 |
| 西固区 | 25553 | 15244 | 5480 | 506 | 4323 |
| 安宁区 | | | | | |
| 红古区 | 26551 | 10464 | 11240 | 288 | 4559 |
| 永登县 | 14829 | 5567 | 5525 | 32 | 3706 |
| 皋兰县 | 14952 | 8376 | 5521 | 62 | 992 |
| 榆中县 | 14617 | 7136 | 5432 | 78 | 1972 |

# 主要统计指标解释

**可支配收入** 指调查户在调查期内获得的、可用于最终消费支出和储蓄的总和，即调查户可以用来自由支配的收入。可支配收入既包括现金，也包括实物收入。按照收入的来源，可支配收入包含四项，分别为：工资性收入、经营净收入、财产净收入和转移净收入。

计算公式为：可支配收入=工资性收入+经营净收入+财产净收入+转移净收入

其中：经营净收入=经营收入-经营费用-生产性固定资产折旧-生产税

财产净收入=财产性收入-财产性支出

转移净收入=转移性收入-转移性支出

**工资性收入** 指就业人员通过各种途径得到的全部劳动报酬和各种福利，包括受雇于单位或个人、从事各种自由职业、兼职和零星劳动得到的全部劳动报酬和福利。

**经营净收入** 指住户或住户成员从事生产经营活动所获得的净收入，是全部经营收入中扣除经营费用、生产性固定资产折旧和生产税之后得到的净收入。计算公式具体为：

经营净收入=经营收入-经营费用-生产性固定资产折旧-生产税

**财产净收入** 指住户或住户成员将其所拥有的金融资产、住房等非金融资产和自然资源交由其他机构单位、住户或个人支配而获得的回报并扣除相关的费用之后得到的净收入。财产净收入包括利息净收入、红利收入、储蓄性保险净收益、转让承包土地经营权租金净收入、出租房屋净收入、出租其他资产净收入和自有住房折算净租金等。

**转移性收入** 指国家、单位、社会团体对住户的各种经常性转移支付和住户之间的经常性收入转移。包括养老金或退休金、社会救济和补助、政策性生产补贴、政策性生活补贴、经常性捐赠和赔偿、报销医疗费、住户之间的赡养收入，以及本住户非常住成员寄回带回的收入等。

转移性收入不包括住户之间的实物馈赠。

计算公式为：转移净收入=转移性收入 - 转移性支出

**养老金或离退休金** 指根据国家有关文件规定或合同约定，在劳动者年老或丧失劳动能力后，根据他们对社会、单位所作的贡献和所具备的享受养老保险资格或退休条件，按月以货币形式或实物产品及服务给予的待遇，主要用于保障因年老或疾病丧失劳动能力的劳动者的基本生活需要。包括离退休人员的养老金或离退休金、生活补贴，农民享有的新型农村养老保险金，城镇居民享有的社会养老保险金，国家或地方政府给予城镇无保障老人的养老金，因工致伤离退休人员的护理费，退休人员异地安家补助费、取暖补贴、医疗费、旅游补贴、书报费、困难补助以及在原工作单位所得的各种其他收入，相当于现金的购物卡券也包含在内。也包括发给的实物和购买指定物品的票证、购物卡券，应同时计入相应的实物产品和服务项目中。

**转移性支出** 指调查户对国家、单位、住户或个人的经常性或义务性转移支付。包括缴纳的税款、各项社会保障支出、赡养支出、经常性捐赠和赔偿支出以及其他经常转移支出等。

**社会保障支出** 指调查户家庭成员参加国家法律、法规规定的社会保障项目中由单位和个人共同缴纳的保障支出。包括养老保险、医疗保险、失业保险、工伤保险、生育保险以及其他社会保障支出。

**消费支出** 指住户用于满足家庭日常生活消费需要的全部支出，包括用于消费品的支出和用于服务性消费的支出。根据用途不同，消费支出可划分为食品烟酒、衣着、居住、生活用品及服务、交通通信、教育文化娱乐、医疗保健、其他用品及服务八大类。根据来源不同，消费支出可划分为现金消费支出、实物消费支出（含自产自用、来自单位、来自政府和其他社会组织）。

**食品烟酒** 指用于各种食品和烟草、酒类的支出，包括食品和烟酒两个中类。

**衣着** 指与居民穿着有关的支出，包括服装、服装材料、鞋类、其他衣类及配件、衣着相关加工服务的支出。

**居住** 指与居住有关的支出，包括房租、水、电、燃料、物业管理等方面的支出，也包括自有住房折算租金。

**生活用品及服务** 指家庭及个人的各类生活品及家庭服务。包括家具及室内装饰品、家用器具、家用纺织品、家庭日用杂品、个人用品和家庭服务。

**交通通信** 指用于交通和通信工具及相关的各种服务费、维修费和车辆保险等支出。

**教育文化娱乐** 指用于教育和文化娱乐方面的支出。

**医疗保健** 指用于医疗和保健的药品、用品和服务的总费用。包括医疗器具及药品，以及医疗服务。

**其他用品及服务** 指无法直接归入上述各类支出的其他用品与服务支出。

统计资料

兰州统计年鉴

LANZHOU STATISTICAL YEARBOOK

2023

# 十四、市州主要经济指标

# 14-1 地区生产总值

| 地区 | 地区生产总值（亿元） | 第一产业增加值 | 第二产业增加值 | 第三产业增加值 | 地区生产总值构成（%） | 第一产业增加值 | 第二产业增加值 | 第三产业增加值 |
|---|---|---|---|---|---|---|---|---|
| 全　国 | 1210207.0 | 88345.0 | 483164.0 | 638698.0 | 100.0 | 7.3 | 39.9 | 52.8 |
| 全　省 | 11201.6 | 1515.3 | 3945.0 | 5741.3 | 100.0 | 13.5 | 35.2 | 51.3 |
| 兰州市 | 3343.5 | 65.0 | 1150.8 | 2127.8 | 100.0 | 1.9 | 34.4 | 63.6 |
| 嘉峪关市 | 362.6 | 6.5 | 241.9 | 114.1 | 100.0 | 1.8 | 66.7 | 31.5 |
| 金昌市 | 522.5 | 31.9 | 371.3 | 119.3 | 100.0 | 6.1 | 71.1 | 22.8 |
| 白银市 | 635.5 | 116.5 | 251.3 | 267.8 | 100.0 | 18.3 | 39.5 | 42.1 |
| 天水市 | 813.9 | 155.7 | 220.3 | 437.9 | 100.0 | 19.1 | 27.1 | 53.8 |
| 武威市 | 663.4 | 215.1 | 121.3 | 327.0 | 100.0 | 32.4 | 18.3 | 49.3 |
| 张掖市 | 581.5 | 170.3 | 118.9 | 292.3 | 100.0 | 29.3 | 20.4 | 50.3 |
| 平凉市 | 641.6 | 151.7 | 190.7 | 299.1 | 100.0 | 23.6 | 29.7 | 46.7 |
| 酒泉市 | 840.9 | 143.3 | 371.3 | 326.3 | 100.0 | 17.0 | 44.2 | 38.8 |
| 庆阳市 | 1022.3 | 124.8 | 551.9 | 345.5 | 100.0 | 12.2 | 54.0 | 33.8 |
| 定西市 | 557.9 | 112.5 | 96.6 | 348.9 | 100.0 | 20.2 | 17.3 | 62.5 |
| 陇南市 | 562.4 | 104.2 | 148.4 | 309.8 | 100.0 | 18.5 | 26.4 | 55.1 |
| 临夏州 | 408.6 | 75.8 | 82.3 | 250.5 | 100.0 | 18.5 | 20.2 | 61.3 |
| 甘南州 | 245.1 | 42.0 | 28.1 | 175.0 | 100.0 | 17.1 | 11.5 | 71.4 |

# 14-2 地区生产总值指数

（上年=100）

| 地区 | 地区生产总值 | 第一产业增加值 | 第二产业增加值 | 第三产业增加值 |
|---|---|---|---|---|
| 全　国 | 103.0 | 104.1 | 103.8 | 102.3 |
| 全　省 | 104.5 | 105.7 | 104.2 | 104.4 |
| 兰州市 | 100.8 | 105.0 | 97.1 | 102.4 |
| 嘉峪关市 | 104.8 | 105.5 | 104.8 | 104.9 |
| 金昌市 | 113.5 | 105.9 | 117.9 | 105.8 |
| 白银市 | 105.6 | 106.0 | 105.4 | 105.6 |
| 天水市 | 105.3 | 106.0 | 104.9 | 105.2 |
| 武威市 | 106.0 | 106.5 | 107.5 | 105.2 |
| 张掖市 | 106.1 | 106.4 | 108.0 | 105.3 |
| 平凉市 | 108.2 | 106.2 | 112.1 | 107.3 |
| 酒泉市 | 106.1 | 106.5 | 105.6 | 106.5 |
| 庆阳市 | 104.4 | 106.3 | 105.0 | 103.0 |
| 定西市 | 107.8 | 106.2 | 111.2 | 107.5 |
| 陇南市 | 107.8 | 106.1 | 107.6 | 108.4 |
| 临夏州 | 106.0 | 105.6 | 110.6 | 104.8 |
| 甘南州 | 104.0 | 93.9 | 95.9 | 108.3 |

# 14-3　工业、投资主要指标

| 地区 | 全部工业增加值 | | | 建筑业增加值 | | 固定资产投资 |
|---|---|---|---|---|---|---|
| | | | 规模以上工业增加值 | | | |
| | 总量（亿元） | 增速（%） | 增速（%） | 总量（亿元） | 增速（%） | 增速（%） |
| 全　国 | 401644.0 | 3.4 | 3.6 | 83383.0 | 5.5 | 5.1 |
| 全　省 | 3297.2 | — | 6.0 | 657.6 | 4.6 | 10.1 |
| 兰州市 | 935.4 | -2.1 | -0.4 | 218.4 | -4.9 | -3.5 |
| 嘉峪关市 | 235.7 | 4.9 | 7.2 | 6.3 | 1.0 | 9.4 |
| 金昌市 | 348.4 | 19.5 | 25.7 | 23.2 | 0.1 | 17.3 |
| 白银市 | 208.7 | 4.9 | 5.1 | 42.7 | 7.7 | 12.5 |
| 天水市 | 165.3 | 3.5 | 4.5 | 56.8 | 7.9 | 14.8 |
| 武威市 | 88.2 | 9.4 | 9.7 | 33.0 | 3.5 | 18.0 |
| 张掖市 | 76.5 | 7.1 | 9.0 | 42.8 | 9.0 | 17.6 |
| 平凉市 | 153.4 | 12.8 | 12.6 | 37.3 | 10.0 | 10.6 |
| 酒泉市 | 334.0 | 5.0 | 8.1 | 37.4 | 10.1 | 17.6 |
| 庆阳市 | 518.3 | 4.1 | 3.5 | 37.5 | 7.7 | 11.3 |
| 定西市 | 53.3 | 7.2 | 7.7 | 43.3 | 15.8 | 16.7 |
| 陇南市 | 126.1 | 6.1 | 11.5 | 22.3 | 15.0 | 16.9 |
| 临夏州 | 33.5 | -4.4 | -4.0 | 48.9 | 22.9 | 30.0 |
| 甘南州 | 20.4 | -8.5 | 3.1 | 13.5 | 20.3 | 10.0 |

# 14-4 消费、财政收入主要指标

| 地区 | 社会消费品零售总额 | | 一般公共预算收入 | | 一般公共预算支出 | |
|---|---|---|---|---|---|---|
| | 总量（元） | 增速（%） | 总量（元） | 增速（%） | 总量（元） | 增速（%） |
| 全　国 | 439733.0 | -0.2 | 203703.0 | 0.6 | 260609.0 | 6.1 |
| 全　省 | 3922.2 | -2.8 | 907.6 | 4.9 | 4263.5 | 5.7 |
| 兰州市 | 1598.2 | -9.1 | 221.0 | -7.8 | 498.8 | 2.9 |
| 嘉峪关市 | 86.4 | 4.3 | 19.1 | 5.2 | 32.2 | 20.2 |
| 金昌市 | 104.6 | -6.3 | 28.7 | 6.4 | 77.2 | 34.8 |
| 白银市 | 197.5 | -2.2 | 32.5 | 0.2 | 213.8 | 3.0 |
| 天水市 | 279.4 | -5.7 | 45.4 | -13.4 | 321.1 | 2.9 |
| 武威市 | 167.0 | 3.1 | 27.8 | 5.1 | 237.1 | 16.3 |
| 张掖市 | 245.3 | 7.3 | 31.3 | 21.7 | 194.8 | 24.0 |
| 平凉市 | 197.2 | 3.1 | 41.0 | 13.0 | 259.4 | 13.2 |
| 酒泉市 | 310.0 | 6.5 | 37.3 | 7.3 | 183.1 | 18.3 |
| 庆阳市 | 199.8 | 0.9 | 70.3 | 13.4 | 318.8 | 5.8 |
| 定西市 | 201.5 | 8.6 | 30.9 | 8.1 | 313.9 | 11.6 |
| 陇南市 | 180.0 | 9.6 | 27.8 | 4.3 | 318.4 | 10.4 |
| 临夏州 | 108.6 | -7.5 | 20.9 | -3.0 | 320.7 | 4.0 |
| 甘南州 | 46.7 | -4.2 | 9.8 | 1.1 | 231.8 | 16.8 |

# 14-5 城乡居民人均可支配收入、居民消费价格指数

| 地区 | 城镇居民人均可支配收入 | | 农村居民人均可支配收入 | | 居民消费价格指数（上年=100） |
|---|---|---|---|---|---|
| | 总量（元） | 增速（%） | 总量（元） | 增速（%） | |
| 全 国 | 49283 | 3.9 | 20133 | 6.3 | 102.0 |
| 全 省 | 37572 | 3.8 | 12165 | 6.4 | 101.9 |
| 兰州市 | 45277 | 4.7 | 17178 | 6.1 | 102.3 |
| 嘉峪关市 | 49634 | 3.7 | 26284 | 6.3 | 101.3 |
| 金昌市 | 47292 | 3.6 | 19647 | 6.2 | 102.3 |
| 白银市 | 37187 | 4.5 | 12733 | 7.2 | 101.8 |
| 天水市 | 33541 | 4.0 | 10716 | 6.8 | 100.4 |
| 武威市 | 35244 | 4.3 | 15899 | 7.0 | 101.5 |
| 张掖市 | 32366 | 4.1 | 18854 | 6.7 | 101.8 |
| 平凉市 | 34867 | 4.4 | 11566 | 7.1 | 101.5 |
| 酒泉市 | 44420 | 3.8 | 23414 | 6.8 | 101.4 |
| 庆阳市 | 37585 | 4.3 | 12276 | 6.4 | 101.6 |
| 定西市 | 31077 | 4.6 | 10425 | 6.4 | 101.8 |
| 陇南市 | 29899 | 4.2 | 10013 | 7.5 | 101.9 |
| 临夏州 | 25773 | 3.5 | 9672 | 7.4 | 102.0 |
| 甘南州 | 30660 | 4.0 | 10883 | 7.3 | 101.9 |

# 十五、全国主要指标对比

# 15-1 地区生产总值

| 地区 | 地区生产总值 | | 第一产业增加值 | | 第二产业增加值 | | 第三产业增加值 | |
|---|---|---|---|---|---|---|---|---|
| | 总量（亿元） | 增速（%） | 总量（亿元） | 增速（%） | 总量（亿元） | 增速（%） | 总量（亿元） | 增速（%） |
| **直辖市** | | | | | | | | |
| 北　京 | 41610.9 | 0.7 | 111.5 | –1.6 | 6605.1 | –11.4 | 34894.3 | 3.4 |
| 上　海 | 44652.8 | –0.2 | 97.0 | –3.5 | 11458.4 | –1.6 | 33097.4 | 0.3 |
| 天　津 | 16311.3 | 1.0 | 273.2 | 2.9 | 6038.93 | –0.5 | 9999.3 | 1.7 |
| 重　庆 | 29129.0 | 2.6 | 2012.1 | 4.0 | 11693.9 | 3.3 | 15423.1 | 1.9 |
| **省会城市** | | | | | | | | |
| 兰　州 | 3343.5 | 0.8 | 65.0 | 5.0 | 1150.8 | –2.9 | 2127.8 | 2.4 |
| *西　安 | 11486.5 | 4.4 | 323.6 | 3.7 | 4071.6 | 10.7 | 7091.4 | 1.3 |
| 西　宁 | 1644.4 | 2.1 | 63.0 | 4.4 | 618.5 | 11.4 | 962.9 | –2.7 |
| 银　川 | 2535.6 | 4.0 | 91.8 | 4.7 | 1261.7 | 7.3 | 1182.1 | 1.3 |
| 乌鲁木齐 | 3893.2 | 0.3 | 31.0 | 2.8 | 1133.4 | –1.0 | 2728.8 | 0.7 |
| *成　都 | 20817.5 | 2.8 | 588.4 | 3.8 | 6404.1 | 5.5 | 13825.0 | 1.5 |
| 贵　阳 | 4921.2 | 2.0 | 203.6 | 4.0 | 1739.6 | 3.7 | 2980.0 | 0.9 |
| 昆　明 | 7541.4 | 3.0 | 327.0 | 4.4 | 2413.4 | 3.2 | 4801.0 | 2.7 |
| 南　宁 | 5218.3 | 1.4 | 601.5 | 4.4 | 1182.8 | 0.1 | 3434.0 | 1.2 |
| 呼和浩特 | 3329.1 | 2.6 | 160.6 | 4.3 | 1155.8 | 2.7 | 2012.7 | 2.5 |
| *哈尔滨 | 5490.1 | 2.5 | 672.1 | 2.6 | 1285.0 | 0.6 | 3533.0 | 3.2 |
| 石家庄 | 7100.6 | 6.4 | 558.3 | 5.2 | 2334.1 | 5.4 | 4208.2 | 7.0 |
| 太　原 | 5571.2 | 3.3 | 48.1 | 4.0 | 2466.1 | 5.8 | 3057.0 | 1.7 |
| *沈　阳 | 7695.8 | 3.5 | 335.2 | 2.1 | 2885.5 | 3.7 | 4475.1 | 3.5 |
| *长　春 | 6744.6 | –4.5 | 551.3 | 2.1 | 2695.0 | –9.3 | 3498.3 | –1.8 |
| 合　肥 | 12013.1 | 3.5 | 379.2 | 3.9 | 4394.5 | 5.3 | 7239.4 | 2.4 |
| 福　州 | 12308.2 | 4.4 | 683.4 | 3.0 | 4656.9 | 5.2 | 6968.0 | 4.0 |
| 南　昌 | 7203.5 | 4.1 | 248.6 | 3.6 | 3484.6 | 4.6 | 3470.3 | 3.7 |
| *济　南 | 12027.5 | 3.1 | 420.5 | 3.1 | 4180.2 | 3.2 | 7426.7 | 3.0 |
| 郑　州 | 12934.7 | 1.0 | 185.6 | 3.7 | 5174.6 | 2.0 | 7574.5 | 0.2 |
| 长　沙 | 13966.1 | 4.5 | 451.3 | 3.6 | 5589.6 | 6.2 | 7925.2 | 3.4 |
| *武　汉 | 18866.4 | 4.0 | 475.8 | 3.2 | 6716.7 | 7.3 | 11674.0 | 2.3 |
| 海　口 | 2134.8 | 1.3 | 99.2 | 5.6 | 406.3 | 6.8 | 1629.3 | –0.1 |
| 杭　州 | 18753.0 | 1.5 | 346.0 | 1.8 | 5620.0 | 0.4 | 12787.0 | 2.0 |
| *南　京 | 16907.9 | 2.1 | 315.6 | 3.4 | 6069.6 | 1.7 | 10522.7 | 2.2 |
| *广　州 | 28839.0 | 1.0 | 318.3 | 3.2 | 7909.3 | 1.1 | 20611.4 | 1.0 |
| **其他城市** | | | | | | | | |
| *大　连 | 8430.9 | 4.0 | 563.0 | 3.2 | 3712.5 | 4.5 | 4155.4 | 3.7 |
| 苏　州 | 23958.3 | 2.0 | 193.0 | 3.0 | 11521.4 | 1.8 | 12244.0 | 2.1 |
| 无　锡 | 14850.8 | 3.0 | 133.7 | 1.1 | 7177.4 | 3.6 | 7539.8 | 2.4 |
| *厦　门 | 7802.7 | 4.4 | 29.3 | 1.4 | 3233.6 | 3.8 | 4539.8 | 4.7 |
| *深　圳 | 32387.7 | 3.3 | 25.6 | 0.8 | 12405.9 | 4.8 | 19956.2 | 2.4 |
| *青　岛 | 14920.8 | 3.9 | 478.1 | 2.2 | 5197.3 | 2.8 | 9245.4 | 4.5 |
| *宁　波 | 15704.3 | 3.5 | 382.0 | 4.1 | 7413.5 | 3.2 | 7908.8 | 3.8 |
| 威　海 | 3408.2 | 1.5 | 354.8 | 3.0 | 1313.7 | –0.3 | 1739.8 | 2.4 |
| 烟　台 | 9515.9 | 5.1 | 662.5 | 5.1 | 4022.2 | 6.5 | 4831.1 | 4.0 |

注：加*号为副省级城市，下同。

# 15–2 工业

| 地区 | 建筑业增加值 | | 工业增加值 | | 规模以上工业增加值 | |
|---|---|---|---|---|---|---|
| | 总量（亿元） | 增速（%） | 总量（亿元） | 增速（%） | 总量（亿元） | 增速（%） |
| **直辖市** | | | | | | |
| 北　京 | | | 5036.4 | –14.6 | | –16.7 |
| 上　海 | 743.6 | –4.7 | 10794.5 | –1.5 | | |
| 天　津 | 724.2 | –3.4 | 5402.7 | –0.9 | | –1.0 |
| 重　庆 | 3417.9 | 4.0 | 8276.0 | 2.9 | | 3.2 |
| **省会城市** | | | | | | |
| 兰　州 | 218.4 | –4.9 | 935.4 | –2.1 | | –0.4 |
| *西　安 | | | | | | 13.9 |
| 西　宁 | | | | | | 26.9 |
| 银　川 | 183.8 | 0.9 | 1078.4 | 8.9 | | 10.3 |
| 乌鲁木齐 | 169.3 | –22.0 | | | 924.2 | 6.2 |
| *成　都 | 1443.8 | 4.9 | | | | 5.6 |
| 贵　阳 | 700.2 | 5.1 | 1041.4 | 2.8 | | 4.4 |
| 昆　明 | | | 1652.3 | 2.4 | | 3.0 |
| 南　宁 | | | | 1.1 | | 1.9 |
| 呼和浩特 | 238.2 | 2.9 | 917.6 | 2.6 | | 3.0 |
| *哈尔滨 | | | | | | 1.0 |
| 石家庄 | | | | | | 10.6 |
| 太　原 | | | | | | 8.5 |
| *沈　阳 | | | | | | 3.1 |
| *长　春 | | | | | | –10.1 |
| 合　肥 | 1791.5 | 5.3 | | | | 6.3 |
| 福　州 | 1656.8 | 9.7 | 3020.2 | 2.9 | | 3.8 |
| 南　昌 | | | | | | 6.0 |
| *济　南 | | | 2869.0 | 2.4 | | 1.6 |
| 郑　州 | | | | | | 4.4 |
| 长　沙 | 1503.0 | 4.0 | | 7.1 | | 8.3 |
| *武　汉 | | | | | | 5.0 |
| 海　口 | 133.8 | –5.9 | 276.7 | 16.7 | | 20.5 |
| 杭　州 | 701.0 | 0.1 | 4922.0 | 0.4 | | 0.3 |
| *南　京 | 931.5 | –2.3 | 5139.6 | 2.4 | | 2.4 |
| *广　州 | 1012.9 | 2.0 | 6946.7 | 1.0 | | 0.8 |
| **其他城市** | | | | | | |
| *大　连 | | | | | | 5.1 |
| 苏　州 | | | | | | |
| 无　锡 | 705.1 | 0.3 | | | 5586.0 | 5.4 |
| *厦　门 | 809.4 | 5.5 | | | | 4.3 |
| *深　圳 | 1079.4 | 5.9 | 11357.1 | 4.7 | | 4.8 |
| *青　岛 | 1250.6 | 3.0 | 3966.5 | 2.7 | | 3.8 |
| *宁　波 | 742.7 | 3.3 | 6681.7 | 3.3 | | 3.8 |
| 威　海 | 179.4 | | | | | –0.5 |
| 烟　台 | 571.3 | 6.1 | 3481.4 | 6.8 | | 10.8 |

# 15-3 固定资产投资

| 地区 | 固定资产投资 | 房地产开发投资 | | 工业投资 |
|---|---|---|---|---|
| | 增速（%） | 总量（亿元） | 增速（%） | 增速（%） |
| **直辖市** | | | | |
| 北　京 | 3.6 | | 1.0 | |
| 上　海 | -1.0 | 4980.0 | -1.1 | 0.6 |
| 天　津 | -9.9 | | -23.2 | 1.4 |
| 重　庆 | 0.7 | 3467.6 | -20.4 | 10.4 |
| **省会城市** | | | | |
| 兰　州 | -3.5 | | -19.0 | 40.3 |
| *西　安 | 10.5 | 2585.4 | 6.5 | 25.5 |
| 西　宁 | -18.3 | | -36.1 | 53.7 |
| 银　川 | 3.7 | 273.8 | -16.0 | 23.4 |
| 乌鲁木齐 | 0.3 | 313.7 | -41.7 | 50.0 |
| *成　都 | 5.0 | | 7.0 | 1.2 |
| 贵　阳 | -4.2 | | -21.7 | 50.0 |
| 昆　明 | -3.1 | | -30.8 | 41.4 |
| 南　宁 | -17.8 | 743.8 | -45.3 | 53.2 |
| 呼和浩特 | 12.6 | 219.1 | -19.1 | 12.5 |
| *哈尔滨 | -7.6 | | | |
| 石家庄 | 10.1 | | -7.7 | 13.2 |
| 太　原 | 0.2 | | -18.6 | -13.4 |
| *沈　阳 | 6.1 | 940.3 | -23.1 | 30.3 |
| *长　春 | -11.8 | | -37.1 | 0.2 |
| 合　肥 | 9.1 | 1457.1 | -0.6 | 25.8 |
| 福　州 | 5.9 | 1912.3 | -15.0 | 10.8 |
| 南　昌 | 7.6 | | -19.3 | 8.4 |
| *济　南 | 3.8 | 1830.8 | -5.0 | |
| 郑　州 | -8.5 | | -18.7 | 32.5 |
| 长　沙 | 5.1 | 2424.9 | 8.4 | 5.2 |
| *武　汉 | 10.8 | | 5.5 | 19.3 |
| 海　口 | -12.7 | 438.1 | -3.2 | |
| 杭　州 | 6.0 | | 7.2 | 21.1 |
| *南　京 | 3.5 | 2758.8 | 1.4 | 11.0 |
| *广　州 | -2.1 | 3431.9 | -5.4 | 12.6 |
| **其他城市** | | | | |
| *大　连 | 6.5 | | -16.5 | |
| 苏　州 | 1.5 | 2691.4 | -6.2 | 6.4 |
| 无　锡 | 2.2 | 1386.8 | -11.6 | 0.2 |
| *厦　门 | 10.2 | 1064.8 | -0.5 | 28.0 |
| *深　圳 | 8.4 | | 13.3 | 19.2 |
| *青　岛 | 4.5 | 1789.1 | -9.7 | |
| *宁　波 | 10.4 | | 2.7 | 14.5 |
| 威　海 | -18.9 | 256.1 | | |
| 烟　台 | 8.5 | 701.6 | -12.6 | 22.3 |

# 15-4 进出口

| 地区 | 进出口总额 | | 出口总额 | | 进口总额 | |
|---|---|---|---|---|---|---|
| | 总量（亿元） | 增速（%） | 总量（亿元） | 增速（%） | 总量（亿元） | 增速（%） |
| **直辖市** | | | | | | |
| 北　京 | 36445.5 | 19.7 | 5890.0 | -3.8 | 30555.5 | 25.7 |
| 上　海 | 41902.8 | 3.2 | 17134.2 | 9.0 | 24768.5 | -0.5 |
| 天　津 | 8448.5 | -1.4 | 3803.6 | -1.9 | 4644.9 | -1.0 |
| 重　庆 | 8158.4 | 2.0 | 5245.3 | 1.5 | 2913.0 | 2.9 |
| **省会城市** | | | | | | |
| 兰　州 | 168.8 | 19.0 | 65.3 | 77.7 | 103.5 | -1.5 |
| *西　安 | 4474.1 | 0.8 | 2801.5 | 17.3 | 1672.6 | -18.4 |
| 西　宁 | 32.4 | 41.5 | 16.5 | 77.5 | 15.9 | 17.0 |
| 银　川 | 156.6 | 24.3 | 122.6 | 18.6 | 34.0 | 50.4 |
| 乌鲁木齐 | 513.6 | 33.2 | 388.8 | 49.6 | 124.8 | -0.6 |
| *成　都 | 8346.4 | 1.6 | 5005.1 | 3.7 | 3341.3 | -1.4 |
| 贵　阳 | 593.3 | 15.2 | 371.1 | -5.6 | 222.3 | 82.2 |
| 昆　明 | 1997.4 | 16.4 | 946.4 | 1.2 | 1051.0 | 34.6 |
| 南　宁 | 1510.1 | 22.9 | 767.4 | 18.6 | 742.7 | 27.6 |
| 呼和浩特 | 182.7 | 14.4 | 93.0 | 15.4 | 89.7 | 13.3 |
| *哈尔滨 | 387.0 | 12.5 | 136.3 | -20.4 | | |
| 石家庄 | 1235.1 | -16.3 | 803.7 | -6.2 | 431.4 | -30.2 |
| 太　原 | 1467.1 | -20.2 | 971.8 | -14.6 | 495.3 | -29.2 |
| *沈　阳 | 1406.6 | -0.7 | 522.3 | 7.7 | 884.3 | -5.0 |
| *长　春 | 1107.6 | -6.2 | 208.5 | 25.6 | 899.1 | -11.4 |
| 合　肥 | 3611.0 | 8.6 | 2301.8 | 13.4 | 1309.1 | 1.1 |
| 福　州 | 3656.9 | 10.2 | 2564.6 | 16.6 | 1092.3 | -2.4 |
| 南　昌 | 1345.6 | 4.3 | 954.9 | 6.7 | 390.7 | -1.2 |
| *济　南 | 2208.9 | 13.9 | 1431.8 | 22.0 | 777.1 | 1.5 |
| 郑　州 | 6069.7 | 3.1 | 3596.3 | 1.3 | 2473.4 | 5.8 |
| 长　沙 | 3313.9 | 21.0 | 2462.5 | 27.3 | 851.4 | 6.0 |
| *武　汉 | 3532.2 | 5.3 | 2153.0 | 11.6 | 1379.2 | -3.3 |
| 海　口 | 605.6 | 28.6 | 170.8 | 62.0 | 434.8 | 18.9 |
| 杭　州 | 7565.0 | 2.7 | 5141.0 | 10.6 | 2424.0 | -10.8 |
| *南　京 | 6292.1 | 0.3 | 3827.9 | -1.8 | 2464.2 | 3.6 |
| *广　州 | 10948.4 | 1.1 | 6194.8 | -1.8 | 4753.6 | 5.3 |
| **其他城市** | | | | | | |
| *大　连 | 4792.1 | 12.8 | 2086.7 | 8.0 | 2705.4 | 16.7 |
| 苏　州 | 25721.1 | 1.6 | 15475.0 | 4.0 | 10246.1 | -1.9 |
| 无　锡 | 7373.1 | 8.0 | 4852.6 | 15.0 | 2520.4 | -3.3 |
| *厦　门 | 9225.6 | 4.0 | 4657.4 | 8.2 | 4568.2 | 0.1 |
| *深　圳 | 36737.5 | 3.7 | 21944.8 | 13.9 | 14792.7 | -8.5 |
| *青　岛 | 9117.2 | 7.4 | 5361.1 | 9.0 | 3756.1 | 5.1 |
| *宁　波 | 12671.3 | 6.3 | 8230.6 | 8.0 | 4440.7 | 3.4 |
| 威　海 | 2095.7 | 3.1 | 1567.5 | | 528.2 | |
| 烟　台 | 4547.4 | 10.5 | 2750.9 | 12.4 | 1796.5 | 7.8 |

# 15-5 社会消费品零售总额与财政

| 地区 | 社会消费品零售总额 | | 一般公共预算收入 | | 一般公共预算支出 | |
|---|---|---|---|---|---|---|
| | 总量（亿元） | 增速（%） | 总量（亿元） | 同口径增速（%） | 总量（亿元） | 增速（%） |
| **直辖市** | | | | | | |
| 北 京 | 13794.2 | -7.2 | 5714.4 | 2.6 | 7469.2 | 3.7 |
| 上 海 | 16442.1 | -9.1 | 7608.2 | -2.1 | 9393.2 | 11.4 |
| 天 津 | | -5.2 | 1846.6 | -5.8 | 2751.5 | -12.7 |
| 重 庆 | 13926.1 | -0.3 | 2103.4 | -2.5 | 4892.8 | 1.2 |
| **省会城市** | | | | | | |
| 兰 州 | 1598.2 | -9.1 | 221.0 | -7.8 | 498.8 | 2.9 |
| *西 安 | 4642.1 | -5.2 | 834.1 | 9.7 | 1573.1 | 6.7 |
| 西 宁 | 531.7 | -14.4 | 131.7 | -14.4 | 339.0 | -1.4 |
| 银 川 | 791.6 | 0.4 | 168.9 | -1.4 | 352.3 | 20.8 |
| 乌鲁木齐 | 1033.0 | -11.8 | 314.8 | -16.7 | 455.8 | 8.6 |
| *成 都 | 9096.5 | -1.7 | 1722.4 | 5.8 | 2435.0 | 8.8 |
| 贵 阳 | 2402.1 | -5.7 | 402.2 | -5.7 | 726.4 | 6.5 |
| 昆 明 | 3385.3 | 0.0 | 505.3 | -13.6 | 863.3 | -7.0 |
| 南 宁 | 2358.8 | -0.2 | 392.7 | 7.5 | 838.9 | 8.2 |
| 呼和浩特 | 1059.8 | -4.1 | 230.9 | 0.9 | 420.8 | 持平 |
| *哈尔滨 | 2195.9 | -7.7 | 262.2 | -28.3 | 1065.5 | 7.4 |
| 石家庄 | 2436.1 | 1.8 | 689.8 | 5.5 | 1215.2 | 10.8 |
| 太 原 | 1761.4 | -6.0 | 437.5 | 3.3 | 715.9 | 13.8 |
| *沈 阳 | 3864.5 | -3.0 | 713.7 | 1.3 | 1048.9 | 1.6 |
| *长 春 | 1907.8 | -14.0 | 459.7 | -25.5 | 976.7 | 1.1 |
| 合 肥 | 5021.6 | -1.8 | 909.3 | 10.4 | 1380.2 | 12.8 |
| 福 州 | 4679.5 | 2.9 | 698.5 | 1.1 | 999.9 | 8.1 |
| 南 昌 | 3012.0 | 4.6 | 457.7 | 5.1 | 939.0 | 7.9 |
| *济 南 | 4878.1 | -4.8 | 1001.1 | 8.1 | 1225.6 | -5.2 |
| 郑 州 | 5223.1 | -3.3 | 1130.8 | 3.7 | 1456.8 | -10.3 |
| 长 沙 | 5235.6 | 2.4 | 1202.0 | 1.2 | 1566.3 | 1.7 |
| *武 汉 | 6936.2 | 2.1 | 1504.7 | 3.7 | | |
| 海 口 | 1003.1 | -5.1 | 204.8 | 0.2 | 332.3 | 21.2 |
| 杭 州 | 7294.0 | 5.8 | 2451.0 | 8.4 | 2542.0 | 6.2 |
| *南 京 | 7832.4 | -0.8 | 1558.2 | 0.1 | 1828.7 | 0.6 |
| *广 州 | 10298.2 | 1.7 | 1854.7 | -1.5 | 3014.2 | -0.2 |
| **其他城市** | | | | | | |
| *大 连 | 1846.9 | -3.3 | 669.7 | 0.6 | 991.1 | 1.1 |
| 苏 州 | 9010.7 | -0.2 | 2329.2 | 0.1 | 2588.5 | 0.2 |
| 无 锡 | 3337.6 | 1.0 | 1133.4 | 1.6 | 1365.8 | 0.6 |
| *厦 门 | 2665.4 | 3.1 | 1493.8 | 4.9 | 1088.7 | 2.7 |
| *深 圳 | 9708.3 | 2.2 | 4012.3 | -0.6 | 1997.2 | 9.3 |
| *青 岛 | 5891.8 | -1.4 | 1273.2 | 5.5 | 1696.2 | -0.6 |
| *宁 波 | 4896.7 | 5.3 | 1680.2 | 5.1 | 2187.8 | 12.5 |
| 威 海 | 1287.8 | | 225.2 | | 417.4 | 21.5 |
| 烟 台 | 3248.4 | 0.5 | 635.4 | 7.3 | 923.5 | 15.0 |

# 15-6 金融

| 地区 | 金融机构（含外资）本外币存款余额 | | 金融机构（含外资）本外币贷款余额 | | 金融机构（含外资）人民币存款余额 | | 金融机构（含外资）人民币贷款余额 | |
|---|---|---|---|---|---|---|---|---|
| | 总量（亿元） | 增速（%） | 总量（亿元） | 增速（%） | 总量（亿元） | 增速（%） | 总量（亿元） | 增速（%） |
| **直辖市** | | | | | | | | |
| 北　京 | 218628.8 | | 97819.9 | | 212446.7 | | 95496.9 | |
| 上　海 | 192293.1 | | 103138.9 | | 180627.7 | | 96492.6 | |
| 天　津 | 40488.3 | 12.8 | 42494.7 | 3.5 | | | | |
| 重　庆 | 49567.2 | 8.0 | 50051.9 | 6.7 | 48218.2 | 8.9 | 49365.9 | 7.2 |
| **省会城市** | | | | | | | | |
| 兰　州 | 10109.1 | 5.6 | 15016.2 | 5.5 | 10071.6 | 5.7 | 14911.7 | 6.1 |
| *西　安 | 31763.1 | 11.4 | 32247.1 | 9.6 | 31428.3 | 12.0 | 32053.7 | 10.1 |
| 西　宁 | | | | | 5254.2 | 11.7 | 5612.7 | 3.0 |
| 银　川 | | | | | 5416.5 | 15.5 | 6444.3 | 7.8 |
| 乌鲁木齐 | | | | | 11967.1 | 16.4 | 10603.0 | 8.2 |
| *成　都 | 53189.0 | 10.9 | 53053.0 | 14.3 | 51923.0 | 11.3 | 51825.0 | 14.8 |
| 贵　阳 | 14474.6 | 7.7 | 19293.1 | 11.6 | 14415.9 | 7.7 | 19266.0 | 11.8 |
| 昆　明 | | | | | 17740.7 | 9.8 | 23868.0 | 9.2 |
| 南　宁 | 13146.3 | 8.8 | 19877.7 | 10.0 | | | | |
| 呼和浩特 | 7788.4 | 16.5 | 10595.7 | 10.3 | 7753.7 | 16.8 | 10559.3 | 10.4 |
| *哈尔滨 | | | | | | | | |
| 石家庄 | | | | | 19861.1 | | 15776.0 | |
| 太　原 | 18288.0 | 14.9 | 18162.1 | 9.5 | 17982.1 | 15.9 | 17947.7 | 10.1 |
| *沈　阳 | 20855.0 | 7.6 | 20777.3 | 8.0 | | | | |
| *长　春 | 16851.3 | 8.9 | 17122.1 | 7.6 | | | | |
| 合　肥 | 23096.6 | 12.1 | 23565.6 | 16.0 | 22630.3 | | 23207.0 | |
| 福　州 | 21258.8 | 11.2 | 23047.7 | 7.3 | 20842.5 | 11.2 | 22811.0 | 7.7 |
| 南　昌 | 16110.3 | 9.2 | 18949.1 | 7.5 | 15982.3 | 9.5 | 18834.5 | 8.1 |
| *济　南 | 25941.0 | 10.7 | 26112.3 | 12.0 | | | | |
| 郑　州 | 29416.5 | 8.6 | 34814.0 | 7.6 | 29031.9 | 10.5 | 34337.4 | 9.5 |
| 长　沙 | 27882.6 | | 29853.4 | | | | | |
| *武　汉 | 35754.0 | 5.9 | 44383.8 | 8.7 | | | | |
| 海　口 | 6399.5 | 9.6 | 7073.3 | 3.4 | | | | |
| 杭　州 | 69592.0 | 14.0 | 62306.0 | 10.7 | | | | |
| *南　京 | 49531.3 | 10.8 | 48760.2 | 12.6 | 48372.9 | 11.1 | 48201.4 | 12.8 |
| *广　州 | 80495.1 | 7.4 | 68918.6 | 12.3 | 78640.9 | 8.0 | 67883.2 | 12.7 |
| **其他城市** | | | | | | | | |
| *大　连 | 18911.4 | 10.7 | 14235.1 | 5.1 | 18421.5 | | 13987.9 | |
| 苏　州 | | | | | 44500.5 | 15.2 | 45247.3 | 14.5 |
| 无　锡 | 24438.6 | 14.5 | 19879.7 | 13.9 | | | | |
| *厦　门 | 16167.0 | 9.5 | 17319.3 | 13.1 | 15211.3 | 9.4 | 16538.7 | 14.5 |
| *深　圳 | 123400.5 | 9.7 | 83423.0 | 8.0 | | | | |
| *青　岛 | 24992.7 | 11.7 | 26782.5 | 11.2 | | | | |
| *宁　波 | 31302.7 | 15.0 | 32986.1 | 13.6 | 30203.7 | 15.3 | 32377.3 | 13.6 |
| 威　海 | 5886.4 | 12.2 | 4655.2 | 15.0 | | | | |
| 烟　台 | 12344.8 | 12.1 | 8097.9 | 8.3 | 11831.7 | 13.9 | 7709.0 | 9.3 |

# 15-7 城乡人民收入与支出

| 地区 | 城镇居民人均可支配收入 | | 城镇居民人均消费性支出 | | 农村居民人均可支配收入 | |
|---|---|---|---|---|---|---|
| | 总量（元） | 增速（%） | 总量（元） | 增速（%） | 总量（元） | 增速（%） |
| **直辖市** | | | | | | |
| 北　京 | 84023 | 3.1 | 45617 | -2.5 | 34754 | 4.4 |
| 上　海 | 84034 | 1.9 | 48111 | -6.2 | 39729 | 3.1 |
| 天　津 | 53003 | 2.9 | | | 29018 | 3.8 |
| 重　庆 | 45509 | 4.6 | 30574 | 2.4 | 19313 | 6.7 |
| **省会城市** | | | | | | |
| 兰　州 | 45277 | 4.7 | 29465 | 3.8 | 17178 | 6.1 |
| *西　安 | 48418 | 3.2 | 27431 | -4.8 | 18285 | 5.2 |
| 西　宁 | 40197 | 2.4 | 21962 | -14.5 | 15797 | 5.7 |
| 银　川 | 44392 | 4.7 | 28686 | -1.3 | 19349 | 6.5 |
| 乌鲁木齐 | 46276 | 0.3 | 33456 | -4.6 | 26110 | 5.0 |
| *成　都 | 54897 | 4.3 | 32171 | 1.9 | 30931 | 6.2 |
| 贵　阳 | 46242 | 5.4 | 31107 | -0.8 | 21925 | 6.6 |
| 昆　明 | 53832 | 2.5 | | | 20722 | 6.2 |
| 南　宁 | 42636 | 3.0 | | | 19001 | 6.7 |
| 呼和浩特 | 54616 | 3.0 | 31172 | -3.9 | 23938 | 6.7 |
| *哈尔滨 | 43981 | 2.9 | | | 22260 | 3.5 |
| 石家庄 | 44745 | 4.0 | | | 19834 | 6.2 |
| 太　原 | 43694 | 5.6 | 24948 | 5.1 | 22822 | 5.9 |
| *沈　阳 | 51702 | 2.2 | 36541 | -0.8 | 22352 | 3.2 |
| *长　春 | 43240 | -0.1 | | | 18919 | 2.4 |
| 合　肥 | 56177 | 5.6 | 32964 | 1.6 | 28727 | 7.0 |
| 福　州 | 55638 | 4.1 | 37181 | 4.3 | 26826 | 6.4 |
| 南　昌 | 52622 | 4.3 | 32515 | 4.8 | 24218 | 5.7 |
| *济　南 | 59459 | 3.5 | | | 23844 | 5.6 |
| 郑　州 | 46287 | 2.3 | 28936 | 0.8 | 28237 | 5.4 |
| 长　沙 | 65190 | 4.9 | 42936 | 3.9 | 40678 | 6.5 |
| *武　汉 | 58449 | 5.7 | 37418 | 2.0 | 29304 | 7.7 |
| 海　口 | 43535 | -0.2 | 28648 | -3.6 | 20388 | 5.8 |
| 杭　州 | 77043 | 3.1 | 50336 | 3.5 | 45183 | 5.8 |
| *南　京 | 76643 | 4.1 | 43629 | 2.7 | 34664 | 6.0 |
| *广　州 | 76849 | 3.3 | 46825 | -0.7 | 36292 | 5.1 |
| **其他城市** | | | | | | |
| *大　连 | 51904 | 2.7 | 33023 | -4.8 | 24759 | 4.2 |
| 苏　州 | 79537 | 3.4 | 47451 | 1.9 | 43785 | 5.5 |
| 无　锡 | 73332 | 4.0 | 45298 | 3.2 | 41934 | 5.8 |
| *厦　门 | 70467 | 4.9 | 45165 | 5.0 | 32323 | 8.1 |
| *深　圳 | | | | | | |
| *青　岛 | 62584 | 3.9 | 37592 | -2.5 | 27701 | 6.0 |
| *宁　波 | 76690 | 3.8 | 47916 | 5.6 | 45487 | 5.9 |
| 威　海 | 56024 | 3.2 | 32772 | | 27027 | 5.2 |
| 烟　台 | 55700 | 4.8 | 33577 | -1.8 | 26286 | 7.0 |

# 15-8 居民消费价格与职工工资

| 地区 | 居民消费价格 | | 城镇非私营单位在岗职工年平均工资（元） |
| --- | --- | --- | --- |
| | 累计指数（上年=100） | 同比增长（%） | |
| **直辖市** | | | |
| 北 京 | 101.8 | 1.8 | 215143 |
| 上 海 | 102.5 | 2.5 | 85582（社平工资） |
| 天 津 | 101.9 | 1.9 | 129522（城镇非私营单位就业人员） |
| 重 庆 | 102.1 | 2.1 | 111424 |
| **省会城市** | | | |
| 兰 州 | 102.3 | 2.3 | 100596 |
| *西 安 | 102.2 | 2.2 | 117932（城镇非私营单位就业人员） |
| 西 宁 | 102.5 | 2.5 | 118666 |
| 银 川 | 102.0 | 2.0 | 120544（城镇非私营单位就业人员） |
| 乌鲁木齐 | 101.6 | 1.6 | 117372 |
| *成 都 | 102.4 | 2.4 | 120012 |
| 贵 阳 | 101.9 | 1.9 | 105719 |
| 昆 明 | 101.7 | 1.7 | 118676 |
| 南 宁 | 101.7 | 1.7 | 107581 |
| 呼和浩特 | 102.1 | 2.1 | 106541（城镇非私营单位就业人员） |
| *哈尔滨 | 101.9 | 1.9 | |
| 石家庄 | 101.2 | 1.2 | 98631（城镇非私营单位就业人员（含辛集市）） |
| 太 原 | 102.1 | 2.1 | 105242 |
| *沈 阳 | 101.7 | 1.7 | 107648 |
| *长 春 | 101.9 | 1.9 | 100896（城镇非私营单位就业人员） |
| 合 肥 | 102.4 | 2.4 | 126027 |
| 福 州 | 102.4 | 2.4 | 115549 |
| 南 昌 | 101.8 | 1.8 | 106700 |
| *济 南 | 101.4 | 1.4 | 128703 |
| 郑 州 | 101.2 | 1.2 | 97244 |
| 长 沙 | 101.7 | 1.7 | 121171 |
| *武 汉 | 102.3 | 2.3 | 103308（城镇单位在岗职工） |
| 海 口 | 101.1 | 1.1 | 106266 |
| 杭 州 | 102.4 | 2.4 | 157205 |
| *南 京 | 102.2 | 2.2 | 155183 |
| *广 州 | 102.4 | 2.4 | 152324 |
| **其他城市** | | | |
| *大 连 | 102.2 | 2.2 | 113945 |
| 苏 州 | 102.1 | 2.1 | 132052 |
| 无 锡 | 102.1 | 2.1 | 133619 |
| *厦 门 | 101.8 | 1.8 | 124463 |
| *深 圳 | 102.3 | 2.3 | 164754 |
| *青 岛 | 102.0 | 2.0 | 124061（城镇非私营单位职工） |
| *宁 波 | 102.3 | 2.3 | 134567（非私营单位在岗职工） |
| 威 海 | 101.4 | 1.4 | 90286 |
| 烟 台 | 101.4 | 1.4 | 104380 |